Bernie Schaeffer · Millionen mit Optionen

BERNIE SCHAEFFER

Millionen

mit

Optionen

**GEZIELTER VERMÖGENSAUFBAU
MIT AKTIEN- UND INDEXOPTIONEN**

FinanzBuch Verlag München

Copyright © der Originalausgabe 1997 by Bernie Schaeffer. Erschienen bei John Wiley & Sons, Inc. unter dem Titel: The Option Advisor

AUS DEM AMERIKANISCHEN VON GÜNTHER KREITMEIER UND UWE SCHIRM

Gesamtbearbeitung: Michael Volk, München
Satz und Repro: SatzTeam Berger, Ellenberg
Druck: Wiener Verlag GmbH, Himberg
Umschlagbild © by Tony Stone

3. Auflage Juni 2000
© 1998 FINANZBUCH VERLAG MÜNCHEN
LANDSHUTER ALLEE 61 · 80637 MÜNCHEN
TEL.: 0 89 / 65 12 85-0 FAX: 0 89 / 65 20 96
E-MAIL: SCHAEFFER@FINANZVERLAG.COM

ISBN 3-932114-15-9

Für mehr Bücher: www.finanzverlag.com

Inhalt

ANHANG B

ANHANG C

ANHANG D

Einleitung für die deutsche Ausgabe

Optionen sind moderne Finanzinstrumente

Die Finanzmärkte gewinnen in der Weltwirtschaft immer mehr an Bedeutung. Dabei spielen die derivativen Finanzinstrumente eine immer größere Rolle. Ein Teilbereich dieser modernen Instrumente sind die Optionsgeschäfte. Optionen haben vielfältige Eigenschaften und können somit zu unterschiedlichsten Zwecken verwendet werden. Bei einer nüchternen, kalkulierten und kontrollierten Verwendung können sie sehr erfolgreich eingesetzt werden. Es gibt Absicherungs-, Rendite- und Spekulationsgeschäfte. Optionen werden weltweit auf die unterschiedlichsten Objekte gehandelt. Dazu zählen Agrarprodukte, Waren, Devisen, Edelmetalle, Zinsen, Aktienindices und einzelne Aktien.

Optionen an der Deutschen Terminbörse EUREX

In der folgenden Betrachtung wollen wir uns auf den Deutschen Markt beschränken. Hier können Sie Optionen auf den Deutschen Aktienindex DAX, auf deutsche Aktien, den Bund und Bobl Future und auf den US-Dollar handeln. Der Handel findet an der Deutschen Terminbörse EUREX statt. Diese ist seit 1990 eine vollcomputerisierte Börse und hat gegenüber dem Parketthandel sicher ein paar entscheidende Vorteile. Jeder Teilnehmer am Handel, auch der Privatanleger, hat ortsunabhängig die gleichen Bedingungen wie ein professioneller Händler. Sie sehen am Bildschirm, wie augenblicklich die Preise gestellt werden und welches Angebot und welche Nachfrage besteht. Sie können die getätigten Umsätze direkt verfolgen. Der Handel ist also völlig transparent, eine faire Abwicklung ist somit gewährleistet. Ungereimtheiten können beliebig nachvollzogen und aufgedeckt werden. In dieses

System können Sie als Anleger Vertrauen haben. Im Internet können unter der Adresse http://www.winbis.de kostenlos Kurse der EUREX nahezu realtime verfolgt werden.

Faszination der enormen Hebelwirkung

Das faszinierendste an den Optionen ist sicher die enorme Hebelwirkung. Das heißt, hier können Sie mit geringem Einsatz eine Menge bewegen und somit auch große Gewinne erzielen. Natürlich ist auch das Verlustrisiko nicht zu vernachlässigen. Durch den begrenzten Kapitaleinsatz ist es jedoch stets von vorne herein bekannt und limitiert. Der Reiz an diesem Geschäft ist eben die Tatsache, daß der Verlust maximal 100 Prozent (getätigter Kapitaleinsatz) beträgt, aber der Gewinn theoretisch unbeschränkt ist. Es ist durchaus keine Seltenheit, daß eine Option von 10 auf 50 steigt. Somit wird aus einem Einsatz von DM 10.000,- schnell ein Betrag von DM 50.000,-. Anstatt eine Aktie zu erwerben, kann es von Vorteil sein, lediglich eine Option dafür zu kaufen. Steigt die Aktie um ca. 5 %, so kann die Option schnell 100 – 200 % zulegen. Wie stark die Hebelwirkung ist, hängt davon ab, welche Laufzeit und welcher Basispreis gewählt wird und mit welcher Volatilität die Option gerade bewertet wird.

Die vier Basisstrategien

Doch nun zum eigentlichen Geschäft. Es stehen zwei Arten von Optionen zur Auswahl: Eine Kaufoption (Call) und eine Verkaufsoption (Put). Außerdem gibt es zwei Seiten beim Optionsgeschäft: Den Optionskäufer und den Optionsverkäufer, auch Stillhalter genannt. Somit gibt es vier mögliche Grundstrategien im Optionsgeschäfte: Kauf eines Calls, Kauf eines Puts, Verkauf eines Calls, Verkauf eines Puts.

Mit dem Kauf eines Calls spekuliert der Optionskäufer auf steigende Aktienkurse, mit dem Kauf eines Puts spekuliert er auf fallende Aktienkurse. Der Verkäufer einer Option spekuliert eher auf konstante Kurse.

Optionsstrategien

Durch die Kombination von einer oder mehreren Basisstrategien lassen sich eine ganze Reihe interessanter Optionsstrategien kreieren, die alle den Zweck verfolgen, bei bestimmten Markteinschätzungen bezüglich der zugrunde liegenden Aktie eine Optionsstrategie anzuwenden, bei der die Gewinnchance möglichst hoch und das Risiko mög-

8

lichst gering ist. Es gibt eine Vielzahl entscheidender Vorteile. Sie können immer eine passende Strategie für unterschiedliche Börsenphasen anwenden. Wenn Sie nur mit Aktien handeln, stehen sie immer unter einem psychologischen Zugzwang, etwas zu verpassen, weil Sie nur an steigenden Kursen verdienen können. Bei den Optionen gibt es immer gute Gelegenheiten, egal welches Aktienkursniveau gegeben ist. Sind die Kurse extrem niedrig, kauft man Calls, sind die Kurse extrem hoch, kauft man Puts. Sie müssen nicht immer dabei sein. Wenn Sie die tollste Aufwärtsbewegung am Aktienmarkt verpaßt haben, freuen Sie sich eben auf die nächste Abwärtskorrektur. Der Aktienkäufer kann dies nicht so gelassen sehen. Es ist auch gleichgültig, ob die Optionspreise nun überteuert oder unterbewertet sind, denn Sie haben stets die Möglichkeit entweder long oder short zu gehen.

Optionsstrategie anzuwenden heißt, mit viel Überlegung und nüchternem Verstand an die Sache rangehen. Das hat nichts mit heißem Spiel zu tun. Überhaupt müssen Sie immer folgendes bedenken. Häufig wird der Optionshandel als hochspekulatives Spiel abgetan, bei dem man nur sein Geld verlieren kann. Dem muß man entgegenhalten, daß das Optionsgeschäft ein Nullsummenspiel ist, bei dem jedem Verlierer auch ein Gewinner gegenüber stehen muß. Nur die Unwissenden werden leicht zur sicheren Beute der überlegt handelnden Optionsstrategen. Also informieren Sie sich, damit auch Sie langfristig im Lager der Gewinner zu finden sind.

Das Absicherungsgeschäft

Bei uns im Fondsmanagement ist der Einsatz von Optionsstrategien nicht mehr wegzudenken. Die Effizienz dieser Strategien können Sie in der Fondsperformance ablesen. Wenn Sie den Kursverlauf eines Aktienfonds betrachten, können Sie sehr schnell feststellen, ob das Management Optionsstrategien einsetzt. Besonders augenfällig wird dies bei kräftigen Kursrückgängen an den Börsen, die durchaus aufgefangen werden können. Hier kommt nämlich ein ganz wichtiger Bereich der Optionsstrategien zum Einsatz: Die Absicherungsstrategien. Aber nicht nur ein Fondsmanager, sondern auch Sie als Privatanleger sollten sich dieser interessanten Techniken unbedingt bedienen.

Wenn die Kurse an den Börsen kräftig gestiegen sind und ordentliche Gewinne angefallen sind, sollten Sie immer daran denken, diese »Buchgewinne« auch einmal sicherzustellen. Denn ein beliebtes Sprichwort an der Börse heißt: »An Gewinnmitnahmen ist noch niemand gestorben«. Es soll daran erinnern, daß die Kurse nicht ewig nur steigen können, sondern auch einmal wieder zurückgehen werden. Dann sollten Sie Ihre Gewinne auch realisiert haben. Nun gibt es verschiedene Möglichkeiten, Gewinne sicherzustellen.

Die einfachste Möglichkeit ist der Verkauf der Aktien, die im Gewinn liegen. Das hat den Vorteil, daß der komplette Gewinn realisiert wird. Der Nachteil dabei ist allerdings, daß Sie an einer möglichen weiteren Kurssteigerung nicht mehr partizipieren können, da Sie sozusagen »aus dem Spiel« sind und ein Neueinstieg bei weiter steigenden Kursen immer schwerer fällt und unter Umständen auch immer riskanter wird. Also müssen Sie vielleicht sehr lange warten, bis die Kurse tatsächlich wieder rückläufig sind.

Es ist also erstrebenswert, nach einer Möglichkeit zu suchen, die es uns erlaubt, unsere Aktien zu behalten und an weiteren Kurssteigerungen teilzuhaben, aber auch gegen mögliche Kursrückschläge gewappnet zu sein.

Hier gibt es eine einfache Möglichkeit, einzelne Aktien oder ganze Aktienbestände vor Kursverlusten zu schützen. Für diese Absicherung benutzen Sie den Optionsmarkt, auf dem diese Versicherungen gehandelt werden.

Durch den Kauf eines Puts erwirbt man das Recht, seine Aktien zu einem bestimmten Preis (Basispreis) abzugeben. Man sichert sich also den Verkaufspreis. Für dieses Recht muß man den Optionspreis bezahlen. Das Recht wird man natürlich nur ausüben, wenn der Aktienkurs deutlich unter den Basispreis fällt. Durch die verschiedenen Laufzeiten der Optionen kann man wählen, wie lange man seine Aktien absichern möchte. Zur Verfügung stehen an der EUREX Laufzeiten von einem Monat bis zu zwei Jahren. Je länger man die Laufzeit wählt, desto teurer ist der Optionspreis. Weil man ja für einen längeren Zeitraum abgesichert ist. Allerdings ist eine Absicherung für zwölf Monate billiger als zwölf Absicherungen für jeweils einen Monat. Wie oft und wann soll man nun absichern? Natürlich wird man nicht das ganze Jahr über absichern, denn wenn dies nötig ist, dann sollte man seine Aktien lieber gleich verkaufen. Aber in gewissen Zeiten ist es doch ratsam, vorsichtig zu sein. Dann kann man diese Absicherungskosten durchaus in Kauf nehmen. Das Risiko des Aktienbestandes ist exakt definiert und absolut begrenzt, und die Chancen für einen Kursanstieg der Aktien sind weiter gegeben und nach oben vollkommen offen.

Wann sollte man absichern?

Eine Absicherung kann aus verschiedenen Motiven ratsam sein und muß individuell entschieden werden. Sie empfiehlt sich…

(a) … in unsicheren Zeiten, in denen die Kursentwicklungen sehr schwer einzuschätzen sind und jederzeit ein Rückschlag eintreten könnte.

(b) … wenn Sie eine Zeitlang abwesend sind und Ihre Aktien nicht beobachten und bei wichtigen Ereignissen dementsprechend nicht reagieren können.

(c) … wenn bestimmte kursrelevante Ereignisse, wie z.B. Wahlen oder andere wichtige Entscheidungen oder Meldungen bevorstehen, die den Kurs zumindest kurzfristig deutlich beeinflussen können.

(d) … nach einer kräftigen Aufwärtsbewegung, um die erzielten Gewinne zu sichern.

(e) … zur Überbrückung der Spekulationsfrist. Angenommen, Ihre Aktien liegen vier Monate nach dem Kauf deutlich im Gewinn, so daß ein Verkauf und somit eine Gewinnmitnahme sinnvoll wäre. Allerdings ist der Gewinn dann voll steuerpflichtig. Also kaufen Sie eine Put Option, die länger als 2 Monate läuft (6 Monate Spekulationsfrist minus 4 Monate Aktienbesitz) und sichern sich den Verkaufspreis. Sie können somit Ihren erzielten Gewinn über die 6-Monats-Frist retten.

Vorteile der Absicherung

- Ihre Aktien sind gegen deutliche Kursrückgänge versichert, d.h. Sie können gelassen das Geschehen beobachten und müssen sich nicht darum kümmern. Sie sind also auch nicht versucht, aus der nervlichen Belastung heraus kurzfristige Fehlentscheidungen zu treffen.
- Die Kosten für die Versicherung sind in etwa gleichbedeutend mit dem maximalen Verlustrisiko und somit genau bekannt.
- Die Put Option ist auch wieder veräußerbar, allerdings verliert sie im Laufe der Zeit an Wert. Wenn sich abzeichnet, daß keine Risiken mehr gegeben sind, können Sie die Put Optionen vielleicht mit Gewinn verkaufen und uneingeschränkt an einem weiteren Kursanstieg der Aktien teilhaben.
- Sie profitieren von weiteren Kurssteigerungen der Aktie. Sie müssen lediglich die Kosten für die Absicherung bezahlen. Angenommen, die Aktie notiert bei 500 und die Absicherung kostet 15. Steigt die Aktie nun um weitere 50, so nehmen Sie an dieser Kurssteigerung voll teil. Lediglich die 15 sind als Absicherungskosten verloren.

Fazit

Das Optionsgeschäft bietet eine Menge interessanter, lukrativer und notwendiger Einsatzmöglichkeiten. Natürlich müssen Sie über die Funktionsweise genau Bescheid wissen. Bei entsprechenden Kenntnissen und überlegter Anwendung ist nicht der Einsatz von Optionen riskant, sondern der Verzicht auf diese. Aber nicht nur die Notwendigkeit und der Profit des Optionseinsatzes wird bei Ihnen ausschlaggebend sein, sondern die Faszination, die dieses Geschäft in Ihre gesamten Wertpapiergeschäfte bringen wird. Wenn Sie die Instrumente der Terminbörse beherrschen und überlegt agieren, werden Sie sehr schnell die Vorzüge dieses Geschäfts erkennen und in Ihren Depotergebnissen spüren. Ich wünsche Ihnen viel Freude und Erfolg mit dieser faszinierenden Materie des Optionsgeschäftes.

Der Autor

Dipl.-Ing. Robert Beer ist seit 15 Jahren an den Terminmärkten tätig. Er hat dazu Software entwickelt, Bücher geschrieben und hält Schulungen. Der Schwerpunkt seiner Tätigkeit ist heute die Private Vermögensverwaltung und das Management des Aktienfonds »FI LUX Euro Dynamik WPKN 974513«.
Info unter http://www.euro2000.net/dynamik

Einführung

»Wenn man keine Fehler machte, würde einem innerhalb eines Monats die Welt gehören. Wenn man aber nicht aus seinen Fehlern lernt, wird einem absolut nichts gehören.«[1] Diese Sätze stammen aus dem Buch *Reminiscences of a Stock Operator* von Edwin LeFèvre. Sie sollen von Jesse Livermore stammen, dem berühmten Aktien-Spekulanten mit Jahrhundert-Rendite. Als ich als Teenager in den Sechziger Jahren in New York aufwuchs und von der Wall Street fasziniert war, konnte ich noch nicht wissen, daß bald auch ich für mich selbst die Weisheit von Livermores Ansicht über Fehler entdecken würde.

Mein Vater nahm mich oftmals zur New York Stock Exchange und zur American Stock Exchange mit, wo ich von dem Lärm, der Geschäftigkeit und dem Durcheinander auf dem Börsenparkett angesteckt wurde. Ich begleitete ihn auch bei jeder sich bietenden Gelegenheit zu seinem Broker. Zu jener Zeit wurden alle Transaktionen an den Börsen auf einem langen, schmalen Papierstreifen, Ticker Tape genannt, ausgedruckt. Dieses Ticker Tape wurde dann auf einen Bildschirm projiziert, damit die Broker und ihre Kunden bequem die aktuellen Kurse sehen konnten. Ich sah diesem Aktienticker stundenlang zu und war von dem steten Auf und Ab der Aktienkurse förmlich hypnotisiert.

Als ich anfing, mich mit dem Wirtschaftsteil der Zeitungen zu beschäftigen, fielen mir einige faszinierende kleine Anzeigen, wie in Abbildung I.1 zu sehen, auf. Solche Anzeigen erschienen Ende der Sechziger und Anfang der Siebziger regelmäßig in der *New York Times* und dem *Wall Street Journal*.

Obwohl ich keine Ahnung hatte, was »Optionen« eigentlich waren, war der Gedanke, mit lediglich 112,50 Dollar bereits am Aktienmarkt teilzuhaben, für einen Teenager aus der Mittelklasse eine ziemliche At-

---

1 Edwin LeFèvre, *Reminiscences of a Stock Operator* (New York: John Wiley & Sons, 1994, 97).

Abb. I.1 INSERATE VOR DEM BESTEHEN VON OPTIONSBÖRSEN

Dies ist eine typische Seite mit Optionsanzeigen, wie sie Ende der Sechziger, Anfang der Siebziger, vor der Gründung der Chicago Board Options Exchange (CBOE) im Wall Street Journal und der New York Times erschienen. Mit freundlicher Genehmigung: Committee on Options Proposals (COOP), Memorabilia Collection.

traktion, insbesondere wenn bei einer erfolgreichen Investition aus diesen 112,50 Dollar Tausende von Dollar werden können!

Die Faszination über das Gewinnpotential beim Handel mit Optionen zusammen mit meinem Studium der Mathematik halfen mir, die Grundsätze des Optionshandels innerhalb kürzester Zeit zu erlernen. Ich ver-

14

stand sehr schnell, daß »Kauf«-Optionen mir das Recht gaben, eine Aktie innerhalb eines bestimmten Zeitraumes zu einem festgesetzten Preis zu kaufen, und daß »Verkaufs«-Optionen mir das Recht gaben, anstatt die Aktien zu kaufen, diese zu verkaufen.

Ich lernte ebenfalls, wenn ich von einer Aktie eine sehr positive Meinung habe (also bullisch bin), ich eine *Kauf*option (Call) kaufen muß, da ich für den Fall, daß ich Recht habe und die Aktie wesentlich im Kurs ansteigt, durch die Kaufoption diese Aktie deutlich unter dem aktuellen Kurs kaufen kann. Auf diese Weise kann ich (durch Ausübung meiner Kaufoption und den daraus resultierenden Kauf der Aktie zum festgesetzten Preis) »billig kaufen« und dann (durch den Verkauf der gestiegenen Aktie) diese »teuer verkaufen«. In Relation zu dem geringen Kapital, das ich ursprünglich eingesetzt habe, können die Gewinne riesig sein. Natürlich muß die gewünschte Kursbewegung erfolgen, bevor die Option »verfällt«. Wenn diese Kursbewegung nicht bis zum Verfalltag eingetreten ist, habe ich den kompletten Betrag, den ich für die Option bezahlt habe, verloren.

Ebenso lernte ich, falls ich von einer Aktie eine sehr negative Meinung habe (also bärisch bin), ich eine *Verkaufs*option (Put) kaufen muß, da ich für den Fall, daß ich Recht habe und die Aktie wesentlich im Kurs fällt, durch die Verkaufsoption diese Aktie deutlich über dem aktuellen Kurs verkaufen kann. Auch diesmal kann ich (durch den Kauf der gefallenen Aktie) »billig kaufen« und dann (durch Ausübung meiner Verkaufsoption und den daraus resultierenden Verkauf der Aktie zum festgesetzten Preis) diese »teuer verkaufen«.

Meine Faszination über die Anzeigen mit den verschiedenen Kauf- und Verkaufsoptionen wuchs, doch eines störte mich: Ich hatte zwar die 100 Dollar bis 200 Dollar, die erforderlich waren, diese Optionen zu kaufen, diese aber auch (im Falle, daß sich die Aktie in die erwartete Richtung bewegte) auszuüben, lag jenseits der finanziellen Möglichkeiten eines Teenagers. Zu jener Zeit war es nur möglich, den Kurswert einer gekauften Kaufoption zu realisieren, indem man die Aktien von dem Optionshändler kaufte und diese dann an der Börse verkaufte. Ich hatte zwar das Kapital zum Kauf der Option, bei weitem aber nicht das notwendige Kapital, um diese auch ausüben zu können.

Also blieben Optionen ein aufregender, jedoch unerfüllbarer Traum für mich; zumindest bis 1973, denn da eröffnete die Chicago Board Options Exchange (CBOE), die erste Börse, die sich ausschließlich dem Handel von Aktienoptionen widmete. An der CBOE wurden Optionen am Parkett (Floor) gehandelt, ähnlich wie man es von den Aktien an den Aktienbörsen her kannte. Anleger in Optionen genossen den Schutz der Börse und Regeln ähnlich denen, die auch für die Aktienhändler galten.

Am wichtigsten war jedoch für mich, daß Optionen an der Börse jederzeit ge- und wieder verkauft werden konnten, und ich als Optionskäufer außer dem Kaufpreis der Option kein zusätzliches Kapital benötigen würde. Ich war also im Geschäft.

Das dachte ich zumindest. Den Rest der Siebziger verbrachte ich größtenteils damit, jeden nur erdenklichen Fehler zu begehen, den ein Anfänger beim Handel mit Optionen nur machen kann. Und als wäre das nicht schon genug, wiederholte ich manche Fehler mit steter Regelmäßigkeit. Bei vielen dieser Fehler mißachtete ich die einfachsten Grundlagen des *Money Managements*. Ich habe einen zu großen Teil meines Kapitals mit dem Optionshandel gebunden und ich habe zu viel meines Investments in den Optionsmarkt auf nur ein oder zwei Pferde gesetzt. Ein weiterer Fehler war, daß ich Optionen genauso gehandelt habe, wie ich Aktien handelte und dabei die zwei wichtigsten Worte bei Investitionen in Optionen ignorierte: »Optionen verfallen«.

Bis zum Ende der Siebziger Jahre habe ich mir eine Menge ausführlicher Notizen über meine Erfahrungen beim Handel mit Optionen und die Lehren, die ich daraus gezogen habe, gemacht. Ich fing an, den Optionshandel wesentlich ernsthafter, intelligenter und intensiver anzugehen. Zu jener Zeit war ich Vizepräsident und Versicherungsstatistiker bei einer großen Versicherung im mittleren Westen, und es schien an der Zeit für eine Umorientierung.

Wie viele andere Anleger zu jener Zeit hatte auch ich eine Reihe von Börsenbriefen abonniert. In diesen Börsenbriefen wurden die Investment-Empfehlungen der Herausgeber veröffentlicht, die hauptsächlich auf technischer Analyse (die Analyse von Aktienkursen und Volumen) basierten. Obwohl es Hunderte solcher Börsenbriefe gab und viele davon dem Aktienhändler eine wertvolle Hilfe sein konnten, war ich überrascht, als ich herausfand, daß bei diesen Publikationen für den Optionshändler kaum etwas dabei war.

Obwohl diese Aktienorientierten Börsenbriefe auch für den Optionshändler einen gewissen Wert hatten, waren mir die Gefahren durchaus bewußt, die entstehen können, wenn man sich beim Optionshandel daran orientiert, wie man Aktien handeln würde. Mir wurde klar, daß die Bedürfnisse des Optionshändlers nicht durch die bestehenden Börsenbriefe abgedeckt waren. Und ich erkannte, daß ich in einer Lebensphase war, wo ich in der Lage war, diese Lücke für den Optionstrader zu füllen.

Welches war aber meine Qualifikation für die Rolle als »Schreiber eines Börsenbriefs für Optionstrader«? Ich hatte ein grundlegendes Verständnis des Aktienmarkts und der Mathematik und praktische Erfahrung im Optionsmarkt, und ich lernte fast zehn Jahre lang von den Fehlern, die die meisten Anleger beim Handel mit Optionen machten.

Hinzu kam, daß ich mich recht gut ausdrücken kann. Und schlußendlich war ich von Optionen schlichtweg fasziniert – deren Gewinnmöglichkeiten, die geringe Kapitalanforderung und der Reiz, sie zu handeln. Ich wollte meinen Enthusiasmus mit anderen Anlegern teilen und ihnen zeigen, wie sie von meinen Erfahrungen profitieren konnten, um Optionen intelligent und damit profitabel zu handeln.

Ich brauchte jedoch mehr als eine solide Basis und Enthusiasmus für Optionen. Erfolgreiches Optionstrading bedeutet letztendlich erfolgreiches Timing – Timing des Marktes, des entsprechenden Industriezweiges und der einzelnen Aktie. Ich lernte, daß, wenn ein Anleger beim Timing im Aktienmarkt erfolgreich sein will, er einen kleinen Vorteil haben muß – einige Indikatoren oder eine Methode, die einzigartig wie auch effektiv ist.

Viele Indikatoren für den Aktienmarkt erwiesen sich über die Jahre als erfolgreich, unterliegen aber auch dem gleichen Problem: Je mehr sie an Popularität gewinnen, desto weniger effektiv sind sie. Immer mehr Marktteilnehmer verwenden diese Indikatoren, um Entscheidungen zu treffen, und dann tritt das »Heisenbergsche Unzuverlässigkeitsprinzip« auf. Einfach ausgedrückt heißt das, wenn ein Indikator zu populär wird, verliert er an Effektivität. Dieses Problem setzt sich aus der Tatsache zusammen, daß die einzigartigen Indikatoren, die den Effekt des Heisenbergschen Unzuverlässigkeitsprinzips vermeiden, allesamt nicht mehr effektiv sind.

Mir wurde auch klar, daß den konventionellen Weisheiten der Wall Street zu folgen der klare Weg in die Mittelmäßigkeit bei den Investments war. Auch wenn ich auf die »Experten« hörte, die in den führenden Finanzpublikationen zitiert wurden, brachte das nur Verluste. Aber, wie eine Fliege, die bei ihrem »logischen« Versuch ins Freie zu gelangen, immer wieder an die Fensterscheibe knallt, konnte ich trotz der erlittenen Verluste anscheinend nicht aufhören, auf die Ratschläge der Experten zu hören. Wie konnten die klügsten Köpfe der Wall Street mit ihren Einschätzungen nur so konstant falsch liegen?

Glücklicherweise achtete ich auf die Weisheiten der Leute, die mich umgaben. Ich lernte viel durch das Lesen von Alan Abelsons verschrobenen Ansichten in seiner wöchentlicher Kolumne in *Barron's*, dessen Berichte über Firmen an der Wall Street oftmals genauso witzig wie verehrungswürdig waren – ein wahrer Kult. Joe Granville verstärkte meine Skepsis noch mehr durch seinen einfachen, jedoch bedeutenden Ausspruch, der zu seinem Wahrzeichen geworden ist: »Das Offensichtliche ist offensichtlich falsch«.

Ich brauchte jedoch noch immer eine logische Erklärung dafür, warum Skepsis die passende Einstellung gegenüber der Welt des Investments ist. Mein Durchbruch kam mit dem Lesen von John Kamins bahnbrechendem Börsenbrief *The Forecaster*, in dessen Impressum fettgedruckt stand: »Die Theorie der gegensätzlichen Meinung konnte nie widerlegt werden«. Kamins Ansichten wichen sehr stark von den gängigen Meinungen ab, die mich so oft enttäuscht hatten und weckte meine Neugierde für diese »gegensätzliche Meinung«, die Kamin einem Humphrey B. Neill zuschrieb. Ich las Neills Meisterwerk *The Art of Contrary Thinking*[2], das wie eine Offenbarung für mich war und meine Einstellung zu Investitionen für immer änderte.

In diesem herausragenden Buch offenbart Neill die Gründe, warum mich die herkömmliche Meinung an der Wall Street im Stich läßt. Ich begann zu verstehen, daß, wenn die Marktteilnehmer eine starke Übereinstimmung ihrer Meinungen entwickeln, eine Atmosphäre von Anfälligkeit entsteht und nicht, wie ich zuerst dachte, eine Atmosphäre von Sicherheit.

So zeigt beispielsweise eine starke allgemeine positive Einschätzung für eine Aktie, daß ein Großteil der Kaufkraft, die diese Aktie höher steigen läßt, bereits verwendet wurde, um diese Aktie nach oben zu treiben. Der Aktienkurs wird dann wegen enttäuschender Weiterentwicklung und einfachen Gewinnmitnahmen anfällig für Verkäufe, da nur noch wenige Käufer übrig sind, wenn die Verkäufer aussteigen wollen. Ich begann diese Aktien als »Aktien mit hoher Erwartungshaltung« zu bezeichnen, also Aktien, die man vermeiden oder leerverkaufen oder, noch besser, auf die man Puts kaufen sollte.

Andererseits sind »Aktien mit geringer Erwartungshaltung« bei der geringsten positiven Entwicklung reif für hohe Gewinne, da erst wenige Käufer in diese Aktien investiert haben. Diese Aktien würden deshalb das Kernstück meiner »Kaufliste für Calls« bilden.

Ich war über meinen Ansatz der »erwarteten Entwicklung« sehr aufgeregt, aber noch fehlte mir der kleine, doch notwendige Vorteil. Ich erinnerte mich sehr lebhaft an Neills Warnung: »Wir brauchen einen sehr genauen Maßstab für die allgemeine Markteinschätzung, andernfalls glauben wir, diese Einschätzung sei die, die wir uns wünschen.« Mit anderen Worten: Wenn ich wissen möchte, bei welchen Aktien wirklich eine hohe oder geringe Erwartungshaltung herrscht, benötige ich eine objektive Möglichkeit, das Stimmungsbarometer dieser Aktien zu messen.

Wieder einmal brachte der Optionsmarkt meine Eingebung. Ich erinnerte mich, daß in vergangenen Zeiten, vor den Zeiten des weitverbrei-

---

2 Humphrey B. Neill, *The Art of Contrary Thinking* (Caldwell, Idaho: Caxton Printers, 1985), 134.

Tabelle I.1 **KAPITALZUWACHS AN DER CBOE**

Jahr	Contract Volume	Wachstum seit 1990 (%)	Open Interest	Wachstum seit 1990 (%)
1996	88,456,579	95.46	9,122,520	270.88
1995	77,040,466	58.89	7,350,437	198.84
1994	68,974,809	42.26	6,028,581	145.09
1993	58,710,818	21.09	5,642,471	129.40
1992	44,918,235	−7.36	3,781,653	53.74
1991	45,255,301	−6.66	2,783,155	13.15
1990	48,486,402		2,459,695	

teten Optionshandels, die »Odd-Lot Trader« (Trader, die Aktien unter 100 Stück auf einmal handelten) kleine Spekulanten waren, die meist dann falsch lagen, wenn viele von ihnen am Markt investiert waren. Es handelt sich um ungeübte Trader, die aufgrund von Gerüchten oder alten Nachrichten handeln und deshalb fast immer spät in einen Trend einsteigen oder den »heißen Tips« hinterherjagen.

Seit jedoch der Handel mit gelisteten Optionen populär wurde, machten die Odd-Lotter den Weg für die Optionsspekulanten frei, die den gleichen Hang dazu hatten, falsch zu liegen. Das Schöne an der Kursanalyse der Optionsmärkte war, daß die Daten getrennt nach Puts und Calls, Verfalldatum und Basispreis erhältlich waren. Ich könnte auf einem Blick sehen, auf welche Aktien die Spekulanten scharf waren, wenn viele Calls auf sie gekauft wurden (meine Aktien mit hoher Erwartungshaltung), und von welchen Aktien nichts gehalten wurde, wenn viele Puts auf sie gekauft wurden (meine Aktien mit geringer Erwartungshaltung).

Jetzt hatte ich eine effektive Methode (Erwartungsanalyse), einzigartige und objektive Indikatoren (die Aktivität der Optionstrader) und war bereit, den Options-Börsenbrief herauszubringen. Ich wurde 1981 Mitbegründer des Investment Research Institute; die erste Ausgabe des *The Option Advisor* wurde im Dezember des gleichen Jahres veröffentlicht.

Im Laufe der nächsten fünfzehn Jahre stieg der Handel mit Aktienoptionen, abgesehen von einer kleinen Pause nach dem Crash 1987, ständig an. Dieser Anstieg beschleunigte sich durch eine vermehrte Teilnahme von privaten Anlegern noch in den Neunziger Jahren (siehe Tabelle I.1).

Ich glaube, daß zwei Hauptfaktoren diesen Wachstumsanstieg gesteuert haben. Ersten werden sich die heutigen Anleger über die Vorteile einer Beifügung von Optionen in ihr Portfolio immer mehr bewußt. Die meisten Anleger reizen Optionen, da sie sie als billiges Mittel mit großer

Hebelwirkung verwenden können, um an einer Marktbewegung teilzunehmen. Optionen können aber auch zum Schutz vor einem starken Wertverlust eines Portfolios verwendet werden oder auch ein zusätzliches Einkommen bedeuten, und diese mehr konservative Anwendung findet immer mehr Beachtung in der immer nervöser werden Welt des Investments.

Zweitens ist die Optionsindustrie aus dem Schatten getreten und präsentiert sich den Anlegern viel deutlicher. Vor noch fünfundzwanzig Jahren führte eine kleine Gruppe von obskuren Firmen ohne die Vorteile einer Börse Optionstransaktionen für den Anleger durch. Als Resultat davon neigten Optionen dazu, recht teuer zu sein. Zu diesem Problem kam hinzu, daß der Optionskäufer den Vorteil einer Wertveränderung seines Kontraktes nicht sofort wahrnehmen konnte, da die Option erst am Verfalltag ausgeübt werden konnte. Es überrascht also nicht, daß diese kleine Optionsindustrie den Eindruck von Wegelagerei hinterließ.

Heutzutage werden Optionen an vier Börsen (CBOE, American Stock Exchange, Philadelphia Stock Exchange und Pacific Stock Exchange) auf fast die gleiche Art und Weise gehandelt wie Aktien. Zudem sind Anleger in Optionen auf eine entsprechende Weise abgesichert, wie es schon traditionell die Aktienanleger genießen. Weiterhin sind Optionen jetzt jederzeit handelbar, das heißt, daß ein Optionskäufer seinen Optionskontrakt jederzeit bis hin zum Verfalltag an der Börse wieder verkaufen kann.

Wenn ich auf die fünfzehn Jahre, in denen ich Anlegern Ratschläge gebe und Analysen biete, zurückblicke, gibt es eine Reihe von Entwicklungen auf die ich sehr stolz bin. *The Option Advisor* wurde zum verbreitetsten Börsenbrief, der sich auf Empfehlungen von Aktienoptionen spezialisiert hat. Wir hatten das Privileg, Zehntausenden von Anlegern zu helfen, die Grundlagen eines intelligenten Handels mit Optionen zu verstehen und die gängigsten Fehler zu vermeiden, die die meisten Optionstrader über die Jahre hinweg ins Straucheln brachten.

Ich bin ebenso stolz darauf, daß alle meine Abonnenten bei jeder großen Marktbewegung auf der richtigen Seite dabei waren. Ich war bis zum exakten Hoch zwei Monate vor dem Crash 1987 bullisch und hatte dann bis einen Tag nach dem Crash eine negative Markteinschätzung. Und seit jener Zeit bin ich bullisch, in einem Markt, der sich als einer der größten Bullenmärkte der Geschichte erwiesen hat.

Ich bin überzeugt, daß mein Erfolg beim richtigen Timing das Ergebnis meiner Fähigkeit ist, die Stimmungen und Erwartungen der Anleger zu analysieren und diese Analyse mit einer ausgefeilten technischen und fundamentalen Analyse der Märkte zu verbinden. Diese einzigartige Vorgehensweise ist auch der Eckpfeiler meiner Empfehlungen an die institutionellen Anleger.

Ein weiterer Schlüsselpunkt meiner Vorgehensweise bei der Auswahl von Optionen ist, daß ich mehr Wert auf die Auswahl der richtigen zugrundeliegenden Aktie lege und weniger auf »Wahrscheinlichkeiten« der Kursbewegung. Letztere Vorgehensweise überwiegt bei den Empfehlungen der anderen. Man nimmt an, daß die Bewegung der Aktienkurse zufällig ist und baut darauf, daß die einzelnen Optionen »billig« oder »teuer« sind. Privatanleger (und deren »Berater«) vergessen oftmals, daß Optionen billig oder teuer nur in Relation zur zukünftigen Bewegung der zugrundeliegenden Aktie sein können und daß eine »billige« Option billiger und eine »teure« Option noch teurer werden kann.

Beim Schreiben dieses Buches verfolgte ich drei Absichten: Erstens wollte ich beginnenden und bereits etwas fortgeschrittenen Optionstradern ein Hilfsmittel an die Hand geben, das das Grundwissen des Optionshandels in verständlicher Weise aber dennoch gründlich vermittelt. Die Literatur über den Optionshandel ist voll von Beispielen und Erklärungen nach dem Motto »ist doch kinderleicht«, die aber nicht dazu beitragen, den Leser auf den Optionshandel unter realistischen Bedingungen vorzubereiten. Auf der anderen Seite gibt es wiederum eine ganze Reihe von ausgezeichneten Optionsbüchern, die zwar sehr gründlich und ausführlich, jedoch so extrem komplex sind, daß sie sogar einen schon fortgeschrittenen Trader abschrecken.

Zweitens wollte ich einige neue Wege in der Optionsliteratur beschreiten, indem ich gründlich erkläre, warum Aktienoptionen weder auf die gleiche Art wie Aktien noch auf eine mathematische Art und Weise gehandelt werden können, solange man nicht die kurzfristigen Aussichten der zugrundeliegenden Aktie mit berücksichtigt. Es gibt einen einfachen Grund für diese Behauptung, denn ich glaube, daß der größte Faktor für erfolgloses Optionstrading nicht ein Mangel an Grundwissen über Optionen ist, sondern die falsche Meinung, daß man Optionen und Aktien auf die gleiche Weise handelt, oder daß der Optionshandel mit Wahrscheinlichkeitsrechnung per Computer durchgeführt werden kann. Der bereits fortgeschrittene Trader mag diesen Teil des Buches bevorzugen, und auch der gute Trader würde wahrscheinlich von einem nochmaligen Durchgehen dieses Teils profitieren.

Drittens wollte ich helfen, die Welt der Optionen zu »entmystifizieren« und Privatanlegern ermöglichen, intelligente Entscheidungen zu treffen, ohne auf die falschen Vorstellungen, die bei der Mehrheit über Optionen herrschen, hereinzufallen. Mythen über das Optionstrading gibt es reichlich. Die meisten davon reichen in die alten Tage von »Anno Tobak« zurück, und die Tatsache, daß sie noch immer vorhanden sind, ist Beweis genug für die anhaltende Macht der Folklore.

Es ist meine innigste Hoffnung, daß Ihnen dieses Buch nicht nur hilft, das Wesentliche der Optionen zu schätzen, sondern daß es Ihnen auch hilft, beim Handel mit Aktienoptionen erfolgreich zu sein. Solch ein Erfolg hängt von dem Verständnis ab, daß an den Handel mit Option anders herangegangen werden muß als bei Aktien, und daß eine Analyse über die Attraktivität eines Optionstrades ohne eine solide Einschätzung über die kurzfristige Entwicklung der zugrundeliegenden Aktie bedeutungslos ist. Und mit diesem Erfolgsmodell im Hinterkopf wird im ersten Teil die Analyse der Erwartungshaltung der Anleger erklärt, die meiner Ansicht nach der Schlüssel zum Erfolg im Aktienmarkt und beim Handel von Optionen ist.

Bernie Schaeffer
März 1997

Teil 1

Theorie
und
Grundlagen

1

Erwartungsanalyse

EINLEITUNG

Die Worte im Buch *The Art of Contrary Thinking* des bedeutenden Kontra-Traders Humphrey B. Neill sind für den Optionstrader von großer Bedeutung: »Die Masse ist am enthusiastischsten und optimistischsten, wenn sie vorausschauend und vorsichtig sein sollte; und sie ist am ängstlichsten, wenn sie am mutigsten sein sollte.«[1] Wie Sie bald sehen werden, kann das Messen und Einschätzen der Stimmung der Masse den Unterschied zwischen mittelmäßigem und erfolgreichem Trading ausmachen. Erfolg beim Handeln von Optionen hängen davon ab, daß Sie verstehen, daß das Ergebnis Ihrer Optionsstrategie das Ergebnis Ihrer Fähigkeit ist, sowohl die Richtung wie den Zeitpunkt einer Kursbewegung der zugrundeliegenden Aktie richtig vorherzusagen.

Auf diese Idee, daß »die zugrundeliegende Aktie an erster Stelle kommt«, wird in Kapitel 2 ausführlich eingegangen, ist aber für unsere aktuelle Besprechung genauso wichtig. Eine der größten Fallen für Anfänger beim Handel mit Optionen ist, direkt mit dem Lernen der Grundlagen des Optionshandels zu beginnen, ohne ein gesundes Basiswissen zu haben, wie man die Entwicklung der zugrundeliegenden Aktie beurteilt. Diese Trading-Neulinge konzentrieren sich statt dessen auf bestimmte Optionsmerkmale inklusive solcher, ob die Option »zu billig« oder »zu teuer« ist. Ein Verständnis der mathematischen Geheimnisse von Optionen, ohne die Dynamik bei der Bewegung der Aktienkurse zu verstehen, ist für das Optionstrading verhängnisvoll. Das ist wie der Versuch, ein erfolgreicher Traber-Jockey zu werden, indem man ein Experte für den Buggy wird, ohne jedoch irgendein Wissen über das Pferd oder

---

1 Humphrey B. Neill, *The Art of Contrary Thinking* (Caldwell, Idaho: Caxton Printers, 1985), 134.

was es veranläßt, zu laufen (bzw. zu traben). Es ist meine Überzeugung, daß das Verhalten der Aktie letztendlich den Erfolg der Optionsstrategien steuert, genauso wie das Pferd letztendlich die Position und Bewegung des Buggys bestimmt.

Der Zweck dieses Kapitels ist es, zu zeigen, warum das Messen der Erwartungen der Anleger so wichtig für den Erfolg bei der Bestimmung der zukünftigen Kursentwicklung der zugrundeliegenden Aktie ist. Deshalb ist dies ein entscheidender Faktor für Ihren Erfolg als Optionstrader. Zusätzlich werde ich auch meinen Ansatz der gegensätzlichen Meinung bei Investitionen erläutern.

Die meisten Do-It-Yourself Anleger konzentrieren sich auf die zwei traditionellen Handelsansätze bei der Auswahl von Aktien: Die *fundamentale Analyse,* bei der beispielsweise Einnahmen, Dividende und Aussichten der wirtschaftlichen Entwicklung für die Bestimmung der zukünftigen Kursentwicklung verwendet werden, und die *technische Analyse,* bei der man sich auf Muster der historischen Kursentwicklung und das gehandelte Volumen konzentriert. Der Unterschied zu meinem Ansatz für das Optionstrading ist, daß ich auch die *Erwartungsanalyse* verwende, um die Optionen und die Stimmung der Anlegergemeinde zu bewerten, und dann diese Bewertung verwenden, um die Kursbewegung der Aktie vorherzusagen.

»AM ANFANG WAR DIE FUNDAMENTALE ANALYSE«

Obwohl die Welt der großen Trader schon immer voll von solchen Leuten war, die weit über die Grenzen der »fundamentalen« Umsatzerwartung und finanziellen Situation der Firmen, deren Aktien sie kauften oder verkauften, hinausblickten, war bis vor etwa zehn Jahren an der Wall Street die fundamentale Analyse das Maß aller Dinge.

Ganze Bücher wurden von den großen Brokerfirmen über eine Firma oder Industriegruppe in Form von »Unternehmensanalysen« geschrieben, in denen detailliert komplette Statistiken, Verhältniszahlen, Umsatzerwartungen, Gewinne, Bilanzen und beeinflussende Wirtschaftseinflüsse aufgeführt wurden. Letztendlich kamen diese Analysen immer zum Entschluß: »Kaufen Sie diese Aktie, denn dies ist ein hervorragendes Unternehmen.«

Inspiriert durch den Klassiker *Technical Analysis of Stock Trends* von Edwards und Magee aus dem Jahre 1948 begannen Ende der Fünfziger, Anfang der Sechziger einige aufgeschlossene, junge Wall-Street-Analysten, angeführt von James Dines und Joseph Granville, die konventionelle fundamentale Analyse als Grundlage für Kaufentscheidungen deutlich her-

26

auszufordern. Sie begannen aufzuzeigen, was scharfsinnige Trader bereits seit Jahren wußten: Die Aktienkurse von »guten« Unternehmen können, insbesondere kurzfristig, in den Keller fallen, und die Aktien von »schlechten« Unternehmen, deren Umsatzprognosen sehr gering sind und deren weitere Entwicklung von der Wall Street als ungünstig eingeschätzt wird, können zeitweilig zu den Werten mit der besten Kursentwicklung gehören.

Sowohl Granville als auch Dines schrieben Bücher, in denen sie diese Phänomene erläuterten. Diese Bücher trugen deutlich zur weiteren Entwicklung und stärker werdenden Popularität der alternativen Vorgehensweise bei der Aktienauswahl, bekannt als technische Analyse, bei. Ich möchte aber auch anmerken, daß beide ihre Firmen, für die sie an der Wall Street arbeiteten, verließen, um unabhängig voneinander Börsenbriefe herauszubringen (die noch heute verlegt werden), da die Wall Street noch weit davon entfernt war, irgendwelche Gedanken aufzugreifen, die, trotz ihrer Mängel, die fundamentale Analyse herausforderten.

Obwohl jeder dieser Pioniere der technischen Analyse ein anderes Spezialgebiet hatte (Dines bei »Point & Figure« Chartdarstellung und Granville beim »On Balance Volume«), fühlten sich beide mit der fundamentalen Analyse nicht wohl. Vor allem bemerkten sie, daß es historische Kurs- und Volumenmuster gab, die charakteristisch für Aktien waren, die sich konstant besser oder schlechter als der Gesamtmarkt entwickelten, und daß diese Muster oftmals völlig unabhängig von der »fundamentalen« Einschätzung der Wall Street über diese Aktien waren. Es war, als ob das gemeinsame Handeln tausender Anleger, das sich als Kurs- und Volumenmuster in den Charts der Techniker zeigte, für die zukünftige Kursentwicklung einer Aktie bessere Prognosen ermöglichte, als es die langen Unternehmensanalysen vermochten. Obwohl diese Vorgehensweise in den eklektischeren Zeiten der Neunziger durchaus etwas Beachtung fand und zuvor ja schon von Edward und Magee ausführlich behandelt worden war, war sie zu Zeiten von Dines und Granville nahezu ketzerisch.

Eine der Erwiderungen der Fundamentalisten war, daß es keine »Logik« bei der technischen Analyse gäbe, und es wäre, als ob man aus dem Kaffeesatz lesen würde. Dieses Argument ignoriert jedoch die großen logischen Lücken der fundamentalen Analyse. Es ist schwer, gegen die Fakten einer Unternehmensanalyse zu argumentieren. Es ist jedoch sehr einfach, gegen die Erwartungen, die aus diesen Fakten gezogen werden, zu argumentieren, und noch einfacher ist es, gegen die Schlußfolgerungen, wie sich diese Erwartungen auf den zukünftigen Aktienkurs auswirken werden, zu argumentieren.

Nehmen wir beispielsweise an, daß das imaginäre Unternehmen Silicon Computer auf fundamentaler Basis analysiert wird. Der Analyst hat alle relevanten Finanzdaten des Unternehmens der letzten fünf Jahre zusammengetragen und einen Bericht darüber erstellt. Sein nächster Schritt ist, die Umsätze und Gewinne auf die nächsten drei Jahre zu übertragen. In der Computerindustrie herrscht jedoch ein sehr starker Konkurrenzkampf, und die Nachfrage nach Computern kann sehr starken Schwankungen unterworfen sein. Kann der Analyst mit Sicherheit ausschließen, daß nicht einige oder alle Mitbewerber die Preise drastisch senken, und dadurch Silicon zwingen, entweder auch die Preise zu senken und dadurch die Gewinnspanne zu reduzieren oder einen deutlichen Marktanteil zu verlieren? Hinzu kommt, daß sich der Stand der Technologie ständig ändert. Kann der Analyst wissen, ob nicht eine neue Technologie oder ein neuer Herstellungsprozeß Silicon einen extremen Nachteil bringt?

Die Antwort auf diese Fragen ist ein klares »Nein«. Bei einer typischen Unternehmensanalyse geht man sogar noch einen Schritt weiter und fügt dem Bericht noch weitere Vermutungen bei, indem man, unter der Annahme, daß der Analyst mit seinen ersten Vermutungen recht behält, vorherzusagen versucht, wie der Aktienmarkt die Aktien von Silicon in der Zukunft bewerten wird. Es werden mit Hilfe einer Reihe von Annahmen, die sich möglicherweise als nicht richtig herausstellen werden, nicht nur zukünftige Umsatzprognosen, sondern auch noch der zukünftige Aktienkurs aufgrund von Annahmen, wie der Markt diese sehr fraglichen zukünftigen Umsatzprognosen bewerten wird, vorhergesagt.

Ein Blick auf Abbildung 1.1 wird das Ausmaß an Diskrepanz aufzeigen helfen, welches zwischen den Annahmen in den Analyseberichten der Wall Street und dem tatsächlichen Entwicklungen am Aktienmarkt herrschen kann. Wal-Mart Stores war konstant eine der am meisten bewunderten Organisationen in den Vereinigten Staaten. Der Gründer Sam Walton wurde wegen der »familienfreundlichen« Atmosphäre, die in seinen

Abb. 1.1 WAL-MART, MONATSCHART

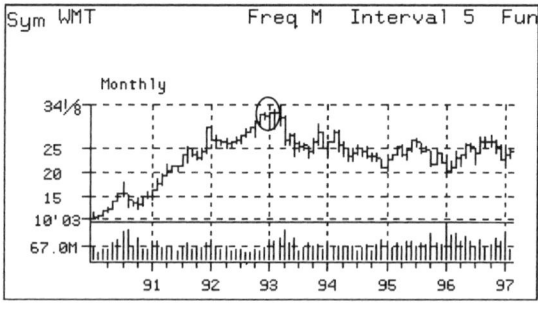

Nachdruck mit freundlicher Genehmigung von ILX Systems.

Läden herrschte, und wegen seines Erfolgs bei der Motivation der Ange-stellten, da er sie mit Respekt behandelte, sie nach Verbesserungsvor-schlägen fragte und ihnen Aktien des Unternehmens anbot, zum Volks-helden. Ende 1992 erreichte Wal-Mart einen Umsatz von 55 Milliarden US-Dollar und eine Marktkapitalisierung von 73 Milliarden US-Dollar. Anfang 1993 erreichten die Aktien von Wal-Mart den höchsten Kurs aller Zeiten von 34 Dollar. Bis zum Zeitpunkt, als dieses Buch geschrieben wurde (1997), wurde dieser Kurs jedoch nicht mehr überschritten.

Ende 1992 war die Wall Street aufgrund einer Vielzahl von Einschät-zungen, daß die ständig steigende Wachstumsrate des Unternehmens an-halten würde, und daß der Aktienmarkt Wal-Mart Aktien auch weiterhin zu einem Vielfachen des Gewinns je Aktie bewerten würde, fast einstim-mig positiv gegenüber dieser Aktie eingestellt. Beachten Sie jedoch, wie der Kurs ab 1993 bis zum heutigen Tag stagniert, und das, obwohl es im Gesamtmarkt starke Rallyes zu immer neuen Hochs gab. Hatten die Ana-lysten mit ihrer positiven Meinung, daß Wal-Mart »ein sehr gutes Unter-nehmen« sei, unrecht? Gewiß nicht, da das Unternehmen weiterhin Marktanteile gewinnt und einen respektablen Umsatzanstieg aufweist.

Der Grund für die Stagnation der Aktien beruht, wie Ihnen jeder Ana-lyst jetzt sagen kann, auf der Tatsache, daß sich die Umsatzwachstums-rate verlangsamte und als Resultat davon der Anleger nicht mehr bereit war, das Unternehmen mit einem so hohen KGV zu bewerten. Um es zu wiederholen: Die Schwäche der fundamentalen Analyse zeigt sich sehr deutlich, da sie sich als schlechter Prophet für die zukünftige Kursent-wicklung der Wal-Mart Aktien erwies und diese Kursentwicklung nur durch einen »Blick zurück« erklären konnte.

Dies scheint eine harsche Kritik der fundamentalen Analyse zu sein, und man könnte argumentieren, daß sie nicht mit der Tatsache überein-stimmt, daß auf lange Sicht fast 100 Prozent der Kursbewegung von Ak-tien aufgrund der Höhe der Gewinne erklärt werden können. Tatsächlich legte Stephen Todd in seinem Buch *Todd Market Timer* kürzlich dar, daß von 1935 bis 1995 der Dow Jones Industrial Average um 4.400 Prozent gestiegen ist, während das Gewinnwachstum der enthaltenen Aktien durchschnittlich 4.200 Prozent betragen hat; eine bemerkenswerte Über-einstimmung.[2]

Das Problem der fundamentalen Analyse ist, daß sie ein gutes Hilfs-mittel zur Darstellung der tatsächlichen Situation ist, sich jedoch *nicht* als Hilfsmittel für das Bestimmen zukünftiger Kurse, besonders im kurzfris-tigen Bereich, in dem Optionstrader agieren, eignet. Es gibt einfach zu

---

2 *The Todd Market Timer*, 16. Dezember 1996, 12. Jahrgang, Ausgabe 18, Seite 1, 26861 Trabuco Rd., Mission Viejo, CA 92691

viele Erwägungen und zu viele Interpretationsmöglichkeiten, die der zukünftigen Kursbestimmung zugrunde liegen. Meiner Meinung nach ist es unmöglich, ein Modell zu entwickeln, das alle unternehmensspezifischen und wirtschaftlichen Faktoren in Betracht zieht, die das zukünftige Umsatzwachstum beeinflussen und ihnen die entsprechende Gewichtung gibt. Und auch wenn dies möglich wäre, ist es unmöglich zu bestimmen, wie der Markt die Aktie aufgrund dieser Faktoren bewerten würde.

Obwohl die technische Analyse sicherlich nicht der »heilige Gral« zur Prognose der Aktienkursbewegungen ist, bietet sie einen Vorteil, indem bei ihr die Kurs- und Volumenmuster analysiert werden, die auf der Tatsache beruhen, wie die Anleger die Aktie oder den Markt momentan sehen. Kein einzelner technischer Indikator »funktioniert« in allen Fällen als Hilfsmittel für eine Prognose, und viele können sich bei einem »schönen« Chart sehr schnell verschlechtern. Es wäre aber sehr unwahrscheinlich, daß ein Techniker bezüglich des Wal-Mart-Charts in die gleiche Falle tappen würde wie der Fundamentalist. Die Kursbewegung verschlechterte sich trotz der einhelligen »Kaufempfehlungen« der Wall Street sehr deutlich, und die Fundamentalisten konnten nur im Nachhinein feststellen, daß der Markt dabei den zukünftigen Trend einer Verlangsamung der Umsatzwachstumsrate, die 1992 den Höhepunkt einer bis dahin unerreichten Bewertung erreichte, widerspiegelte und sich seitdem abschwächte. Mit anderen Worten: In diesem Fall, wie auch in vielen anderen, zahlt es sich aus, auf den Markt zu hören und nicht auf die Berichte von Unternehmensanalysten.

Es zahlt sich jedoch nicht immer aus, auf den Markt zu hören, da die technische Analyse auch ihre Grenzen hat. Es gibt eine starke Tendenz bei der technischen Analyse, anzunehmen, daß sich Kursmuster aus der Vergangenheit wiederholen werden. Fünf verschiedene technische Analysten können bei der Beurteilung des gleichen Charts zu fünf unterschiedlichen Ergebnissen kommen. Die technische Analyse bietet jedoch eine sehr wichtige, lebensnahe Perspektive. Um Humphrey Neill zu zitieren: »Ich bin nicht gegen die intelligente Nutzung von Charts. Ihre Verwendung ist der Mühe wert, besonders für die Kontrolle von vorgefaßten Ideen oder von Tips. Es ist die Art, den Chart als das »einzig Wahre« zu verwenden, die mir Angst macht.«[3]

Bei der gängigen Analyse scheint man Neills Worte zu beachten, da nun viele Fundamentalisten einige Hilfsmittel der technischen Analyse verwenden, und die meisten Techniker jetzt an den erwarteten Vierteljahresumsätzen, Produktankündigungen und anderen fundamentale Schlüsseldaten interessiert sind. Die Market Technicians Association

---

3 Neill, Art of Contrary Thinking, 180.

wurde ein bedeutendes Sprachrohr der Marktanalyse, und die Bezeichnung Certified Market Technician (CMT) ist die technische Parallele zur bekannteren fundamentalen Bezeichnung Chartered Financial Analyst (CFA). Inzwischen gibt es einige Leute, die beide Titel tragen.

Wenn Sie oder Ihr Berater einer dieser »Fundatechniker« sind, habe ich gute und schlechte Nachrichten für Sie. Die gute Nachricht ist, daß für gewöhnlich starke fundamentale und starke technische Faktoren eine *notwendige* Voraussetzung für eine Aktie sind, um zu steigen. Die schlechte Nachricht ist, daß im Laufe der Zeit hinzukommende starke fundamentale und starke technische Faktoren keine *ausreichende* Voraussetzung für zukünftige Stärke sind.

Diese Aussage ist für den Erfolg beim Handel mit Optionen so grundlegend, daß sie es verdient, wiederholt zu werden: Obwohl es üblicherweise für eine Aktie oder einen Kaufkandidaten eines Industriezweiges notwendig ist, starke fundamentale und starke technische Voraussetzungen zu erfüllen, reicht dies nicht aus. Die Erwartungen der Anleger haben Auswirkungen auf die Kraft und die Wichtigkeit von fundamentalen und technischen Daten.

Lassen Sie uns fortfahren mit der in der Einleitung begonnenen Diskussion über die Erwartung der Anleger, die als »entgegengesetzte Meinung« bekannt ist, und warum sie so wichtig für den Erfolg beim Handel mit Optionen ist. Beachten Sie, daß ich nicht erwarte, daß Sie ein Meister in der Technik werden, die Anlegererwartungen zu beurteilen, sondern daß Sie erkennen, wie wichtig diese Erwartungshaltung bei der Prognose zukünftiger Aktienkurse ist, da die wenigsten Optionstrader deren Bedeutung erkennen und Ihnen dies immer einen wichtigen Vorteil bringt, egal für welche Optionsstrategie Sie sich auch entscheiden.

DIE THEORIE DER ENTGEGENGESETZTEN MEINUNG

The Art of Thinking änderte die Art, wie ich an Investitionen heranging, grundlegend. Humphrey Neill betonte, wie wichtig es ist, die Erwartungshaltung der investierenden »Masse« zu messen, da die Handlungen der überwiegenden Mehrheit der Anleger charakteristisch für das Massenverhalten sind. Hinzu kommt laut Humphrey: »Da die Masse nicht denkt, sondern impulsiv handelt, ist die öffentliche Meinung häufig verkehrt.« [4]

Neill wies ebenso darauf hin, wie wichtig es ist, bei der Entwicklung von Anlageentscheidungen alles kritisch und gründlich zu durchdenken.

---

4 Ibid., 35.

Das gibt Ihnen einen sofortigen Vorteil gegenüber dem Durchschnittsanleger, von dem Neill behauptet, daß er »nicht denkt – und auch nicht denken will«. [5] Und wenn der Durchschnittsanleger sich gezwungen sieht, zu denken, dann neigt er dazu, »berechenbar zu denken« oder »genauso zu denken, wie alle anderen auch«, was wiederum »im allgemeinen zu falschen Beurteilungen und Schlußfolgerungen führt«. [6]

Eine genaue Anwendung von Neills Handelsansätzen hilft Ihnen zu vermeiden, wie die Masse zu denken, da Sie dazu tendieren werden, kritisch und unabhängig zu denken, und nicht vom Offensichtlichen verführt werden. Es leitet Sie auch dazu an, die Erwartungen der Masse zu messen, damit sie gegenüber der Masse einen gegenteiligen Standpunkt beziehen können – aber nur, wenn es angebracht erscheint. Sie müssen daran denken, daß die Masse nicht immer unrecht hat. Tatsächlich scheint es, als läge sie inmitten eines Trends richtig, bei Markthochs oder -tiefs jedoch fast immer falsch. Wie Neill bemerkte: »Die Masse liegt vielleicht öfters richtig als falsch. In Bezug auf Aktien liegt die Masse *während* eines Trends richtig, nicht aber an dessen Anfang und Ende.« [7]

Die Tatsache, daß die Masse nicht immer unrecht hat, ist eines von mehreren wichtigen Mißverständnissen bei der entgegengesetzten Meinung und einer der Hauptgründe, warum so viele Analysten bei dem Bullenmarkt 1990 daneben lagen. Der Zeitpunkt und eine gewisse Blindheit für den Aktienmarkt führte die Bären wieder einmal bei ihrer Einschätzung an der Nase herum, daß das Ende der Aufwärtsbewegung bevorsteht. Ein schrecklicher Preis mußte von denjenigen bezahlt werden, die Neills Maxime ignoriert hatten, daß die Masse in der Mehrheit der Fälle recht hat. An der äußersten Kursspitze wird die Masse überenthusiastisch und überinvestiert sein, solch ein Enthusiasmus ist lediglich eine notwendige, jedoch noch nicht ausreichende Bedingung, daß ein Kurshoch gebildet wurde.

Es gibt noch andere Mißverständnisse, was die entgegengesetzte Meinung eigentlich bedeutet, auf die wird aber in Kapitel 12 noch ausführlicher eingegangen. Beispielsweise geht es bei der entgegengesetzten Meinung nicht darum, zu niedrigen Kursen billige Aktien zu kaufen. Aus »billig« kann immer »noch billiger« werden, und es ist genauso gefährlich, eine Aktie, die sich im freien Fall befindet, »am Tief« kaufen zu wollen, wie es gefährlich ist, eine Aktie zu kaufen, nur weil sie neue Hochs erreicht. Als »Einschätzer der Masse« neigen Sie aber dazu, von Aktien angezogen zu werden, bei denen die Erwartungshaltung niedrig ist, und

---

5 Ibid., 54.
6 Ibid., 1.
7 Ibid., 44.

damit meiden Sie für gewöhnlich die Masse; und wenn eine Aktie oder ein Bereich von der Masse über alles geliebt wird, neigen Sie dazu, sie bzw. ihn zu meiden.

Zusammenfassend kann man sagen, daß es bei der wahren entgegengesetzten Meinung darum geht, bei geringer Erwartung zu kaufen und nicht bei niedrigen Kursen. Tatsächlich ist es, wie wir in Kapitel 3 sehen werden, oftmals am besten, die Philosophie zu haben: »Hoch kaufen und noch höher verkaufen«. Und da eine geringe Erwartung oftmals starke technische und fundamentale Faktoren begleitet, kann ein entgegengesetzter Handelsansatz erfolgreich eingesetzt werden, ohne die Gefahren, Aktien oder Branchen am Tief kaufen zu wollen.

WIE DIE ERWARTUNGEN DIE AKTIENKURSBEWEGUNG BEEINFLUSSEN

Es ist sehr wichtig, daran zu denken, daß der »Kurs« einer Aktie die Summe der tatsächlichen Erwartungen der Anleger ist. Wenn diese Erwartungen zu niedrig sind, hat eine Aktie die Tendenz, stark zu steigen. Das liegt daran, daß die Kluft zwischen dem Aktienkurs, der die niedrigen Erwartungen und dem Aktienkurs, der die tatsächliche Situation widerspiegelt, geringer wird. Entsprechend verhält es sich, wenn die Erwartungen zu hoch sind. Die Aktie zeigt jetzt eine Tendenz zu fallen, da die hohen Erwartungen nach unten angepaßt werden müssen, um besser der tatsächlichen Situation gerecht zu werden.

Es gibt Fälle, bei denen diese »Erwartungskluft« fast augenblicklich überbrückt wird. Wir haben beispielsweise schon alle hochgelobte Aktien gesehen, bei denen nach einem starken Kursanstieg ein Bericht über »überraschend positive Umsatzerwartungen« angekündigt wurde, und kaum war dieser positive Bericht veröffentlicht, fielen die Kurse. Die Finanzblätter erklärten dieses augenscheinlich widersprüchliche Kursverhalten mit »Gewinnmitnahmen« und »Verkauf bei Neuigkeiten«. Die richtige Antwort ist jedoch, daß die Erwartungen der Investoren im Vorfeld des Berichtes zu hoch waren. Hohe Erwartungen sind für gewöhnlich gleichzusetzen mit zu wenig freiem Kapital, da nahezu all diejenigen Anleger, die ihr Kapital in die Aktie anlegen wollten, dies bereits getan haben. Wenn also der günstige Bericht veröffentlicht wird und die unausweichlichen Gewinnmitnahmen aufgrund der Nachrichten einsetzen, ist nicht mehr genügend freies Kapital verfügbar, um in die Aktie zu fließen, und die Kurse fallen.

Wenn die Erwartungen zurückhaltend sind, oder noch besser, wenn sie niedrig sind, wäre die Aktie, obwohl einige Leute »Gewinne mitgenommen« hätten, aufgrund des guten Berichts wahrscheinlich stark gestiegen.

Warum ist das so? Weil zurückhaltende Erwartungen ein Zeichen möglicher Kaufkraft sind, da sehr wahrscheinlich viele skeptische Anleger »Gewehr bei Fuß« stehen. Wenn die überraschend guten Unternehmenszahlen veröffentlicht werden, wird wahrscheinlich genug freies Kapital in die Aktie fließen, um das höhere Angebot durch die Gewinnmitnahmen aufzufangen. Das Ergebnis ist, daß die Aktie steigt.

ANWENDUNG DER ERWARTUNGSANALYSE UND DER ENTGEGENGESETZTEN MEINUNG

Lassen Sie uns den Chart von Telmex auf Abbildung 1.2 betrachten, und konzentrieren wir uns auf den Dezember 1994. Beachten Sie, daß Telmex seit seinem Hoch Anfang des Jahres bereits um 50 Prozent gefallen ist. War aber Telemx deshalb »billig«? Meine Erwartungsanalyse sagte »keinesfalls«, und ich warnte meine Abonnenten, sich zu engagieren, wie verlockend dieser »niedrige« Kurs auch sein mag.

Woher wußte ich, daß Telmex möglicherweise noch weiter absinken könnte? Eine Möglichkeit war ganz einfach, den Finanzteil der Zeitungen zu lesen. Im Dezember 1994 berichteten die Medien pflichtgemäß von den Ansichten der Wall-Street-Gemeinde über den mexikanischen Markt. Ungeachtet der Tatsache, daß dieser Markt förmlich kollabiert ist, rief die Wall Street jedem, der es hören wollte zu: »Kaufen, kaufen, kaufen«.

Abb. 1.2 TELMEX, WOCHENCHART

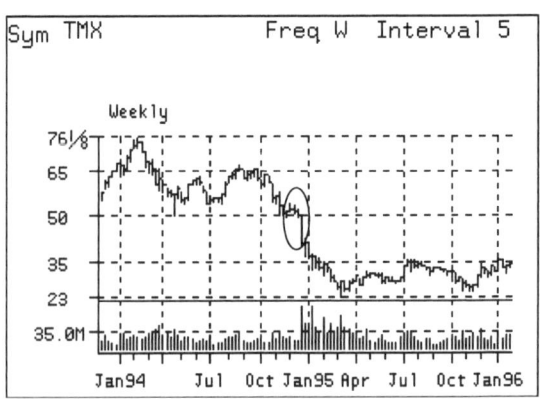

Nachdruck mit freundlicher Genehmigung von ILX Systems.

Während extreme Reaktionen auf Marktsituationen recht einfach zu erkennen sind, ist es ebenso wichtig, eine *Selbstzufriedenheit* der Medien zu bemerken – ein sicherer Weg herauszufinden, daß eine schwache Aktie oder ein schwacher Bereich noch nicht seinen Boden gefunden hat. Tatsächlich ist in einem fallenden Markt nichts gefährlicher als eine schwache Reaktion auf die Abwärtsbewegung, da diese Schwäche ein starkes Signal ist, daß die Erwartungen trotz des »niedrigen« Kurses noch immer zu hoch sind.

Es kamen bei den Erwartungen noch weitere störende Faktoren hinzu. Bei dem Versuch, eine Bodenbildung herbeizureden, kauften Optionstrader große Mengen von Calls, während die Telmex-Aktien weiterhin fielen. Bei der tatsächlichen Bodenbildung neigten die Optionstrader verstärkt dazu, Puts zu kaufen, da diese falsch liegenden Spieler dachten, ein Desaster stehe bevor. Auch erwartete man, daß Fondsbesitzer wegen der miserablen Performance in diesem Jahr aus lateinamerikanischen Fonds aussteigen würden. Sie stiegen jedoch nicht aus, da die Anleger vertrauensvoll auf die Trendwende warteten, die sie unvermeidbar kommen sahen.

Tatsache ist, daß im Dezember 1994 die Erwartungen an Telmex und die lateinamerikanischen Märkte viel zu hoch waren, um eine wirkliche Bodenbildung zu ermöglichen. Und es war klar, daß 1995 noch einige deutliche Kursabschwächungen zu erwarten waren, bevor sich die Situation zu stabilisieren begann.

DAS TITELSEITEN-PHÄNOMEN

Keine Diskussion über die Theorie der entgegengesetzten Meinung und die Wichtigkeit, die Erwartungen der Anleger zu messen, wäre komplett, ohne einen Blick auf die Titelseiten von Zeitschriften und die Folgerungen, die man daraus schließen kann.

Die Titelseiten von Zeitschriften dienen erstaunlich oft als exakte Kontra-Indikatoren, und wenn ein Wirtschaftsbericht bereits auf der Titelseite einer normalen Zeitschrift angekündigt wird, gilt dies noch mehr. Es ist ganz einfach: Wenn auf der Titelseite einer Zeitschrift eine Aktie oder ein Trend in einem positiven Licht dargestellt wird, ist es sehr wahrscheinlich, daß diese Aktie bereits am oder nahe ihres Höhepunktes steht. Oder im anderen Fall, wenn auf einer Titelseite für eine Aktie oder einen Trend negative Schlagzeilen zu finden sind, ist es sehr wahrscheinlich, daß eine Bodenbildung bevorsteht bzw. im Gange ist.

Warum funktionieren Titelseiten so gut als Kontra-Indikator? Weil sie uns einen guten Einblick dafür geben, wann die Erwartungshaltung der Anleger in einem extremen Bereich ist.

Nur wenn ein Trend bereits lange genug intakt ist, um bekannt genug zu sein und fast unbegrenzt akzeptiert zu werden, erscheint er auf der Titelseite, da die Zeitungsverleger darauf bedacht sind, ihr Produkt am Kiosk zu verkaufen. Die Redakteure suchen nach dem »Aha!« und nicht nach dem »Häh?« der zukünftigen Zeitungskäufer. Man gewinnt nichts, kann aber viel mit einer Titelstory über einen obskuren Trend verlieren, von dem nur wenige wissen und an dem noch weniger interessiert sind.

Wenn wir also wissen, daß auf den Titelseiten nur solche Trends auftreten, die bereits seit langem im Gange und allgemein bekannt sind und akzeptiert werden, wie werden sich diese Trends weiterentwickeln, nachdem die Zeitungen erschienen sind? In der überwiegenden Mehrheit der Fälle haben diese Trends bereits ihre Spitze erreicht und sind kurz davor zu drehen.

In der Finanzwelt war es schon immer so, daß das »kluge Kapital« sehr früh Trends erkennt und dann auch kauft, und das lange bevor diese Trends die Aufmerksamkeit der Medien auf sich ziehen. Wenn die Aufmerksamkeit der Medien wächst, fängt auch der »kleine Mann« – der mit steter Regelmäßigkeit spät in den Trend einsteigt – an, sich zu engagieren. Wenn der Trend einmal die Beachtung der Titelseiten gefunden hat, ist er meist mit Sicherheit an seiner Spitze angelangt, da er nun auch dem letzten bekannt sein dürfte. Tatsächlich ist es sehr wahrscheinlich, daß das kluge Kapital seine Aktien an die begierigen Titelseiten-Käufer verkauft.

Ein klassisches Beispiel von der Macht von Titelseiten als Kontra-Indikator bietet uns das *Time*-Magazin. Am 9. November 1992 wird in der Schlagzeile des *Time*-Magazins gefragt: »Kann GM in der heutigen Welt überleben?« Die Folgen dieser Titelseite und der Titelstory müßten für General Motors schrecklich sein. Abbildung 1.3 zeigt die historische Kursbewegung der GM-Aktien. Beachten Sie den Kurs von GM zum Zeitpunkt der *Time*-Titelseite im November 1992. Nun gehen Sie zum 13. Dezember 1993, als *Time* ein Foto mit den triumphierenden Vorstandsvorsitzenden der drei größten Automobilhersteller brachte. Die Titelstory war ein glühender Tribut an das Comeback der amerikanischen Automobilindustrie und war sehr optimistisch für deren Zukunft.

Was stimmt an diesem Bild nicht? Jeder Anleger, der im November 1992 seine GM-Aktien aufgrund der negativen Titelstory im *Time*-Magazin verkauft und dann im Dezember 1993 aufgrund der positiven Titelstory wieder gekauft hat, hat in beiden Fällen das Falsche zur falschen Zeit getan.

Sind die verdrehten Folgen, die nach diesen Titelstories auftraten, verwunderlich? Nur für die überwiegende Mehrheit der Anleger, die keine Ahnung von der konträren Auswirkung haben. Die Titelseite im November 1992 kam zu einer Zeit höchst negativer Einstellung gegenüber GM

Abb. 1.3 GENERAL MOTORS, MONATSCHART, DER DAS TITELSEITEN-PHÄNOMEN ZEIGT

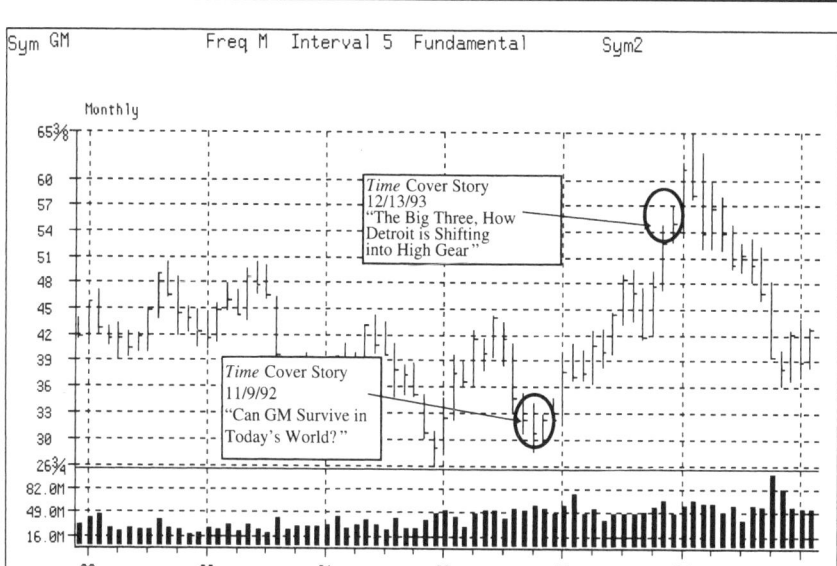

Nachdruck mit freundlicher Genehmigung von ILX Systems.

und der Automobilindustrie. Sie war eine letzte Warnung an die Anleger-gemeinde, sich von ihren GM-Aktien zu trennen, was sie dann auch pflichtgetreu tat. Es war aber auch ein Aufruf an das kluge Kapital, von ei-ner in Panik geratenen Masse GM-Aktien zu kaufen.

Bis Dezember 1993 hat die Stimmung fraglos eine sehr positive Wen-dung genommen. Automobilaktien sind sehr stark gestiegen, und die Aussichten für die amerikanische Automobilindustrie erschienen in ei-nem viel besseren Licht. Deshalb war es für die Medien eine sichere Sache, die Vorstandsvorsitzenden der »Großen Drei« auf der Titelseite als Helden zu feiern. Aber war es auch für die Anleger eine sichere Sache, die Aktien dieser Unternehmen zu kaufen? Absolut nicht, wie man aus Abbildung 1.3 klar ersehen kann. In der Tat war es für das kluge Kapital an der Zeit anzufangen, seine Aktien an das jetzt enthusiastische Volk abzugeben.

Keine dieser Bemerkungen über Titelstories und ihre Funktion als Kontra-Indikatoren ist dazu gedacht, die redaktionelle Qualität der ge-nannten Publikationen anzugreifen. Ehrlich gesagt gibt gerade die Tatsa-che, daß diese Publikationen als redaktionell sehr hochwertig bekannt sind, ihnen die Glaubwürdigkeit und den notwendigen Respekt für sol-che Entschlüsse, das Gegenteil davon zu tun. Die Frage ist hier die des Timings. Die Artikel selbst sind sehr informativ und entsprechen den Tatsachen. Aufgrund der Natur solcher Magazine (wie ganz allgemein in der Medienwelt) ist das Erscheinen solcher Artikel als Titelstory schon fast per definitionem ein Kontra-Indikator für die Anleger.

In unserer zunehmend aufgeklärten Investmentwelt erschien das Titelseiten-Phänomen fast als verrückt. Wenn Sie aber verstehen, daß die Erwartungshaltung oft das fehlende Glied bei der Vorraussage von zukünftigen Aktienkursen ist, ist die Vorgehensweise, Titelseiten als Hilfsmittel für die Kursentwicklung zu verwenden, ziemlich logisch.

PROGNOSEN AUFGRUND ÜBEREINSTIMMENDER MEINUNGEN

Prognosen aufgrund übereinstimmender Meinungen bieten uns eine weitere gegensätzliche Einsicht durch die Medien. Diese Prognosen werden für gewöhnlich am Ende eines Kalenderjahres gemacht, wenn sich Redakteure dazu berufen fühlen, uns mit Prognosen für das neue Jahr zu beglücken. Warum? Weil diese zu den am bestverkauften Ausgaben des ganzen Jahres zählen, da viele Leute durch einen Blick in die Kristallkugel der »Experten« zum Kauf gelockt werden.

Diese Prognosen aufgrund übereinstimmender Meinungen sind fast ohne Ausnahme eine Aufzählung der aktuellen Trends, was per definitionem bedeutet, daß sie falsch sein werden, wenn eine Trendwende bevorsteht. Und wie wir in Kürze sehen werden, besitzen Trendwenden eine verblüffende Fähigkeit, mit dem neuen Jahr zusammenzufallen.

Sie werden aber vielleicht sagen, daß die Leute, die ihre Prognosen für das neue Jahr abgeben, zu den klügsten Köpfen in diesem Geschäft zählen. Warum verwenden wir sie dann als Kontra-Indikator?

Neill bietet uns eine großartige Erklärung für diese anscheinend paradoxe Situation:

Ich halte daran fest, daß es ein Lotteriespiel ist, wenn jemand seine Schlüsse aus Beobachtungen oder aus den »Aktivitäten der Masse« zieht.

Unzählige Prognosen (ich möchte sogar behaupten die *Mehrheit* der Prognosen) bestehen hauptsächlich daraus, daß in die Zukunft projiziert wird, was in der Gegenwart geschieht. Man erwartet, daß sich die Trends von heute auch morgen und in den nächsten Wochen fortsetzen werden. [8]

---

8 Ibid., 169.

Schauen wir uns eine tatsächliche Situation an, die ein hervorragendes Beispiel für die Kraft der Prognosen zum Jahresende als Kontra-Indikator ist: 1993 war der Bondmarkt sehr stark, was bedeutet, daß die langfristigen Zinsen niedrig und fallend waren. Zum Jahresende 1993 ließ die *Business Week* 50 verschiedene Volkswirte ihre Prognosen für 1994, inklusive die für die langfristigen Zinsen, abgeben. Tabelle 1.1 zeigt die höchsten und tiefsten Prognosen für langfristige Zinsen 1994, wie sie in der Untersuchung von *Business Week* erschienen. Die meisten dieser Pro-

Tabelle 1.1 **VORAUSSAGEN DER VOLKSWIRTE FÜR 1994**

	30-Year Treasury Yields (%)
Dean Witter Reynolds	7.00
Tokai Bank	5.80
C.J. Lawrence	5.00
Deutsche Bank	7.10
Bear Sterns	7.00
Mellon Bank	5.75
A.Garry Shilling & Co.	5.00
DKB Securities	5.50
Robert H. Parks & Assoc.	5.00
Consensus of 50 economists	**6.30**

Auszug aus der Tabelle von Business Week, 27. Dezember 1993

Tabelle 1.2 **VORAUSSAGEN DER VOLKSWIRTE FÜR 1995**

	30-Year Treasury Yields (%)
Tokai Bank	9.00
Georgia State University	8.65
Weyerhaeuser	9.00
Argus Research	9.00
Univ. of North Carolina	5.65
Bankers Trust	7.00
First Chicago	8.90
Shawmut National	7.20
Chemical Bank	7.25
Consensus of 50 economists	**7.86**

Auszug aus der Tabelle von Business Week, 26. Dezember 1994

gnosen waren extrem optimistisch. Diese Prognosen spiegelten das gute Jahr wider, das die Bonds 1993 hatten, und die Schlüsse, die daraus gezogen wurden (siehe oben). Wie sich jedoch herausstellte, war 1994 das schlechteste Jahr seit 1927, und sogar die pessimistischste Prognose zum Jahresende 1993 war weit von der tatsächlich erreichten Marke entfernt: Die langfristigen Zinsen stiegen 1994 auf 8,5 Prozent.

Schauen wir uns jetzt das Jahresende 1994 an. Wie Sie in Tabelle 1.2 sehen, lernten die Prognostiker der *Business Week* »ihre Lektion« von den steigenden langfristigen Zinsen 1994, und ihre Prognosen für 1995 waren aufgrund der Schlüsse, die sie aus 1994 gezogen hatten, sehr pessimistisch. Wieder einmal verpaßten sie die tatsächliche Marke um ein Vielfaches. 1995 war eines der besten Jahre für den Bondmarkt, und die langfristigen Zinsen fielen tiefer, als selbst die optimistischsten Prognostiker zum Jahresende 1994 erwartet hatten.

DIE VERWENDUNG DES OPTIONSMARKTES, UM DIE ERWARTUNGEN ABZUSCHÄTZEN

Die Aktivitäten der Optionstrader zu verfolgen, kann ein sehr effektives Maß für die Erwartungen der Anlieger bieten. Solch ein System für die Verfolgung der Aktivitäten ist der Eckpfeiler meiner eigenen Erwartungsanalyse.

Iomega (IOM) und Micron Technologies (MU), zwei Überflieger bei den Technologieaktien, die letztendlich seit ihrem Hoch stark gefallen sind, bieten uns eine aktuelle Illustration, wie mächtig das Einbinden der entgegengesetzten Meinung beim Verhalten der Optionstrader sein kann, wenn man ihr Verhalten der Kursbewegung der Aktie gegenüberstellt. Während der Rallye von IOM und MU versuchten Optionsspekulanten ein Hoch zu erwischen, indem sie äußerst massiv Put-Optionen kauften, wie man am eingekreisten Put/Call-Verhältnis auf Abbildung 1.4 und 1.5 sehen kann. Die Tatsache, daß diese Spekulanten gegen den Trend gingen, war ein sehr guter Kontra-Indikator und sprach für eine Fortsetzung der Rallye in diesen Aktien.

Beachten Sie jedoch, daß die Spekulanten schließlich »erwischt« und dadurch noch bullischer wurden, als die Aktien weiter zu ihren ultimativen Hochs stiegen. Dies beweist die Abschwächung des Put/Call-Verhältnisses während dieser Phase (siehe Einkreisung Nr. 2 in den Abbildungen 1.4 und 1.5). In diesem Zeitraum hatte die Masse recht und ihr Verhalten entsprach dem Aufwärtstrend dieser Aktien. Solch eine Phase bietet dem Kontra-Trader wenig Anhaltspunkte.

Das Verhalten dieser Optionsspekulanten gab jedoch wieder einmal

Abb. 1.4 **IOMEGA (IOM), PUT/CALL OPEN INTEREST**

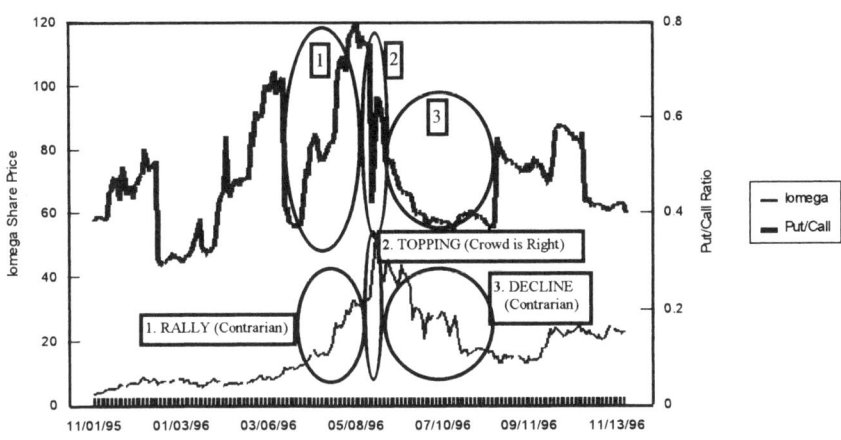

Abb. 1.5 **MICRON TECHNOLOGY (MU), PUT/CALL OPEN INTEREST**

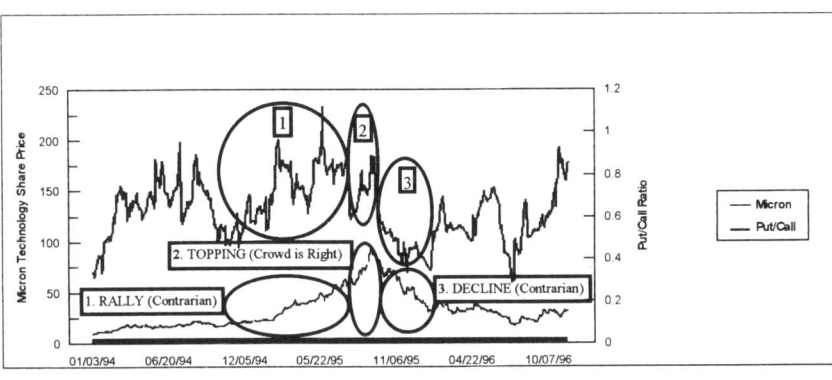

Anlaß, es als Kontra-Indikator zu verwenden, da diese Aktien ihr Hoch erreicht hatten und nach unten abdrehten, die Optionsspekulanten aber, trotz der Abschwächung der Aktienkurse, weiterhin sehr aggressiv blieben. Die Optionsspekulanten glaubten nun, daß diese Aktien ihre Aufwärtstrends wieder aufnehmen würden, anstatt sich weiter abzuschwächen. Sie kauften weiterhin Calls, wie das in Nummer 3 eingekreiste Put/Call-Verhältnis in den Abbildungen 1.4 und 1.5 erkennen läßt. Wieder einmal erwiesen sich die gegen den Trend gerichteten Aktivitäten der Optionsspekulanten bei IOM und MU, die deutlich unter ihre Hochs fielen, als exzellenter Kontra-Indikator.

41

DIE MACHT DES KAUFS VON BRANCHEN MIT NIEDRIGER ERWARTUNG

Als letztes Beispiel, das Ihnen die Wichtigkeit, die Erwartung der Anleger richtig zu deuten, verdeutlichen soll, lassen Sie uns die »allerbeste« Situation, die einem bullischen Anleger passieren kann, betrachten: Die Erwartungen sind eindeutig niedrig, dennoch sind die technischen und fundamentalen Daten relativ stark. Diese Situation kann am besten anhand des Einzelhandels verdeutlicht werden. Demonstrieren möchte ich wird dies anhand des Charts von Fidelity Select Retailing Fund (siehe Abbildung 1.6).

Ende 1990 war die Nation in einer gedrückten Stimmung, da die Gefahr eines Krieges am Golf wuchs und unausweichlich näherkam. Und nirgendwo wurde diese gedrückte Stimmung offenkundiger als im Verhalten der Wall Street gegenüber dem Einzelhandel. Artikel auf Artikel erklärte den »Tod der Einkaufszentren«, und das Ende der Sinneshaltung »Kaufen bis zum Umfallen«. Es wurde gesagt, die Konsumenten wären überstrapaziert und niedergeschlagen, und man erwartete, die Einzelhandelsindustrie würde dafür einen schrecklichen Preis zahlen müssen, da die Konsumenten während der weihnachtlichen Einkaufszeit 1990 und auch bis ins Jahr 1991 wegbleiben würden.

Waren die Bedingungen wirklich so schlecht? Definitiv nicht. Obwohl das Weihnachtsgeschäft 1990 nicht allzu stark war, übertraf es die Erwartungen der Schwarzmaler. Zusätzlich bekam die Nation sehr bald eine große psychologische Stütze, als klar wurde, daß der Golfkrieg ein Triumph für die alliierten Streitkräfte werden würde.

Wie entwickelte sich der Fidelity Select Retailing Fund 1991? Erstaunlicherweise erzielte dieser eher konservative Spartenfonds eine Rendite von 68 Prozent (siehe ersten eingekreisten Bereich in Abbildung 1.6). Angesichts der negativen Äußerungen der Medien, des Kaufs von Put-Optionen und der immensen Leerverkäufe, die diesen Bereich Ende 1990 begleitet haben, ist das eigentlich nicht sehr erstaunlich.

Heiligabend 1995 erschien in der *New York Times* auf der Titelseite die Schlagzeile: »Der Einzelhandel berichtet von einer Einkaufssaison, die man getrost vergessen kann – miese Prognosen für 1996«. Beachten Sie, daß die Bedeutung einer wirtschaftsbezogenen Titelstory im allgemeinen riesig ist, da die meisten Wirtschaftsbelange dem Wirtschaftsteil der Zeitung vorbehalten sind. Wenn also ein wirtschaftsorientierter Bericht auf der Titelseite erscheint, wissen Sie, daß die Erwartungshaltung an einem Höhepunkt angekommen ist.

In der Ausgabe vom 31. Januar 1996 erklärte das *Wall Street Journal*: »Der Einzelhandel erzielte im Dezember ein niederschmetterndes Ergebnis.«

Abb. 1.6 **FIDELITY SELECT RETAILING FUND, MONATSCHART**

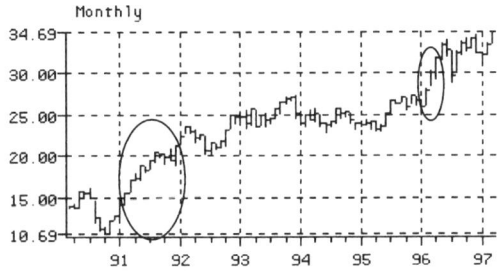

Sym FSRPX   Freq M Interval 5 Fun

Nachdruck mit freundlicher Genehmigung von ILX Systems.

War das Weihnachtsgeschäft für den Einzelhandel wirklich so schrecklich? Wieder ist die Anwort »nein«. Es gab sicherlich einzelne Einzelhandelsgeschäfte, denen es in dieser Zeit nicht gut ging, tatsächlich aber lagen die Einzelhandelsumsätze im Dezember 1995 höher als im Dezember 1994.

Als das neue Jahr näherrückte, hatten wir also wieder einmal überaus negative Erwartungen im Einzelhandelsbereich, und wieder einmal antwortete dieser Bereich mit herausragenden Jahresergebnissen. Der Fidelity Select Retailing Fund stieg 1996 um 21 Prozent, wobei der Hauptgewinn im ersten Quartal erzielt wurde (siehe den zweiten eingekreisten Bereich in Abbildung 1.6).

SCHLUSSBETRACHTUNG

Es sollte inzwischen klar sein, daß das Messen der Anlegererwartungen ein Eckpfeiler für den Anlageerfolg ist. Ebenso sollte klar sein, daß es sich bei der entgegengesetzten Meinung nicht darum handelt, ohne nachzudenken nach einem Kursrutsch Aktien zu kaufen, sondern daß dies ein Handelsansatz ist, der erfordert, daß Sie kritisch über alles, was Sie lesen und hören, nachdenken, und daß Sie die zeitlosen Worte von Sir Francis Bacon beachten: »Bezweifeln Sie erst alles, bevor Sie es glauben«.

Garantiert es Ihnen den Erfolg beim Optionstrading, wenn Sie verstehen, wie wichtig die Erwartungshaltung ist? Nein, da es im Anlagebereich keine Garantien gibt, woran Sie im Laufe dieses Buches auch immer wieder erinnert werden. Erfolgreiches Optionstrading beinhaltet die Kombination vieler verschiedener Bereiche. Wenn Sie jedoch die Erwartungen der Anleger verstehen, so gibt Ihnen das einen *entscheidenden Vorteil* gegenüber der überwiegenden Mehrheit der Optionstrader, die gar keine Ahnung haben, wie sehr diese Tatsache ihre Gewinnmöglichkeiten beeinflußt. Mit diesem Grundwissen der Erwartungsanalyse lassen Sie uns als nächstes detailliert untersuchen, wie die richtige zugrundeliegende Aktie für Ihren Optionstrade ausgewählt wird; einer der wichtigsten Faktoren für ein profitables Optionstrading.

2

Die Auswahl der richtigen Aktie

EINLEITUNG

Mark Twain schrieb 1888: »Der Unterschied zwischen dem *fast* richtigen Wort und dem richtigen Wort ist wirklich von großer Bedeutung – es ist wie der Unterschied zwischen Glühwürmchen und Blitz.«[1] Twains Gedanke über die Richtigkeit ist auch für den Handel mit Aktien und Optionen zutreffend. Die Auswahl der richtigen Aktie für eine Optionsstrategie *kann* einen Blitz beim Erwirtschaften von Gewinnen darstellen, und die Auswahl einer falschen Aktie kann den Trader aus dem Optionsspiel werfen.

Ihr Erfolg als Optionstrader hängt als erstes von Ihrer Fähigkeit ab, die richtige zugrundeliegende Aktie auszuwählen. Sie müssen in der Lage sein, die Persönlichkeit einer Aktie zu bestimmen und sie dann mit einer passenden Optionsstrategie zu paaren. Die Persönlichkeit einer Aktie beinhaltet die langfristige Richtung der Aktie, ob sich die Aktie in einem Trend oder in einer Seitwärtsbewegung befindet, wie die Aktie von der Masse der Anleger eingeschätzt wird, und die Erwartungen, die die Aktie umgeben, ob sie ein hohes (oder geringes) Gewinnpotential gegenüber dem Risiko aufweist. Dieses Kapitel zeigt nützliche Indikatoren für die Auswahl der richtigen Aktie, damit Sie sich Ihre passende Optionsstrategie, relativ zum Timing und zur Höhe der erwarteten Kursbewegung dieser Aktie, zusammenstellen können.

---

1 Anmerkung des Übersetzers: Dies ist ein Wortspiel, das sich nicht ins Deutsche übertragen läßt. Glühwürmchen heißt im Englischen »Lightning Bug« und Blitz »Lightning«.

TRADING IN RICHTUNG DER KURSBEWEGUNG

Wenn Sie in Richtung der herrschenden Kursbewegung traden, werden
Sie Ihre Optionsstrategie auf einer realistischen Annahme aufbauen, wo
der Kurs der zugrundeliegenden Aktie zu einem bestimmten Zeitpunkt
in der Zukunft sein könnte. Viele Leute spotten über die Bemühungen,
den richtigen Zeitpunkt für den Markt oder eine einzelne Aktie zu finden. Meine Erfahrung zeigt jedoch, daß es bedeutende Gelegenheiten
gibt, von einem unausgewogenen Markt zu profitieren, solange Sie wissen, wo Sie suchen müssen. Da ich den standardisierten Optionsmarkt
seit seiner Entstehung verfolge, glaube ich, daß die Gewinnmöglichkeiten im Optionsmarkt für den in Richtung der herrschenden Kursbewegung handelnden Trader trotz der großen Herausforderung, zukünftige
Aktienkurse vorhersagen zu wollen, durchaus der Mühe wert sind.

TRENDS UND SEITWÄRTSBEWEGUNGEN

Geld kann sowohl bei Trends wie auch bei Seitwärtsbewegungen verdient werden, nur bieten Trendphasen dem Optionstrader weitaus größere Gewinnmöglichkeiten. Bei einer Seitwärtsbewegung bewegt sich
eine Aktie zu ihrem letzten Hoch oder Tief, über- bzw. unterschreitet dieses aber nicht. Auf der anderen Seite endet bei einem Trend die Bewe-

**Abb. 2.1 COCA-COLA (KO), WOCHENCHART, 1994–1997,
MIT KONSOLIDIERUNG UND AUFWÄRTSTREND**

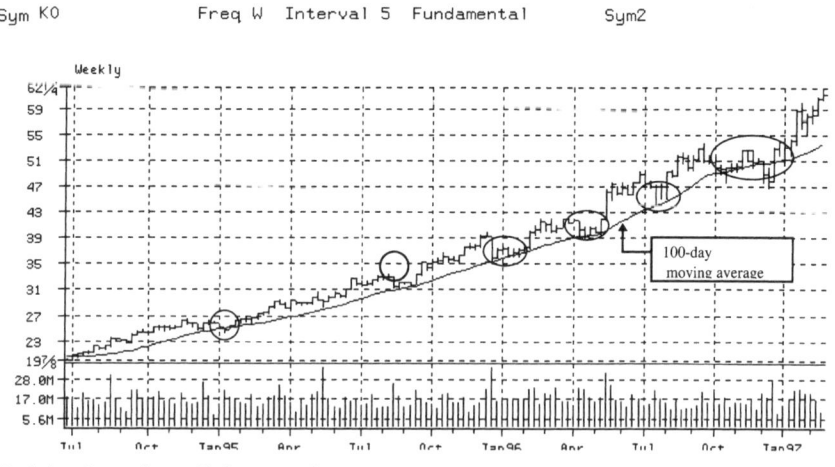

Sym KO   Freq W Interval 5 Fundamental   Sym2

Nachdruck mit freundlicher Genehmigung von ILX Systems.

gung nicht am letzten Hoch oder Tief. Tatsächlich wird ein Aufwärtstrend als eine Serie höherer Hochs und ein Abwärtstrend als eine Folge
tieferer Tiefs definiert. Während die besten »Kaufsignale« in den überverkauften Perioden eines Bullenmarktes erzeugt werden, sind Kaufsignale, die in einem Aufwärtstrend in zeitweilig überkauften Phasen gegeben werden, alles andere als optimal, da nach Konsolidierungsphasen die
Aufwärtsbewegung meist fortgesetzt wird. Als Käufer von Optionen muß
ein Trend in Ihre Richtung arbeiten, um den *Zeitwertverlust* (wird in Kapitel 3 besprochen) auszugleichen, der jeden Tag die Optionsprämie ein
wenig reduziert.

Coca-Cola (KO) ist ein hervorragendes Beispiel für eine Aktie mit steti-
gem Aufwärtstrend. Seit Mitte 1994 folgte nach jeder Konsolidierungsphase ein neues Hoch der Aktienkurse. Abbildung 2.1 zeigt einen gleitenden 100-Tage-Durchschnitt, der als Unterstützung für diese
Konsolidierungen diente und für gewöhnlich während des Aufwärtstrends eine gute Kaufgelegenheit bot (siehe eingekreiste Bereiche). Ein
einfacher gleitender Durchschnitt ist eine Aneinanderreihung von Daten-
punkten, die aus dem Durchschnitt einer bestimmten Anzahl (hier 100)
der letzten Schlußkurse einer Aktie berechnet werden.

Im Gegensatz zum Beispiel von Coca-Cola erreichte Home Depot
(HD), abgesehen von einer kurzen Rallye Anfang 1996, in der gleichen
Zeit keine Fortschritte. Bei Aktien, die sich in einer Seitwärtsbewegung
befinden, läßt sich die Kursrichtung schwerer vorhersagen, da diese bei
Seitwärtsbewegungen mehr zufälliger Natur ist. Auch die Gewinnmöglichkeiten sind bei einer Seitwärtsbewegung geringer als bei einem Trend,
auch wenn Sie zufällig gerade das Tief erwischen sollten.

Abb. 2.2 HOME DEPOT (HD), WOCHENCHART, JULI 1994 – APRIL 1997

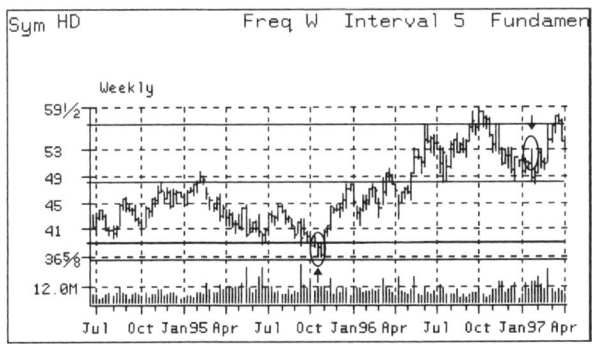

Nachdruck mit freundlicher Genehmigung von ILX Systems.

Wenn Sie beispielsweise das Wochentief von HD (27. Oktober 1995, siehe Abbildung 2.2) erwischt haben sollten, einen Januar-40-Call bei einem Aktienkurs von $36^7/_8$ gekauft und diesen am Verfalltag, dem 17. Januar 1997, bei einem Aktienkurs von $50^7/_8$ wieder verkauft hätten, wäre Ihr Gewinn 38 Prozent bei der Aktie und 146 Prozent bei der HD-Option gewesen. Wenn Sie jedoch am gleichen Tag, bei einem Aktienkurs von $35^{13}/_{16}$ (Splitbereinigt) einen Januar-40-Call von Coca-Cola gekauft und ihn am 17. Januar 1997 bei einem Aktienkurs von 58 fl verkauft hätten, wäre Ihr Gewinn mit 64 Prozent bei der Aktie und 322 Prozent bei der Option höher ausgefallen. Also auch in dem unwahrscheinlichen Fall, daß Sie aufgrund irgendwelcher magischer Umstände eine Aktie am Tief ihrer Seitwärtsbewegung kaufen, verpassen Sie sehr wahrscheinlich bessere Gelegenheiten bei trendierenden Aktien.

Die beste Vorgehensweise ist, bullisch orientierte Optionsstrategien bei Abwärtstrends und bärisch orientierte Optionsstrategien bei Aufwärtstrends zu vermeiden. Überraschenderweise haben einige Optionsspieler ein emotionales Bedürfnis, den Trend bekämpfen zu wollen, und versuchen, das Hoch oder Tief zu erwischen. Obwohl solche Kunststücke manchmal klappen, sind die meisten dieser Versuche, gegen den Trend zu handeln, zum Scheitern verurteilt. Unglücklicherweise ist die menschliche Psyche ein Experte darin, sich an die seltenen Fälle zu erinnern, in denen dieses Glücksspiel, gegen den Trend zu spielen, aufging. Erinnern Sie sich an Kapitel 1, in dem wir sagten, daß entgegengesetzte Meinung nicht bedeutet, bei Abwärtstrends billige Aktien zu kaufen, sondern Aktien mit geringer Erwartung, die oft schon im Aufwärtstrend sind. Während des Aufwärtstrends bei Coca-Cola wurde die Aktie beispielsweise als überbewertet belächelt, und es gab eine starke Tendenz von Put-Käufern gegen den Trend zu wetten. Dadurch entstand durch die geringen Erwartungen ein bullisches Umfeld, das ideal für Call-Käufer ist.

Nirgends wird es so schmerzlich spürbar, den Trend zu bekämpfen, wie beim Handel mit Optionen. Wenn Sie als Aktienhändler durch den Leerverkauf von Aktien gegen den Aufwärtstrend setzen, können Sie zumindest noch ungefähr Pari abschneiden, wenn die Aktie vor der nächsten Aufwärtsbewegung in eine Konsolidierungsphase kommt. Ein Put-Käufer verliert aber nicht nur Geld, wenn die zugrundeliegende Aktie steigt, sondern auch dann, wenn die Aktie konsolidiert. Dies sollte verstärken, wie wichtig es ist, den Trend vorherzubestimmen und mit ihm zu gehen – oder zumindest solange nicht gegen ihn zu agieren, bis offenkundig wird, daß er die Richtung wechselt.

UNTERSCHIEDE ZWISCHEN DEM HANDEL MIT PUTS UND CALLS

Der Käufer von Calls kann die langsameren, zuverlässigeren Trends durch deren langfristigere Aufwärtsbewegung ausnutzen. Der Käufer von Puts kann möglicherweise bei panischen Kursrutschen schneller mehr Geld verdienen, dafür muß er beim Ausstieg aus der Position flinker sein, wenn sich diese nicht in die richtige Richtung bewegt oder sich keine blitzschnellen Gewinne einstellen.

Trader, die auf fallende Kurse spekulieren, benötigen eine völlig andere Vorgehensweise, um erfolgreich zu sein. Wenn Sie inmitten eines Aufwärtstrends die gleiche Anzahl an bärischen und bullischen Positionen eingehen, werden die Verluste aus den bärischen Trades die Gewinne aus den bullischen Trades ausgleichen.

Gehen Sie davon aus, daß in einem Bullenmarkt die Ergebnisse von Put-Trades nicht die Welt sind. Sie werden auch in Bullenmärkten immer wieder einzelne Gelegenheiten für bärische Trades finden, denken Sie aber daran, daß »eine steigende Flut die Boote nach oben hebt«. Was wir hier lernen müssen ist, daß Zeitstops – das bedeutet, daß Sie einen Optionstrade nach einer vorher festgelegten Anzahl an Tagen auflösen –, bei Trades mit Puts noch wichtiger sind. Wenn die Aktie nicht relativ schnell nach Eingehen der Put-Position fällt, ist ein schneller Ausstieg für gewöhnlich eine gute Idee (siehe Kapitel 4 über eine fortführende Diskussion von Zeitstops).

Call-Positionen von Aktien, die den Markt anführen, sind in Bullenmärkten am geeignetsten, da diese Aktien bei kurzen Kursrückgängen für gewöhnlich die heftigsten Gewinnmitnahmen aufweisen. Andererseits können diese Aktien für Put-Käufe gefährlich sein, solange sie mit ihrer Relativen Stärke nicht eindeutig unter den breiten Markt durchgebrochen sind.

Der Chart von Ascend Communications (ASND) in Abbildung 2.3 zeigt ein Beispiel, bei dem eine Veränderung der Relativen Stärke gegenüber dem S&P 500 Index (SPX) eine kurzfristige Veränderung im Vergleich zu diesem Markt signalisiert. Klar, Sie wollen bei Aktien, die den Markt überflügeln, bullisch sein, und bärisch, wenn sich eine Aktie schlechter als der Gesamtmarkt verhält. Seit dem Tief von ASND bei $1^1/_2$ stieg die Aktie ständig und erreichte Ende Mai 1996 den Kurs von $71^1/_4$. Bereits zwei Wochen später, als ASND fiel und bei $62^1/_4$ schloß, brach sie unter den gleitenden 10-Wochen-Durchschnitt der Relativen Stärke, der bei der ganzen Aufwärtsbewegung perfekt gehalten hatte. Zu diesem Zeitpunkt war ich besorgt, ob ASNDs gleitender 100-Tage-Durchschnitt weiterhin eine Unterstützung bot, wie er es in früheren Situationen wäh-

Abb. 2.3 ASCEND COMMUNICATIONS (ASND), WOCHENCHART MIT 20-TAGE GLEITENDEM DURCHSCHNITT UND 10-WOCHEN RELATIVE STÄRKE GEGENÜBER DEM S&P 500 INDEX, 1992 BIS ENDE 1996

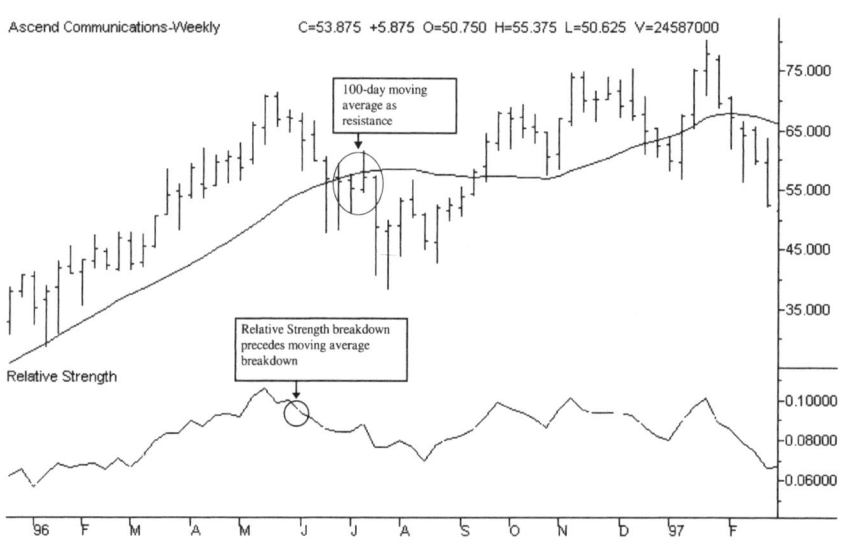

Erstellt mit SuperCharts by Omega Research © 1996

rend des Anstiegs getan hatte. Der Durchbruch bei der Relativen Stärke ließ jedoch auch einen Bruch durch die 100-Tage-Trendlinie erwarten, und ein erneuter Test des gleitenden 100-Tage-Durchschnitts als neuer Widerstand erwies sich als ausgezeichnete Gelegenheit zum Kauf von Put-Optionen. ASND-Aktien fielen von dem 60er-Bereich innerhalb zweier Wochen his knapp unter 40. Die Rallye Ende August zurück *über* die 10-Wochen-Relative Stärke signalisierte das Ende dieses Abwärtstrends.

Ich bevorzuge es, nicht gegen bestimmte mächtige Aktien wie beispielsweise Microsoft (MSFT) zu spielen. Wie man in Abbildung 2.4 sehen kann, führten MSFTs Durchbrüche unter die 10-Wochen-Relative Stärke gegenüber dem S&P 500 Index lediglich zu einer Konsolidierung und nicht zu starken Kursrückgängen. Dies ist ein Zeichen von großer Stärke. Wenn vergangene Kursmuster zeigen, daß eine Aktie nicht deutlich fällt, auch wenn die Relative Stärke nach unten dreht, würde ich keine Puts kaufen. Tatsächlich sind solche Aktien sehr wahrscheinlich die besten für den Kauf von Calls, wenn die Relative Stärke wieder nach oben dreht.

50

Abb. 2.4 MICROSOFT (MSFT), WOCHENCHART MIT 20-TAGE GLEITENDEM DURCHSCHNITT UND 10-WOCHEN RELATIVE STÄRKE GEGENÜBER DEM S&P 500 INDEX, 1996 – MÄRZ 1997

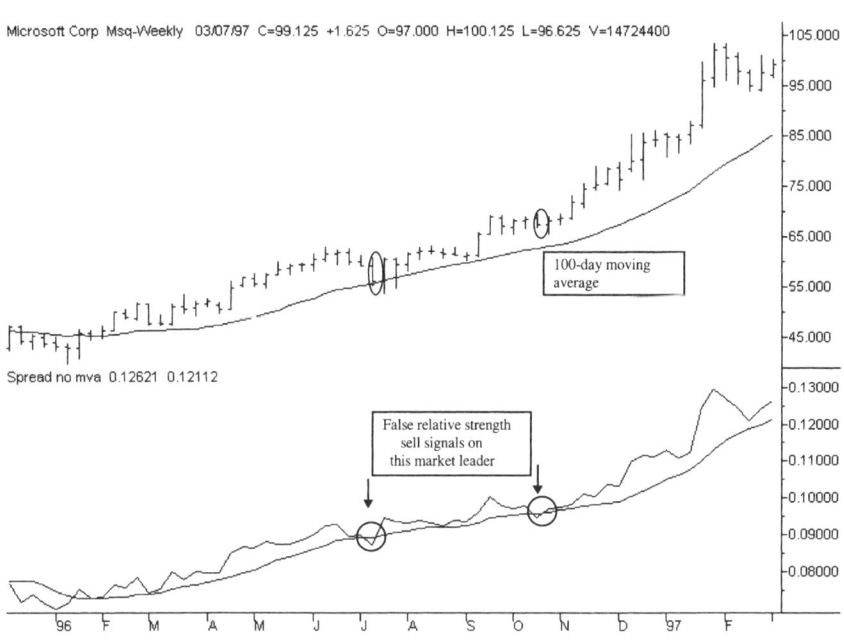

Erstellt mit SuperCharts by Omega Research © 1996

Auf der anderen Seite verschlechtern sich die Kurse von Aktien, deren Performance deutlich schlechter war, nicht, wenn der Markt einbricht, da viele Anleger auf der Suche nach sicheren Werten in diese Aktien wechseln, da die hochfliegenden Aktien durch Gewinnmitnahmen stark getroffen werden. Ich empfahl beispielsweise am 21. Dezember 1995 den langfristigen Januar 18 Put von EMC Corp. Wie man auf Abbildung 2.5 sehen kann, fielen EMC-Aktien 1995 trotz eines starken Aktienmarktes, und ihre Relative Stärke gegenüber dem S&P 500 scheint weiterhin in einem Abwärtstrend zu sein. In den Wochen nach meiner Empfehlung stiegen jedoch die EMC-Aktien über den 10-Wochen-Durchschnitt ihrer Relativen Stärke, und ich schloß die Position mit einem Verlust von 23 Prozent. Die Lehre aus diesem Trade ist, daß zurückbleibende Aktien eine Falle für Put-Käufer sein können, die zu spät in den Zyklus schlechterer Performance einsteigen.

Die besten Kandidaten für Käufe von Puts sind Aktien in der Mitte ei-

Abb. 2.5 EMC CORP. (EMC), WOCHENCHART MIT 10-WOCHEN-DURCHSCHNITT DER RELATIVEN STÄRKE GEGENÜBER DEM S&P 500 INDEX, DEZEMBER 1993 – FEBRUAR 1996

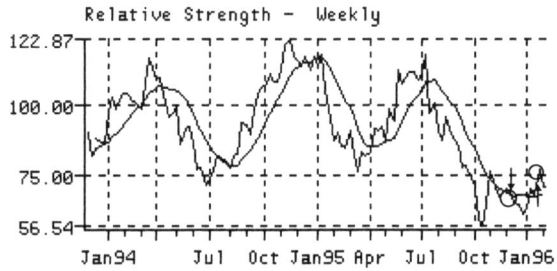

Nachdruck mit freundlicher Genehmigung von ILX Systems.

nes Relative-Stärke-Bereichs bei einem frischen Kurseinbruch, wenn die Aktie in keinem offensichtlichen Abwärtstrend ist. Ihre Vorteile ziehen Sie bei solchen Aktien im Mittelbereich bei einer Abschwächung, die Hand in Hand mit einem Einbruch des Gesamtmarktes geht, sie werden aber auch nicht »gekillt«, wenn der Markt länger als erwartet fest bleibt. Ich empfahl beispielsweise am 18. Februar 1997 einen 45er März 1997 Put auf Viasoft (VIAS), einem »Jahr 2000«-Unternehmen. Die Aktie ist gerade unter ihren 10-Wochen-Relative-Stärke-Durchschnitt gegenüber dem SPX gefallen (siehe Abbildung 2.6). Meine Empfehlung profitierte von dem schnellen Kursrutsch der VIAS-Aktien von 46 auf 38 innerhalb der nächsten zwei Tage. Am 20. Februar empfahl ich die Put Option mit 78 Prozent Gewinn glattzustellen.

Ein typischer Neueinsteiger bei Optionen mag sagen. »Ich habe Methoden, die Richtung vorauszusagen, angewendet. Ich habe eine positive Titelstory über das XYZ-Unternehmen gelesen und dachte wirklich, daß die Aktie steigen würde. Ich kaufte also Calls mit geringer Restlaufzeit. Nach einer anfänglichen kurzen Rallye drehte die Aktie, und meine Call-Position ging den Bach runter. Ich werde nie mehr Optionen traden.« Tappen Sie nicht in diese typische Falle. Erstens, traden Sie bei wichtigen Umkehrpunkten keine Optionen in die gleiche Richtung wie die Masse (wie in Kapitel 1 dargestellt, markieren Titelstories für gewöhnlich extreme Situationen, die das Ende eines Kurstrends signalisieren). Zweitens, und weit wichtiger, traden Sie keine Optionen ohne eine genauen Strategie innerhalb eines bestimmten Zeitraumes – die einfache Aussage:

Abb. 2.6 VIASOFT (VIAS), WOCHENCHART MIT 10-WOCHEN-DURCHSCHNITT DER RELATIVEN STÄRKE GEGENÜBER DEM S&P 500 INDEX, JANUAR 1996 – MÄRZ 1997

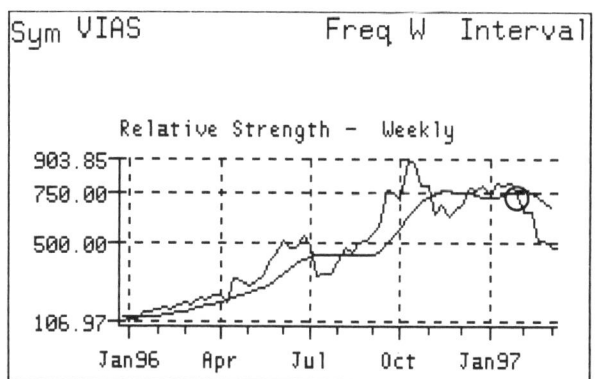

Nachdruck mit freundlicher Genehmigung von ILX Systems.

»Die Aktie muß steigen« beinhaltet kein konkretes Kurs- oder Zeitlimit. Auch wenn die Aktie anfänglich steigt, wird ein unvermeidliches Drehen des Trends demjenigen Trader schaden, der keinen konkreten Ausstiegskurs oder -zeitpunkt bestimmt hat.

Eine vernünftige Tradingdisziplin erfordert die konkrete Bestimmung von Einstiegs- und Ausstiegspunkten wie zum Beispiel: »Wenn in den nächsten zehn Handelstagen die Aktien von XYZ unter dem Bereich von 50 notieren, wo sie am Tag des Erscheinens der Titelstory waren, erwarte ich innerhalb der nächsten zwanzig Handelstage einen Kursrückgang von zehn Prozent. Kaufe einen Put mit zwei Monaten Restlaufzeit, der am Geld notiert, und halte ihn nicht länger als 20 Tage. Sollte XYZ bei 45 notieren, nimm Gewinne mit. Setze einen mentalen Stop, die Put-Option zu liquidieren, wenn XYZ bei 51 fi notiert.« Natürlich müssen Sie im Laufe der Zeit jede Methode auf ihre Gewinnmöglichkeiten hin testen und dann den gewinnbringenden Methoden folgen. In diesem Fall würden Sie prüfen, wie hoch nach einer positiven Erwähnung in der Titelstory einer führenden Finanzpublikation das Potential einer Abwärtsbewegung von Aktien innerhalb einer bestimmten Anzahl von Tagen ist.

INDIKATOREN, UM AKTIENBEWEGUNGEN VORHERZUSAGEN

Bevor ich meine Lieblingsindikatoren bespreche, muß ich Sie nochmals davor warnen, daß es keinen Heiligen Gral als Indikator gibt, dem man immer hundertprozentig vertrauen kann. Warum? Weil sich die Marktbedingungen ändern, was bedeutet, daß Ihre Indikatoren diesen veränderten Bedingungen angepaßt werden müssen. Für einen Optionstrader mit einer flexiblen Auswahl an Indikatoren ist es viel wahrscheinlicher, daß er erfolgreicher ist als der unflexible Trader.

STIMMUNGSINDIKATOREN

Indikatoren, die die Erwartungen der Anleger messen, gehören zu meinen Lieblingsindikatoren, denn dieser Bereich gehört zu den am wenigsten verstandenen und quantitativ bestimmten Bereichen der Marktanalyse. Einige meiner liebsten Stimmungsindikatoren bespreche ich als nächstes.

Put/Call-Ratios

Die Put/Call-Ratio (das Verhältnis des Handelsvolumens von Puts zum Handelsvolumen von Calls) ist ein wichtiger Stimmungsindikator. Als Kontra-Trader ist es mein Glaube, daß wenn zu viele Spekulanten bullisch sind (was durch ein niedriges Put/Call-Ratio belegt wird), der Markt vor einem Kursrückgang oder zumindest vor einer Konsolidierung inner-

---

Abb. 2.7 CBOE PUT/CALL-RATIO UND DER S&P 100 INDEX, 1991–1995

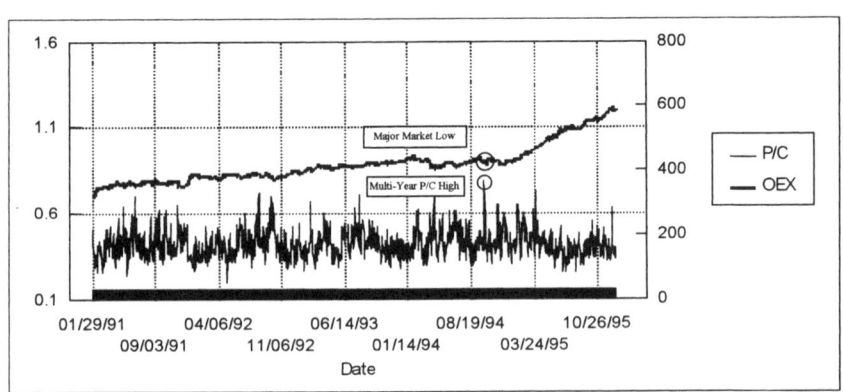

Abb. 2.8 CBOE PUT/CALL-RATIO UND DER S&P 100 INDEX (OEX), 1996

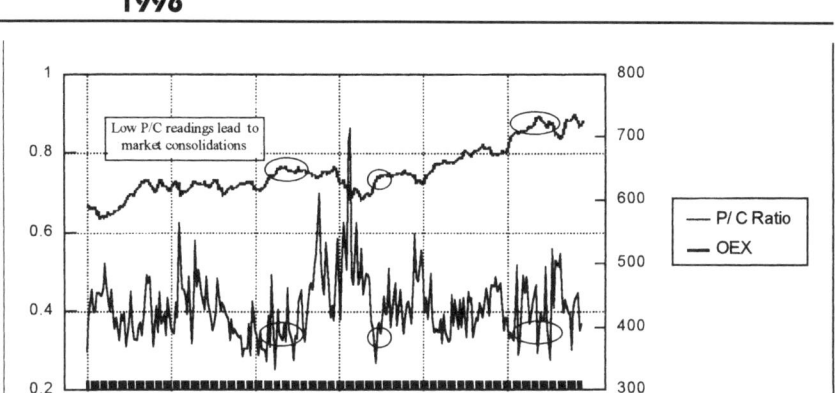

halb eines Aufwärtstrends steht. Und genauso wie diese »falschliegende« Masse bei Markthochs übermütig wird, wird sie bei Markttiefs trübsinnig. Wie man in Abbildung 2.7 sehen kann, erreichte die Masse, als der Markt 1994 neue Tiefs machte, den pessimistischsten Zustand seit vielen Jahren, und dieses hohe CBOE-Put/Call-Ratio signalisierte den kommenden mächtigen Bullenmarkt 1995–1997.

Ich bin besonders an extremen Werten der Put/Call-Ratio interessiert, da sie mit der zuverlässigste Indikator ist. Genauso wie eine hohe Put/Call-Ratio Pessimismus bei den Spekulanten ausdrückt und damit den Kontra-Trader auf bedeutende Kurstiefs hinweist, ist eine niedrige Put/Call-Ratio für den Kontra-Trader ein entsprechend bärisches Omen. Beachten Sie auch, daß wann immer 1996 die Stimmung zu bullisch wurde, bei geringen Kurskorrekturen schnell wieder Angst aufkam. Das Ergebnis war, wie in Abbildung 2.8 zu sehen ist, daß der Markt während des Aufwärtstrends in diesen kurzen Perioden bullischer Stimmung der Spekulanten eine Konsolidierungspause einlegte, um sich für den nächsten Sturm auf neue Hochs vorzubereiten. Diese angstgesteuerte Anlegerpsychologie ist ein Grund, warum der Markt in den Neunziger Jahren eine solch kontinuierliche und eindrucksvolle Rallye erfahren hat, da Märkte Ihre Spitze erst dann erreichen, wenn die Gier regiert.

Wie Humphrey Neill schon schrieb: »Die Masse liegt *während* eines Trends richtig, nicht aber an dessen Anfang und Ende!«[1] Für die Feststel-

---

1 Humphrey B. Neill, *The Art of Contrary Thinking* (Caldwell, Idaho: Caxton Printers, 1985), 44.

lung extremer Ansichten der Masse sind Put/Call-Ratios eine der zuverlässigsten heutzutage erhältlichen Hilfsmittel, um Ihnen zu sagen, wo die wichtigen Umkehrpunkte des Marktes wahrscheinlich auftreten werden. Das erlaubt Ihnen, dann Calls auf Aktien mit aggressiverem Wachstum zu kaufen, wenn der Markt vor einem deutlichen Kursanstieg steht und diese Aktien bei einer Rallye am meisten zulegen. Wenn andererseits bei den Spekulanten Optimismus auftritt, der eine »Abkühlungsphase« garantiert, erlaubt Ihnen dies, aus den Marktführern, die bei Konsolidierungen oder Kursabschwächungen am härtesten getroffen werden, auszusteigen. Wenn ich solch eine erhöhte Erwartung der Optionstrader bemerke, verringere ich oftmals die Anzahl meiner Call-Positionen oder ich gestalte das Call-Verhältnis in meinem Portfolio durch mehr Put-Optionen etwas moderater, da diese von einem kurzfristigen Kursrückgang, den ich erwarte, profitieren.

Implizite Volatilität

Die *Implizite Volatilität* ist die Einschätzung des Optionsmarktes über die zukünftige Volatilität der zugrundeliegenden Aktie. Abbildung 2.9 zeigt die tägliche Implizite Volatilität der Optionen von Federal National Mortgage Association (FNM) mit einem gleitenden 10-Tage- und 30-Tage-Durchschnitt der Impliziten Volatilität von FNM. Wenn beispielsweise FNM-Optionen eine Implizite Volatilität von 35 Prozent haben, bedeutet dies, daß die Aktien innerhalb des nächsten Jahres mit einer Zwei-Drittel-Wahrscheinlichkeit innerhalb von 35 Prozent des aktuellen Aktienkurses notiert werden. Der S&P 500 Index tendierte historisch zu einer impliziten Volatilität von 12-15 Prozent, wohingegen einige Technologieaktien eine implizite Volatilität von mehr als 50 Prozent haben. Am-Geld-Optionen von Technologieaktien, die viermal so volatil sind wie der Markt, werden in etwa viermal so hoch bewertet wie Optionen auf den Index. Je höher die Erwartungen hinsichtlich der Volatilität, desto höher die Optionsprämie (siehe Kapitel 3 für eine ausführliche Besprechung über Volatilität und Optionsprämien).

Ich suche nach Ausschlägen (kurze, scharfe Anstiege) der Impliziten Volatilität, um große Bewegungen in den Aktien vorherzusagen. Im Falle der Optionen von FNM wurde ein Ausschlag über 35 Prozent bei der Impliziten Volatilität in drei von vier Fällen von einer deutlichen Rallye gefolgt (siehe eingekreiste Bereiche in Abbildung 2.9).

Ausschläge bei der Impliziten Volatilität traten in den Neunziger Jahren typischerweise dann auf, wenn eine Aktie abstürzte. Optionsprämien stiegen in den Himmel, da die Nachfrage nach Puts immense Höhen erreichte. Im Gegensatz dazu tendierte die Implizite Volatilität bei Kursspit-

Abb. 2.9 **FEDERAL NATIONAL MORTGAGE (FNM),
IMPLIZITE VOLATILITÄT UND DEREN AUSSCHLÄGE,
10-TAGE UND 30-TAGE GLEITENDE DURCHSCHNITTE,
AUGUST 1996 – FEBRUAR 1997**

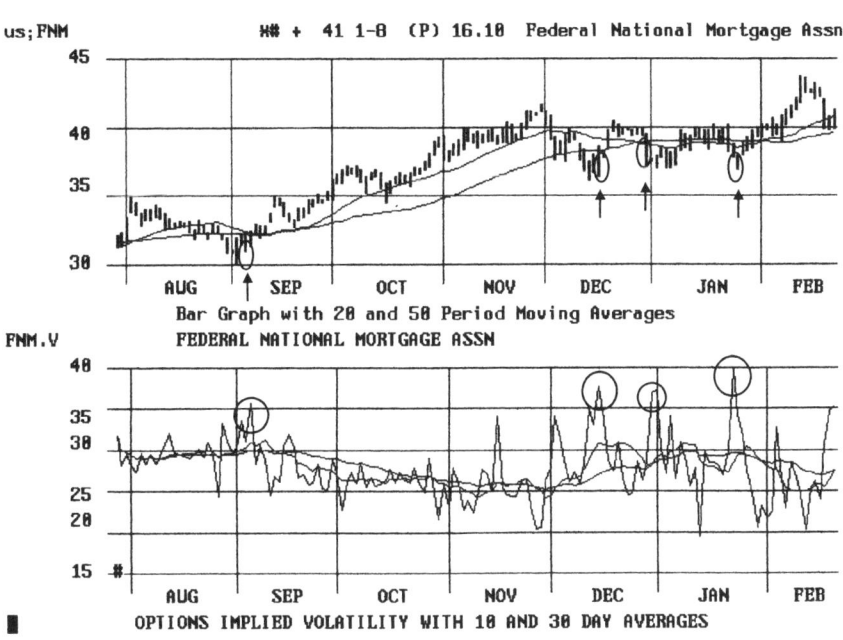

Nachdruck mit freundlicher Genehmigung von Bridge Information Systems.

zen dazu, niedrig zu bleiben, da eine gewisse Selbstsicherheit einsetzte und nur wenige an fallende Kurse glaubten. Dies sprach dann für einen Kursrückgang, da die Kaufkraft versiegte. Beachten Sie: Wenn Angst und Gier ausgeglichen sind, können Sie »Gier-Ausschläge« bei der Impliziten Volatilität erwarten, da eine Aktie neue Hochs erreicht und gierige Käufer von Calls die Optionsprämie immer weiter nach oben treiben. Dies war jedoch in den Neunziger Jahren, mit der Ausnahme bei Gerüchten von Firmenübernahmen, ziemlich selten. Als Kontra-Trader interpretiere ich das Fehlen von durch Gier getriebenen extremen Bewegungen als bullisch, da Aktien und Märkte ohne ein überwiegend von Gier getriebenes Verhalten nicht ihr Hoch erreichen.

Optionsvolumen und Open Interest

Einer meiner Lieblingsindikatoren, um kurzfristige Kursbewegungen von Aktien vorherzusagen, stammt vom Optionsvolumen und Anpassungen an das entsprechende Open Interest. Einer der Bereiche, die bei der Optionsanalyse am meisten übersehen werden, sind die Veränderungen im Offenen Interesse von Calls und Puts, da vielmehr auf das Optionsvolumen geachtet wird. Das Open Interest ist das genaueste Maß für die kumulative Nachfrage nach einer Option und kann für die Voraussage der zukünftigen Kursrichtung einer Aktie sehr hilfreich sein.

Volumen kann man definieren als die Anzahl der Optionskontrakte, die an einem bestimmten Tag oder in einer beliebigen Zeitspanne gehandelt werden. Das Optionsvolumen bietet einen leichten Überblick über die Aktivitäten in einer Option, ist aber nicht ein so »eindeutiger« Indikator für die Nachfrage, wie das Open Interest.

Das *Open Interest* ist die Anzahl an noch nicht geschlossenen (also noch offenen) Kontrakten einer bestimmten Optionsklasse oder -serie. Was können Veränderungen beim Offenen Interesse bewirken? Das Open Interest erhöht sich um einen Kontrakt, wenn ein Käufer eine neue Long-Position und ein Verkäufer eine neue Short-Position eingeht. Wenn der Käufer eine neue Long-Position eingeht, deren Verkäufer jedoch gleichzeitig damit eine alte Long-Position schließt, bleibt das Open Interest unverändert. Das Open Interest ändert sich auch nicht, wenn der Verkäufer eine neue Short-Position eingeht, der Käufer jedoch dabei gleichzeitig eine alte Short-Position schließt. Und wenn schließlich der Käufer eine alte Short-Position schließt und der Verkäufer eine alte Long-Position schließt, verringert sich das Open Interest um einen Kontrakt.

Eine gewisse Wachsamkeit gegenüber ungewöhnlichen Optionsaktivitäten in einer Aktie kann Ihnen einen bedeutenden Vorteil bei der Vorhersage der kurzfristigen Kursrichtung einer Aktie geben. Man kann sehr gewinnbringende Gelegenheiten aufdecken, indem man beobachtet, was unerfahrene Optionstrader oft tun, und dann entgegen ihrer Aktivitäten tradet. Beispielsweise liegt ein kleiner Spekulant, der ein paar Optionen kauft, die aus dem Geld sind, mit großer Regelmäßigkeit auf der falschen Seite. Dieser Trader reagiert oftmals auf Veröffentlichungen von Titelstories und steigt unweigerlich zu spät in den Trend ein. Wenn diese kleinen Spekulanten alle der gleichen Meinung sind, ergibt dies für gewöhnlich ein mächtiges Kontra-Signal.

Im April 1996 gab es eine starke Rallye bei U.S. Robotics (USRX) und Iomega (IOM). Diese starken Aufwärtsbewegungen wurden von deutlicher Skepsis begleitet, da Put-Spekulanten, die versuchten, ein Hoch zu erwischen, gegenüber den Call-Spekulanten relativ aktiv waren (siehe

Abbildungen 2.10 und 2.11). Beachten Sie, wie dramatisch sich bei diesen Aktien die Struktur des Open Interest der Optionen veränderte, als
die Kurse im Laufe der Zeit immer höher kletterten. Endlich kapierten
dann auch die Options-Spieler, daß es sich um einen Aufwärtstrend handelte, und fingen an, in großem Maße Calls zu kaufen. Bis Mitte Juni
1996 stieg das Open Interest bei Calls schnell an, und die Put/Call-Ratio
des Open Interest fiel in sehr kurzer Zeit. Solch ein enormer Stimmungs-
wechsel von bärisch zu bullisch von einer Masse, die bei der ganzen Aufwärtsbewegung falsch lag, ist ein starkes Anzeichen für die Bildung eines
Hochs bei den Aktien.

So schnell wie die Aktien in beiden Fällen bei der Aufwärtsbewegung
nach oben schossen, so rasch fielen sie auch. Der gemeinsame Nenner in
beiden Fällen war, daß der kleine Optionsspekulant sowohl beim Kursanstieg wie auch beim Kursrückgang auf der falschen Seite war.

War es nur ein Zufall, daß die Aktivitäten im Optionsmarkt die Rallye
und den darauf folgenden Kurseinbruch dieser Überflieger im Technologiebereich richtig vorhergesehen haben? Wohl kaum. Im gleichen Zeitraum von April bis Juni 1996, in dem die Optionsspekulanten versuchten, gegen den Trend diese starken Aktien zu handeln, waren diese
»notorischen Schieflieger« in den möglichen Fünf-Jahres-Zyklus von
Gold verliebt. In der Tat zeigt Abbildung 2.12, wie die Aktivitäten bei
Puts durch die Aktivitäten bei Calls in den wichtigen Goldaktien wie bei-

Abb. 2.10 U.S. ROBOTICS (USRX), WOCHENCHART UND PUT/CALL OPEN INTEREST

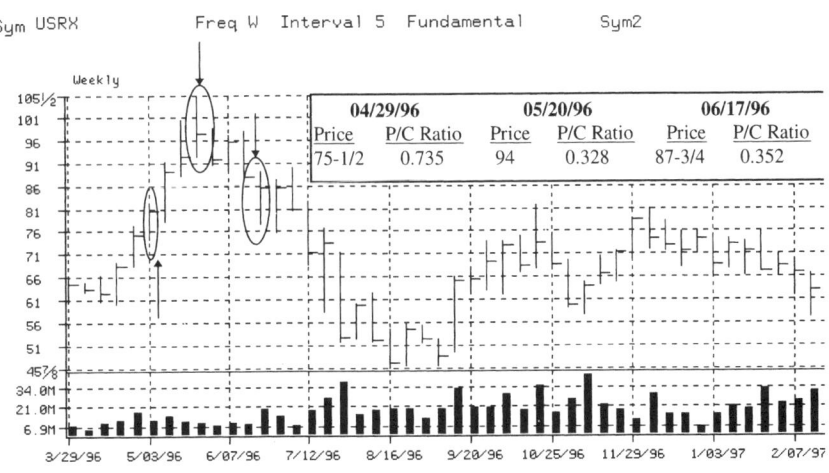

Nachdruck mit freundlicher Genehmigung von ILX Systems.

Abb. 2.11 IOMEGA (IOM), WOCHENCHART UND PUT/CALL OPEN INTEREST

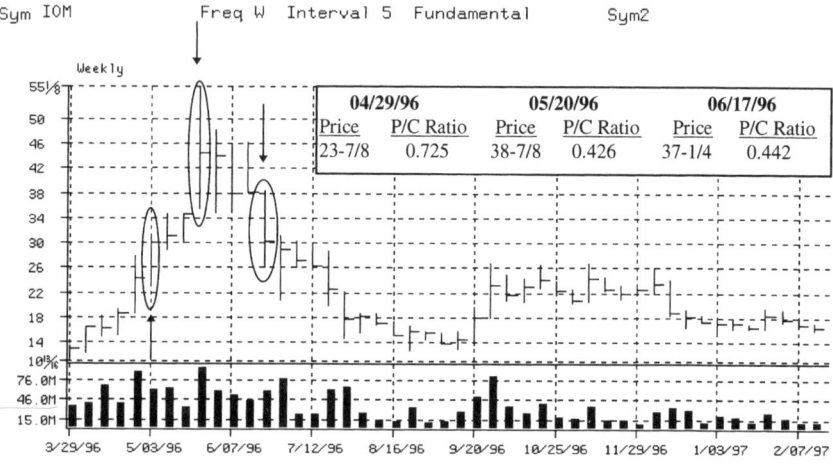

	04/29/96		05/20/96		06/17/96	
	Price	P/C Ratio	Price	P/C Ratio	Price	P/C Ratio
	23-7/8	0.725	38-7/8	0.426	37-1/4	0.442

Nachdruck mit freundlicher Genehmigung von ILX Systems.

spielsweise Barrick Gold, Homestake Mining und Placer Dome, die einen wichtigen Anteil am Gold & Silber Index (XAU) der Philadelphia Exchange haben, ins Hintertreffen gelangten. Die Put/Call-Ratio des Open Interest von Optionen auf Gold-Terminkontrakte war ebenso im untersten Bereich. Angesichts der schwachen Kursentwicklung von Gold war solch ein Optimismus der Spekulanten ein starkes bärisches Kontra-Signal. Abbildung 2.12 zeigt, daß die Optionsspieler wieder auf der falschen Seite erwischt wurden, da Gold fiel.

Übertriebene Optionsspekulationen auf einer Seite des Marktes markieren oft klassische Wendepunkte einzelner Aktien. Das wohl denkwürdigste Beispiel bietet Micron Technology (MU). Microns Anstieg 1995, der die Aktie innerhalb von 32 Wochen von 25 auf $92\frac{1}{2}$ brachte (siehe Abbildung 2.13), wurde von konstant heftiger Put-Aktivität skeptischer Options-Spieler begleitet. Diese Herdenmentalität verschob sich jedoch Ende September 1995 dramatisch. Kurz vor Microns Vierteljahresbericht versiegten die Aktivitäten in den Puts, und die Aktivitäten in den Calls nahmen rasant zu, da die Optionsspekulanten letztendlich kapitulierten und in eine bullische Haltung wechselten. Und trotz Microns schwacher Reaktion auf den guten Vierteljahresbericht setzte sich die Zunahme der Aktivitäten bei den Calls fort, was ein klassisches »Verkaufssignal« für einen Kontra-Trader darstellt. Genauso wie die Optionsspekulanten während Microns immenser Rallye fälschlicherweise Puts kauften, häuften sie

Abb. 2.12 PHILADELPHIA EXCHANGE GOLD & SILVER INDEX (XAU), WOCHENCHART UND PUT/CALL OPEN INTEREST

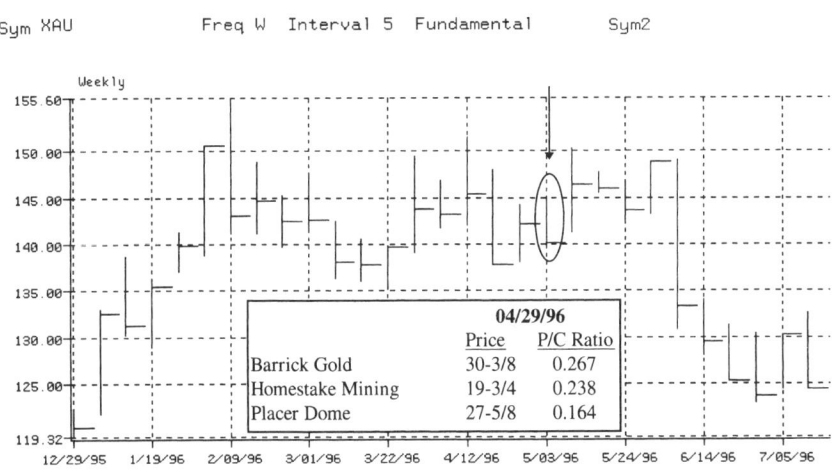

Sym XAU   Freq W   Interval 5   Fundamental   Sym2

	04/29/96	
	Price	P/C Ratio
Barrick Gold	30-3/8	0.267
Homestake Mining	19-3/4	0.238
Placer Dome	27-5/8	0.164

Nachdruck mit freundlicher Genehmigung von ILX Systems.

während der Abwärtsbewegung Calls an. Die Aktie, die den Optionsspielern beim Anstieg als zu teuer erschienen war, kam ihnen jetzt auf dem Weg nach unten billig vor, und zehntausende Call-Positionen wurden während des Kursrückgangs 1996 an die Hasen verfüttert.

Delta Hedging

Oftmals gibt es bei einem wichtigen Basispreis einer Aktie oder eines Index, der deutlich aus dem Geld ist, eine Anhäufung des Open Interest bei Calls. Diejenigen, die diese Calls verkaufen, gehen das Risiko ein, daß bei einer Rallye der zugrundeliegenden Aktie ein deutlicher Verlust entsteht. Deshalb sichern sie oftmals dieses Risiko durch den Kauf der Aktie ab (sie hedgen ihr Risiko). Bei diesen weit entfernten Basispreisen haben die Call-Verkäufer jedoch keinen Anreiz, ihr Risiko abzusichern (das kostet ja Geld), da die geringe Kursveränderung dieser Optionen mit niedrigem Delta relativ zur Kursveränderung der zugrundeliegenden Aktie kein deutliches Risiko darstellt (siehe Kapitel 3 für eine Besprechung des Options-Delta). Wenn die Aktie oder der Index jedoch anfängt, sich in Richtung des Basispreises zu bewegen, müssen Call-Verkäufer die Aktie oder den Index in zunehmender Stückzahl kaufen, um ihr Risiko abzusichern und »deltaneutral« zu bleiben, da ihr negatives Delta wegen der zunehmenden Möglichkeit, daß diese Optionen »ins Geld« gehen, steigt. Die-

61

Abb. 2.13 **MICRON TECHNOLOGY (MU), WOCHENCHART, DEZEMBER 1994 – JANUAR 1997**

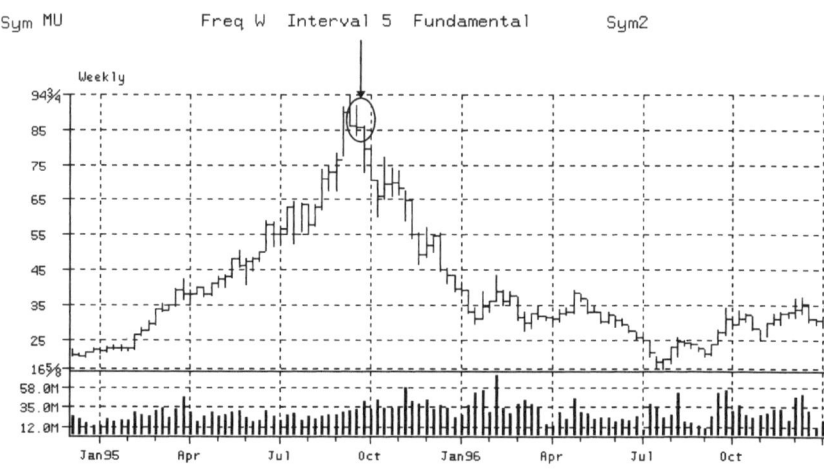

Nachdruck mit freundlicher Genehmigung von ILX Systems.

ser Vorgang, die Anzahl der zugrundeliegenden Aktie zum Absichern zu erhöhen, wenn sie näher »ans Geld« kommt, nennt man *Delta Hedging*.

Es ist auch sehr wichtig zu verstehen, was geschieht, wenn der Basispreis erreicht wird. Zu diesem Zeitpunkt werden die Verkäufer von Calls aller Wahrscheinlichkeit nach abgesichert sein, und sie haben ein großes Interesse, die Aktien, Indizes oder Terminkontrakte zu verkaufen, um die Option, die sie verkauft haben, davor zu bewahren, »ins Geld« zu gehen. Dies verursacht bei der Aktie oder dem Index oftmals einen Verkaufsdruck. Das bedeutet, daß aus den künstlich erzeugten Käufen auf dem Weg nach oben ein wachsender Verkaufsdruck entsteht, sobald der Basispreis erreicht wird. Entsprechend kann eine Anhäufung eines weit »aus dem Geld« liegenden Calls kurzfristig bullisch sein, längerfristig ist sie jedoch bärisch. Das Open Interest von Februar 1997 Calls mit Basispreis 35 von ESS Technology (ESST) stieg beispielsweise von 348 Kontrakten am 10. Januar 1997 auf 1.654 Kontrakte am 5. Februar 1997. Während dieser Zeitspanne gab es, wie in Abbildung 2.14 zu sehen ist, eine beeindruckende Rallye vom Bereich um die 30, nur um bei zwei verschiedenen Gelegenheiten am Basispreis von 35, wo die Anhäufung der Calls besteht, wieder zu drehen. Der Bereich 35 markierte eine wichtige kurzfristige Spitze, da die Aktie von diesem Punkt aus die nächsten drei Wochen lang fiel. Wenn jedoch ein Basispreis mit hohem Call Offenen Interesse wegen anhaltender starker Nachfrage nach der Aktie deutlich

Abb. 2.14 **ESS TECHNOLOGY (ESST), TAGESCHART MIT CALL-WIDERSTAND, 3. DEZEMBER 1996 – 21. FEBRUAR 1997**

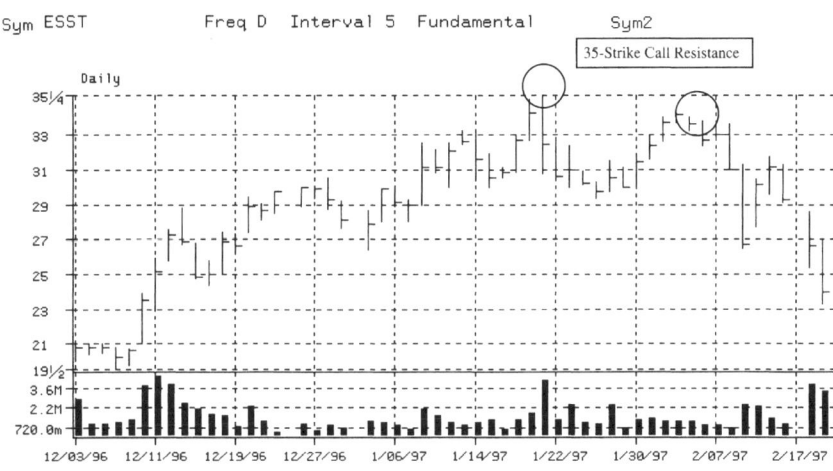

Nachdruck mit freundlicher Genehmigung von ILX Systems.

überschritten wird, bewirkt das Delta Hedging einen weiteren Kursschub nach oben, da die Verkäufer von Call-Optionen noch mehr Aktien kaufen müssen.

Das gleiche gilt für eine große Anhäufung des Open Interest von Puts einer Aktie oder eines Index. Künstlich erzeugte Verkäufe von Aktien durch Delta Hedger, die Puts leerverkauft haben (also short in Puts sind), können die Aktie oder den Index nach unten zum Basispreis drücken, vielfach wird jedoch in diesem Bereich eine Unterstützung gebildet. Es ist genauso wie im Falle der Calls: Wenn eine Aktie oder ein Index durch eine Anhäufung des Open Interest von Puts unter den Basispreis fällt, kann die Aktie oder der Index nach unten abrutschen, da die übrigen Verkäufer von Puts, die nicht abgesichert sind, sich beeilen, die Aktie zu shorten (also leerzuverkaufen). Es zahlt sich also aus, auf der Hut zu sein: Erwarten Sie nie im Voraus, daß ein Basispreis »undurchbrechbar« ist. Es ist besser, jeden Tag auf den Schlußkurs zu warten, um zu sehen, ob die Bullen oder die Bären die Schlacht um die wichtigen Basispreise gewinnen. Wenn es klarer geworden ist, wo die Gewinner sind, werden Sie aktiv.

Die Kursbewegungen von Coca-Cola (KO) im Januar 1997 sind ein ausgezeichnetes Beispiel für die Dynamik des Hedgens. Am 16. Januar durchbrach KO den Widerstand beim Basispreis 55. Das Offenen Interesse der Calls vom Februar-Zyklus überwog mit 6.627 Kontrakten das Offenes Interesse der Puts mit nur 2.553 Kontrakten. Wie man in Abbil-

Abb. 2.15 COCA-COLA (KO), TAGESCHART MIT PUT-UNTER-STÜTZUNG, 6. DEZEMBER 1996 – 19. FEBRUAR 1997

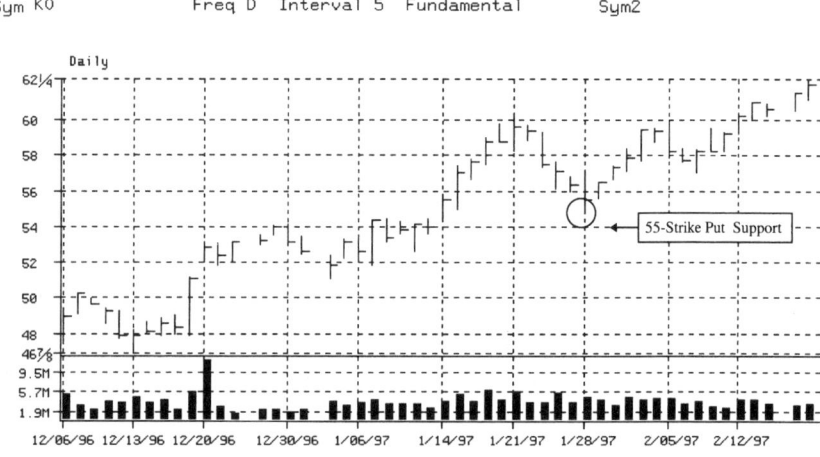

Nachdruck mit freundlicher Genehmigung von ILX Systems.

dung 2.15 sehen kann, stiegen die Aktien mit Hilfe der nicht abgesicherten Call-Verkäufer, die sich beeilten, KO Aktien zu kaufen, bis in den Bereich von 60. Nachfrage nach Puts mit Basispreis 55 wurde spürbar, und das Open Interest der Februar-Puts mit Basispreis 55 stieg bis zum 28. Januar auf 10.980 Kontrakte. Der Anstieg beim Offenen Interesse der Puts und der daraus resultierende Anstieg in abgesicherten Short-Positionen trugen zu einem kurzen Kursrückgang bei, dieser Rückgang kam am Basispreis 55 zum Stillstand, da diejenigen Trader mit einer Menge nicht abgesicherter leerverkaufter Put-Positionen daran interessiert waren, KO uber 55 zu halten.

Die Kurse von Optionen können auch wertvolle Anhaltspunkte für die Prognose der zukünftigen Kursrichtung einer Aktie oder eines Index geben. Ausschläge der Impliziten Volatilität einer Option gehen oftmals starken Bewegungen der zugrundeliegenden Aktie voraus und deuten meistens auch auf eine Bodenbildung der Kurse hin. Während Optionen, die am Geld sind bei ihren Kursen an die Put/Call-Parität gebunden sind (was bedeutet, daß sich die Kurse der Calls und Puts entsprechen müssen, oder es entsteht ein risikofreier Gewinn für die Arbitrageure, der wiederum bewirkt, daß die Optionen einen fairen Kurs bekommen), können Optionen, die aus dem Geld sind, zu sehr unterschiedlichen Volatilitätsbereichen bewertet werden, was oftmals Anhaltspunkte für die zukünftige Kursrichtung der Aktie geben kann.

Abb. 2.16 VALUJET (VJET), WOCHENCHART, 29. DEZEMBER 1995 – 3. OKTOBER 1996

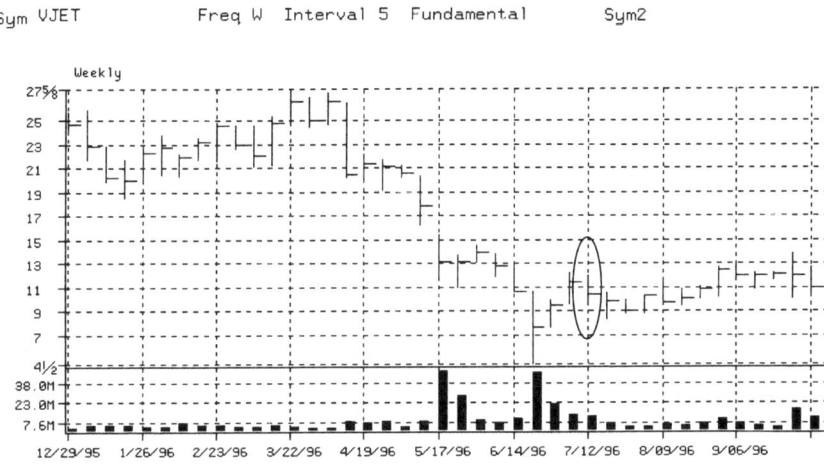

Nachdruck mit freundlicher Genehmigung von ILX Systems.

Wenn eine Aktie fällt (oder erwartet wird, daß sie fällt), zeigt sich bei Puts häufig eine Tendenz, daß die Kursentwicklung wesentlich aggressiver ist als bei Calls, da sich die Optionstrader stärker engagieren, um ihre Positionen abzusichern oder um auf eine weitere Abwärtsbewegung zu spekulieren. Wenn Spekulanten also Puts in großen Mengen kaufen, wird die Kursbewegung wegen der gestiegenen Nachfrage heftiger.

Am 12. Juli 1996 waren beispielsweise ValuJet Airlines bei $10^1/_8$ (siehe Abbildung 2.16), und der September-Put mit Basispreis 5 der ValuJet-Aktien wurde zu etwa dem gleichen Kurs gehandelt wie der September-Call mit Basispreis 15. Put-Trader nahmen an, daß ValuJet Aktien zum Verfalltag am 20. September leicht bei Null sein könnten. Und Optionstrader geben der Tatsache kein Gewicht, daß es theoretisch für einen 15er Call möglich sein kann, sagen wir bei 10 zu traden, wenn die Aktien auf 25 steigen, während ein 5er Put nie mehr wert sein kann als 5. Technischer ausgedrückt: Der Put tradete bei einer impliziten Volatilität von 180 Prozent, während die von den Call-Tradern angenommene Volatilität nach oben für ValuJet 90 Prozent betrug (siehe Kapitel 3 für eine Besprechung der Impliziten Volatilität). Dieses große Ungleichgewicht zwischen den Impliziten Volatilitäten von Calls, die aus dem Geld sind, und Puts, die aus dem Geld sind, entwickelt sich oftmals bei Aktien, die massiv leerverkauft wurden. In solch einem Fall können die Parketthändler Schwierigkeiten bekommen, die benötigten Anteile auszuleihen, um die

Aktie passend gegen ihre Positionen abzusichern. Auch wenn Leerverkäufer und Spieler mit Puts in einigen Fällen richtig liegen können, bieten die irrationalen, extremen Ansichten, die sie manchmal haben, für gewöhnlich ein starkes Argument für ein bullisches Szenario, das aus solch einer hochgeschaukelten Stimmung hervorgeht.

Eine solch massive Nachfrage nach Puts ist oftmals aus mehreren Gründen bullisch. Aus der Sicht des Kontra-Traders neigen Optionsspekulanten dazu, auf der falschen Seite zu liegen, wenn sie in Massen die gleiche Meinung teilen. Das Ergebnis davon ist, daß Parketthändler oft froh sind, Puts an gierige Bären, die durch die Massenpsychologie gesteuert werden, zu verkaufen. Denken Sie aber immer daran, daß die Parketthändler es nicht lieben, ein Risiko einzugehen. Wenn sie also Puts ans Volk verkaufen, spekulieren die Parketthändler auf steigende Kurse. Die Parketthändler müssen ihre Positionen gegen die Möglichkeit einer Abschwächung im zugrundeliegenden Aktienkurs absichern, der die Puts, die sie leerverkauft haben, ins Geld laufen lassen würde. Um ihre leerverkauften Put-Positionen abzusichern, verkaufen die Parketthändler die zugrundeliegenden Aktien. Wenn das zugrundeliegende Instrument ein Index ist, verkaufen sie oft einen ganzen Korb Aktien oder den Terminkontrakt. Diese Aktivität erzeugt »synthetischen« Verkaufsdruck – ähnlich einer zusammengedrückten Feder –, wenn die Verkäufe ihren Höhepunkt erreichen. Das Eindecken der leerverkauften Positionen kann ziemlich explosiv sein und zu riesigen Rallyes führen.

Titelstories

Wie in Kapitel 1 ausführlich besprochen wurde, sind Titelstories in den Medien eine wichtige Komponente, um extreme Stimmungssituationen, die sehr effektive Kontra-Indikatoren sein können, zu messen. Da Zeitschriften maximale Stückzahlen verkaufen wollen, werden für gewöhnlich die heißen Trends oder Themen des Tages zu den Titelstories bei den großen Publikationen. Die wichtigsten Finanzpublikationen können exzellente Kontra-Signale dafür geben, daß ein Trend die komplette Bewertung einer Aktie schon beinhaltet, nur weil eine Titelstory darüber veröffentlicht wurde. Beachten Sie, daß viele Anleger im allgemeinen Schwierigkeiten haben, Stimmungsindikatoren und insbesondere Titelseiten zu folgen, da sie der Ansicht sind, daß solche Indikatoren zu subjektiv sind. Ein anerkannter Kollege, Paul Macrae Montgomery von Legg Mason, hat jedoch zahlreiche Untersuchungen über Titelseiten durchgeführt. Er fand heraus, daß man erwarten kann, daß die Aktie im Monat nach dem Erscheinen der Titelstory in die Richtung der Story geht, da jetzt auch noch der Rest der Masse auf den fahrenden Zug aufspringt. Je-

Abb. 2.17 PHILADELPHIA EXCHANGE SEMICONDUCTOR INDEX, WOCHENCHART, JANUAR 1995 – APRIL 1996

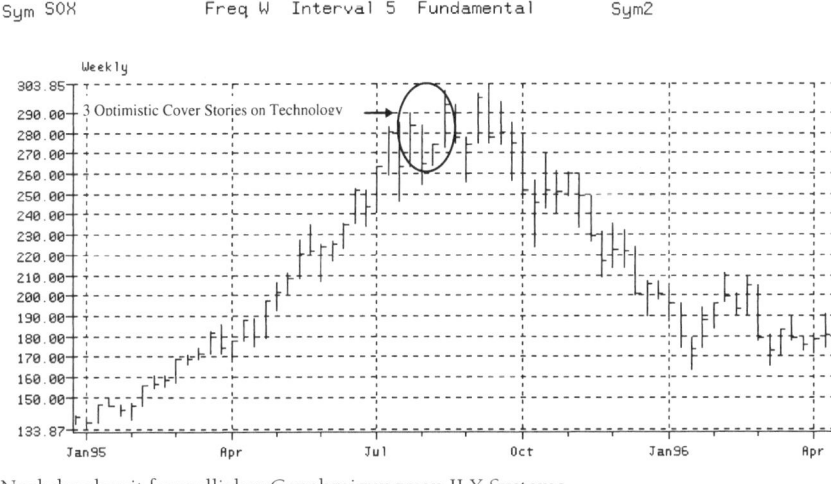

Nachdruck mit freundlicher Genehmigung von ILX Systems.

doch ein Jahr nach der Titelstory wurden 80 Prozent der Aktien im entgegengesetzten Kursbereich gehandelt.

Im Sommer 1995 widmete sich zum Beispiel die Finanzpresse dem Wahnsinn der ersten sieben Monate 1995 bei den Technologieaktien. Der volatile Philadelphia Exchange Semiconductor Index (SOX) legte in diesem Zeitraum mehr als 100 Prozent zu (siehe Abbildung 2.17). Damals waren die Möglichkeiten von Microsofts Windows 95 und den daraus entstehenden Vorteilen für den Technologiebereich in aller Munde. Und zu diesem Zeitpunkt erschienen einige enthusiastische Titelstories, um die Rallye und das zukünftige Potential des Technologiebereichs »zu erklären«. Es gab nicht weniger als drei Magazine mit optimistischen Titelstories über die vielversprechende Zukunft von Technologieaktien. Wie Sie an dem Zeitraum sehen können, in dem diese Magazine erschienen, ging der Aufwärtstrend bereits seinem Ende zu und es bildete sich ein Hoch. Prompt fiel der SOX in nur vier Monaten um 40 Prozent.

Einlagen bei offenen Sparteninvestmentfonds

Wegen der Hebelwirkung, die eine branchenspezifische Anlage gegenüber einem gewöhnlichen Aktienfonds hat, begeistern Bereichsfonds eine Menge »heißes Geld« – Anleger, die versuchen, schnelles Geld zu verdienen, indem sie in heißen Bereichen rein- und rauswechseln. Was jedoch

Abb. 2.18 FIDELITY SELECT BIOTECHNOLOGY FUND (FBIOX)

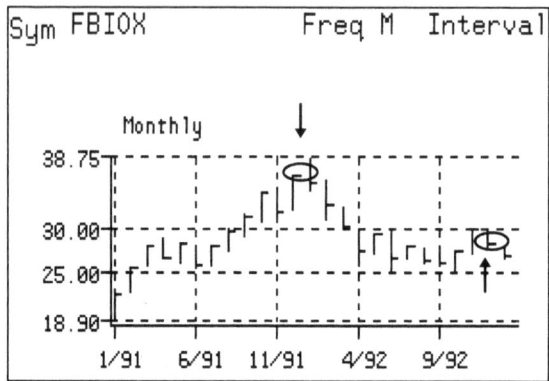

Nachdruck mit freundlicher Genehmigung von ILX Systems.

Abb. 2.19 FIDELITY SELECT AUTOMOTIVE FUND (FASVX)

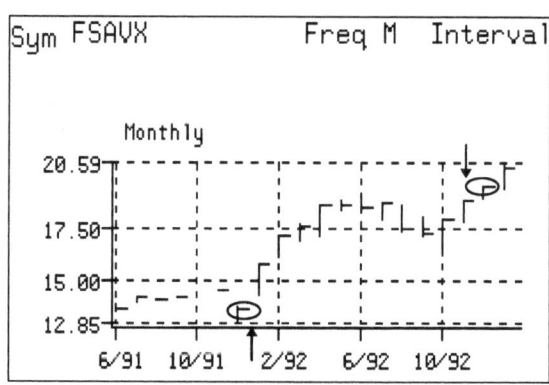

Nachdruck mit freundlicher Genehmigung von ILX Systems

typischerweise geschieht, ist, daß diese Bereichsspieler den Geschehnissen hinterherlaufen. Sie investieren groß in den heißen Bereich, erst *nachdem* er scharf nach oben gelaufen ist und die Bewegung bereits ausreichend bekanntgemacht wurde. Anfang 1992 strömten beispielsweise die Spieler aus dem Fidelity-Bereich genau zu dem Zeitpunkt in den Fidelity Select Biotechnology Fund, als die Biotechnologieaktien nahe ihrer Kursspitze waren (siehe Abbildung 2.18). Die Einlagen der Biotech-Fonds erreichte mehr als die Hälfte der Gesamteinlagen aller Bereiche, ein historischer Spitzenwert. Im Gegensatz dazu lag der Kfz-Bereich nicht in der Gunst der Anleger (siehe Abbildung 2.19). Der Fidelity Select Automotive Fund hielt lediglich 1,5 Millionen Dollar, während der Fidelity Select Biotechnology Fund Anfang 1992 1,2 Milliarden Dollar hielt. Mit anderen Worten: Die Spieler von Bereichsfonds waren für Biotechnologie fast tausendmal bullischer als für Autos. Die Performance dieser beiden Fonds innerhalb der nächsten zwölf Monate unterschied sich trotz einer allgemein positiven Entwicklung des breiten Marktes 1992 im Kontra-Sinne dramatisch. Der Automobilbereich stieg um 35 Prozent, während die Biotechnologie um 20 Prozent fiel. Sie können den Kapitalfluß jeden Monat in Fidelity's *Mutual Fund Guide*, in dem das Gesamtkapital und die Spitzenbeträge jedes Fidelity-Spartenfonds gelistet sind, verfolgen.

Untersuchungen der Stimmung

Untersuchungen über die bullische oder bärische Einstellung von Tradern, Anlegern und Beratern sind als Ganzes ein hervorragender Kontra-Indikator in extremen Marktsituationen. Eine exzessiv bullische Einstellung bedeutet, daß die meisten Käufe bereits getätigt wurden und damit das Risiko negativer Überraschungen erhöht ist. Wenn sich entsprechend eine übertrieben bärische Einstellung in diesen Untersuchungen widerspiegelt, werden nicht einmal mehr schlechte Nachrichten eine negative Auswirkung haben, da die meisten Verkäufe im Vorfeld dieser Nachrichten bereits getätigt wurden. Ich verfolge drei der wichtigsten Veröffentlichungen über die Auswertung der Stimmung. Sie werden herausgegeben von Investor's Intelligence, Consensus Index of Bullish Market Opinion und American Association of Individual Investors (AAII). Investor's Intelligence mißt den Prozentsatz von bullischen und bärischen Anlageberatern; Consensus mißt den Prozentsatz von professionellen Brokern und Beratern, die dem Aktienindex bullisch gegenüberstehen; die AAII befragt die einzelnen Anleger, um herauszufinden, ob sie bullisch, bärisch oder neutral eingestellt sind. Wir können diese Ergebnisse miteinander kombinieren, um zu jedem beliebigen Zeitpunkt eine kombinierte Auswertung über die herrschende bullische Stimmung zu bekommen. Abbildung 2.20 zeigt, daß ein Prozentsatz von Bullen über 50 Prozent für gewöhnlich ein Zeichen dafür ist, daß sich der Markt an einem Zwischenhoch befindet, während ein Prozentsatz von Bullen unter 25 Prozent dafür spricht, daß die Erwartungen übertrieben niedrig sind und der Markt nahe einem Boden ist.

Alle diese drei Untersuchungen können jede Woche in *Barron's* nachgelesen werden, und *Investor's Business Daily* veröffentlicht wöchentlich das Ergebnis der letzten Auswertung von Investor's Intelligence.

Abb. 2.20 DOW JONES INDUSTRIAL AVERAGE (DJIA) UND ZUSAMMENGEFASSTE 5-WOCHEN BULLISCHE STIMMUNG

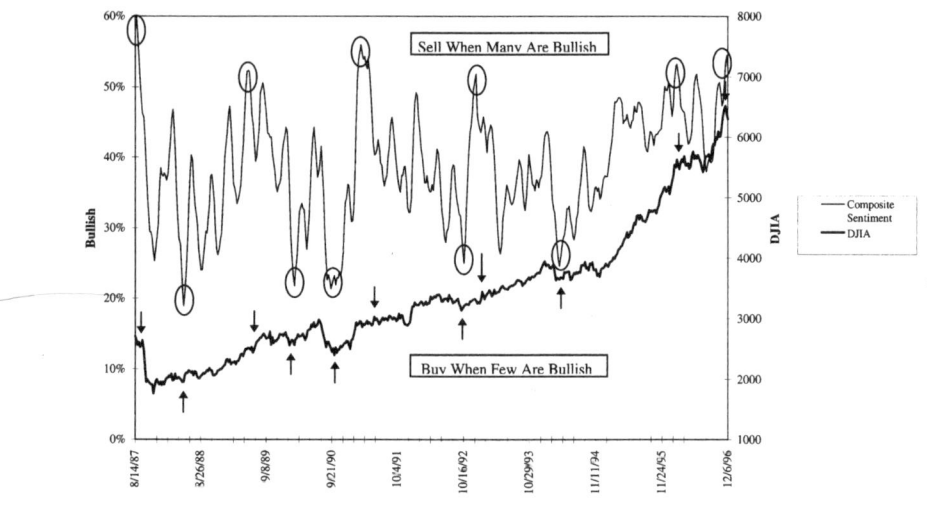

Kapitel 5 enthält zusätzliche stimmungsbezogene Indikatoren, die helfen sollen, Hintergründe der Erwartungshaltung zu definieren, was Sie in die Lage versetzen kann, die wichtigen Umkehrpunkte der Märkte effektiver vorherzusagen.

TECHNISCHE INDIKATOREN

Die technischen Mittel, die ich verwende, kann ich in zwei Kategorien einteilen: Indikatoren für einen Trend und Indikatoren für eine Seitwärtsbewegung. Ich konzentriere mich hauptsächlich darauf, Trends zu erkennen. Das beinhaltet sowohl Veränderungen im Gesamttrend wie auch Signale für eine Fortführung des Trends. Manche Indikatoren für Seitwärtsbewegungen können ebenfalls nützlich sein, obwohl es einige Fallgruben bei den Oszillatoren gibt.

Gleitende Durchschnitte

Gleitende Durchschnitte gehören wahrscheinlich zu den am häufigsten verwendeten technischen Indikatoren, mit denen ich arbeite. Sie zeigen nicht nur graphisch den Trend der Aktie, sondern dienen auch als Unterstützung und Widerstand. Die Punkte der gleitenden Durchschnitts bilden eine geglättete Darstellung der Entwicklung eines Aktientrends. Beim Glätten von Kursen ist es wichtig, eine Zeiteinheit für den gleitenden Durchschnitt zu wählen, die lang genug ist, um keine unnatürlichen Ausschläge zu erzeugen, die jedoch wiederum nicht so lang ist, daß sie zu träge auf wichtige Änderungen im Trend reagiert.

Wie man in Abbildung 2.21 sehen kann, bewegen sich die Aktien von Eli Lilly (LLY) in einem beständigen Aufwärtstrend, nachdem sie Anfang September 1996 aus einer monatelang anhaltenden Seitwärtsbewegung nach oben ausgebrochen sind. Die vertikalen Balken zeigen das tägliche Hoch, Tief und den Schlußkurs der LLY-Aktien. Die sich nach oben bewegende Linie unter den Balken ist der gleitende 20-Tage-Durchschnitt (der Durchschnitt der Schlußkurse der letzten zwanzig Handelstage). Von Anfang September bis Ende November hielt ein Kursrückgang jedesmal an, wenn die Kurse zurück an diesen Durchschnitt fielen. Der Durchschnitt wurde somit zur Unterstützung, und in diesem Fall hielt die Unterstützung extrem gut. Das Ergebnis ist, daß ich LLY als eine trendierende Aktie klassifizieren würde, und zukünftige Kursrückgänge zu dieser bewährten Unterstützung bieten wahrscheinlich (wenn auch nicht garantiert) gute Kaufgelegenheiten mit günstigem Risiko/Gewinn-Profil.

Beachten Sie jedoch, daß je öfter ein gleitender Durchschnitt getestet wird, es um so weniger wahrscheinlich wird, daß er als Unterstützung hält. Dies konnte man bei LLY Anfang Dezember 1996 beobachten. Als der Trend an der Wall Street allgemein bekannt war, ließ die Kaufkraft,

Abb. 2.21 ELI LILLY (LLY), TAGESCHART MIT 20-TAGE GLEITENDEM DURCHSCHNITT, 5. AUGUST 1996 – 15. DEZEMBER 1996

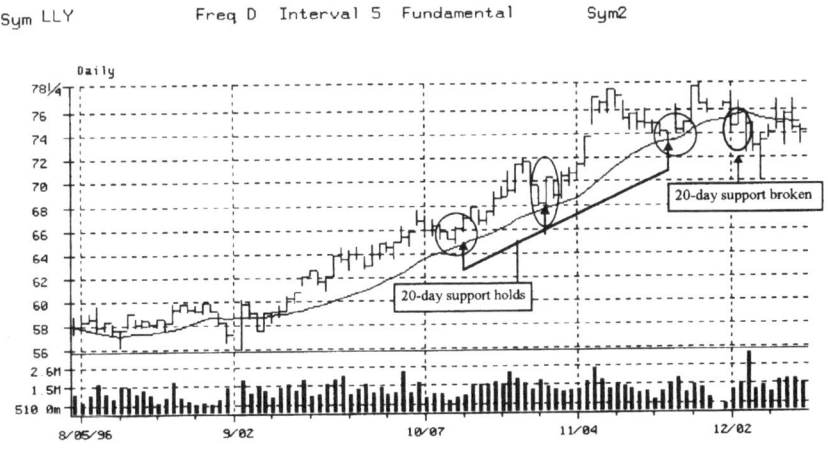

Nachdruck mit freundlicher Genehmigung von ILX Systems.

die bei den vorangegangenen Kursrückgängen noch spürbar war, zunehmend nach.

Ich untersuche Monats-, Wochen-, Tages- und Intradaycharts mit gleitenden Durchschnitten und tendiere dazu, mich bei jedem Chart auf den 10- und 20-Einheiten einfachen gleitenden Durchschnitt zu konzentrieren. Sie sollten für eine allgemeine Einschätzung von Kurstrends wahrscheinlich mit einem längerfristigen gleitenden Durchschnitt beginnen und dann für die Feinabstimmung Ihrer Ein- und Ausstiegspunkte kurzfristigere gleitende Durchschnitte verwenden. Als Optionstrader müssen Sie gleitende Durchschnitte verwenden, die zur erwarteten Zeitspanne passen, in der Sie Ihre Positionen halten. Wenn Sie einen gleitenden Durchschnitt verwenden, der verhältnismäßig langsam auf die täglichen Kursveränderungen reagiert, reagieren auch Sie oftmals viel zu langsam auf eine Trendveränderung. Gleitende Durchschnitte die zu schnell sind, können zu viele Signale durch die entstehenden Ausschläge geben. Sie müssen gleitende Durchschnitte finden, die Ihnen erlauben, einen Trend auszufahren, und die auch signalisieren, wann Sie aus dem zu Ende gehenden Trend aussteigen müssen.

Viele Fachleute verwenden ein System sich überkreuzender gleitender Durchschnitte (Moving Average Crossover) um bei trendierenden Aktien oder Indizes Kauf- und Verkaufspunkte zu bestimmen. Bei diesem System werden gleitende Durchschnitte mit unterschiedlicher Länge verwendet, um die Signale zu erzeugen. Wenn zum Beispiel der kurzfristigere (schnellere) der beiden gleitenden Durchschnitte den längerfristigen (langsameren) gleitenden Durchschnitt nach oben durchbricht, ist dies ein Kaufsignal. Entsprechend handelt es sich um ein Verkaufssignal, wenn der kurzfristigere gleitende Durchschnitt nach unten durch den längerfristigen gleitenden Durchschnitt bricht. Der Chart des Philadelphia Exchange Semiconductor Index (SOX) in Abbildung 2.22 zeigt, daß Signale von sich kreuzenden gleitenden Durchschnitten bei einem Trend sehr stark und gewinnbringend sein können (obwohl wir auch hier einige Fehlsignale durch Kursausschläge sehen können). In diesem Fall wurde ein System verwendet, bei dem sich ein 5-Tage und ein 20-Tage exponentieller gleitender Durchschnitt kreuzen. Techniker verwenden oftmals exponentielle gleitende Durchschnitte, weil diese den jüngeren Kursen eine größere Gewichtung geben.

Standard-Deviation-Bänder

Die Standard-Deviation-Bänder (SDV, Bänder der Standardabweichung) von Dell Computer in Abbildung 2.23 sind ein schönes Beispiel dafür, wie ich diesen technischen Indikator anwende. Bei den Standard-Devia-

72

Abb. 2.22 PHILADELPHIA EXCHANGE SEMICONDUCTOR INDEX, TAGESCHART, APRIL 1996 – FEBRUAR 1997

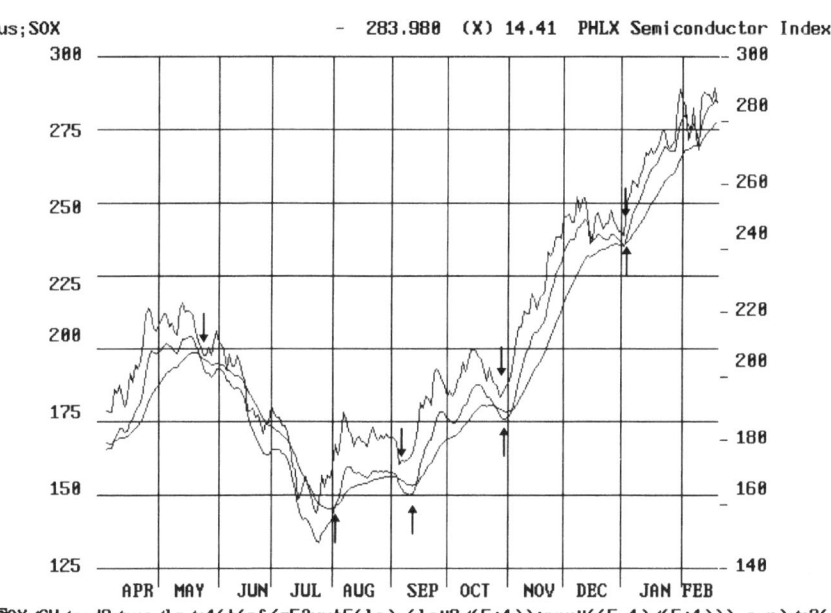

Nachdruck mit freundlicher Genehmigung von Bridge Information Systems.

tion-Bändern handelt es sich um einen überkauft/überverkauft-Indikator der ausschließlich auf der Kursentwicklung der Aktie basiert. Indem man durch die letzten 150 Handelstage eine Linie zieht, die »am besten« paßt (Linie A in Abbildung 2.23) und eine obere und eine untere Grenze in einer bestimmten Standardabweichung um diese Mittellinie legt, erzeugt man ein Band, in dem ungefähr 95 Prozent der Kursaktivitäten der Aktie liegen. Das Ergebnis ist, daß wenn sich die Kurse nahe dem unteren Ende des SDV-Bandes bewegen, dies eine Kaufgelegenheit ist, und wenn die Kurse am oberen Ende des SDV-Bandes sind, man sich einen Verkauf überlegen kann. In unserem Beispiel bewegte sich Dell in den durch B gekennzeichneten Bereich, und die SDV-Bänder arbeiteten bei den Rallyes und Kursrückgängen von Dell sehr zuverlässig. Beachten Sie den ersten Test am unteren Ende der SDV-Bänder im Oktober 1996 nahe dem 50-Tage gleitenden Durchschnitt (dargestellt als Linie C). Sie können sehen, wie während des Aufwärtstrends von Dell wichtige Hochs und Tiefs durch die obere und untere Begrenzung der SDV-Bänder markiert wurden. Wie bei allen technischen Indikatoren gibt es auch hier keine Garan-

73

Abb. 2.23 **DELL COMPUTER (DELL) STANDARD-DEVIATION-BÄNDER**

Line A,
SDV Best Fit

Line B, boundary
of DELL price action

Line C, 50-day
moving average

2 SDV BANDS

AUG   SEP   OCT   NOV   DEC   JAN   FEB

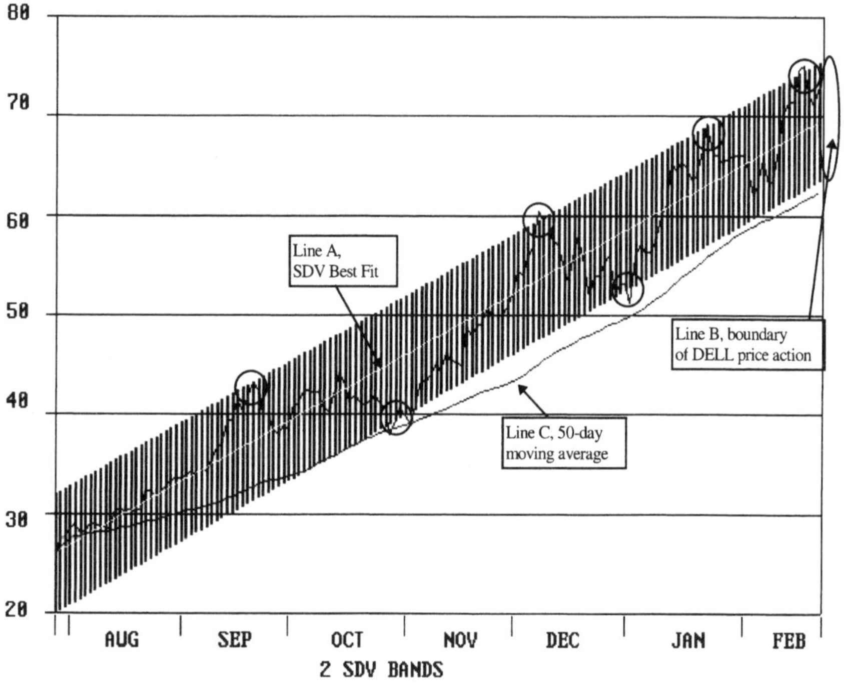

Nachdruck mit freundlicher Genehmigung von Bridge Information Systems.

tien – nur historische Trends und statistische Wahrscheinlichkeiten –, daß ein Indikator die zukünftige Bewegung einer Aktie richtig vorhersagt.

Regressionskanäle

Der Regressionskanal-Indikator hilft, einen entstehenden Trend zu bestimmen. Ein Regressionskanal (Regression Channel) wird erzeugt durch das Einzeichnen einer am besten passenden Regessionslinie von einem wichtigen Tief zu einem wichtigen Hoch. Diese Vorgehensweise unterscheidet sich von den Standard-Deviation-Bändern dadurch, daß die SDV-Bänder für eine feste Anzahl an Tagen passen müssen, um einen Trend zu markieren, wohingegen eine Regressionslinie von wichtigen Hochs und Tiefs gezogen wird, unabhängig von der Zeit. Um einen Regressionskanal zu erzeugen, müssen Sie, nachdem Sie die Regressionslinie eingezeichnet haben (in Abbildung 2.24 als 1R und 2R für die zwei

74

Abb. 2.24 **GLOBAL MARINE (GLM); REGRESSIONSKANÄLE**

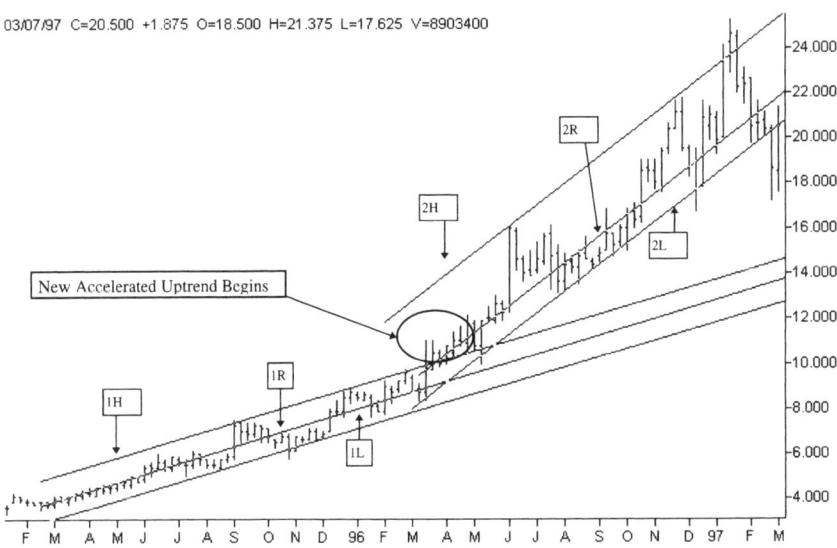

03/07/97 C=20.500 +1.875 O=18.500 H=21.375 L=17.625 V=8903400

Erstellt mit SuperCharts by Omega Research © 1996

verschiedenen Regressionslinien zu sehen) Parallelen zu den wichtigen Hochs (Linien 1H und 2H) und Tiefs (Linien 1L und 2L) ziehen. Da trendierende Aktien die größten Gelegenheiten für gewinnbringende Optionstrades geben, ist dieser Kanal ein wichtiger Indikator. Wie Sie am Regressionskanal von Global Marine (GLM, Abbildung 2.24) sehen können, ist der Trend wirklich wirkungsvoll. Viele verschiedene Indikatoren erscheinen in diesem einen technischen Bild. Am wichtigsten scheint, daß das obere Ende eines Regressionskanals einen Widerstand darstellt, sehr ähnlich wie ein gleitender Durchschnitt. Entsprechend stellt der untere Bereich des Kanals eine Unterstützung dar. Die erste Grenze des Regressionskanals nach oben (1H) bei GLM bot den Aktien einen starken Widerstand, bis die Aktie im März 1996 letztendlich durch diesen Bereich durchgebrochen ist. Solch ein Ausbruch ist technisch bedeutend und bietet einen bullischen Einstiegspunkt für Trades, da auf eine Beschleunigung des Trends gesetzt wird. Wie Sie am Regressionskanal 2 sehen können, gingen GLM-Aktien dann zu einem steileren Aufwärtstrend über. Die Mittellinie innerhalb des Kanals dient als Mittelwert und bietet so einen Anhaltspunkt, ob die Aktie mehr zum oberen oder zum unteren Ende des Kanals tendiert. Und letztendlich bietet der Kanal ein klares Bild über den Gesamttrend der Aktien. Mit anderen Worten: Er zeigt, ob sie in einem allgemeinen Aufwärtstrend, in einem Abwärtstrend oder in

Abb. 2.25 MERRILL LYNCH, WOCHENCHART: RELATIVE STÄRKE IM VERGLEICH ZUM S&P 500 INDEX

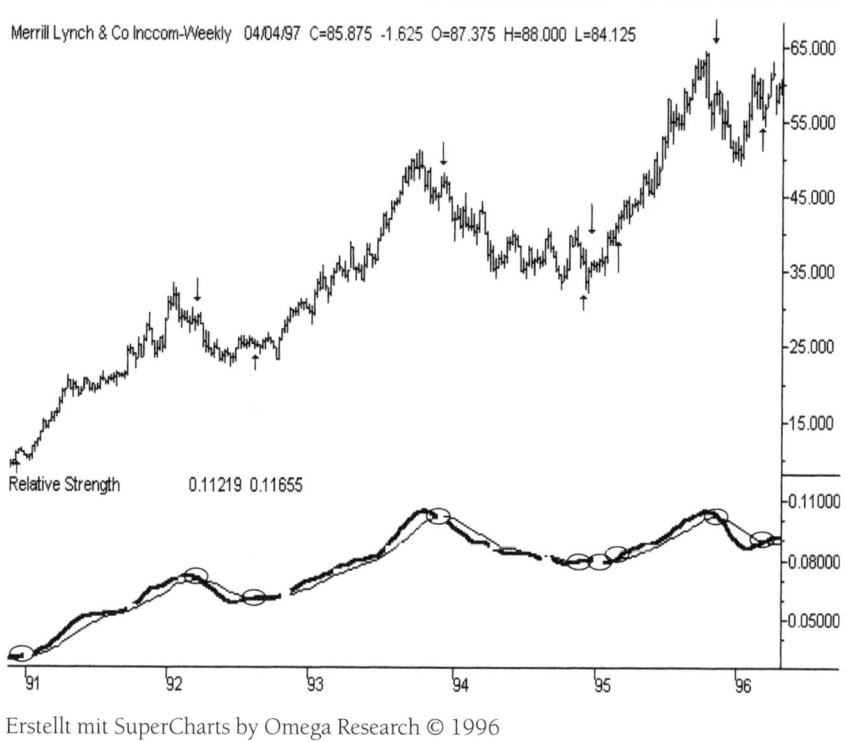

Merrill Lynch & Co Inccom-Weekly 04/04/97 C=85.875 -1.625 O=87.375 H=88.000 L=84.125

Erstellt mit SuperCharts by Omega Research © 1996

einer Konsolidierungsphase sind. Dieser kurze Blick auf den Regressionskanal ist eine hervorragende Methode, um die Richtung einer trendierenden Aktie sowie das Risiko/Gewinnverhältnis, welches von der Lage der Aktie innerhalb des Kanals abhängt, zu ermitteln. In Kapitel 7 wird die Regressionskanal-Analyse detailliert besprochen.

Relative Stärke im Vergleich zum Gesamtmarkt

Abbildung 2.25 zeigt die wöchentliche Entwicklung von Merrill Lynch (MER) (oberer Chart) und die Entwicklung von MER im Vergleich zum S&P 500 Index (SPX) (unterer Chart). Die traditionelle Art, sich mit der relativen Stärke zu befassen, ist eine Aktie mit dem dazu passenden Index, wie dem S&P 500, zu vergleichen und daraus eine einzelne Linie zu erstellen, die die relative Entwicklung zeigt. Ich bevorzuge, die oftmals im Zick-Zack laufenden Linien durch einen gleitenden Durchschnitt zu

Abb. 2.26 MERILL LYNCH MONATSCHART: RELATIVE STÄRKE IM VERGLEICH ZUM S&P 500 INDEX, 1982–1997

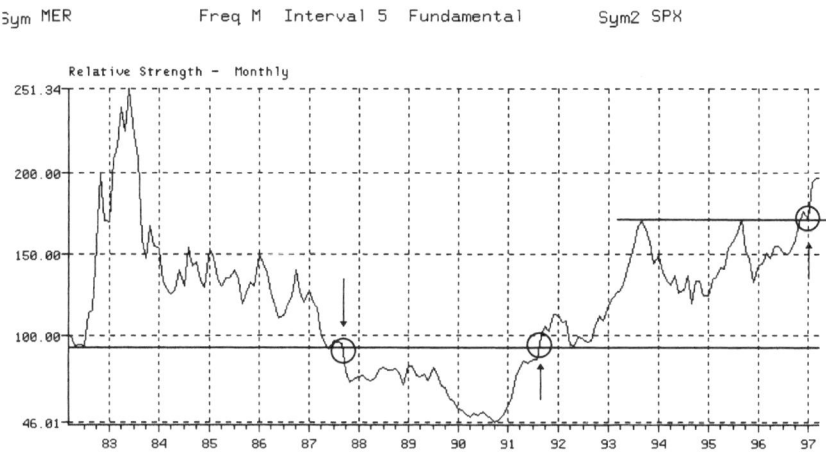

Sym MER   Freq M Interval 5 Fundamental   Sym2 SPX

Nachdruck mit freundlicher Genehmigung von ILX Systems.

glätten. Wenn ich einen 10-Wochen (dicke Linie) und einen 20-Wochen (dünne Linie) gleitenden Durchschnitt der relativen Stärke hinzufüge, kann ich den relativen Trend besser messen. Beachten Sie die Kaufpunkte (und Verkaufspunkte), wenn die 10-Wochen relative Entwicklung die 20-Wochen-Linie nach oben (unten) durchkreuzt. Dies wird durch die Pfeile im oberen Chart dargestellt. Ein Kaufsignal im Dezember 1990 führte in nur drei Monaten zu einer Verdoppelung der MER Aktienkurse und zu einer Verdreifachung bis zum Januar 1992. Das bärische Kreuzen der 10-Wochen- und der 20-Wochen-Linie im April 1992 prophezeite eine Konsolidierung vor dem nächsten Kaufsignal im August 1992, das zu einer Verdoppelung der MER-Aktien innerhalb der nächsten 13 Monate führte. Das bärische Überkreuzen im Dezember 1993 führte zu einem Kursrückgang der MER-Aktien von 25 Prozent innerhalb der nächsten zehn Monate. Nach einem kurzen Fehlsignal nahe des Tiefs Ende 1994 brachte das bullische Überkreuzen im März 1996 bis Februar 1997 einen mehr als 50prozentigen Gewinn.

Unterstützungs- und Widerstandszonen funktionieren bei Charts mit relativer Stärke auch gut, da höhere Hochs und höhere Tiefs einen Aufwärtstrend bestimmen, während der Durchbruch zu einem neuen kurzfristigen Tief gegenüber dem vorherigen Tief auf dem Chart mit der relativen Stärke mögliche Probleme der Aktie signalisiert. Nehmen wir zum Beispiel den Monatschart von Merill Lynch im Vergleich zum S&P 500

Index (Abbildung 2.26): Ein Wert über 200 bedeutet, daß sich MER zweimal so gut entwickelt hat wie der SPX, und ein Wert von 50 bedeutet, daß sich MER nur halb so gut entwickelt hat wie der SPX. Was Sie in Abbildung 2.26 sehen können ist, wie wichtig bestimmte relative Entwicklungsbereiche sind. In diesem Fall war knapp unter der 100 der Schlüsselbereich, da ein Durchbruch unter diese Unterstützungslinie Mitte 1987 für mehrere bevorstehende schlechte Jahre für MER-Aktien sprach. Entsprechend war es, als die relative Stärke der MER-Aktien Ende 1991 über die 100 stieg und im April 1992 erfolgreich über diesem Bereich blieb. Dies ließ eine neue Phase für eine bessere Entwicklung von MER erwarten. Das »Doppelhoch«, das Ende 1993 und 1995 von den relativen Hochs im Bereich von 170 entstand, wurde Ende 1996 nach oben durchbrochen, was für eine weitere Beschleunigung des Aufwärtstrends der MER-Aktien sprach und ebenso zeigte, daß der Bullenmarkt bei den Aktien noch nicht mal nahe einer Spitze war.

Oszillatoren

Das Verhalten eines Oszillators ähnelt sehr einer Sinus-Welle, so wie in Abbildung 2.27 dargestellt. Die Sinus-Welle bewegt sich in regelmäßigen Zyklen, und nachdem die Welle den Tiefpunkt eines Zyklus erreicht hat, dreht sie wieder nach oben. Entsprechend verhält sie sich, wenn sie ein Hoch erreicht, das dem Hoch eines vorangegangenen Zyklus entspricht; wir können dann erwarten, daß die Welle wieder nach unten dreht.

Technische Oszillatoren messen die Bewegung eines Aktienkurses im Vergleich zu einem angenommenen Zyklus von Hochs und Tiefs. Nach der Rallye einer Aktie wird ein Oszillator eine überkaufte Situation signalisieren, was bedeutet, daß die Aktie die Spitze des Zyklus erreicht hat und nun nach unten dreht. Wenn auf der anderen Seite eine Aktie bis zu einem Punkt gefallen ist, den ein Oszillator als überverkauft bewertet, zeigt das eine Möglichkeit, daß jetzt die Käufer kommen und die Aktie aus diesem Zyklentief bringen.

Als Trader müssen wir zunächst versuchen, eine mögliche überkaufte

Abb. 2.27 **SINUS-WELLE**

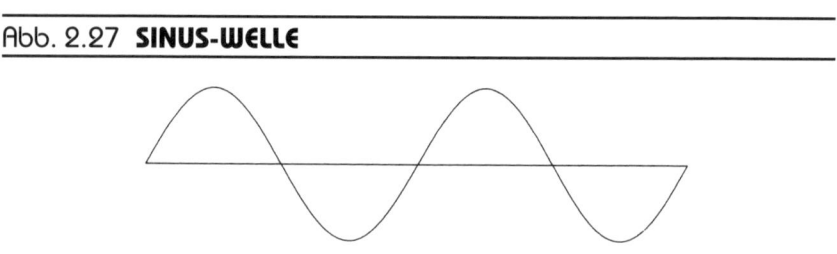

Abb. 2.28 SINUS-WELLE IN EINER 45-GRAD-STEIGUNG

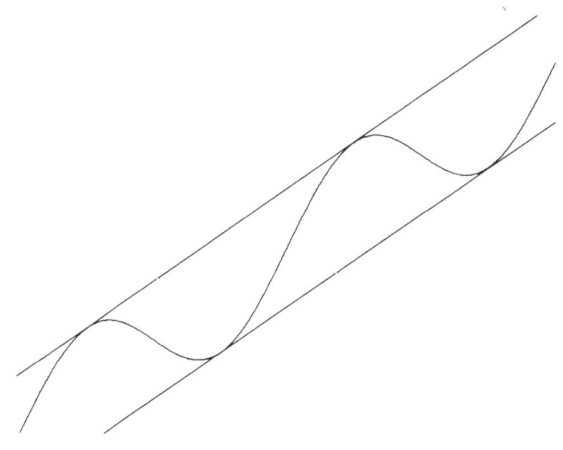

oder überverkaufte Situation zu erkennen, dürfen aber nur dann tätig werden, wenn es klar ist, daß sich die Aktie weg aus dieser Situation bewegt. Ein zu frühes Kaufen während des letzten Kursrückgangs und dann warten müssen, bis die Wende im Zyklus kommt und die Welle dann endlich nach oben dreht, kann für Optionskäufer verhängnisvoll sein.

Beachten Sie, daß die Sinus-Welle ein perfektes Beispiel für eine Seitwärtsbewegung ist, bei der die Hochs und Tiefs bei jedem Zyklus im gleichen Bereich auftreten. Schauen Sie sich jedoch an, wie sich die Aufwärts- und Abwärtszyklen ändern, wenn wir die Sinuswelle in eine 45prozentige Steigung versetzen (Abbildung 2.28). Beachten Sie, wie sich die Anstiege beschleunigen und die Rückgänge in der Welle jetzt weniger steil werden. Dies zeigt ein genaues Bild der Kursbewegung in einem Aufwärtstrend, da dort Rallyes stark sind und Kursrückgänge oftmals als seitwärtsgerichtete Konsolidierungen auftreten, um den vorangegangenen starken Anstieg abzubauen. Das bedeutet für uns Trader, daß, wenn wir Oszillatoren effektiv nutzen möchten, wir zunächst die Richtung und Stärke des Trends ermitteln müssen. Wenn der Trend nach oben geht, sollten wir nur überverkauft-Signale eines Oszillators als Einstieg für Call-Positionen verwenden, da ein Kauf von Puts im überkauften Bereich oftmals eine verlorene Schlacht gegen den Aufwärtstrend bedeutet.

Ähnlich verhält es sich bei einem Abwärtstrend (siehe Abbildung 2.29). Wir kaufen Puts nur bei überkauften Signalen, die bei der nächsten Abwärtsbewegung möglicherweise Erfolg versprechen werden. Wir

Abb. 2.29 **SINUS-WELLE IN EINER 45-GRAD-NEIGUNG**

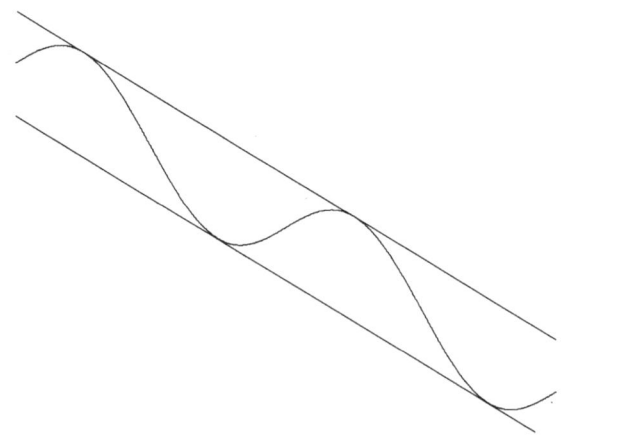

sollten in einem Abwärtstrend bei einem überverkauft-Signal keine Calls kaufen, denn die mögliche Rallye würde nur minimal im Vergleich zum Risiko eines weiteren Kursrückgangs sein.

Mit diesem Hintergrundwissen über die Macht der Trends und der effektiven Handhabung von Oszillatoren lassen Sie uns meine liebsten Oszillatoren untersuchen, wie man sie zusammen mit den bereits besprochenen Trend-Indikatoren verwenden kann.

RSI

Einer der populärsten Oszillatoren ist Welles Wilders Relative-Stärke-Index (RSI, Relative Strength Index). Dieser Index mißt die überkauften und überverkauften Zustände einer Aktie innerhalb einer bestimmten Anzahl vergangener Handelstage und stellt diese Werte auf einer Skala von 0 bis 100 dar.

Relative-Stärke-Index ist eine irreführende Bezeichnung und hat nichts mit der relativen Stärke, die bereits zuvor in diesem Kapitel erläutert worden ist, zu tun. RSI ist ein Oszillator, der zu bestimmen versucht, ob die zugrundeliegenden Aktien überkauft oder überverkauft sind. Als Kontra-Trader verwende ich diesen Oszillator gerne als ein Zeichen, daß eine kurzfristige Bewegung bald dreht, unter der Voraussetzung, daß ich nicht versuche gegen den allgemeinen Trend zu arbeiten. In Abbildung 2.30 wurde der 9-Tage-RSI von Toys 'R' Us über den Tageschart der Aktien gelegt. Dies ist ein perfektes Beispiel dafür, wie dieser Indikator funktioniert. Ein Wert im RSI über 70 bedeutet, daß die Aktien überkauft sind, und Werte unter 30 zeigen eine überverkaufte Situation. Die höchsten Werte im RSI traten im Mai, August und November 1996 auf. Das bedeutet, daß nach einem Anstieg der Aktien der überkaufte Zustand für einen anstehenden Kursrückgang sprach. Wie am Tageschart zu sehen ist, folgten bei der Aktie auf solche überkauft-Signale kurzfristige Kursrückgänge und im November eine starke Abwärtsbewegung.

Das gleiche gilt entsprechend für die Werte im überverkauften Bereich. Ein sehr niedriger Wert im RSI bedeutet, daß die Aktien so überverkauft sind, daß Sie bald mit einer Rallye rechnen können. Die niedrigsten Werte im RSI traten bei TOY im Juli und September 1996 auf. Der überverkaufte Zeitraum im Juli hielt mehrere Tage an, bis sich der Verkaufsdruck wieder normalisierte, war aber in der Nähe eines wichtigen Umkehrpunktes. Der überverkaufte Wert im September war schneller erfolgreich, da die TOY-Aktien nach einer dramatischen Rallye nur leicht korrigierten. Beachten Sie, daß *sowohl* das Kauf-, *wie auch* das Verkaufssignal des RSI bei TOY funktionierte, da sich die Aktie nicht in einem Aufwärts- oder Abwärtstrend befand. Wie man in Abbildung 2.30 sehen kann, schloß TOY im März 1997 fast genau an dem Kurs, wo sie im April 1996 war. Über diesen Zeitraum gab es förmlich keine Kursveränderung. Ein sehr wichtiger

Abb. 2.30 TOYS 'R' US (TOY), 9-TAGE-RSI

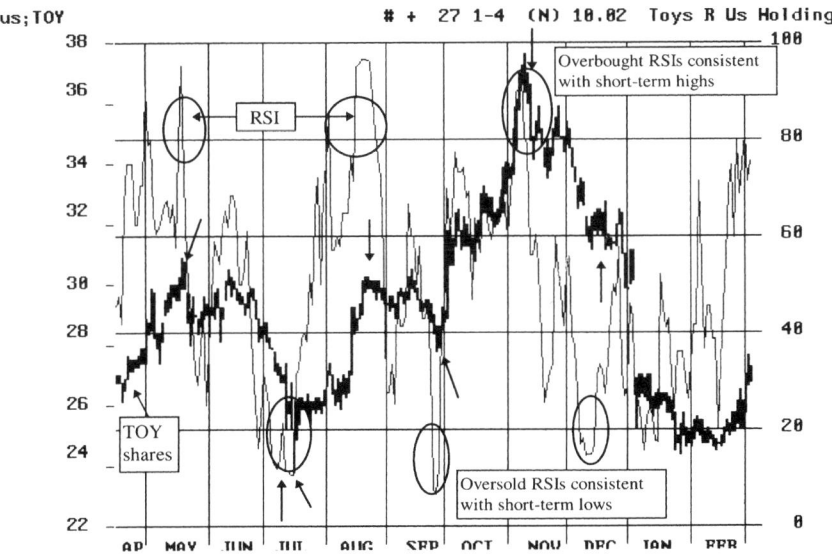

Nachdruck mit freundlicher Genehmigung von Bridge Information Systems.

Punkt, an den man denken muß, ist, daß bei Aufwärtstrends Aktien über einen langen Zeitraum im überkauften und bei Abwärtstrends im überverkauften Bereich liegen können. Aus diesem Grund sollten Sie bei der RSI-Analyse Trends sehr genau beobachten. Wenn man sich bei stark trendierenden Märkten ausschließlich auf Oszillatoren wie den RSI verläßt, führt dies zu einem Desaster, da Sie von überkauften Aktien, die in einem Bullenmarkt ständig weiter steigen, fortwährend Puts kaufen, und von überverkauften Aktien kaufen Sie fortwährend Calls, während diese in einem Bärenmarkt immer weiter fallen.

MACD

Gerald Appel entwickelte den Moving Average Convergence Divergence (MACD). Bei dieser exzellenten, leicht verdrehten Auslegung von gleitenden Durchschnitten wird die Differenz zwischen einem schnellen exponentiellen gleitenden Durchschnitt und einem langsamen exponentiellen gleitenden Durchschnitt gemessen. Beim MACD wird standardmäßig eine Kombination aus 12-Einheiten schnellen und 26-Einheiten langsamen Durchschnitten verwendet. Wenn die 12-Einheiten Linie die 26-Einheiten Linie nach oben durchkreuzt, ist dies ein Kaufsignal, während bei einem Kreuzen der 12-Einheiten Linie unter die 26-Einheiten Linie ein Verkaufssignal entsteht. Das Faszinierende am MACD ist, daß er oftmals einer der ersten Indikatoren ist, die einen kommenden Ausbruch einer Aktie über oder unter ihre wichtigen gleitenden Durchschnitte anzeigen. Auf dem MACD-Chart (der untere Chart in Abbildung 2.31) kann man nicht nur die schnelle 12-Einheiten-Linie (Links die obere Linie) und die 26-Einheiten-Linie (links die untere Linie) sehen, sondern auch das MACD-Histogramm. Beim Histogramm wird eine Nullinie gezeichnet und die positiven oder negativen Werte des MACD werden dann darüber oder darunter eingetragen. Ein Überkreuzen vom positiven in den negativen Bereich bedeuten ein MACD-Verkaufssignal (12-Einheitenkreuzen den 26-Einheiten-Durchschnitt nach unten), und ein Überkreuzen vom negativen in den positiven Bereich ist ein MACD-Kaufsignal (12-Einheiten- kreuzen den 26-Einheiten-Durchschnitt nach oben). Beachten Sie MACD-typische Situationen des Oszillators, wenn bei einer Aktie, die sich im Aufwärtstrend befindet, sich die 12-Einheiten- und 26-Einheiten-Linien von ihrem positiven Bereich zur Nullinie des Histogramms bewegen. Dies deutet oftmals auf eine überverkaufte Situation hin, und sobald der 12-Einheiten-Durchschnitt wieder über den 26-Einheiten-Durchschnitt geht, kaufe ich und setze darauf, daß die nächste Rallye des Aufwärtstrends beginnt.

Abb. 2.31 **SUNAMERICA (SAI), WOCHENCHART MIT MOVING AVERAGE CONVERGENCE DIVERGENCE (MACD)**

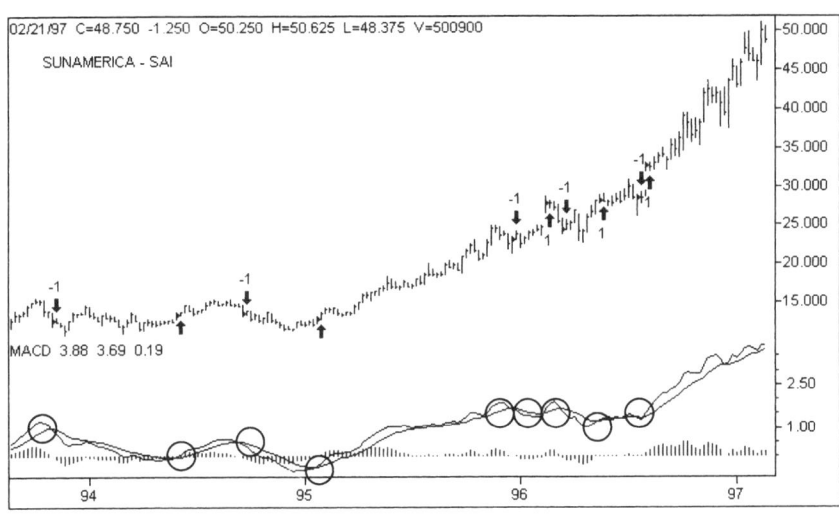

02/21/97 C=48.750 -1.250 O=50.250 H=50.625 L=48.375 V=500900

SUNAMERICA - SAI

MACD 3.88 3.69 0.19

Erstellt mit SuperCharts by Omega Research © 1996

Tabelle 2.1 **SUNAMERICA (SAI), PERFORMANCE-AUFSTELLUNG DES MACD-SYSTEMS**

MACD Sunamerica Inc [3/B]-Weekly 01/05/90 - 02/21/97

Performance Summary: Long Trades

Total net profit	$	15.67	Open position P/L	$ 16.19
Gross profit	$	19.00	Gross loss	$ -3.33
Total # of trades		9	Percent profitable	78%
Number winning trades		7	Number losing trades	2
Largest winning trade	$	10.10	Largest losing trade	$ -3.25
Average winning trade	$	2.71	Average losing trade	$ -1.67
Ratio avg win/avg loss		1.63	Avg trade(win & loss)	$ 1.74
Max consec. winners		4	Max consec. losers	1
Avg # bars in winners		23	Avg # bars in losers	6
Max intraday drawdown	$	-5.25		
Profit factor		5.70	Max # contracts held	1
Account size required	$	5.25	Return on account	298%

Erstellt mit SuperCharts by Omega Research © 1996

Auf Abbildung 2.31 kann man die Kauf- und Verkaufssignale des MACD-Systems bei den Wochendaten von SunAmerica (SAI) sehen (oberer Chart). Beachten Sie, daß wenn der MACD für mehr als vier Wochen im Kaufbereich bleibt, SAI-Aktien kontinuierliche, lang anhaltende Aufwärtstrends vollziehen, wie es 1995 und ab Mitte 1996 der Fall war. Beachten Sie, daß zu trendlosen Zeiten, wie z.B. Anfang 1996, der MACD Fehlsignale geben kann.

Beachten Sie auch die Performance-Aufstellung der bullischen Trades des MACD-Systems von SAI in Tabelle 2.1, erstellt mit SuperCharts von Omega Research. Diese Aufstellung zeigt, daß der MACD mit 78 Prozent profitablen Long-Trades bei SAI sehr effektiv war. Der größte abgeschlossene Gewinntrade war ein Anstieg der SAI-Aktien von 10 Dollar, und die seit Mitte 1996 noch offene Position zeigt einen Gewinn von 16 Dollar pro Aktie.

FUNDAMENTALE INDIKATOREN

Ich habe herausgefunden, daß Kurs/Gewinn-Verhältnis (KGV), Dividendenrendite und andere allgemein bekannte fundamentale Indikatoren für den Optionstrader nicht besonders hilfreich sind. Während sich fundamentale Indikatoren für gewöhnlich für einen längeren Zeitraum eignen, sind sie für kurzfristige Zeitspannen wenig hilfreich. Ich verfolge jedoch einen fundamentalen Indikator, der für kurzfristige Trends sehr hilfreich ist: Das Umsatzwachstum. Der Überraschungseffekt bei den Vierteljahresberichten einer Aktie neigt dazu, ein Katalysator für die kurzfristige Entwicklung der Aktie zu sein. Je größer die positive Überraschung gegenüber den Erwartungen der Analysten ist (in der Annahme einer positiven Reaktion aufgrund der Nachrichten), desto wahrscheinlicher ist es, daß sich der Aufwärtstrend fortsetzt. Positive Reaktionen auf andere fundamentale Entwicklungen können kurzfristig auch sehr stark sein. Diese Reaktionen sind wichtig, denn sie bieten den »Antrieb« für eine zukünftige Aktienentwicklung – eine Geschichte, die die Anleger über die Zukunftsaussichten der Aktie bei Stimmung hält. Weitere fundamentale »Antriebe« werden in Kapitel 6 besprochen.

Bei Medicis Pharmaceutical (MDRX) gab es beispielsweise im Januar 1997 in Verbindung mit einem besser als erwarteten Umsatzbericht einen Ausbruch über den Bereich von 50. Die Umsätze bewirkten, daß die Aktie von 50 auf 70 stieg. Meine Empfehlung am 14. Januar 1997 für den Februar 1997 Call mit Basispreis 50 zu $5^3/_8$ profitierte von diesem schnellen Anstieg der MDRX-Aktien (siehe Abbildung 2.32). Ich empfahl, Gewinne bei der Hälfte der Position mitzunehmen, wenn die Aktie am 22. Januar aufgrund des Umsatzberichts mit einem Gap (Kurslücke) nach

Abb. 2.32 MEDICIS PHARMACEUTICAL (MDRX), TAGESCHART, NOVEMBER 1996 – FEBRUAR 1997

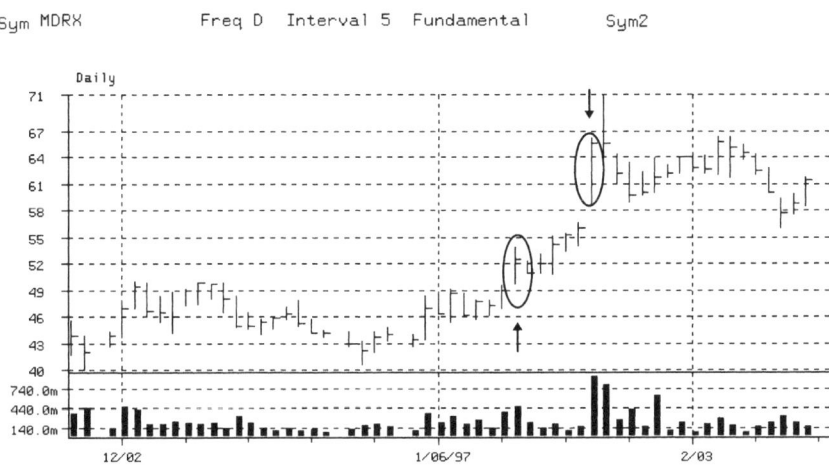

Nachdruck mit freundlicher Genehmigung von ILX Systems.

oben aufmacht. Diese Hälfte der Position wurde zu einem durchschnittlichen Kurs von $12^{13}/_{16}$ mit einem Gewinn von 138 Prozent geschlossen. Ich wollte die restliche Position noch weiter in den Gewinn laufen lassen. Als der Aufwärtstrend dann aber zum Stillstand kam, empfahl ich die restliche Position beim nächsten Kurssprung bei 12fi, das ist ein Gewinn von 170 Prozent, zu verkaufen.

DIE GEFAHR VON ZU VIELEN INDIKATOREN

Wenn Sie versuchen Ihre Methoden zu verbessern, ist eines der normalen Nebenprodukte, daß Sie neue Indikatoren entwickeln und dann eine Entscheidung treffen müssen: Sollen Sie diese Indikatoren in Ihre bestehende Methode einfließen lassen oder sie separat verwenden? Eines der Hauptprobleme beim Integrieren neuer Ideen in eine bestehende Methode ist, daß Sie mit einem Wirrwarr an Indikatoren enden, die bei einer Aktie gegenteilige Signale geben können. Dies führt zu möglichen Konfusionen – eine Situation, die für Sie als Trader am wenigsten erstrebenswert ist. Es ist wichtig, diejenigen Indikatoren wegzulassen, die sich gleichen oder die gleiche Methode verwenden. Es gibt beispielsweise eine Anzahl an Oszillatoren, die einem sagen, ob die Aktie überkauft oder überverkauft ist.

85

Wenn Sie fünf Oszillatoren als Indikator verwenden, aber keiner von ihnen den allgemeinen Trend in seinen Überkauft/Überverkauft-Bedingungen bestimmt, gewinnen Sie keine zusätzlichen Perspektiven.

Ein weiteres Problem ist, daß die Trendindikatoren uneins sein können mit den Oszillatoren. Ein Beispiel: Zum Zeitpunkt, wenn eine Aktie ein Kaufsignal wegen ihrer relativen Stärke zum S&P 500 Index gibt, kann sie bereits bis zu einem Punkt gestiegen sein, an dem der RSI zeigt, daß diese Aktie im überkauften Bereich ist. Der beste Weg festzustellen, welcher Indikator zutrifft ist, wenn Sie sich vom weiteren Kursverlauf führen lassen. Wenn die Aktie von diesem Punkt aus weiterhin steigt, hatte wahrscheinlich das Signal für die relative Stärke Gültigkeit, und das RSI-Signal war falsch. Das ist etwas, das Sie zu Beginn eines großen Trends sehen werden; nach einer Anzahl von Fehlsignalen durch Kursausschläge bei der Verwendung von Trendindikatoren wie die relative Stärke oder gleitende Durchschnitte, gibt es ein Kaufsignal, und die Aktie bewegt sich dann schnell in einen überkauften Bereich. Sie korrigiert jedoch niemals richtig und steigt weiter. Dies signalisiert einen wichtigen Trend, mit dem Sie gehen sollten.

SCHLUSSBETRACHTUNG

Die Lektion, die Sie aus dem Studieren von Indikatoren lernen müssen, ist, daß Sie zuerst die Marktbedingungen bestimmen und dann die richtigen, der Marktsituation entsprechenden Indikatoren anwenden müssen. Wenn die Bedingungen gleich blieben, wäre das Spiel zu einfach, und jeder wäre unermeßlich reich. Die Tatsache, daß die Anleger den Heiligen Gral unter den Systemen suchen, um sich vor der anstrengenden Arbeit zu drücken, die Märkte zu analysieren, zeigt die Macht der Phantasie von einem perfekten Trading. Die großen Trader erkennen, wenn sie falsch liegen, genauso wie sie erkennen, wenn sie auf der richtigen Seite sind. Die großen Trader entwickeln auch eine Handelsmethode, die die Flexibilität hat, sich ändernden Bedingungen anzupassen. Und sie halten an ihrer Methode fest.

Zusätzliche Indikatoren für die Stimmung von verschiedenen technischen und fundamentalen Indikatoren geben einen weiteren Vorteil, den man braucht, um die Erwartungen der Marktteilnehmer zu verstehen. Das Einbeziehen einer solchen Erwartungsanalyse bietet ihnen eine Perspektive, die nur wenige genießen. Sie werden dadurch viele »fatale« Situationen vermeiden, die die Masse überraschen und Sie werden statt dessen Positionen in Situationen geringer Erwartung eingehen, die die Masse noch nicht entdeckt hat.

Nachdem wir nun die Indikatoren besprochen haben, die gebraucht werden, um die Richtung einer zugrundeliegenden Aktie zu bestimmen, lassen Sie uns schauen, welche *Option* man wählen muß, um die bestmögliche Rendite gegenüber dem eingegangenen Risiko zu erhalten.

3

Grundlagen über Optionen: Psychologie und Dynamik gewinnbringender Optionsanlagen

EINLEITUNG

In diesem Kapitel bespreche ich zuerst die Grundlagen und komme dann zu meinem eigentlichen Ziel, Ihnen zu helfen, die Psychologie und Dynamik gewinnbringender Optionsanlagen zu meistern. Ich zeige Ihnen auch, wie Sie die zwei größten Irrtümer, die unter den meisten Neulingen beim Handel mit Optionen herrschen, vermeiden:

1. Optionen können wie Aktien gehandelt werden.
2. Volatilität und gleichbleibende Kursbewegung sind das gleiche.

GRUNDLAGEN ÜBER OPTIONEN

Wie bereits im Vorwort besprochen, geben Ihnen *Call*-Optionen das Recht (Sie haben aber nicht die Verpflichtung), 100 Aktien zu einem festgelegten Preis (*Basispreis*), innerhalb eines bestimmten Zeitraums (bis zum *Verfalltag*) zu *kaufen*. Der Kauf von Calls ist eine *bullische* Strategie, die eingegangen wird, wenn der Käufer eines Calls der Meinung ist, daß die zugrundeliegende Aktie innerhalb der Laufzeit der Option deutlich steigen wird. Ein Kursanstieg nach dem Verfalltag wäre völlig irrelevant, da die Option dann bereits verfallen ist.

Der Käufer eines Calls baut auf eine Kurssteigerung während der Laufzeit der Option, und sollte er sich dazu entscheiden, seinen Optionskontrakt vor dessen Verfall auszuüben und die Aktie zum Basispreis zu kaufen, gehört ihm der Betrag, den die Aktie über dem Basispreis liegt. Wenn Sie zum Beispiel einen Call mit Basispreis 40 kaufen, die Aktie am Verfalltag bei 45 notiert und Sie Ihre Option ausüben, *muß* Ihnen der Verkäufer der Option die Aktie zu 40 verkaufen, da er durch den Verkauf des Calls jeden höheren Anspruch bei einer Kurssteigerung über 40 verwirkt hat. Sie als Käufer des Calls besitzen den Anspruch auf Kurssteigerung der Aktie über 40, in diesem Fall also 5 Punkte.

Eine *Put*-Option gibt Ihnen das Recht (Sie haben aber nicht die Verpflichtung), 100 Aktien zu einem festgelegten Preis, innerhalb eines bestimmten Zeitraums zu *verkaufen*. Der Kauf von Puts ist eine *bärische* Strategie, die eingegangen wird, wenn der Käufer eines Puts der Meinung ist, daß die zugrundeliegende Aktie innerhalb der Laufzeit der Option deutlich fallen wird. Der Käufer eines Puts baut auf einen Kursrückgang während der Laufzeit der Option, und sollte er sich dazu entscheiden, seinen Optionskontrakt vor dessen Verfalltag auszuüben und die Aktie zum Basispreis zu verkaufen, gehört ihm der Betrag, den der Basispreis über dem Aktienkurs liegt.

KURSGESTALTUNG BEI CALL-OPTIONEN

Der Kurs einer Option, die an einer der vier Optionsbörsen gelistet ist, wird durch Angebot und Nachfrage am Parkett bestimmt. Diesem *freien Marktpreis* unterliegen eine Anzahl an Faktoren, die den *theoretischen* Preis einer Option bestimmen, und es ist selten, daß dieser freie Marktpreis merklich vom theoretischen Preis abweicht. Der theoretische Preis einer Option (die Optionsprämie) hängt von folgenden Faktoren ab:

1. Der Kurs der zugrundeliegenden Aktie relativ zum Basispreis der Option
2. Die verbleibende Zeit, bis die Option verfällt.
3. Die Volatilität der zugrundeliegenden Aktie.
4. Die Höhe des risikofreien Zinssatzes.
5. Die Höhe der gezahlten Dividende der zugrundeliegenden Aktie.

Der wichtigste Faktor bei der Kursbestimmung einer Option ist der Kurs der zugrundeliegenden Aktie relativ zum Basispreis der Option. Der Kurs eines Calls steigt vor dem Verfalltag gegenüber dem steigenden Aktienkurs in einem höheren Prozentsatz an. Wenn die Aktie unter dem Basispreis notiert, sagt man, der Call ist *aus dem Geld*, während ein Call *am Geld* ist, wenn der Kurs der Aktie gleich dem Basispreis ist.

Ein Call ist *im Geld*, wenn der Kurs der Aktie über dem Basispreis liegt. Calls im Geld haben einen *inneren Wert*, das ist der Betrag, um den die Aktie den Basispreis übersteigt. Calls, die am Geld oder aus dem Geld sind, haben keinen inneren Wert und ihr ganzer Kurs besteht aus einem *Zeitwert*. Der Kurs einer Option, die im Geld ist, besteht aus einer Kombination von innerem Wert und Zeitwert.

Abbildung 3.1 zeigt das Gewinn/Verlust-Profil eines Calls am Geld mit einer Restlaufzeit von sechzig Tagen (siehe gepunktete Linie) bei verschiedenen Aktienkursen über und unter dem Basispreis und auch das Gewinn/Verlust-Profil der gleichen Option am Verfalltag (siehe durchgezogene Linie). Beachten Sie bei der gepunkteten Linie, daß eine anhaltende Kursbewegung der Aktie weit über den Basispreis bei gekauften Calls einen schneller werdenden Anstieg ergibt, während eine anhaltende Kursbewegung der Aktie deutlich unter den Basispreis einen immer schwächer werdenden Verlust ergibt. Diese Charakteristik der Gewinn- und Verlustkurve bei Optionen bezeichnet man als konvexe Form, und das kommt daher, daß der Käufer von Optionen mehr bei sofortigen starken Kursbewegungen in die richtige Richtung gewinnt als er bei sofortigen starken Kursbewegungen in die falsche Richtung verliert.

Lassen Sie uns nun die durchzogene Linie untersuchen, die das Gewinn/Verlust-Profil der Option am Verfalltag repräsentiert. Beachten Sie, daß die komplette Optionsprämie verloren ist, wenn die Aktie am oder

Abb. 3.1 GEWINN UND VERLUST BEI CALL-OPTIONEN: BEI VERFALL UND MIT EINER RESTLAUFZEIT VON 60 TAGEN

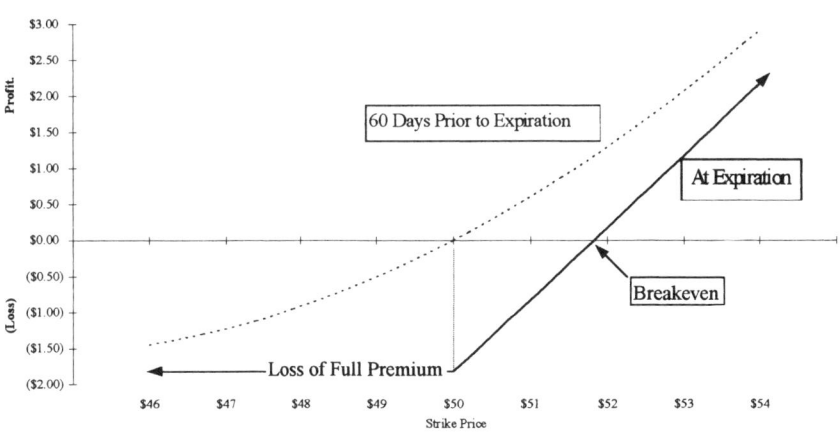

unter dem Basispreis schließt und auch, daß der Verlust reduziert wird, wenn der Aktienkurs über den Basispreis bis zu einem Bereich steigt, an dem der innere Wert des Calls der anfänglichen Prämie für den Call entspricht. Bei diesem Punkt ist der Call-Käufer Pari (Break-Even), hat also nicht gewonnen oder verloren, und erst wenn die Aktie weiter steigt, fängt auch der Call-Käufer an zu verdienen. Tatsächlich entspricht jeder weitere Punkt beim Aktienkurs einen zusätzlichen Punkt Gewinn des Call-Käufers.

Der Gewinn des Call-Käufers ist theoretisch unbegrenzt, da die Aktie immer höher steigen kann (beachten Sie den nach oben gerichteten Pfeil bei der nach oben zeigenden durchgezogenen Linie), während der Verlust eines Call-Käufers auf die anfänglich gezahlte Optionsprämie begrenzt ist, egal wie tief die Aktie am Verfalltag gefallen sein mag (beachten Sie den seitwärts gerichteten Pfeil auf der linken Seite der durchgezogenen Linie). Diese Prinzip bezeichnet man als *begrenztes Risiko*. Es entspricht dem zuvor besprochenen Prinzip der konvexen Form.

Hier noch einmal eine Zusammenfassung aller wichtigen Punkte von Abbildung 3.1:

1. Vor ihrem Verfalltag bewegen sich Call-Optionen in einer konvexen Form. Die Prämie eines Calls erhöht sich bei großen, anhaltenden Anstiegen des Aktienkurses stärker, als sie bei einem identischen Rükkgang des Aktienkurses verlieren würde.
2. Am Verfalltag verliert der Call-Käufer seinen gesamten Einsatz, wenn die Aktie am oder unter dem Basispreis schließt und er verliert einen Teil seines Einsatzes, wenn die Aktie über dem Basispreis, jedoch unter dem inneren Wert der Option, der der gezahlten Optionsprämie (das wäre der Break-Even-Punkt) entspricht, schließt. Wenn der Aktienkurs über diesen Break-Even-Bereich steigt, gewinnt der Call-Käufer mit identischer Punktzahl.
3. Das Risiko ist für den Call-Käufer begrenzt, da sein maximaler Verlust auf die für die Option gezahlte Prämie begrenzt ist, während seine Gewinne unbegrenzt sein können.

Kursgestaltung bei Put-Optionen

Der Kurs einer Put-Option hängt von den fünf gleichen Faktoren ab, die bei der Call-Option aufgezählt wurden, wobei – wie wir später sehen werden – die Höhe des Zinssatzes und der Dividende auf die Putprämie eine gegenteilige Auswirkung haben als auf die Callprämie.

Wie auch bei den Calls ist der wichtigste Faktor bei der Kursbestimmung eines Puts der Kurs der Aktie in Relation zum Basispreis der Op-

Abb. 3.2 **GEWINN UND VERLUST BEI PUT-OPTIONEN: BEI VERFALL UND MIT EINER RESTLAUFZEIT VON 60 TAGEN**

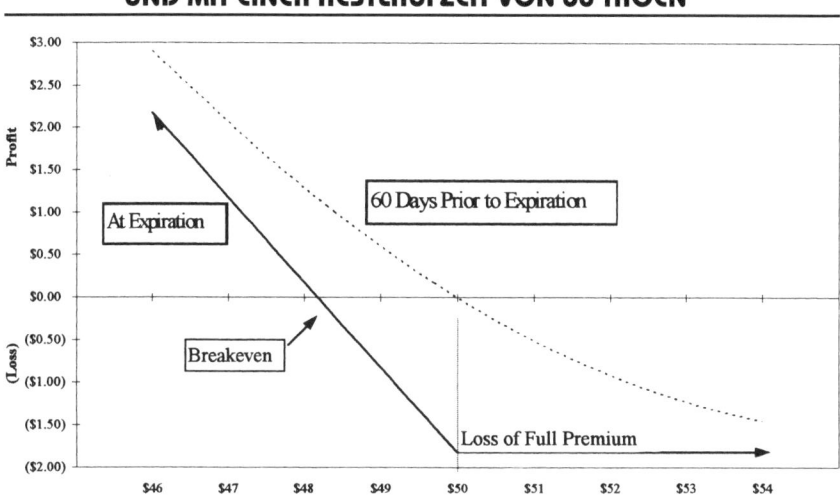

Auszug aus der Tabelle von Business Week, 27. Dezember 1993

tion. Der Kurs eines Puts steigt vor dem Verfalltag gegenüber dem fallenden Aktienkurs in einem höheren Prozentsatz an. Wenn die Aktie *über* dem Basispreis notiert, sagt man, der Put ist *aus dem Geld*, während ein Put *am Geld* ist, wenn der Kurs der Aktie gleich dem Basispreis ist.

Ein Put ist *im Geld*, wenn der Basispreis über dem Aktienkurs liegt. Der *innere Wert* eines Puts ist der Betrag, um den der Basispreis über der Aktie liegt.

Abbildung 3.2 für Puts ist das Äquivalent zu Abbildung 3.1 für Calls, da sie das Gewinn/Verlust Profil eines Puts am Geld am Verfalltag und mit 60 Tagen Restlaufzeit (gepunktete Linie) bei verschiedenen Aktienkursen über und unter dem Basispreis und auch das Gewinn/Verlust-Profil der gleichen Option am Verfalltag (durchgezogene Linie) darstellt.

Beachten Sie, daß der Put-Käufer seine Gewinne erzielt, wenn die Aktie unter den Basispreis fällt und Verluste erleidet, wenn die Aktie über den Basispreis steigt.

Hier noch einmal eine Zusammenfassung aller wichtigen Punkte von Abbildung 3.2:

1. Vor ihrem Verfalltag bewegen sich Put-Optionen in einer konvexen Form. Die Prämie eines Puts erhöht sich bei einem großen, anhalten-

93

den Rückgang des Aktienkurses stärker, als sie bei einem identischen Anstieg des Aktienkurses verlieren würde.

2. Am Verfalltag verliert der Put-Käufer seinen gesamten Einsatz, wenn die Aktie am oder über dem Basispreis schließt und er verliert einen Teil seines Einsatzes, wenn die Aktie unter dem Basispreis, jedoch über dem inneren Wert der Option, der der gezahlten Optionsprämie (das wäre der Break-Even-Punkt) entspricht, schließt. Wenn der Aktienkurs unter diesen Break-Even-Bereich fällt, gewinnt der Put-Käufer mit identischer Punktzahl.

3. Das Risiko ist für den Put-Käufer begrenzt, da sein maximaler Verlust auf die für die Option gezahlte Prämie begrenzt ist, während seine Gewinne unbegrenzt sein können (in der Realität ist er jedoch schon limitiert auf die Differenz zwischen dem Basispreis und der anfänglich bezahlten Optionsprämie, da eine Aktie nicht unter Null fallen kann).

DIE ZEIT UND IHR EINFLUSS AUF DIE KURSGESTALTUNG VON OPTIONEN

Die vorstehende Besprechung von Call- und Put-Optionen berücksichtigte kaum die anhaltenden Auswirkungen der schwindenden Restlaufzeit, außer die besonderen Gewinn- und Verlustcharakteristika zu einem Zeitpunkt vor und am Verfalltag der Option zu untersuchen. Wie später in diesem Kapitel noch genauer besprochen wird, ist *Zeit der Feind der Optionskäufer*. Die Prämie einer Option am Geld oder aus dem Geld fällt um so steiler, je mehr Zeit vergeht und wird am Verfalltag wertlos. Eine Option im Geld verschlechtert sich mit einer geringeren Rate, da sich die geringer werdende Restlaufzeit nur auf den Zeitwert auswirkt und keinen Einfluß auf den inneren Wert der Option hat.

Eine kürze werdende Restlaufzeit kann die Vorteile eines konvexen Kursverlauf völlig zunichte machen und das begrenzte Risiko kann zu einem strittigen Punkt werden, wenn der Optionskäufer konstant seinen gesamten Einsatz verliert, wenn die Option nicht im Geld schließt. (Später in diesem Kapitel besprechen wir die Schritte, die ein Optionskäufer unternehmen muß, um die negativen Auswirkungen der geringer werdenden Restlaufzeit zu begrenzen.)

Abbildung 3.3 illustriert graphisch die negativen Auswirkungen der kürzer werdenden Restlaufzeit eines Calls am Geld, der sechzig Tage vor Verfall gekauft wurde. Der Kurs der zugrundeliegenden Aktie bleibt während dieses Zeitraumes konstant. Beachten Sie besonders den zunehmenden Verfall der Optionsprämie, je näher wir an den Verfalltag herankommen, bis sie dann am Verfalltag wertlos wird. Wie Sie sehen können, ist

Abb. 3.3 **ZEITWERTVERLUST BEI EINER OPTION AM GELD**

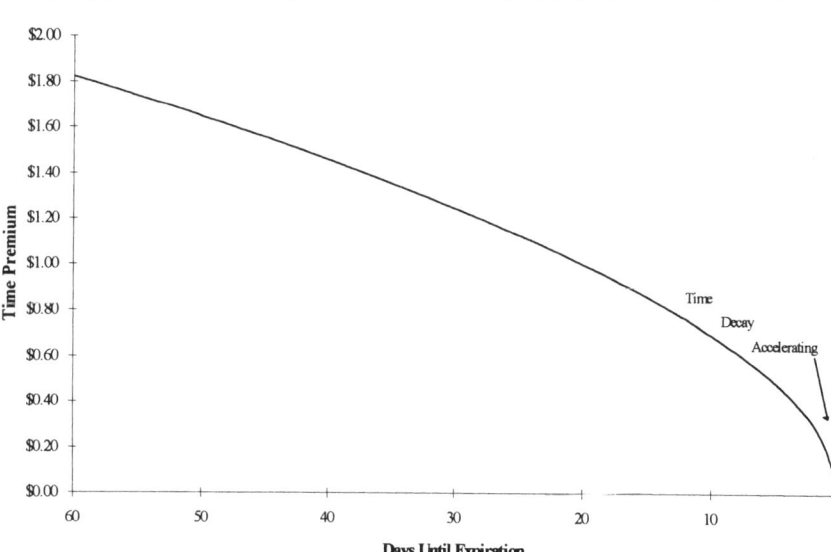

der dargestellte Verfall mit abnehmender Zeit nicht linear. Anfangs ist er relativ bescheiden, wird dann nahe dem Verfalltag aber ziemlich heftig. Bei einem konstanten Aktienkurs verfällt die Prämie einer Option am Geld im Verhältnis zur Quadratwurzel aus der bereits abgelaufenen und der noch verbleibenden Zeit bis zum Verfalltag. Prämien von Puts am Geld verfallen in entsprechender Weise, jedoch mit etwas weniger Geschwindigkeit, da die Prämien von Puts meist niedriger als die der Calls sind.

Die Zeitwertprämie, die ein Optionskäufer von Optionen am Geld zahlt steigt, wenn die verbleibende Zeit bis zum Verfalltag steigt, und sie steigt oder fällt im Verhältnis zur erwarteten Volatilität der zugrundeliegenden Aktie (im nächsten Abschnitt besprechen wir den Einfluß der Volatilität auf die Optionsprämien). Ein Optionsverkäufer fordert eine höhere Prämie, wenn der Optionskäufer mehr Zeit kaufen möchte, da die Möglichkeiten, daß die Option deutlich ins Geld geht bei zunehmender Zeit oder steigender Volatilität der zugrundeliegenden Aktie steigen.

Zu jedem Zeitpunkt ist die Höhe der Zeitwertprämie am höchsten für eine Option am Geld. Sie fällt in dem Ausmaße, wie die Option aus dem Geld oder ins Geld läuft. Wie zuvor in diesem Kapitel erwähnt wurde, bestehen die Prämien aller Optionen am Geld und aus dem Geld ausschließlich aus der Zeitwertprämie, während die Prämie einer Option im

95

Abb. 3.4 ZEITWERTPRÄMIE EINER 30-TAGE-OPTION, WENN SIE VON IM GELD ZU AUS DEM GELD GEHT

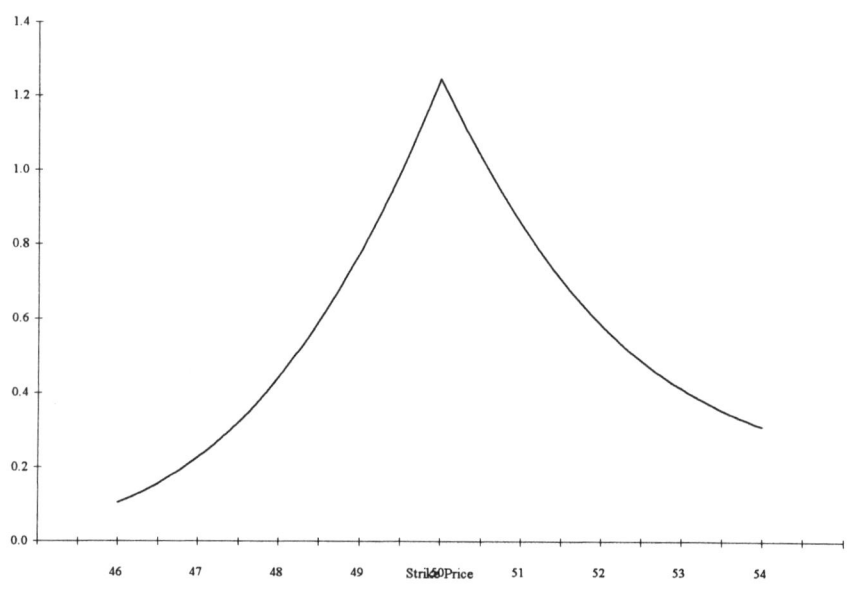

Geld zum einen Teil aus der Zeitwertprämie und zum anderen Teil aus dem inneren Wert besteht. Abbildung 3.4 illustriert den Einfluß der Zeitwertprämie, wenn sich Optionen von im Geld ins aus dem Geld bewegen.

Beachten Sie in Tabelle 3.1, daß bei dem tief im Geld April 55 Call von Coca-Cola (KO) nur 14 Prozent der gesamten Prämie Zeitwertprämie sind und 86 Prozent innerer Wert. Der leicht im Geld stehende April 60 Call hat fi Punkt inneren Wert (17 Prozent der gesamten Prämie), und 83 Prozent der gesamten Prämie bestehen aus Zeitwert. 100 Prozent der Prämie des aus dem Geld notierenden April 65 Calls bestehen aus Zeitwert. Beachten Sie ebenso, daß wenn wir mit den im August auslaufenden Optionen von KO mehr Zeit kaufen, sich der innere Wert der Optionen im Geld mit Basispreis 55 und 60 nicht ändert, da aber durch die längere Haltedauer mehr Zeit gekauft wurde, der Prozentsatz der gesamten Prämie, der auf dem inneren Wert basiert, abnimmt.

Tabelle 3.1 COCA-COLA CALL-OPTIONEN: INNERER WERT UND ZEITWERT

	Closing Stock Price	Closing Options Price	Intrinsic Value	% of Premium	Time Value	% of Premium
April Series						
55 Strike	$60\frac{1}{2}$	$6\frac{3}{8}$	$5\frac{1}{2}$	86	$\frac{7}{8}$	14
60 Strike	$60\frac{1}{2}$	3	$\frac{1}{2}$	17	$2\frac{1}{2}$	83
65 Strike	$60\frac{1}{2}$	$\frac{13}{16}$	0	0	$\frac{13}{16}$	100
August Series						
55 Strike	$60\frac{1}{2}$	$8\frac{1}{4}$	$5\frac{1}{2}$	67	$2\frac{3}{4}$	33
60 Strike	$60\frac{1}{2}$	$5\frac{1}{4}$	$\frac{1}{2}$	10	$4\frac{3}{4}$	90
65 Strike	$60\frac{1}{2}$	$2\frac{7}{8}$	0	0	$2\frac{7}{8}$	100

Bitte beachten: Die Zahlen sind die Ask-Schlußkurse vom 7.3.1997

VOLATILITÄT UND IHRE AUSWIRKUNG AUF DIE KURSGESTALTUNG DER OPTIONEN

Überblick über die Volatilität

Wie zuvor erwähnt, müssen Optionskäufer eine zunehmend höhere Zeitprämie zahlen, wenn die Volatilitätserwartungen für die Aktie steigen. Je höher die Volatilität ist, desto größer ist die Wahrscheinlichkeit, daß die Aktie starken Kursschwankungen unterliegen und deutlich im Geld schließen kann.

Volatilität kann definiert werden als *die Neigung des Kurses der zugrundeliegenden Aktie, nach oben oder unten zu schwanken.* Oftmals wird die Volatilität durch die tägliche Standardabweichung des Aktienkurses gemessen, der dann aufs Jahr hochgerechnet wird.

Die historische Volatilität basiert auf den vergangenen Kursmustern der Aktie. Der theoretische faire Wert der Option basiert auf einer Berechnung der historischen Volatilität der zugrundeliegenden Aktie und bietet die Rahmenwerte, wenn man eine Aktie auf lange Sicht analysieren will.

Die zukünftige Volatilität ist ganz einfach diejenige, von der die Optionstrader glauben, daß sie während der Laufzeit einer Option vorherrschen wird. Die zukünftige Volatilität wird vom Trader geschätzt und muß mit der Einschätzung der Impliziten Volatilität (siehe unten) ver-

97

glichen werden, um bestimmen zu können, ob die Option zu billig oder zu teuer ist.

Die Implizite Volatilität ist die beste Einschätzung des Marktes über die zukünftige Volatilität, und man erhält sie, indem man wiederholt die aktuelle Optionsprämie in ein Optionsprämien-Berechnungsmodell eingibt. Die Volatilität ist der einzige unbekannte Faktor bei der Standardauslegung traditioneller Optionsprämien-Berechnungsmodelle wie dem Black-Scholes Modell, und sie muß geschätzt werden. Die Implizite Volatilität wird berechnet indem man fragt: »Restlaufzeit bis zum Verfalltag, Zinssatz, Dividende, Aktienkurs und Basispreis sind bekannt. Welche Implizite Volatilität muß ich in das Modell eingeben, um die aktuelle Optionsprämie zu erhalten?«

Die Volatilität unter realen Bedingungen

Die Volatilität ist ein Maß für die tatsächliche und mögliche Fluktuation einer Aktie, auf die eine Option gehandelt wird. Einfach gesagt haben Aktien mit großen Kursspannen eine hohe Volatilität, und Aktien mit einer geringen Kursspanne haben eine geringe Volatilität.

Mit der folgenden Vorgehensweise kann die ungefähre jährliche Volatilität einer Aktie ermittelt werden: Schauen Sie in die Zeitung und notieren Sie sich die Kursspanne der letzten 52 Wochen. Berechnen Sie die Differenz von Jahreshoch und -tief. Berechnen Sie den Mittelkurs von Hoch und Tief. Dividieren Sie die Hoch/Tief-Differenz durch den Mittelkurs, und Sie erhalten die geschätzte Volatilität der Aktie.

Ein Beispiel: Nehmen wir an, die Kursspanne der XYZ AG lag im letzten Jahr zwischen 53 Dollar und 75 Dollar. Die Differenz ist $75 - $53 = $22. Der Mittelkurs ist ($75 + $53)/2 = $64. Wenn wir den Mittelkurs durch die Differenz teilen, bekommen wir $22/$64 = 0,34 oder 34 Prozent als geschätzte Volatilität der XYZ-Aktie.

Was können wir mit dieser Zahl anfangen? Zunächst einmal kann sie dazu verwendet werden, die Kursspanne der Aktie für das nächste Jahr zu schätzen. Wenn der Kurs der XYZ-Aktie momentan bei 60 Dollar notiert, ist es wahrscheinlich, daß die Aktie in 68 Prozent der Fälle nicht über etwa 80 Dollar [$60 + (0,34 x $60)] oder unter ungefähr 40 Dollar [$60 - (0,34 x $60)] liegen wird. Diejenigen unter Ihnen, die mit statistischen Berechnungen vertraut sind, werden die 68 Prozent als den Bereich unter der Normalverteilungskurve erkennen, den die Standardabweichung vom Mittelpunkt darstellt. Tatsächlich ist ein Weg, die Volatilität darzustellen, die Standardabweichung des Aktienkurses innerhalb des analysierten Zeitraums, in unserem Fall war es ein Jahr, zu verwenden. Diese Art der Volatilität wird allgemein historische Volatilität genannt.

Nehmen Sie jedoch an, ein Anleger ist lediglich an der Kursspanne einer Aktie während der nächsten neunzig Tage interessiert – der Laufzeit der Option, die er zu kaufen gedenkt. Volatilität hängt von der Quadratwurzel der Restlaufzeit bis zum Verfalltag ab. Neunzig Tage sind ein Viertel eines Jahres, und die Quadratwurzel aus 0,25 ist 0,5. In unserem Beispiel wandelt ein Multiplizieren der 34 Prozent jährlicher Volatilität mit 0,5 die jährliche Volatilität in eine 90-Tage-Volatilität von 17 Prozent um. Innerhalb der nächsten neunzig Tage würden Sie deshalb erwarten, daß der Kurs der XYZ-Aktie mit einer 68prozentigen Wahrscheinlichkeit ungefähr zwischen 70 Dollar [\$60 + (0,17 x \$60)] und 50 Dollar [\$60 – (0,17 x \$60)] liegen wird.

Es gibt noch einen anderen Weg, zur Volatilität zu gelangen, und der führt zu den Optionen, die auf die Aktie der XYZ AG gehandelt werden. Die Formel, die für die Voraussage einer Optionsprämie verwendet wird, es handelt sich um eine Variante der Black-Scholes Formel, beinhaltet eine Bezeichnung mit Namen »Volatilität«. Diese Formel kann so umgestellt werden, daß die Volatilität die gesuchte Größe ist. Sie müssen den aktuellen Aktienkurs, die aktuelle Optionsprämie, die Restlaufzeit, die Dividende und den risikofreien Zinssatz in die Formel eingeben. Die auf diesem Weg erhaltene Volatilität nennt man Implizite Volatilität.

Kommen wir zurück zu unserem Beispiel: Nehmen Sie an, daß der Markt einen Optionskurs ermittelt hat, der eine Implizite Volatilität von 25 Prozent während der nächsten neunzig Tage ergibt. Wir haben zuvor die historische Volatilität der Aktie berechnet und für diesen Zeitraum eine Volatilität von nur 17 Prozent ermittelt. Ein Vergleich dieser beiden Zahlen könnte die Anleger veranlassen zu glauben, daß der Markt die Optionen der XYZ AG zu teuer bewertet (da die höheren Erwartungen bei der Volatilität zu höheren Optionsprämien führen), und sie dazu verleiten, diese Optionen zu verkaufen. Das wäre jedoch gefährlich, da es sehr gute Gründe für den Markt geben kann, diese Aktienoptionen teurer zu bewerten. Ein mit Spannung erwarteter Umsatzbericht oder eine geplante Übernahme können bereits vorweggenommen worden sein. Der Verkäufer von XYZ-Optionen hofft, daß der Markt den Optionspreis so anpaßt, daß deren Implizite Volatilität näher an die historische Volatilität der Aktie rückt und damit dem Verkäufer erlaubt, die Option schnell zu einem niedrigeren Kurs als er sie verkauft hat zurückzukaufen. Mit anderen Worten: Der Verkäufer hofft, daß die zukünftige Volatilität der Aktie innerhalb der nächsten neunzig Tage näher an ihre historischen Werte heranrückt als an die Implizite Volatilität.

Wenn der Markt andererseits diese Optionen mit einer Volatilität von 10 Prozent bewertet, können Anleger versucht sein, als Optionskäufer aufzutreten, da sie wissen, daß die Optionen zu einer Volatilitätserwartung deutlich unterhalb des historischen Bereichs gehandelt werden, und sie hoffen, daß sich die Aktie innerhalb der nächsten neunzig Tage auf die gleiche Art wie mit ihrer höheren historischen Volatilität verhält.

Bei Optionen, die am Geld sind und bei Aktien, die keine Dividende zahlen, sind die Optionsprämien direkt proportional zur erwarteten Volatilität der zugrundeliegenden Aktie. Wenn wir also zwei Aktien haben, die beide bei 100 gehandelt werden, dann ist die erwartete Volatilität von Aktie Nr.1 25 Prozent und die erwartete Volatilität von Aktie Nr.2 beträgt 50 Prozent. Optionen am Geld von Aktie Nr.2 werden mit der doppelten Prämie wie Optionen am Geld von Aktie Nr.1 gehandelt (bei gleichem Verfalltag).

ZINSEN UND DIVIDENDEN

Die Zinsen und Dividenden sind die letzten zwei und am wenigsten wichtigen der fünf wichtigen Faktoren, die Optionsprämien beeinflussen. Steigende Zinsen bewirken höhere Call-Prämien, da höhere Zinsen den *vorausliegenden Kurs* der zugrundeliegenden Aktie erhöhen. Der vorausliegende Kurs (Forward) ist gleich dem aktuellen Aktienkurs, erhöht um den risikofreien Zinssatz für die Laufzeit der Option. Man erwartet, daß die Aktie am Verfalltag der Option zu diesem Kurs gehandelt wird. Aus dem gleichen Grund bewirken steigende Zinsen niedrigere Put-Prämien.

Höhere Dividenden bewirken niedrigere Call-Prämien und höhere Put-Prämien, da wenn die Dividende steigt, der Vorteil, Calls zu kaufen und Bargeld zu haben gegenüber dem Halten der Aktie abnimmt. Es wird auch interessanter, Puts zu kaufen und das Bargeld zu haben, anstatt die Aktie leerzuverkaufen, da der Aktienverkäufer die Dividenden der Aktie ausbezahlen muß.

»DIE GRIECHEN«

Wir haben bereits die drei wichtigsten Faktoren, die die Kursbildung von Option beeinflussen, besprochen: Der Aktienkurs relativ zum Basispreis, Restlaufzeit bis zum Verfalltag und Volatilität. Lassen Sie uns nun die »Kürzel« besprechen, die von den Optionstradern verwendet werden, um die Veränderungen bei den Optionsprämien, die aus diesen drei Faktoren resultieren, zu beschreiben. Sie sind allgemein als »die Griechen« bekannt.

Tabelle 3.2 **CALL- UND PUT-OPTIONEN UND DIE ZUGRUNDELIEGENDE AKTIE**

Stock Prices	Call Prices	Put Prices
54	$2\frac{1}{2}$	$3\frac{1}{4}$
$54\frac{1}{2}$	$2\frac{3}{4}$	3
55	3	$2\frac{3}{4}$
$55\frac{1}{2}$	$3\frac{1}{4}$	$2\frac{1}{2}$
56	$3\frac{1}{2}$	$2\frac{1}{4}$

Delta

Delta ist das Maß der Sensibilität des Kurses zu jeder beliebigen Zeit. Technisch gesehen ist das Delta die erwartete Kursveränderung der Option bei einer Kursveränderung der Aktie um einen Dollar. Bei einer Option mit einem Delta von beispielsweise 50 entspricht deren Kursveränderung 0,50 Cent, wenn sich die zugrundeliegende Aktie um einen Dollar bewegt. Tabelle 3.2 illustriert das Verhältnis zwischen der Prämie von Calls und Puts und der zugrundeliegenden Aktie oder des Index. Beachten Sie, daß bei sonst gleichbleibenden Bedingungen die Prämien von Calls meist leicht höher sind als die von Puts.

Der absolute Wert von Delta kann auch als Wahrscheinlichkeit gesehen werden, daß die Option am Verfalltag im Geld schließt. Bei Calls ist das Delta positiv mit Werten zwischen 0 und 100, während bei Puts das Delta negativ mit Werten zwischen 0 und -100 ist. Wenn eine Option, die aus dem Geld ist näher ans Geld rückt, steigt das Delta der Option. Denken Sie jedoch daran, daß das Delta ein dynamisches Maß ist, dessen Wert sich mit dem Kurs der zugrundeliegenden Aktie, deren Volatilität und der Restlaufzeit bis zum Verfalltag ändert. Am Verfalltag nähert sich das Delta dem Wert 100, wenn eine Option im Geld ist, und es nähert sich dem Wert 0, wenn sie aus dem Geld ist.

Gamma

Gamma bezeichnet die Veränderung des Delta einer Option für jede Kursveränderung der zugrundeliegenden Aktie oder des Index um einen Dollar. Die Aktien der XYZ AG notieren zum Beispiel bei 60, und deren Call mit Basispreis 55 hat ein Gamma von 0,05 und ein Delta von 75. Wenn die Aktie auf 61 steigt, ist das neue Delta 80, ein Anstieg um 5 »Deltas«. Gamma ist am höchsten, wenn eine Option am Geld ist.

Gamma ist für den nicht professionellen Trader nur von begrenztem Nutzen, insbesondere für diejenigen, die ihre Aktivitäten auf den Kauf von Optionen beschränken. Gamma wird vorwiegend von professionellen Tradern verwendet, die große Positionen besitzen und versuchen, Portfolios zu betreuen, die unabhängig der Kursrichtung der zugrundeliegenden Aktien sind.

Gamma ist immer eine positive Zahl, wenn Sie ein Käufer von Optionen sind (d.h. Sie sind eine Option »Long«). Mit anderen Worten: Wenn Sie Calls oder Puts kaufen, ist Ihr Gamma positiv.

Vega

Vega ist die Veränderung der Optionsprämie gemessen an der Veränderung in Dollar ihrer Impliziten Volatilität. Nehmen wir beispielsweise an, die XYZ-Aktie habe eine Option mit einem Vega von 0,25. Die Optionsprämie verändert sich dann bei jeder Veränderung der Impliziten Volatilität um ein Prozent um 0,25 Cent. Man muß jedoch beachten, daß Änderungen der Volatilität bei längerfristigen Optionen (LEAPS), bei Optionen weit aus dem Geld und weit im Geld und bei Optionen mit geringer Restlaufzeit weniger Einfluß auf die Prämie haben.

Theta

Theta gibt den Wertverlust an, den eine Option während ihrer Laufzeit erfährt. Theta wird für gewöhnlich pro Tag angegeben. Eine Option mit beispielsweise einem Theta von −0,25 verliert etwa 0,25 Cent pro Tag unter der Voraussetzung, Kurs und Volatilität der zugrundeliegende Aktie bleiben konstant. Eine Position mit gekauften (Long) Optionen hat immer ein negatives Theta, während eine Position mit leerverkauften (Short) Optionen immer ein positives Theta hat.

Wie wir bereits gesagt haben, ist der Zeitwertverfall nicht linear, da sich die Verfallrate beschleunigt, je näher eine Option an den Verfalltag heranrückt (siehe Abbildung 3.5). Die Verfallrate ist proportional zur Quadratwurzel der verbleibenden Zeit bis zum Verfalltag. Nehmen wir beispielsweise eine längerlaufende Option am Geld mit einer Restlaufzeit von neun Monaten bis zum Verfalltag und eine kurzlaufende Option mit einer Restlaufzeit von drei Monaten bis zum Verfalltag. Wenn Sie die Quadratwurzel der noch verbleibenden Zeit bei der kurzfristigen Option nehmen (1.73), beträgt das Verhältnis 1,73/3,00 = 0,557. Wenn man das Ergebnis von 1,00 subtrahiert, führt das zum Ergebnis, daß eine Option mit drei Monaten Restlaufzeit um 42,3 Prozent schneller ihren Wert verliert als eine Option mit einer Restlaufzeit von neun Monaten. Während

Abb. 3.5 **THETA BEI EINER OPTION IM GELD MIT 60 TAGEN RESTLAUFZEIT**

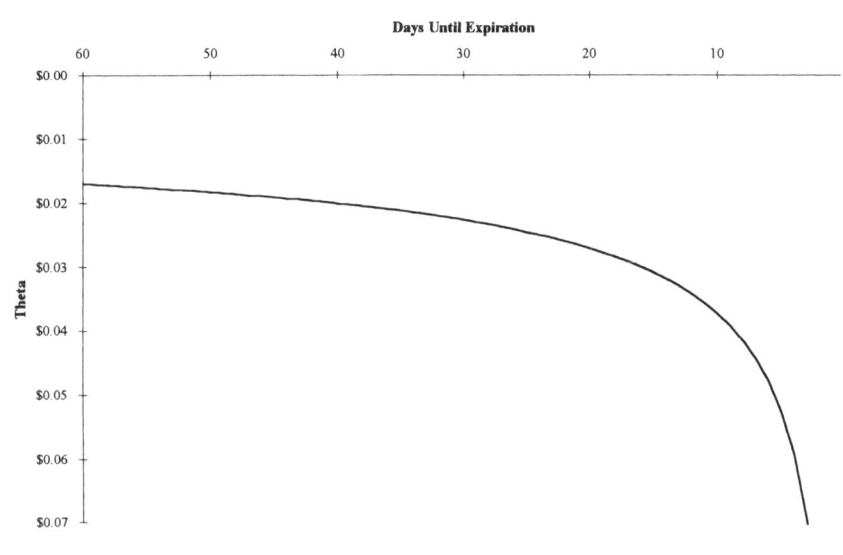

Abb. 3.6 **THETA BEI OPTIONEN IM GELD UND AUS DEM GELD**

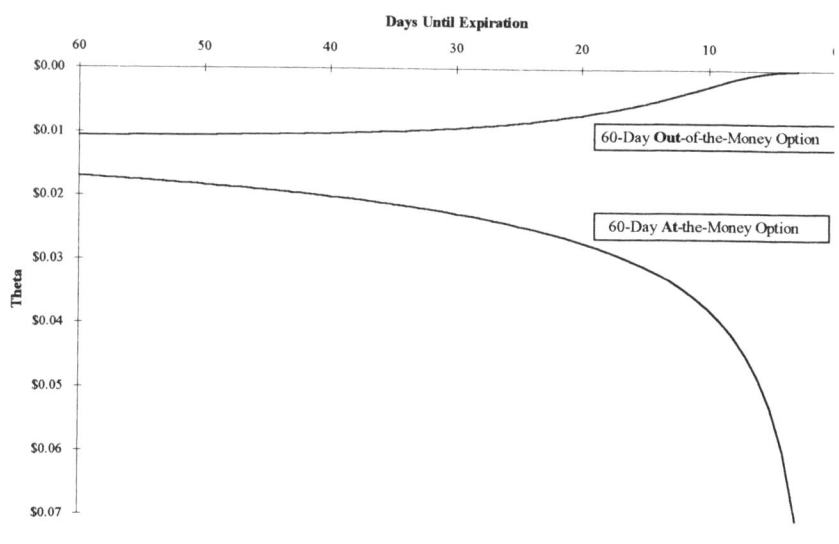

der ersten Hälfte des Lebens einer Option am Geld verliert sie etwa ein Drittel ihres Zeitwertes.

Theta ist wie die anderen oben genannten Werte dynamisch und verändert sich konstant. Eine Option am Geld hat ein größeres Theta oder verliert mit voranschreitender Zeit mehr Wert als eine Option aus dem Geld (siehe Abbildung 3.6). Beachten Sie jedoch, daß der prozentuale Wertverlust einer Option aus dem Geld im Laufe der Zeit höher werden kann.

Nachdem wir jetzt die grundlegenden Optionsbegriffe abgedeckt haben, lassen Sie uns dazu übergehen, die Dynamik und Psychologie von Optionen zu verstehen, die entscheidend für ein erfolgreiches Optionstrading sind.

DER HANDEL MIT OPTIONEN GEGENÜBER DEM HANDEL MIT AKTIEN

Viele Anleger haben sich dem Optionstrading zugewandt, nachdem Sie mit dem Aktientrading erfolgreich waren. Meist waren Sie der Ansicht, daß sie noch *mehr* Geld verdient hätten, wenn sie den Hebeleffekt durch den Kauf von Optionen gehabt hätten. Unglücklicherweise führt Ihre Erfahrung mit Aktien zu einem der größten Fehler, der von beginnenden Optionstradern gemacht wird – zum Versuch, Optionen so zu handeln, als ob sie Aktien wären.

Obwohl eine Aktienoption das Recht beinhaltet, 100 Stück der zugrundeliegenden Aktie zu kaufen oder zu verkaufen, als Halter einer Option sind Sie *Mieter* und nicht *Besitzer* der Kursbewegung der zugrundeliegenden Aktie. Als Mieter dieser Kursbewegung müssen Sie viel flinker als der Besitzer sein. Ihr »Mietobjekt« wird innerhalb von Tagen, Wochen oder Monaten »verfallen«, während Aktienbesitzer ihre Position bis in alle Ewigkeit halten können. Aktienbesitzer verdienen so lange, wie das Unternehmen ein voranstrebendes Unternehmen ist, solange der langfristige Aufwärtstrend des Marktes zu ihren Gunsten arbeitet. Wir untersuchen jetzt die entscheidenden Unterschiede zwischen erfolgreichem Handel mit Optionen und mit Aktien.

DIE WICHTIGKEIT EINER SCHNELLEN KURSBEWEGUNG

»Wenn [ein Trader] Optionen kauft, muß er nicht nur bei der Richtung des Kurses Recht haben, sondern auch hinsichtlich der Geschwindigkeit der Bewegung. Nur wenn er in beiden Fällen Recht hat, kann er erwarten, Gewinne zu machen.«[1] Diese Aussage, die von Sheldon Natenberg in seinem Buch *Options Volatility and Pricing* gemacht wurde, müssen Sie vollkommen verstehen, bevor Sie auch nur hoffen können, einen profitablen Handelsansatz für das Optionstrading zu entwickeln.

Wenn Sie ein beginnender Optionstrader sind, müssen Sie immer daran denken: »Optionen verfallen«. Im Gegensatz zu Aktien haben Optionen eine begrenzte Laufzeit. Wenn eine Kursbewegung nicht wie erwartet eintritt, kann ein Aktienbesitzer sagen: »Ich warte noch einen Monat« oder sogar: »Ich warte noch ein Jahr«. Die ist beim Handel mit Optionen *nicht* möglich. Jede Option hat einen festgelegten Verfalltag, nach dem die Option aufhört zu existieren. Am Verfalltag ist der Wert eines Calls die Differenz zwischen dem Aktienkurs und dem Basispreis des Calls. Wenn die Aktie unter dem Basispreis notiert, ist der Call wertlos, und der Optionskäufer verliert 100 Prozent seines Investments.

Ihr Ziel als Käufer einer Option ist nicht, passiv Ihre Position bis zum Verfalltag zu halten. Ihre Mission muß viel eher sein, daß Sie Optionen in Situationen kaufen, in denen Sie bei der zugrundeliegenden Aktie während der geplanten Haltezeit Ihrer Option eine schnelle Kursbewegung erwarten. Als Optionskäufer haben Sie einen Vorteil, wenn die Kursbewegung der zugrundeliegenden Aktie schneller ist, als der Markt erwartet. Ohne diese Kursbewegung ist Ihr Vorteil als Optionskäufer verloren.

Eine schnelle Kursbewegung ist für einen Optionstrader *entscheidend*, während ein Anleger in Aktien sich nicht so sehr darum kümmern muß, wie schnell seine Aktie kurzfristig steigt, solange die Aktie langfristig eine zufriedenstellende Rendite bietet. Wenn aber Sie als Optionskäufer nicht die gewünschte schnelle Kursbewegung in der zugrundeliegenden Aktie bekommen, müssen Sie Ihre Position schließen und auf die nächste Gelegenheit warten. Um erfolgreich zu sein, ist ein Optionskäufer darauf angewiesen, daß die sich zugrundeliegende Aktie »SAR« bewegt – Schnell, Aggressiv und in die richtige Richtung.

Die Auswirkung der Zeit sind der deutlichste Unterschied zwischen dem Handel mit Optionen und dem Handel mit Aktien. Für den Aktienanleger ist die Zeit sein Verbündeter: Je länger sein Zeithorizont ist, desto

---

1 Sheldon Natenberg, *Option Volatility and Pricing* (Chicago: Probus Publishing, 1994), 36.

mehr ist die Rendite einer Anlage in Qualitätswerten vorhersagbar. Im Gegensatz dazu will der Optionskäufer seinen Zeithorizont *nicht* ausdehnen, da der Wert seiner Option mit jedem vorübergehenden Tag immer mehr abnimmt, wenn eine deutliche Kursbewegung in die gewünschte Richtung ausbleibt. Zeit ist der Feind, deshalb muß der Optionskäufer seinen Zeithorizont exakt definieren. Er sollte nur an den stärkeren und schneller als erwarteten Kursbewegungen der zugrundeliegenden Aktie teilnehmen, die nützlich für einen profitablen Optionshandel sind. Und wenn solche günstigen Perioden enden und die laue und richtungslose Zeit beginnt, versucht der Optionstrader neue Situationen zu finden, aus denen sich starke Bewegungen entwickeln können.

Es gibt einige wichtige Faktoren für den Erfolg, die man nicht vergessen darf, wenn man mit der begrenzten Laufzeit von Optionen handelt. Wie in Kapitel 1 und 2 dargelegt wurde, müssen Sie verstehen, daß der Erfolg beim Handel mit Optionen davon abhängt, ob sie sowohl die Richtung als auch den Zeitpunkt der Aktienbewegung richtig vorhersagen. Der erste Faktor, die Vorhersage der richtigen Richtung, ist leicht verständlich, und eine Anzahl an effektiven Hilfsmitteln zur Ermittlung der Kursrichtung wurden in Kapitel 2 präsentiert. Wir wissen alle, daß, wenn wir erwarten, daß der Aktienkurs steigt und er statt dessen fällt, wir nach der viel zitierten und vereinfachten Maxime des Aktienhandels »Kauf tief, verkaufe hoch« Geld verlieren.

Ein anderes Motte steht jedoch für die *Optionstrader*: »Kaufe hoch, verkaufe höher«. Der Aktientrader kann es sich leisten zu warten, bis seine Aktie langsam aus dem Keller emporkommt. Optionstrader haben jedoch nicht den Luxus, tief zu kaufen und dann auf eine positive Bewegung zu warten. Hoch zu kaufen und höher zu verkaufen ist keine irrationale Methode, sondern eine logische, die auf trendgesteuerten Indikatoren für die Vorhersage der Richtung basiert und auch auf der Tatsache, daß Optionskäufer eine schnelle Kursbewegung brauchen. Eine wichtige, allgemeingültige Aussage ist, wie bereits in Kapitel 2 erwähnt: »Der Trend ist Dein Freund«. Für Sie als Optionskäufer ist der Trend jedoch Ihr Retter, da Trends ihnen den Schub in die richtige Richtung geben, der notwendig ist, um die schnelle Kursbewegung zu erreichen, die Sie benötigen, um erfolgreich zu traden.

ZEITWERTVERLUST DER OPTION GEGENÜBER DER HEBELWIRKUNG

Die Notwendigkeit des Optionskäufers für eine schnelle Kursbewegung kann sehr einfach verstanden werden, wenn man weiß, daß Optionen an einem festgelegten Tag verfallen, und daß, wenn die zugrundeliegende Aktie an diesem Verfalltag nicht über dem Basispreis notiert, der Call-Käufer sein gesamtes Investment verliert. Man muß aber auch verstehen, daß man, wenn man eine Option kauft, einen Zeitwert bezahlt, der über dem inneren Wert der Option liegt, und daß dieser während der Laufzeit der Option mit zunehmender Geschwindigkeit abnimmt.

Sie können das Spiel mit den Optionskäufen als eine konstante Schlacht zwischen der Hebelwirkung, die die Optionen bieten (die »guten Jungs«) und dem Zeitwertverlust, der unweigerlich auftritt (die »bösen Jungs«) betrachten. Sie können den Zeitwertverlust *nur* dann »schlagen«, wenn sich die zugrundeliegende Aktie schnell in die richtige Richtung bewegt. Mit anderen Worten: Eine schnelle Kursbewegung erlaubt der Hebelwirkung der Option, die Sie kaufen, den Zeitwertverlust, den sie erleidet, zu überbieten, und das ist die Grundlage für ein profitables Programm für Optionskäufe.

Nehmen wir beispielsweise an, Sie kaufen eine Call-Option am Geld, Basispreis 100 und 4 Monaten (120 Tagen) Restlaufzeit von XYZ-Aktien, auf die keine Dividende gezahlt wird. Wenn die Aktie während der Laufzeit der Option bei 100 bleibt, sehen Sie im Laufe der Zeit folgende Situation:

	Days Until Expiration				
	120	60	30	15	0
XYZ shares	100	100	100	100	100
100-strike call	6	$4^1/_4$	$2^3/_4$	2	0

Beachten Sie, daß die sechs Punkte, die Sie für diese Option mit einer Restlaufzeit von 120 Tagen bezahlt hätten, ausschließlich aus dem Zeitwert bestanden, und beachten Sie auch den im Laufe der Zeit ständig schlechter werdenden Zeitwert und damit auch die schlechter werdende Optionsprämie. (Jede Spalte nach der ersten Spalte zeigt eine Halbierung der Restlaufzeit bis zum Verfalltag, die wegen der »Quadratwurzel-Eigenschaft« des Options-Zeitwertverlustes jeweils einen ungefähren Verlust von 30 Prozent der Prämie einer Option am Geld ausmacht.)

Nehmen wir als nächstes an, XYZ-Aktien steigen, jedoch nur langsam mit einem Punkt pro Monat:

Days Until Expiration				
120	*60*	*30*	*15*	*0*
XYZ shares 100	102	103	103.5	104
100-strike call 6	$5^{1}/_{2}$	$4^{5}/_{8}$	4	4

Bei diesem Beispiel erzielt der Anleger von XYZ-Aktien in den 120 Tagen einen langsamen, steten Gewinn, der bis zum Verfalltag der Option auf 4 Prozent angewachsen ist. Der Käufer des Calls mit Basispreis 100 war jedoch nie in einer profitablen Position, denn letztendlich verlor er bei seiner Anlage 2 von 6 Punkten. Also ein Verlust von 33 Prozent trotz der Tatsache, daß sich die zugrundeliegende Aktie in die gewünschte Richtung bewegt hat.

Wenn wir mit diesem Beispiel aufhören würden, hätten wir ein recht düsteres Bild vom Kauf von Optionen und der Auswirkung des Zeitwertverfalls gemalt. Es wäre jedoch ein sehr unvollständiges Bild, da wir nicht gezeigt hätten, wie eine schnelle Kursbewegung den Zeitwertverfall überlagern kann, und wie das durch die Hebelwirkung der Option sehr hohe Gewinne bei bereits relativ moderaten Kursbewegungen der zugrundeliegenden Aktie erzeugen kann.

Lassen Sie uns nun annehmen, daß der *gleiche* 4-Punkte-Anstieg der XYZ-Aktie, der zuvor innerhalb von Monaten entstand, nun nur 2 Wochen brauchte:

Days Until Expiration	
120	*106*
XYZ shares 100	104
100-strike call 6	$8^{1}/_{2}$

Bei dem sehr schnellen Anstieg von vier Punkten kommen wir nun mit der Hebelwirkung in eine sehr günstige Situation. Die XYZ-Aktien legten in einem Zeitraum von zwei Wochen 4 Prozent zu, der Call mit Basispreis 100 gewann jedoch etwa 40 Prozent, mit einem Hebelfaktor von 10 zu 1 [(40 Prozent) / (4 Prozent) =10].

Lassen Sie uns weiterhin annehmen, daß sich der Kursanstieg der XYZ-Aktien beschleunigt und die Aktien innerhalb der nächsten zwei Wochen sechs Punkte zulegen und in den folgenden zwei Wochen weitere acht Punkte:

	Days Until Expiration			
	120	*106*	*92*	*78*
XYZ shares	100	104	110	118
100-strike call	6	$8^1/_2$	$12^3/_4$	$18^3/_4$

In diesem letzten Beispiel, bei dem sich die XYZ-Aktien schnell, aggressiv und in die richtige Richtung (SARR) bewegten, explodierten die Gewinne der Optionskäufer, und der Hebel stieg auf 12 zu 1, da die Option gegenüber nur 18 Prozent Gewinn bei den Aktien 213 Prozent zulegte [(213 Prozent) / (18 Prozent) = 11,8].

Es sollte Ihnen jedoch klar sein, daß dieses für den Optionskäufer sehr glückliche Szenario nur sehr selten auftritt, da eine Kursbewegung von 18 Prozent in drei Wochen bei allen Aktien, außer den volatilsten unter ihnen, deutlich außerhalb der erwarteten Kursspanne liegt. Und bei solch volatilen Aktien würden Sie dann für einen Call auch wesentlich mehr bezahlen müssen, als wir in unserem Beispiel angenommen haben. Später besprechen wir in diesem Kapitel einige Möglichkeiten, wie Sie Ihre Chancen maximieren können, um solche schnellen und starken Kursbewegungen bei Aktien zu erhalten, die als *nicht* sehr volatil gelten. Jetzt lassen Sie uns aber zunächst die Wechselwirkung von Hebelwirkung und Zeitwertverlust bei Optionen am Beispiel von Optionen, die am Geld sind, zusammenfassen:

1. Solange die zugrundeliegende Aktie nicht in die richtige Richtung läuft, verliert die Option während ihrer Laufzeit in zunehmendem Maße an Wert, bis sie wertlos verfällt, da in diesem Fall ausschließlich der Zeitwertverfall der Option das Ergebnis dominiert.
2. Wenn sich die zugrundeliegende Aktie *langsam* in die richtige Richtung bewegt, verliert der Optionskäufer für gewöhnlich einen Teil seines Investments, da wieder der Zeitwertverfall das Ergebnis dominiert.
3. Wenn sich die zugrundeliegende Aktie *schnell* in die richtige Richtung bewegt, wird der Käufer von Optionen größere prozentuale Gewinne erzielen als der Käufer von Aktien, da die Hebelwirkung beginnt, das Ergebnis zu dominieren. Beachten Sie, daß der Zeitwertverfall unter diesen Umständen noch immer existiert, jedoch nicht mehr dominant ist.
4. Wenn sich die zugrundeliegende Aktie *schnell und aggressiv* in die richtige Richtung bewegt (SARR), fängt der Käufer an, große prozentuale Gewinne zu erzielen, da sich der Einfluß der Hebelwirkung weiter erhöht und der Einfluß des Zeitwertverlustes sich weiter reduziert.

Diese vier Punkte beziehen sich speziell auf Optionen am Geld. Auf Optionen aus dem Geld treffen diese Punkte noch stärker zu, da der Zeitwertverlust ein noch größerer Faktor wird, und der Hebel erst dann als dominanter Faktor zum Tragen kommt, nachdem die zugrundeliegende Aktie noch weiter steigt als für Optionen am Geld erforderlich wäre. Beachten Sie jedoch, daß wenn die Hebelwirkung anfängt bei einer Option aus dem Geld zu dominieren, die Gewinne und die Hebelwirkung für den Optionskäufer größer sind, als die für Option am Geld. Ein Beispiel: Der Gewinn durch den Kauf von Optionen aus dem Geld der XYZ-Aktie lägen bei einem Kursanstieg von 100 auf 118 innerhalb dreier Wochen zwischen 250 und 400 Prozent verglichen mit 213 Prozent bei einer Option am Geld unter gleichen Bedingungen. Das ist keine Überraschung, da es in der Welt des Investments eine Tatsache ist, daß größere Gewinne größere Risiken begleiten.

Im Falle einer Option im Geld ist der Zeitwertverfall ein geringerer Faktor, da ein Teil der Optionsprämie einen inneren Wert hat. So würde beispielsweise ein »Stillstand« der zugrundeliegenden Aktie bis zum Verfalltag der Option keinen Totalverlust der Optionsprämie bei einer Option im Geld ergeben. Die Gewinne, die durch eine »starke, schnelle Bewegung« erreicht werden, wären für den Käufer einer Option im Geld etwas geringer, da geringere Gewinnmöglichkeiten mit geringerem Risiko einhergehen.

DIE WAHL DER RICHTIGEN OPTION NACH DER WAHL DER RICHTIGEN AKTIE

Wenn Sie die Wechselwirkung zwischen Hebelwirkung und Zeitwertverlust bei den Optionen einmal verstanden haben, ist die Auswahl der richtigen Option der nächste logische Vorgang. Dabei müssen Sie:

1. Eine zugrundeliegende Aktie mit den in Kapitel 2 besprochenen Techniken finden, die reif für eine starke Kursbewegung zu sein scheint.
2. Ihre Erwartungen über die Stärke der Kursbewegung der Aktie bestimmen und prognostizieren, in welchem Zeitraum diese Bewegung stattfinden wird.
3. Eine Option finden, deren Verlust- und Gewinncharakteristik konstant mit Ihren Erwartungen in Punkt 2 und Ihrer Risikotoleranz ist.

Nehmen wir beispielsweise an, Sie erwarten, daß die XYZ-Aktie in den nächsten 30 Tagen von 100 auf 110 steigt. Sie können deshalb den Kauf folgender XYZ-Optionen ausschließen:

1. Jegliche Put-Option, da Sie erwarten, daß XYZ steigt.
2. Einen Call mit Basispreis von 110 (oder höher) mit 30 Tagen Restlaufzeit und einer Prämie von 10, da auch wenn die Aktie sich genauso bewegt, wie Sie erwartet haben, diese Option noch immer wertlos verfallen würde (obwohl Sie von einer viel schneller als erwarteten Rallye profitieren könnten).
3. Einen Call mit Basispreis 100 mit 30 Tagen Restlaufzeit und einer Prämie von 10. Obwohl es möglich wäre, daß Sie bei einem sofortigen Anstieg von XYZ auf 110 einen Gewinn mit der Option machen, werden Sie lediglich Pari aus diesem Trade kommen, wenn die Aktie innerhalb von 30 Tagen auf 110 steigt, so wie Sie es erwartet haben. Der Markt bewertet den Call mit Basispreis 100 für einen viel stärkeren Kursanstieg als den, den Sie erwarten, und Sie sollten deshalb diese Option vermeiden.
4. Einen Call mit Basispreis 130 mit einem Jahr Laufzeit. Das Delta bei solch einer langlaufenden Option, die weit aus dem Geld ist, wäre bei einem 10-Punkte-Anstieg, den Sie erwarten, unzureichend, um das Risiko dieses Trades zu rechtfertigen, außer Sie erwarten einen wesentlich höheren Kursanstieg nach Ihrem 30-Tage-Zeithorizont.

Welche XYZ-Optionen sollten Sie erwägen zu kaufen?

1. Einen Call mit Basispreis 100 mit 30 Tagen Restlaufzeit und einer Prämie von 5. So würden Sie Ihr Geld verdoppeln, wenn am Verfalltag XYZ bei 110 notiert.
2. Einen Call mit Basispreis 105 mit 30 Tagen Restlaufzeit und einer Prämie von 2. Wenn XYZ am Verfalltag bei 110 notiert, würden Sie 150 Prozent Gewinn erzielen, da die Option dann mit 5 gehandelt werden würde. Sie würden jedoch gegenüber dem Call mit Basispreis 100 ein zusätzliches Risiko eingehen, da der Call mit Basispreis 105 wertlos verfallen würde, wenn XYZ am Verfalltag zwischen 100 und 105 schließen würde.
3. Einen Call mit Basispreis 105 mit 60 Tagen Restlaufzeit und einer Prämie von 3. Sollte XYZ wie erwartet steigen, ist Ihr Gewinnpotential ist geringer (etwa 100 Prozent gegenüber 150 Prozent) als beim Call mit Basis 105 und 30 Tagen Restlaufzeit. Ihr Risiko ist jedoch ebenfalls geringer, da Sie in der Lage wären, diese Option zu verkaufen und einen Teil der Kosten wieder zurückbekommen, falls die Aktie in den 30 Tagen die 105 nicht erreicht.
4. Einen Call mit Basispreis 110 mit 90 Tagen Restlaufzeit und einer Prämie von $2^1/_2$. Das Risiko/Gewinn-Verhältnis dieser Option ist über eine Haltedauer von 30 Tagen ähnlich dem in Nummer 3, jedoch mit etwas

weniger Gewinn und etwas weniger Risiko. Wenn jedoch XYZ deutlich über die 30- oder 60-Tage-Periode hinaus steigt, bietet diese Option mit 90 Tagen Laufzeit die besten Gewinnmöglichkeiten.

Klar, die Entscheidung, welche Option man kaufen soll, hängt genauso von Ihren Erwartungen an die zugrundeliegende Aktie ab wie auch von Ihrer Risikobereitschaft. Die riskanteste der gelisteten Optionen ist der Call mit Basispreis 105 und 30 Tage Restlaufzeit. Wenn Sie aber eine erhöhte Risikomöglichkeit eines auftretenden Totalverlustes tolerieren können, würden Sie mit dem höchstmöglichen Gewinn belohnt werden. In Kapitel 4 werden die Grundsätze des Risiko-/Gewinn-Managements beim Optionstrading ausführlich besprochen. Dies wird Ihnen helfen, die Charakteristika von Optionen, die für Sie am besten sind, weiter abzuklären.

VOLATILITÄT KONTRA GERICHTETER KURSBEWEGUNG

Bei zwei Aktien mit identischem Kurs und verbleibender Zeit bis zum Verfalltag der Optionen ist bei der Aktie mit der höheren Volatilität auch die Optionsprämie höher. Wenn die Optionen am Geld sind, sind ihre Prämien direkt proportional zur Volatilität einer Aktie, auf die keine Dividende gezahlt wird. Dies liegt an der einfachen Tatsache, daß eine höhere Volatilität für eine größere Wahrscheinlichkeit spricht, daß die Option deutlich im Geld enden wird. Verwechseln Sie jedoch nicht die Volatilität mit der Kursrichtung, da dies zwei völlig verschiedene Dinge sind.

Weiter vorne haben wir in diesem Kapitel behauptet, daß für einen Optionskäufer, der eine schnelle Kursbewegung braucht, »der Trend der Retter ist«. Und obwohl sich viele Trader nach der Tradingaktion sehnen oder meinen, sie müßten eifrig traden, um die Zeit zu rechtfertigen, die sie mit der Analyse der Märkte verbringen, ist diese Art zu denken nicht förderlich, um beim Optionstrading Geld zu verdienen. Einfach gesagt: Wenn es keinen klaren Trend gibt, traden Sie nicht. Die Auswirkungen dieser Aussage werden noch verständlicher, wenn Sie berücksichtigen, daß handelbare Trends nur in 15 Prozent der Zeit vorkommen.

Warum also sind Trends wichtig genug, daß wir so wählerisch mit unserem Optionstrading sein müssen? Weil die Optionsprämien bereits die erwartete Volatilität der zugrundeliegenden Aktie widerspiegeln. Freilich, wenn bei einer bestimmten Option ein großes Kaufinteresse herrscht, aber nur wenige normale Verkäufer am Markt sind, steigt die Optionsprämie, da die Nachfrage das Angebot übersteigt. Der Schlüssel

Tabelle 3.3 VERGLEICH ZWISCHEN OPTIONSPRÄMIEN AM GELD AUF COCA-COLA UND U.S. ROBOTICS

Option	Coca-Cola (KO)	U.S. Robotics (USRX)
March 60 call*	$1^5/_{16}$	$2^{11}/_{16}$
April 60 call*	$2^3/_8$	$4^7/_8$

* Ask-Kurse vom 5. März, KO notierte bei $5^1/_2$ und USRX bei $59^1/_4$

für die Optionsprämie, die Sie bezahlen, ist jedoch die Optionsprämie, die durch eines der populären Optionsprämien-Berechnungsmodelle ermittelt wird. Bei diesen Modellen gilt: Je höher die Volatilität der zugrundeliegenden Aktie, desto höher der theoretische Preis der Option.

Intuitiv können wir erwarten, daß eine volatile Aktie wie U.S. Robotics (USRX) höhere Optionsprämien hat als eine wesentlich weniger volatile Aktie wie Coca-Cola (KO). USRX stieg in der Zeit von August 1994 bis Mai 1996 um mehr als das Fünfzehnfache und brach später ein, also eine Tendenz für scharfe Kursbewegungen. KO stieg in der Zwischenzeit konstant an, und deshalb neigten deren Optionen dazu, wegen der niedrigeren Volatilität der steigenden Aktie billiger zu sein (siehe Tabelle 3.3).

Optionsprämien-Berechnungsmodelle

Die traditionellen Optionsprämien-Berechnungsmodelle (wie das sehr bekannte Black-Scholes-Modell) gehen von zwei entscheidenden Faktoren aus:

1. Die Aktienkursbewegung ist zufällig.
2. Renditen von Aktien entsprechen einem glockenförmigen Muster, bekannt als Normalverteilung.

Diese Annahmen bei der Kursbildung von Optionen sind wichtig, wenn man sie in Verbindung mit folgendem Grundsatz sieht, den viele Optionstrader nie ganz verstehen: *Volatilität und gerichtete Kursbewegung sind zwei völlig verschiedene Dinge.* Es kann trotz starker Volatilität nach einer gewissen Zeit trotzdem keine oder nur eine geringe Nettobewegung gegeben haben. Eine Option auf eine volatile Aktie zu kaufen, die keinen Trend hat, ist der sichere Weg zu einem Desaster. Manchmal haben die Aktien mit der geringsten Volatilität die stärksten Kurstrends. Wenn wir uns nochmals das U.S. Robotics/Coca-Cola-Beispiel anschauen: Ist es das wert, zweimal soviel für USRX-Optionen zu zahlen wie für KO-Optio-

113

Abb. 3.7 U.S. ROBOTICS (USRX), WOCHENCHART, JANUAR 1995 – SEPTEMBER 1996

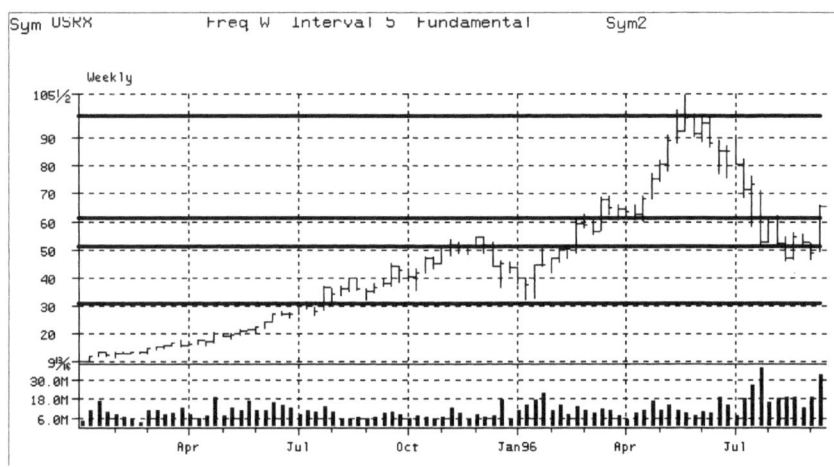

Nachdruck mit freundlicher Genehmigung von ILX Systems.

Abb. 3.8 COCA-COLA (KO), WOCHENCHART, JULI 1994 – MÄRZ 1997

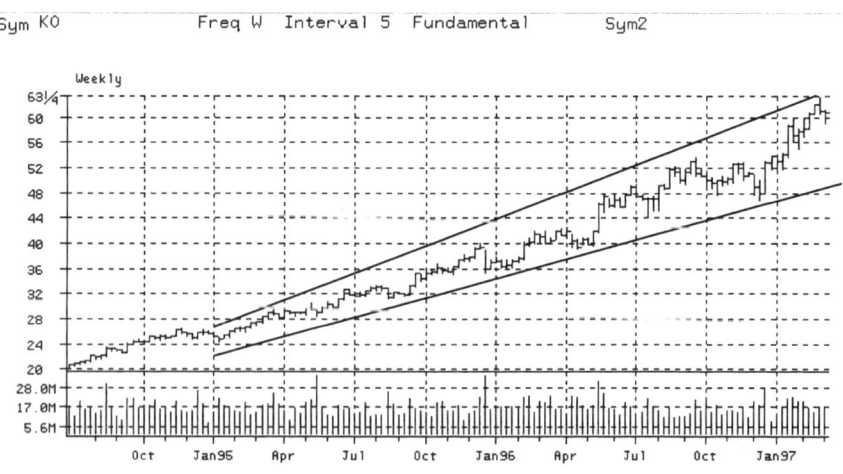

Nachdruck mit freundlicher Genehmigung von ILX Systems.

114

Abb. 3.9 GLOCKENFÖRMIGE KURVE DER WAHRSCHEINLICHKEITSVERTEILUNG*

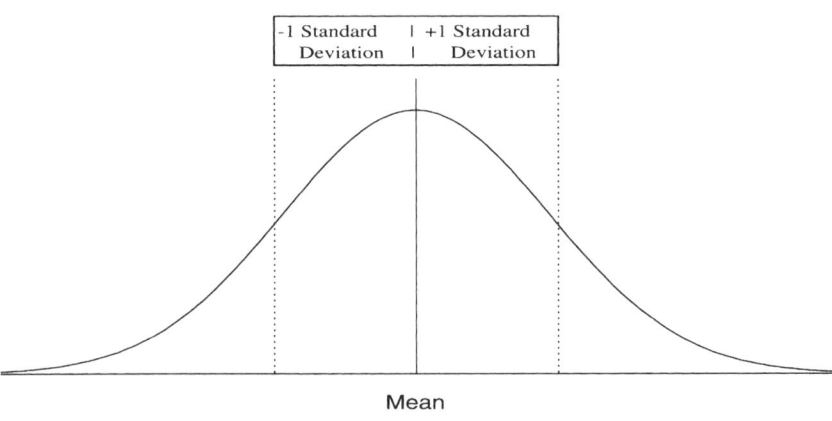

Mean

* Auch als Gauß'sche Normalverteilung bekannt.

nen? Ganz klar nein, wenn USRX in der trendlosen Phase bleibt, in der sie seit Mitte 1996 steckt (siehe Abbildung 3.7), und wenn KO seinen konstanten Aufwärtstrend fortsetzt (siehe Abbildung 3.8).

KO's konstanter Aufwärtstrend hat zwischenzeitlich keinen Einbruch bei den Optionsprämien verursacht. Tatsächlich ist es so: Je konstanter der Aufwärtstrend einer Aktie ist, um so wahrscheinlicher wird die Implizite Volatilität tatsächlich fallen. Das Resultat sind dann billigere Aktien.

Lassen Sie uns das extremste mögliche Beispiel nehmen. Nehmen wir an, daß eine Aktie jede Woche um exakt ein Prozent steigt, Woche für Woche. Wie hoch wäre in dieser Situation ihre Volatilität? *Null.* Die Volatilität wäre Null, da die Aktie jede Woche um den gleichen Betrag steigt und es keine Abweichungen gibt. Solche Optionen, die mit 0 Prozent Volatilität bewertet werden, sind eine unglaublich günstige Gelegenheit, und es ist klar, daß Ihnen niemand eine Option »für nichts« verkauft. Sie *können* jedoch günstige Gelegenheiten bei Optionen erwischen, wenn Sie sich auf Aktien konzentrieren, die sich bei geringer Volatilität in einem konstanten Trend befinden. Wenn Sie anhaltende Trends finden, bei denen die prozentuale Kursbewegung der Aktie größer als die durch die Implizite Volatilität der Option erwartete Bewegung ist, haben Sie bei der Auswahl der Optionen gegenüber den Optionsprämien-Bewertungsmodellen einen deutlichen Vorteil. Je größer die Diskrepanz zwischen dem tatsächlichen Gewinn einer trendierenden Aktie und der erwarteten Rendite im Optionsmarkt ist, desto größer ist Ihr Vorteil.

Abb. 3.10 **SAFEWAY (SWY), WOCHENCHART**

Sym SWY   Freq W Interval 5 Fundamental   Sym2

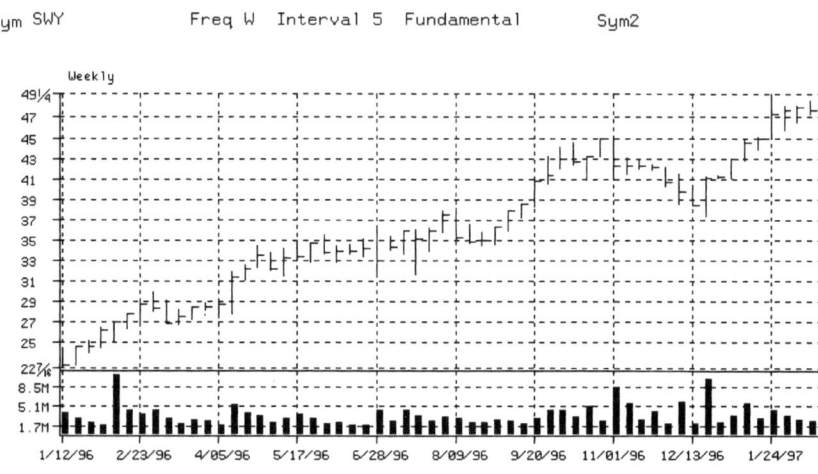

Nachdruck mit freundlicher Genehmigung von ILX Systems.

Volatilität ist zwar ein sehr wichtiger Faktor bei der Bestimmung der Optionsprämien, doch unterliegen zu viele Anleger der irrtümlichen Meinung, daß man Geld mit Optionen ganz einfach verdienen kann, indem man »niedrige« Volatilität kauft und »hohe« Volatilität verkauft. Denken Sie immer daran, daß die zukünftige Kursentwicklung der zugrundeliegenden Aktie für den Erfolg von Optionskäufern und -verkäufern weitaus wichtiger ist als die Auswirkungen normaler Fluktuationen der Volatilität, und daß die Voraussage der Kursrichtung oftmals eine weitaus weniger entmutigende Aufgabe ist als die Voraussage der zukünftigen Volatilität.

Der wahre Schlüssel zum Erfolg beim Optionstrading ist, zu verstehen, daß Aktien nur etwa zu 15 Prozent der Zeit starke Trends in eine Richtung haben, doch die meisten Optionsprämien-Berechnungsmodelle gehen davon aus, daß die Bewegung einer Aktie zufällig ist und sich in eine glockenförmige Form, bekannt als Wahrscheinlichkeitsverteilung (siehe Abbildung 3.9), einteilen läßt. Diese Modelle gehen davon aus, daß eine Aktie in etwa genauso viele Chancen hat zu steigen, wie zu fallen (mit einem kleinen Übergewicht auf der steigenden Seite). Die Anwendung der Standardabweichung als Maß für die Kursverteilung, die für die Genauigkeit eines Optionsprämien-Berechnungsmodells entscheidend ist, ist *nur* dann gültig, wenn das zugrundeliegende System auf Zufall beruht.

Schauen wir uns nun den Chart von Safeway an (Abbildung 3.10). Klar, aufgrund des starken, auf dem Chart sichtbaren Aufwärtstrends,

würden Sie annehmen, daß die Safeway-Aktie mit großer Wahrscheinlichkeit weiter steigt. Das liegt daran, daß die tägliche Kursbewegung einer Aktie oftmals *nicht* zufällig ist, sondern ein rückwirkender Vorgang,
der gerichtete Kurstrends erzeugt.

Gerichtete Kursbewegung gegenüber der Theorie des effizienten Marktes

Die Theorie des effizienten Marktes bedeutet, daß die Kurse das komplette Wissen und die Erwartungen der Anleger widerspiegeln. Bei dieser
Theorie gibt es keine trendierenden Aktien, und den richtigen Ein- und
Ausstiegspunkt zu finden ist unmöglich. Jede neue Information fließt sofort in den Aktienkurs ein, und deshalb ist es unmöglich, den Markt zu
schlagen. Dementsprechend hat man mit Werfen eines Wurfpfeiles auf
eine Seite mit ausgewählten Aktien die gleichen Chancen wie bei einer
professionellen Auswahl von Aktien. Diese Hypothese beinhaltet auch,
daß es unmöglich ist, technische oder Erwartungsanalyse zu verwenden,
um den Markt zu schlagen, und daß zukünftige Kursänderungen nicht
anhand vergangener Kursveränderungen vorhergesagt werden können.

Ich stimme dieser Interpretation über das Verhalten des Marktes in
keinster Weise zu. Wie William O'Neill in Jack Schwagers Buch *Market
Wizards* so passend sagte: »Die Bewegungen am Aktienmarkt sind weder
effizient noch zufällig. Sie sind nicht effizient, da es zu viele begriffsstut-
zige Leute gibt, und sie sind nicht zufällig, da starke Emotionen von Anlegern Trends erzeugen können.«[2]

Profiting From Chaos von Tonis Vaga und *Chaos and Order in the Capital
Markets* von Edgar Peters argumentieren jeweils, daß den Kapitalmärkten
eine nichtlineare Struktur zugrunde liegt, die die Märkte unterstützt,
wenn trendierende Kräfte auftreten. Anstatt daß Kurse zufällig entstehen,
und daß der Kurs vom zweiten Tag mit dem Kurs vom Tag davor nichts
zu tun habe, nimmt man in der Chaos-Theorie als selbstverständlich an,
daß es einen rückwirkenden Prozeß (oder Trend) gibt, wobei die Kurse
über einen gewissen Zeitraum voneinander abhängen.

Eigentlich müßte man annehmen, daß ein höheres Risiko auch höhere
Gewinne beinhaltet. In der Chaos-Theorie vertritt man jedoch den
Standpunkt, daß es Zeiten gibt, in denen das normale Risiko/Gewinn-
Verhältnis keine Gültigkeit mehr hat. Tatsächlich sind überdurchschnitt-
liche Gewinne bei unterdurchschnittlichen Risiken möglich. In dieser

---

2 Jack D. Schwager, *Market Wizards* (New York: New York Institute of Finance, 1989),
235.

Theorie wird behauptet, daß es Zeiten gibt, in denen ein Markt *nicht* effizient ist. Anleger neigen zu Übertreibungen, und das ist die Natur des Verhaltens der Masse. Es entstehen also Zeiten mit Unterbewertung und mit Überbewertung, und es können Gewinnmöglichkeiten entstehen. Jeder, der die Märkte verfolgt hat, hat Situationen erlebt, in denen ein fundamental starkes Unternehmen für eine Gewisse Zeit an der Wall Street in Ungnade gefallen ist, und es ergab sich eine Kaufgelegenheit, als der Kurs zurück an die Unterstützung durch einen wichtigen gleitenden Durchschnitt gekommen ist. Es können beispielsweise überdurchschnittliche Gewinne erzielt werden, wenn man fundamental starke Aktien mit einer »schwachen Erwartung« kauft, die an einer bullischen Unterstützungslinie wieder gedreht haben. Dies steht im starken Gegensatz zur Theorie des effizienten Marktes, die beinhaltet, daß höhere Gewinne nur durch höhere Risiken zu erzielen sind.

Beachten Sie bei Abbildung 3.11, daß Safeway einen starken Trend entlang ihres gleitenden 100-Tage-Durchschnitts hatte. Während dieser Trendphase fielen die Safeway-Optionen jedoch relativ zur historischen Volatilität der Aktie sehr tief. Beachten Sie auch bei Abbildung 3.12, mit Ausnahme zweier Kursspitzen im März und Juli, die niedrige implizite Volatilität der Safeway-Optionen im Bereich von 20 bis 30 Prozent. Dies stimmt zu mehr als 50 Prozent mit der tatsächlichen jährlichen Volatilität von SWY sowohl 1995 wie auch 1996 überein. Dies ist ein Weg, wie Sie

Abb. 3.11 SAFEWAY (SWY), WOCHENCHART MIT 100-TAGE GLEITENDEM DURCHSCHNITT

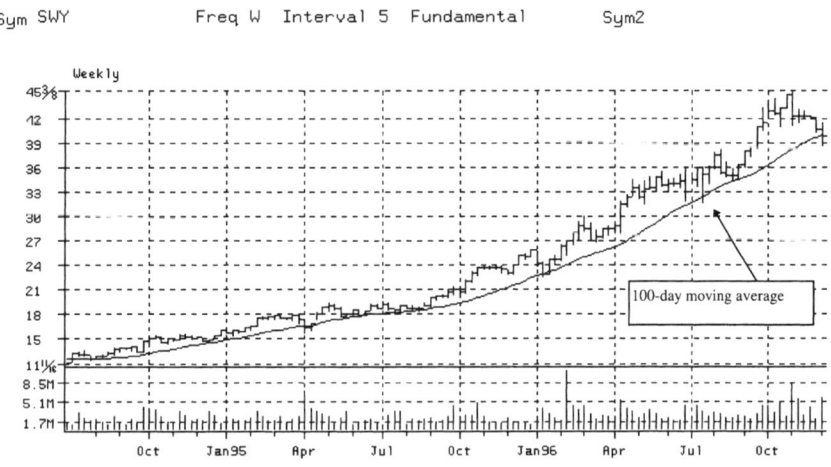

Sym SWY   Freq W Interval 5 Fundamental   Sym2

Nachdruck mit freundlicher Genehmigung von ILX Systems.

Abb. 3.12 SAFEWAY (SWY), TAGESCHART MIT IMPLIZITER VOLATILITÄT

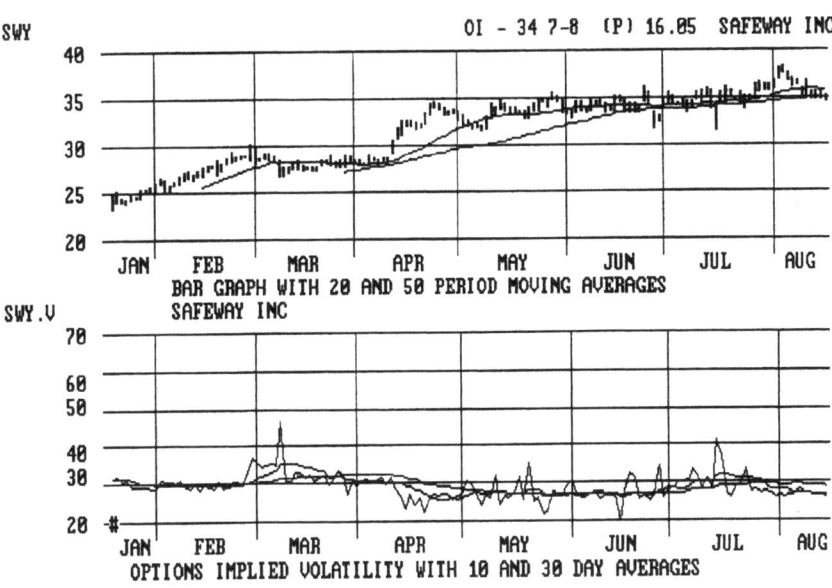

Nachdruck mit freundlicher Genehmigung von Bridge Information Systems.

das Optionsprämien-Berechnungsmodell schlagen können: Kaufen Sie Optionen auf trendierende Aktien, die von traditionellen Berechnungsmodellen, die eine zufällige Kursbewegung annehmen, als billig eingestuft werden.

Dies ist wahrlich eine bemerkenswerte Situation, in der sich Optionen auf diejenigen Aktien, die die höchste Wahrscheinlichkeit haben, in eine bestimmte Richtung zu bewegen, durch das Optionsprämien-Berechnungsmodell tatsächlich als billig eingestuft werden, da diese Aktien in einem nicht-volatilen Kurstrend sind. Und das soll eine kräftige Erinnerung daran sein, daß niedrige Volatilität und große Kursbewegungen oftmals Hand in Hand gehen, was dem Optionskäufer billige Optionen und einen großen Tradingvorteil bietet, da diese billigen Optionen eine überdurchschnittliche Wahrscheinlichkeit haben, deutlich ins Geld zu gehen.

Abb. 3.13 PICTURETEL CORP. (PCTL), TAGESCHART MIT IMPLIZITER VOLATILITÄT: DIE RISIKEN »HOHE« PUT-VOLATILITÄT ZU VERKAUFEN, AUGUST 1996 – MÄRZ 1997

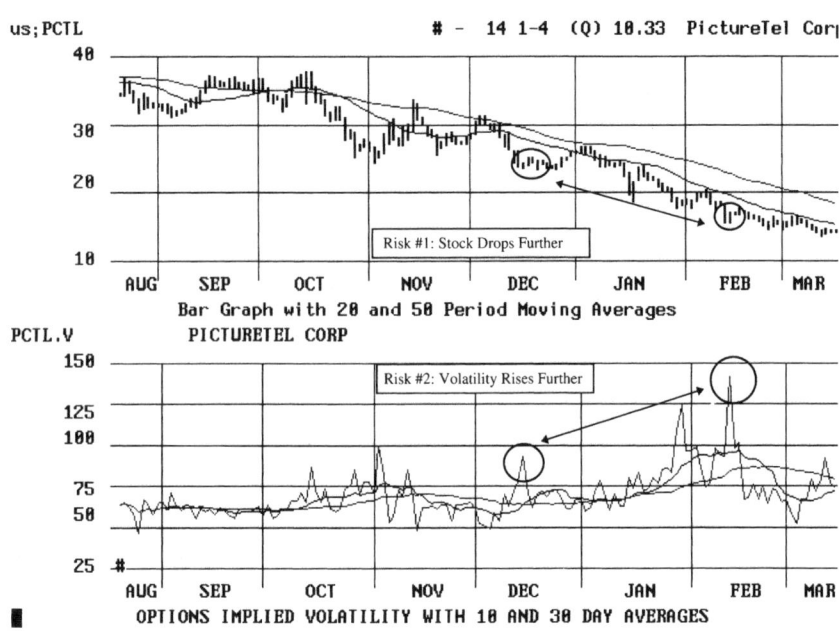

Nachdruck mit freundlicher Genehmigung von Bridge Information Systems.

DIE FALLEN BEIM HANDEL MIT DER VOLATILITÄT

Volatilitätstrader (diejenigen, die Optionsprämien verkaufen und versuchen, von der Divergenz zwischen zukünftiger und Impliziter Volatilität zu profitieren) sagen oftmals:»Gerichtetes Trading ist riskant; man mag zwar einige große Gewinne haben, aber auch einige schwere Verluste. Volatilitätstrading bietet Konstanz, da man versucht, kleinere Gewinne einzufahren.« Volatilitätstrader versuchen für gewöhnlich von Bereichen der Impliziten Volatilität zu profitieren, die relativ zur historischen Volatilität »hoch« oder »tief« sind. Ihre Vorgehensweise wäre zuverlässig, wenn man annehmen könnte, daß Volatilität immer wieder »zur Mitte« zurückkommt, das heißt, daß sowohl hohe Volatilität wie auch niedrige Volatilität ein zeitliches Phänomen sind, das sich zu seinem historischen Durchschnitt bewegt. Diese Theorie versagt jedoch oftmals unter realen Bedingungen, besonders wenn die Volatilität anfängt einen Trend zu bilden. Und die Auswirkung von wichtigen Kursbewegungen auf die Optionsprämien kann die Auswirkungen einer Veränderung der Volatilität überlagern.

Tatsächlich ist die Volatilität oftmals bei Aktien, die sich in einem zunehmend starken Abwärtstrend befinden, in einem Aufwärtstrend. Ein perfektes Beispiel dieser Situation trat bei Picturetel Corp. (PCTL) Ende 1996 auf (Abbildung 3.13). Die Aktie war bereits von 40 auf 25 gefallen, und die Implizite Volatilität der PCTL-Optionen stieg von 60 auf 90 Prozent. Volatilitätstrader geiferten schon im Hinblick auf die gegenüber dem »Normalfall« hohe Implizite Volatilität, PCTL-Optionen zu verkaufen. Die Put-Verkäufer waren jedoch völlig zerstört, als die Aktie von 25 noch weiter bis auf 15 fiel und die Implizite Volatilität von einem Hoch von 96 Prozent auf ein viel höheres Hoch von 140 Prozent stieg. Die Put-Verkäufer wurden nicht nur von der Abwärtsbewegung der Aktie getroffen, sondern mußten auch noch Verlustpositionen auf Basis der Impliziten Volatilität zurückkaufen. Dies ist die Macht des Trends, egal ob bei Aktien oder bei der Volatilität.

EINBRUCH DER VOLATILITÄT

Obwohl für gewöhnlich das Verkaufen von Optionen mit hoher Impliziter Volatilität gefährlich sein kann, ist es im allgemeinen ebenfalls klug, einen Kauf solcher Optionen zu vermeiden. Sie können eine Option auf eine volatile Aktie gekauft haben, und diese Aktie bewegte sich einige Punkte in die richtige Richtung. Trotzdem verdienen Sie nicht an der gekauften Option, weil die Implizite Volatilität in sich zusammengesackt ist (sie ist förmlich eingebrochen, implodiert). Der Markt bewertete die Option lediglich neu, mit einer viel niedrigeren Volatilität als mit der ungewöhnlich hohen Volatilität, die zum Zeitpunkt Ihres Kaufes herrschte. Deshalb bewegte sich die Aktie, nicht aber Ihre Option. Diese Situationen sind für Neulinge unter den Optionstradern sehr frustrierend und verleiten sie oftmals zu der Meinung, daß der Optionsmarkt unfair strukturiert ist, wenn es in Wirklichkeit nur eine Frage des »zu gerne kaufen und zu billig verkaufen« der Volatilität ist. Lassen Sie uns eine aktuelle Beispiele betrachten.

Am 17. Juli 1996 notierte Sun Microsystems bei 55 Dollar, und die Umsatzberichte sollten nach Börsenschluß am 18. Juli herausgegeben werden. Die August 55 Puts notierten bei 4 und hatten eine Implizite Volatilität von 64,7, deutlich über der historischen Volatilität der Aktie von etwa 50 Prozent. Am nächsten Tag, bei einem leicht höheren Aktienkurs von $55^{1}/_{4}$, notierten die August 55 Puts bei 3 mit einer Impliziten Volatilität von 52,1 Prozent. Die Halter von August 55 Puts verloren über

Nacht 25 Prozent ihres Investments, obwohl sich die Aktie eigentlich gar nicht bewegt hatte. Als die größte Unsicherheit wegen des Umsatzberichts vorbei war, kollabierte die Implizite Volatilität der Optionen ganz einfach und hinterließ ihre Besitzer trauriger, aber (vielleicht) klüger.

Ein weiteres gutes Beispiel von einem Einbruch der Volatilität geschah bei Iomega. Am 12. Juni 1996 notierte Iomega bei $41^3/_8$ und der Juli 35 Put bei $3^1/_2$. Sechs Tage später, am 18. Juni, notierte die Aktie $5^3/_8$ Punkte tiefer bei 36 und der Juli 35 Put lag bei $4^1/_4$, einen läppischen fl-Punkt höher als er vor dem Einbruch der Aktie gelegen war.

Diese beiden Beispiele unterstreichen die Wichtigkeit, die Volatilität zu verstehen und die Fallen zu vermeiden, die durch den Kauf von Optionen mit ungewöhnlich hoher Volatilität gegenüber der historischen Volatilität entstehen können. Die Anleger müssen ebenfalls verstehen, daß sehr volatile Aktien im allgemeinen Optionen mit hohen Prämien haben, wodurch die Hebelwirkung dieser Optionen deutlich reduziert wird. Die besten Optionstrades sind die mit Aktien in einem Trend, deren Optionen durch das Optionsprämien-Berechnungsmodell relativ zu ihren wahren Möglichkeiten billig bewertet werden.

SCHLUSSBETRACHTUNG

Es ist wichtig, die Faktoren zu verstehen, die die Prämie einer Option bestimmen: Aktienkurs, Basispreis der Option, Restlaufzeit bis zum Verfallstag, risikofreier Zinssatz, Dividende und Volatilität der zugrundeliegenden Aktie. Es ist jedoch genauso wichtig zu verstehen, warum Optionen wegen der so wichtigen schnellen Kursbewegung beim Optionshandel nicht wie Aktien gehandelt werden können. Zusätzlich ist den Optionsprämien-Berechnungsmodellen zur Bewertung der Optionsprämien eigen, daß sie von der falschen Annahme ausgehen, daß die Aktien zufälligen Kursbewegung unterliegen, und daß die Volatilität ohne Berücksichtigung des gerichteten Kurstrends den fairen Wert einer Option bestimmt. Mit dieser Grundlage lassen Sie uns nun in Kapitel 4 lernen, wie wir am besten unser Anlagekapital handhaben, um die Chancen zu maximieren, daß unser Optionstradingprogramm über die Zeit erfolgreich sein wird.

4

Wie Sie Ihr Options-Portfolio handhaben, um Gewinne zu maximieren und Verluste zu minimieren

WIE WICHTIG IST EIN ZUVERLÄSSIGES MONEY-MANAGEMENT

Ein zuverlässiges Money-Management und intelligente Risikoreduzierung müssen das Herz einer jeden Optionstradingstrategie sein. Ihr langfristiger Erfolg als Optionstrader wird von Ihrer Fähigkeit bestimmt, von handelbaren Trends bei der Aktie zu profitieren, während Sie den unausweichlichen Fluktuationen innerhalb dieser Trends widerstehen. Das Money-Management und die Risikoreduzierung, die Sie anwenden, sind die Schlüssel, diese Fluktuationen genauso wie die Situationen, in denen Sie einfach völlig falsch liegen, zu überleben.

Als Optionstrader werden Sie Verlusttrades haben. Obwohl dies kein angenehmer Gedanke ist, ist es sehr wichtig, das zu verstehen, bevor Sie mit dem Handel beginnen, denn dieses Verständnis erlaubt es Ihnen, einen Plan zu erstellen, wie Sie Ihre Verluste und Gewinne handhaben. Und es ist auch sehr logisch, wenn Sie die drei Bedingungen in Erwägung ziehen, die für einen Optionskäufer notwendig sind, um einen profitablen Optionstrade zu erzielen:

1. Die zugrundeliegende Aktie muß sich in die gewünschte Richtung bewegen.
2. Diese Bewegung muß von ausreichender Stärke sein, um die Zeitprämie zu überbieten, die Sie für das Privileg der Hebelwirkung zahlen müssen, die Sie bei der Option haben.

3. Diese starke Bewegung in die gewünschte Richtung muß schnell geschehen, damit die Option nicht verfällt, bevor sie eintritt.

Natürlich können die Gewinne bei einem Optionstrade riesig sein, wenn diese drei Bedingungen erfüllt werden. Die Wahrscheinlichkeit, daß diese bei einem bestimmten Trade erfüllt werden, ist selbst bei den besten Tradern deutlich geringer, als wenn Sie eine Münze werfen. Optionskäufer versuchen während der Dauer ihrer Verlusttrades so viel Kapital wie möglich zu bewahren, damit diese Verluste durch ihre gelegentlichen großen Gewinne mehr als ausgeglichen werden. Auf der anderen Seite versuchen Optionsverkäufer in diesen gelegentlichen Situationen, in denen ihre verkauften Optionen deutlich an Prämie zulegen, die Verluste zu minimieren, damit diese Verluste durch die kleinen, konstanten Gewinne, die sie in der Mehrzahl der Trades machen, mehr aus ausgeglichen werden.

Obwohl erfolgreiche Optionskäufer fast immer mehr Verlusttrades als Gewinner haben, können sie immer noch deutliche Gewinne einfahren. Sie erreichen dies, weil ihre Gewinntrades je Trade wesentlich mehr Gewinn erzielen, als sie je Trade verlieren. Wie Victor Sperandeo unter Verwendung einer Baseball-Analogie in seinem Buch *Trader Vic – Methods of a Wall Street Master* schrieb, wenn er auf die großen Trader verwies: »Die besten Spieler treffen in 30 bis 40% der Fälle.«[1] Denken Sie daran, daß Optionstrading ein Spiel um Wahrscheinlichkeiten ist. Sie gewinnen dieses Spiel, indem Sie verschiedene Positionen eingehen, nur einen Teil Ihres Kapitals bei jedem Trade einsetzen und bei Ihren profitablen Trades viel gewinnen.

Lassen Sie uns die Ergebnisse von Trader 1 und Trader 2 in Tabelle 4.1 untersuchen. Beachten Sie, was bei dem Vergleich dieser zwei Ergebnisse herauskommt. Trader 2 hatte nur 30 Prozent Gewinntrades, wohingegen die Gewinntrades bei Trader 1 bei 70 Prozent lagen. Ganz augenscheinlich war jedoch der Gewinn von Trader 2 höher als der von Trader 1. Das kann alles anhand der Größe Ihrer Gewinntrades gegenüber der Größe ihrer Verlusttrades erklärt werden.

Trader 1 freute sich über 70 Prozent Gewinntrades. Die 30 Prozent seiner Trades, die mit einem Verlust endeten hatte, lagen bei durchschnittlich 1.267 Dollar. 48 Prozent höher als der durchschnittliche Gewinn von 857 Dollar. Um es anders auszudrücken: Das durchschnittliche Gewinn/Verlust-Verhältnis von Trader 1 liegt bei 0,68. Immer wenn das Verhältnis unter 1,00 liegt, fressen die Verluste die Gewinne zu stark auf, und Sie sind in Schwierigkeiten, solange Sie keinen ungewöhnlich hohen Prozentsatz an Gewinnern haben. Und es ist unrealistisch, beim Kaufen von Optionen auf lange Sicht 70 Prozent Gewinner zu erreichen. Idealer-

Tabelle 4.1 **ZWEI UNTERSCHIEDLICHE WEGE ZU OPTIONSGEWINNEN**

	Trader 1				Trader 2		
Com- pany	% Gain/ Loss	$ Invested	$ Profit	Com- pany	% Gain/ Loss	$ Invested	$ Profit
AAA	+30%	$2,000	$600	MMM	−30%	2,000	$−600
BBB	−50%	2,000	−1,000	NNN	−40%	2,000	−800
CCC	+40%	2,000	800	OOO	+200%	2,000	4,000
DDD	+15%	2,000	300	PPP	−50%	2,000	−1,000
EEE	−40%	2,000	−800	QQQ	−20%	2,000	−400
FFF	+60%	2,000	1,200	RRR	+100%	2,000	2,000
GGG	+100%	2,000	2,000	SSS	−25%	2,000	−500
HHH	−100%	2,000	−2,000	TTT	−50%	2,000	−1,000
III	+25%	2,000	500	UUU	+150%	2,000	3,000
JJJ	+30%	2,000	600	VVV	−40%	2,000	−800
Total profit			$2,200	Total profit			$3,900
Average gainer		6,000/7	857	Average gainer		9,000/3	3,000
Average loser		3,800/3	1,267	Average loser		5,100/7	729

weise sollten Sie versuchen, ein durchschnittliches Gewinn/Verlust-Verhältnis von 2,00 oder mehr zu haben. Obwohl nur 30 Prozent der Trades Gewinner waren, waren dies große Gewinne, und sie erreichten im Falle von Trader 2 einen durchschnittlichen Gewinn von 150 Prozent.

Der andere Vorteil des Erfolgsprofils von Trader 2 ist, daß es viel besser zum Handel mit Optionen paßt. Zu viele große Verluste können das Kapital eines Optionstraders ernsthaft reduzieren, besonders wenn diese Verluste in Folge auftreten. Die Art von Trader 2, seine Verluste überschaubar zu halten, erlaubt ihm also eher »im Spiel zu bleiben«, um große Gewinne einzufahren, wohingegen Trader 1 bei jeder Verschlechterung seiner prozentualen Gewinner sehr stark getroffen wird, falls seine Verluste so groß bleiben.

Wenn die prozentualen Gewinner und das durchschnittliche Gewinn/Verlust-Verhältnis zusammen untersucht werden, erhält man einen schnellen Überblick über die mögliche »Überlebensfähigkeit« einer Tradingmethode. Wenn man den Prozentsatz erfolgreicher Trades mit dem Verhältnis der durchschnittlichen Gewinner zu den durchschnittlichen Verlierern multipliziert, erhält man, was als »Robustheitsfaktor« bekannt ist. Ein Beispiel: Nehmen wir den Fall, ein Trader erreicht eine 50prozentige Gewinnerrate, und sein durchschnittlicher Gewinn entspricht seinem durchschnittlichen Verlust. Dieses wäre ein »Münzwurf«-Ergebnis, und der Robustheitsfaktor ist nur 0,50 (50 Prozent Gewinner x 1.00 = 0,50). Um einen Vorteil gegenüber dem Markt zu gewinnen, müssen Sie, wenn man Gebühren und Slippage berücksichtigt, einen Robustheitsfaktor von mindestens 1,00 erreichen, wenn Sie erwarten, deutliche Gewinne erzielen zu wollen.

Bei unserem Besipiel von Trader 1 erreichte der Robustheitsfaktor bei 70 Prozent Gewinnern und einem durchschnittlichen Gewinn/Verlust-Verhältnis von 0,68 Prozent nur 0,48 Prozent, etwas schlechter als wenn man eine Münze werfen würde. Beim Beispiel von Trader 2 erreichte der Robustheitsfaktor bei 30 Prozent Gewinntrades und einem durchschnittlichen Gewinn/Verlust-Verhältnis von 4,12 stattliche 1,24; zweieinhalb Mal besser als das Ergebnis von Trader 1 und der Münzwurf. Es ist also klar, daß Trader 2 sogar mit seinem geringen Prozentsatz an Gewinntrades einen deutlichen Vorteil gegenüber den Märkten hat.

Denken Sie daran, daß die Auswirkungen der Gebühren auch bedacht werden müssen. In den obigen Beispielen betrugen die Gebühren 125 Dollar pro Trade. Der Nettogewinn von Trader 1 reduziert sich von 2.200 Dollar auf 950 Dollar. Damit fällt sein Gewinn von 11 Prozent auf 4,75 Prozent des investierten Kapitals. Der Nettogewinn von Trader 2 fällt von 3.900 Dollar auf 2.650 und reduziert sich von 19,5 Prozent auf 13,25 Prozent. Die gute Nachricht ist, daß die Gebühren für Optionstrades im Laufe der Jahre konstant gesunken sind, besonders in den Neunzigern durch die zunehmende Anzahl an Deep Discount Brokern, Internet Trading und Brokern, die sich auf das Optionstrading spezialisiert haben. In Kapitel 10 finden Sie weitere Informationen über Broker und Gebühren.

DIE ZWEI GRÖSSTEN »PROFITRÄUBER«

Warum verwenden so viele Optionstrader unwissentlich Strategien, mit denen sie verlieren? Das geschieht für gewöhnlich aus emotionalen und nicht aus logischen Gründen. Die Leute kaufen für gewöhnlich Optionen in der Hoffnung, große Gewinne zu erzielen. Die menschliche Natur mischt sich da häufig ein, oftmals in Form von Angst und Gier, wie weiter unter dargestellt.

An dem einen Ende des emotionalen Spektrums ist die Angst. Der Kauf einer Option beinhaltet das Risiko eines totalen Verlustes des eingesetzten Kapitals. Der Optionskäufer hat jedoch die Möglichkeit, als Tausch für die Annahme dieses Risikos, Gewinne zu erzielen, die das

Vielfache seines Investments betragen. Viele Anleger steigen aus Furcht vor einem Totalverlust aus ihrer Position aus, sobald sie das erste Mal gegen sie läuft. Unglücklicherweise rauben sie sich so das Potential für riesige Gewinne und verneinen den Grund, warum sie die Option eigentlich gekauft haben.

Am anderen Ende des emotionalen Spektrums herrscht die Gier. Der Optionsanleger akzeptiert die Möglichkeit eines totalen Verlustes seines eingesetzten Kapitals – das ist in Ordnung. Wo macht also der gierige Anleger den Fehler? Die Antwort ist sowohl einfach wie auch finanziell tragisch: Kein Gewinnbereich reicht diesem Anleger. Wenn er sein Geld verdoppelt hat, möchte er es verdreifachen. Wenn er es verdreifacht hat, warum es dann nicht auch vervierfachen? Dieser Vorgang endet nie. Das Ergebnis? Aus einigen sehr gesunden »Papiergewinnen« (unrealisierte Gewinne) werden realisierte niedrige Gewinne, wenn die zugrundeliegende Aktie dreht. Und manche Papiergewinne werden sogar zu tatsächlichen Verlusten.

Was kann diese sehr menschliche, sehr verbreitete, doch finanziell sehr zerstörerische Angewohnheit heilen?

WIE MAN DIE NEGATIVE AUSWIRKUNG VON ANGST ELIMINIEREN KANN

Viele Anleger werden vom Optionstrading angezogen, weil man damit Gewinne erzielen kann, die das eingesetzte Kapital um ein Vielfaches übersteigen. Unglücklicherweise wird ein Grundsatz des Optionstradings oftmals ignoriert oder vergessen: Um in der Lage zu sein, die Gewinne des Optionsmarktes zu realisieren, muß man finanziell und emotional in der Lage sein, die Aufs und Abs der Optionsmärkte zu widerstehen. Sogar die profitabelsten Trades zeigen oftmals zu einem bestimmten Zeitpunkt »Papierverluste«. Nur sehr wenige Optionen steigen geradewegs nach oben, ganz einfach deshalb, weil nur wenige Aktie steil nach oben oder unten laufen. Wenn Sie bei jedem Anzeichen eines Kursrückgangs panisch aus einer Position gehen, werden Sie letztendlich beim Handel mit Optionen verlieren.

Verwenden Sie nur Ihr Spielgeld für den Optionshandel

Kaufen Sie *niemals* Puts oder Calls mit Geld, welches Sie benötigen, um Rechnungen zu zahlen, oder das der Vorsorge gilt, und sie sollten sich auch kein Geld leihen, um schnell Optionen handeln zu können. Intelligente Handelsentscheidungen werden selten dann getroffen, wenn »ge-

Tabelle 4.2 DIE AUSWIRKUNGEN DES JE TRADE EINGESETZTEN PROZENTUALEN KAPITALS

Trade Result (%)	10% Invested	Initial $10,000	20% Invested	Initial $10,000	50% Invested	Initial $10,000
–74.63	$1,000.00	$9,253.73	$2,000.00	$8,507.46	$5,000.00	$6,268.66
–61.90	925.37	8,680.88	1,701.49	7,454.16	3,134.33	4,328.36
400.00	868.09	12,153.23	1,490.83	13,417.48	2,164.18	12,985.07
–62.96	1,215.32	11,388.03	2,683.50	11,727.87	6,492.54	8,897.18
–48.48	1,138.80	10,835.88	2,345.57	10,590.63	4,448.59	6,740.29
–80.77	1,083.59	9,960.68	2,118.13	8,879.83	3,370.14	4,018.25
–73.91	996.07	9,224.45	1,775.97	7,567.16	2,009.12	2,533.24
100.00	461.22	9,685.68	756.72	8,323.88	633.31	3,166.55
120.00	461.22	10,239.14	756.72	9,231.94	633.31	3,926.53
–100.00	1,023.91	9,215.23	1,846.39	7,385.55	1,963.26	1,963.26
–17.50	921.52	9,053.96	1,477.11	7,127.06	981.63	1,791.48
56.41	905.40	9,564.70	1,425.41	7,931.13	895.74	2,296.77
–56.10	956.47	9,028.14	1,586.23	7,041.30	1,148.38	1,652.55
–57.14	902.81	8,512.25	1,408.26	6,236.58	826.28	1,180.39
–81.11	851.22	7,821.81	1,247.32	5,224.87	590.20	701.68
–25.81	782.18	7,619.96	1,044.97	4,955.20	350.84	611.14
50.00	762.00	8,000.96	991.04	5,450.72	305.57	763.92
106.25	400.05	8,426.01	545.07	6,029.86	190.98	966.84
400.00	400.05	10,026.20	545.07	8,210.14	190.98	1,730.77
56.41	1,002.62	10,591.78	1,642.03	9,136.41	865.38	2,218.93
–45.00	1,059.18	10,115.15	1,827.28	8,314.14	1,109.47	1,719.67
129.27	505.76	10,768.93	831.41	9,388.89	429.92	2,275.42
114.63	505.76	11,348.70	831.41	10,341.98	429.92	2,768.25
–41.38	1,134.87	10,879.10	2,068.40	9,486.09	1,384.13	2,195.51
133.33	543.96	11,604.37	948.61	10,750.90	548.88	2,927.35
–14.29	543.96	11,526.67	948.61	10,615.38	548.88	2,848.94
16.22	1,152.67	11,713.59	2,123.08	10,959.67	1,424.47	3,079.93
–32.61	1,171.36	11,331.62	2,191.93	10,244.91	1,539.97	2,577.77
–2.82	1,133.16	**11,299.70**	2,048.98	**10,187.19**	1,288.88	**2,541.46**

fährdetes« Geld im Spiel ist. Sie sollten Ihren Optionshandel nur mit Geld machen, das Sie auch verlieren können, ohne daß Sie in finanzielle Probleme kommen. Aggressive Trader können 20 Prozent oder weniger ihres Kapitals in den Kauf von Optionen stecken, während konservative Trader ihr Optionstradingkapital auf 10 Prozent beschränken sollten.

Tabelle 4.3 **VERLUST/WIEDERGEWINNUNG**

Loss	Subsequent Gain Needed to Recover to Break Even
–10%	+11%
–20%	+25%
–33%	+50%
–50%	+100%
–75%	+300%
–90%	+1,000%

Wenn Sie den Prozentsatz des Kapitals bestimmt haben, das Sie für den Kauf von Optionen einsetzen wollen, müssen Sie auch das Kapital begrenzen, das für den einzelnen Trade ausgegeben werden soll. Tabelle 4.2 zeigt sehr eindrücklich die mögliche Auswirkung, wenn 50 Prozent des Optionstradingkapitals pro Trade eingesetzt wird. In diesem Beispiel ergaben der Einsatz von 10 und 20 Prozent des Kapitals Gewinne von 12 bzw. 0,2 Prozent, während der Einsatz von 50 Prozent Kapital pro Trade bei gleichen Trades einen Verlust von 75 Prozent ergab.

Dieser starke Unterschied bei den Ergebnissen, der auf dem prozentual eingesetzten Kapital basiert, mag überraschend erscheinen, ist aber nur ein logisches Ergebnis der Mathematik, die enthalten ist, wenn Sie in ein Instrument investieren, das das Potential hat, bei einzelnen Ergebnissen sehr große Verluste zu erzeugen. Sicherlich würden Sie nicht 100 Prozent ihres geplanten Kapitals im Spielkasino auf jede einzelne Hand im Blackjack riskieren, da Sie wissen, daß Sie mit an Sicherheit grenzender Wahrscheinlichkeit einmal verlieren würden und damit Ihr gesamtes Kapital weg wäre. Es ist dennoch überraschend, wieviele Optionstrader, vielleicht »geimpft« durch ihre Erfahrung bei der Aktienanlage mit der Möglichkeit eines großen oder totalen Verlustes bei einem Trade, einen großen Teil ihres Kapitals dem Risiko eines einzelnen Trades aussetzen. Tabelle 4.3 bietet einige eindrucksvolle Einblicke in die um ein Vielfaches höheren Gewinne, die notwendig werden, um einzelne, immer größer werdende Verluste auszugleichen. Die richtige Handhabung Ihres Anlagekapitals und die individuelle Einteilung jedes Trades ist der Schlüssel, der Ihnen erlaubt, über einen langen Zeitraum am Optionsspiel teilzuhaben und an großen Gewinnern zu profitieren, wenn sie kommen.

Es ist vorteilhaft, Reserven an Bargeld zu haben, die Sie in neue Gelegenheiten stecken können, wenn diese sich entwickeln und die Ihnen als Sicherheitspolster dienen können. Eine Regel ist, daß Ihr komplettes Anlagekapital niemals auf einmal im Optionsmarkt riskiert werden sollte, egal wie attraktiv die aktuelle Situation auch erscheinen mag. Es wird immer Verlusttrades geben. Wenn Sie also nach einigen profitablen Trades Ihr gesammeltes Kapital einsetzen, setzen Sie sich einigen möglichen, sehr schmerzhaften Verlusten aus.

BESIEGEN DER GIER DURCH EINSATZ VON GEWINNZIELEN

Die eben besprochenen Tradingregeln maximieren Ihre Chancen, jederzeit mehrere sehr profitable Optionspositionen zu haben. Die folgende Frage ist extrem wichtig, da sie bestimmt, wie profitabel Sie letztendlich sind: *Wann sollten Sie verkaufen?*

1. *Setzen Sie bei jedem Trade ein Gewinnziel.* Ein *Gewinnziel* ist eine Optionsprämie, die einen deutlichen – aber auch erreichbaren – Gewinn darstellt. Legen Sie Ihr Gewinnziel im voraus fest und bestimmen Sie Ihren Ausstiegspunkt, bevor Sie traden oder zu dem Zeitpunkt, an dem Sie die Option kaufen. Wenn Sie das tun, vermeiden Sie die Konsequenzen eines der größten Hindernisse für das Erzielen von Gewinnen: Gier. Es ist den meisten Anlegern förmlich unmöglich, vernünftige Gewinnziele festzulegen, wenn ihre Option erst einmal deutlich zugelegt hat. Dieser Extrapunkt oder halbe Extrapunkt wird bei jedem Anstieg der Optionsprämie zum beweglichen Ziel. Deshalb ist es nicht überraschend, daß ein vernünftiger Gewinn nicht erzielt wird, wenn der Anleger gezwungen ist, die Position bei fallenden Kursen glattzustellen.

Möglicherweise sehen Sie bei der obigen Diskussion über Gewinnziele einen Konflikt mit der alten Trading-Maxime »Verluste begrenzen, Gewinne laufen lassen«. Obwohl das Setzen von Gewinnzielen im voraus als zu einfach und als kein flexibler Handelsansatz betrachtet wird, und Sie, wenn Sie das tun, wahrscheinlich die 1.000 Prozent Gewinn verpassen, von denen viele Optionstrader träumen, ist das Setzen von Gewinnzielen ein notwendiger Kompromiß für einen nichtprofessionellen Trader, der weder die Kenntnisse noch die emotionale Kontrolle hat um zu wissen, wann er die Optionen in der Hitze der Schlacht halten und wann er sie verkaufen soll und dem es auch unmöglich ist, den ganzen Tag die Märkte zu beobachten. Beachten Sie, daß Sie ein deutliches Gewinnziel haben müssen, das heißt mindestens 100 Prozent oder die Verdopplung des eingesetzten Kapitals, damit Sie bei dieser Vorgehensweise nicht mit mageren Gewinnen aus dem Markt gehen. Bei dieser Vorgehensweise werden Sie die 1.000 Prozent Gewinne verpassen, was einem Sechser im Lotto entsprechen würde (und auch so wahrscheinlich wäre). Wichtiger jedoch ist, daß Sie die Fälle reduzieren, in denen aus soliden Gewinnen schmerzvolle Verluste werden, und daß Sie regelmäßig respektable Gewinne einstreichen. Eine Kollegin der Market Technician's Association, Linda Bradford-Raschke, sagte, zum erfolgreichen Trading gehört »lange genug im Spiel zu bleiben, um Glück zu haben« und die Disziplin, die durch die Gewinnziele erforderlich ist, ist dazu bestimmt, Sie im Optionsspiel zu halten. Wenn Sie erst einmal in der Hitze der Schlacht sind, werden Sie tendenziell Ihre Entscheidungen aus dem Bauch heraus treffen und deshalb werden Sie dazu neigen, falsche Entscheidungen zu treffen. Um diese Falle zu vermeiden, legen Sie einen *Liquidationszeitpunkt* fest, der darauf basiert, bis zu welchem Zeitpunkt Sie erwarten, daß die Option das Gewinnziel erreichen wird. Wenn das Gewinnziel bis zum Liquidationszeitpunkt nicht erreicht wurde, schließen Sie an diesem Tag die Position. Die Liquidationszeitpunkte sollten so gelegt werden, daß immer noch genug Zeit bis zum Verfalltag vorhanden ist, um noch etwas vom Zeitwert der Option zu retten, falls die zugrundeliegende Aktie sich nicht bewegt hat.

Widerstehen Sie der Versuchung, bereits vor Ihrem Liquidationszeitpunkt mit einem geringen Verlust zu verkaufen. Sie geben Ihrer Angst nach und berauben sich so einiger möglicher Gewinne. Widerstehen Sie auch der Versuchung, das Gewinnziel anzuheben, wenn die Option nahe an diesen Punkt kommt. Sie geben Ihrer Gier nach, und Ihre Gewinne werden wieder zerrinnen.

2. *Nehmen Sie Ihre Gewinne nicht zufällig mit.* Die Gewinne zufällig mitzunehmen beinhaltet eine Vielfalt an Sünden. Es beinhaltet, daß man kein spezielles Gewinnziel hat (das Gier-Syndrom) und auch, daß man unlogische oder nicht ausreichende Gewinnziel setzt (wie beispielsweise 10 Prozent Gewinn), oder daß man emotionale Gewinnziele hat (»Dies ist meine Glückswoche. Ich weiß genau, daß ich mit meinen XYZ-Calls 1.000 Prozent machen werde.«)

Die nächste Frage ist genauso wichtig: *Wann sollten Sie nicht verkaufen?*

Sie sollten eine Positionen nicht in dem Moment glattstellen, sobald sie gegen Sie läuft. Viele Optionstrader kaufen eine Option bei 3 und dann, aus Angst, verkaufen sie sie am gleichen Tag, sollte sie auf $2\frac{1}{2}$ fallen. Es ist nie notwendig, in panisches Verkaufen zu verfallen, unter der Annahme, daß folgende Bedingungen gelten:

- Ihre Markteinschätzung und Ihre Einschätzung der Aktie, auf die Sie Optionen halten, hat sich nicht geändert.
- Sie investieren keine übertriebene Summe Ihres Tradingkapitals.
- Sie kaufen Optionen, die innerhalb Ihrer Risikobereitschaft liegen.
- Sie haben Ihre Positionen, relativ zu den aktuellen Marktbedingungen, ausreichend auf Calls und Puts verteilt (Risikoverteilung).

Eine Option wird wegen ihrer großen Gewinnmöglichkeiten gekauft, die nur dann voll realisiert werden können, wenn Positionen über einen vernünftigen Zeitraum offen bleiben.

BESIEGEN DER GIER DURCH VERWENDUNG EINES MAXIMALEN EINSTIEGSKURSES

Einer der häufigsten Gründe, warum Optionstrader Verluste erleiden ist, daß die Prämien, die sie für ihre Optionen zahlen, in Relation zu einem bei einer realistischen Bewegung der zugrundeliegenden Aktie erzielbaren Gewinn zu hoch sind. Wenn Sie Kaufgelegenheiten bei Optionen analysieren, sollten Sie die maximale Prämie berechnen, die Sie bereit sind für den Erwerb der Option zu zahlen (in Kapitel 3 wurde beschrieben, wie man die Optionsprämie in Relation zu ihrem theoretischen Wert messen kann). Häufig werden Trader bei steigenden Prämien aufgeregt, und das endet damit, daß sie zu viel für eine Option zahlen, weil sie keine Gelegenheit verpassen wollen.

Um diese Falle zu veranschaulichen, lassen Sie uns einen Blick auf die Gewinnzusammenstellung eines Jahres meines elektronisch übermittelten Service werfen. Lassen Sie uns für dieses Beispiel annehmen, daß 2.500 Dollar bei jeder Empfehlung investiert wurden. In Tabelle 4.4 sind der höchste Einstandskurs (MEP) jeder Empfehlung und der Gewinn oder Verlust, der bei jeder Empfehlung erzielt wurde, aufgelistet. Zusätzlich sehen Sie eine »modifizierte« Gewinn- und Verlustberechnung, bei der bei jeder Empfehlung $1/_8$-Punkt *über* dem MEP gezahlt wurde.

Wie Sie in Tabelle 4.4 sehen können, reduzierte der Anleger, der für jede Position $1/_8$-Punkt mehr gezahlt hat, seinen Gewinn um 120 Prozent gegenüber dem Anleger, der die Richtlinien über den maximalen Einstiegspunkt befolgt hat. Es wird deutlich, daß der durch einen $1/_8$-Punkt höhere Einstiegspreis das Gewinnpotential drastisch reduziert und das Risiko/Gewinn-Verhältnis erhöht.

Tabelle 4.4 **GEWINNAUFSTELLUNG**

	Actual			MEP ⅛ Higher		
Date	Maximum Entry Price	Sale Price	Percentage Profit (Loss)	MEP Plus ⅛ Point	Sale Price	Percentage Profit (Loss)
01/31	2.938	5.875	100	3.063	5.875	92
01/31	2.625	0.000	(100)	2.750	0.000	(100)
03/07	2.875	2.875	0	3.000	2.875	(4)
04/25	1.938	3.250	84*	2.063	3.250	73*
05/15	1.719	1.813	5	1.844	1.813	(2)
06/01	3.063	2.000	(35)	3.188	2.000	(37)
07/12	1.906	0.000	(100)	2.031	0.000	(100)
08/09	1.688	3.500	107	1.813	3.500	93
09/14	2.906	4.500	55	3.031	4.500	48
09/20	1.719	3.063	78	1.844	3.063	66
09/20	2.625	10.500	200*	2.750	10.500	191*
09/21	2.438	1.875	(23)	2.563	1.875	(27)
10/18	2.063	4.188	103	2.188	4.188	91
10/23	2.375	3.188	67*	2.500	3.188	64*
11/29	1.813	1.125	(38)	1.938	1.125	(42)
12/01	1.875	2.375	63*	2.000	2.375	59*
12/18	1.563	0.813	(48)	1.688	0.813	(52)
12/27	1.438	2.500	74	1.563	2.500	60
Cumulative profit			592			473

* Bezeichnet die Gewinnmitnahme bei der Hälfte der Position bei einer Verdopplung (100 Prozent Gewinn).

WIE SIE IHRE VERLUSTE KONTROLLIEREN

Keiner von uns liebt es zu verlieren. Beim Optionstrading ist jedoch das Erleiden von Verlusten ein Teil davon, ein erfolgreicher Trader zu sein. Sie müssen sich im Klaren sein, daß Verluste auftreten, und Sie müssen sie in Ihrem Tradingplan mit berücksichtigen. Wenn Sie nicht die notwendigen Schritte unternehmen, das Risiko in Schranken zu halten, werden Ihre Verluste an Höhe zunehmen, bis Sie irgendwann das meiste oder möglicherweise Ihr komplettes Anlagekapital vernichtet haben.

Eine der Herausforderungen erfolgreichen Tradings ist, eine Geistes-haltung zu entwickeln, daß das Erleiden von Verlusten als Teil des Tra-dingprozesses auftreten muß. Teil Ihrer Methoden muß sein, zu wissen, wann eine Verlustposition so schmerzlos wie möglich geschlossen wer-den muß. Die exponentiell höheren Gewinne, die für jeden größeren Ver-lust erzielt werden müssen (wie wir vorher in Tabelle 4.3 gesehen haben), sollten jeden Optionstrader überzeugen, daß es wichtig ist, vordefinierte Verlustbereiche zu haben, bevor eine Position eingegangen wird. Dieses Verhalten dient dazu, Verluste überschaubar zu halten und Ihnen die Dis-ziplin einzuimpfen, Ihrer Tradingmethode zu folgen und auch, daß Sie nicht beim ersten Tick gegen Sie panisch Ihre Position liquidieren.

Die Erläuterungen haben soweit einen Weg umrissen, wie Sie Gewinn-ziele setzen und Sie gelehrt, immer einen Ausstiegszeitpunkt für Optio-nen zu verwenden, die sich nicht wie gewünscht entwickeln. Das ist aber nur *Theorie*. Was Sie in Ihrem Konto tun werden, ist das *echte Leben*. Nicht alle Gewinnziele werden erreicht werden. Einige werden erreicht, und Sie werden wie geplant Ihre Position glattstellen nur um zu sehen, wie sich die Option nach Ihrem Ausstieg noch verdreifacht. Das ist das Leben. In anderen Fällen werden Sie eine Position am Ausstiegszeitpunkt glattstellen nur um zu sehen, daß der Markt dreht und die Option den gedachten Kurs erreicht, was einen netten Gewinn ausgemacht hätte. Und auch das ist das Leben.

Glauben Sie nicht, daß der Markt Sie für eine spezielle Bestrafung aus-gesucht hat – es passiert jedem Trader. Wenn Sie glauben, daß Sie solche Situationen nicht handhaben können, sollten Sie keine Optionen han-deln. Der hier vorgestellte Plan erlaubt Ihnen, Jahr für Jahr konstant Ge-winne einzufahren, ohne daß Sie sich viele Stunden im Nachhinein Ge-danken machen müssen, was wäre gewesen wenn? Verwenden Sie einen Plan und überlassen Sie die Ratespiele den Amateuren.

INDIVIDUELLES TRADING ODER SYSTEMTRADING

Eine der immer wiederkehrenden Debatten unter Tradern bezieht sich darauf, welche Methode die besten Ergebnisse bringt: Die Methoden, die streng einem mechanischen Handelssystem unterliegen, oder die Metho-den, die den Entscheidungen des Traders unterliegen. Ich fasse hier die Ansichten jeder Seite zusammen und dann sage ich Ihnen meine Mei-nung.

Der Systemtrader hat den Vorteil, daß die Emotionen aus dem Trading genommen werden, vor allem durch die mechanischen Kauf- und Ver-kaufssignale und auch dadurch, daß die Größe jeder neuen Position konstant zu einem Prozentsatz vom Portfolio gehalten wird. Das eliminiert die Auswirkungen persönlicher Einschätzungen, welche Positionen am besten laufen würden. Das gibt dem System auf Dauer einen konstanten Vorteil, da es die negativen Auswirkungen, die eine einzelne Position auf das Portfolio haben kann, minimiert. Unweigerlich gibt es bei jeder Methode schlechte Zeiten, und ein System ermöglicht es Ihnen, zu guten und zu schlechten Zeiten an ihm festzuhalten. Sowohl Trader, die ihre Entscheidungen selbst treffen, wie auch bestimmte Systemtrader verwenden inzwischen Computer, um eine große Anzahl an Aktien zu überprüfen, und sie wählen diejenigen aus, die auf ihre Strategien zu passen scheinen. Es ist deshalb für ernsthafte Trader fast zwingend, einen Computer zu verwenden oder Zugriff auf vom Computer erzeugte Informationen zu haben, und wenn auch nur, um mit den anderen Tradern Schritt zu halten.

Die Kritik der Trader, die ihre Entscheidungen selber treffen gegenüber dem Systemtrading bezieht sich auf die Tatsache, daß sich die Bedingungen ändern. Wegen der heutzutage immer schneller werdenden Marktveränderungen ist es unwahrscheinlich, daß ein System, das mit festen Parametern arbeitet, für immer erfolgreich sein wird. Die individuellen Trader konzentrieren sich darauf, einen großen Trade zu erzielen, eine »Monsterbewegung«, mit der auf einen Rutsch die komplette Jahresrendite erzielt werden kann. Da der individuelle Trader die Möglichkeit hat, die Größe seines Einsatzes aufgrund der erwarteten Gewinnerwartung und der Risikobereitschaft zu variieren, kann er in der Lage sein, mit diesem großen Trade einen Haupttreffer zu landen. Als Zugeständnis für diese Flexibilität führt das individuelle Trading zu einer größeren Volatilität im Portfolio, da der Trader gewillt sein muß, den steinigen Weg zu gehen und zu seinen großen Ideen zu stehen. Gleichzeitig muß es bei jedem Trade eine Risikokontrolle geben, damit Kapital für eine nächste große Gelegenheit verfügbar ist.

Welcher Handelsansatz ist also der beste? Die Antwort hängt von jedem selbst ab. Ich habe den Optionsmarkt seit seiner Einführung verfolgt und ich glaube, daß ich mit dem individuellen Trading meinen Abonnenten den größten Wert biete. Da ich die Märkte mit durch und durch getesteten Methoden untersuche, ich eine ganze Anzahl an Zyklen gesehen habe und spüren kann, wo die »großen Trades« auftauchen, neige ich zum individuellen Trading.

Wenn Sie jedoch ein Neuling beim Traden sind und es vorziehen, nicht von der Expertenmeinung eines anderen abhängig zu sein, fühlen Sie sich möglicherweise wohler, wenn Sie ein Tradingsystem entwickeln. Sie müssen sich jedoch der Falle bewußt sein, in die fast alle neuen Systementwickler mindestens einmal im Leben fallen: »Daten-Bergbau«. Das bedeutet, ein Neueinsteiger in die Systementwicklung nimmt eine Anzahl an historischen Kursen und entwickelt ein System, das in der Vergangenheit nahezu perfekt gewesen wäre. Es schaut auf dem Papier großartig aus. Es gibt jedoch überhaupt keinen Grund zu glauben, daß es auch in der Zukunft erfolgreich sein muß. Das liegt daran, daß sich in den Märkten, ganz so wie im echten Leben, die Vergangenheit bei der Performance selten in genau der gleichen Weise wiederholt, und deshalb versagen solche Systeme.

Der einzige vernünftige Weg, Vertrauen in ein funktionierendes System zu haben, ist, daß Sie zuerst Ihre intuitiven Begründungen, von denen Sie glauben, daß sie erfolgreich sind, zu einem Modell formulieren. Sie probieren dann dieses Modell an Kursen aus, die Sie vorher nicht verwendet haben, und untersuchen die Ergebnisse. Wenn diese vorläufigen Ergebnisse gut ausschauen, ist zusätzliches Testen von sogenannten »Daten außerhalb der Reihe« an der Reihe, bis Sie darauf vertrauen, daß Ihr Modell ohne Rückoptimierung profitable Ergebnisse erzeugt. Dann und nur dann sollten Sie erwägen, ein System in den Märkten mit echtem Geld zu versuchen.

Abb. 4.1 DELL COMPUTER (DELL), TAGESCHART MIT 20-TAGE-VOLATILITÄTS-BÄNDERN

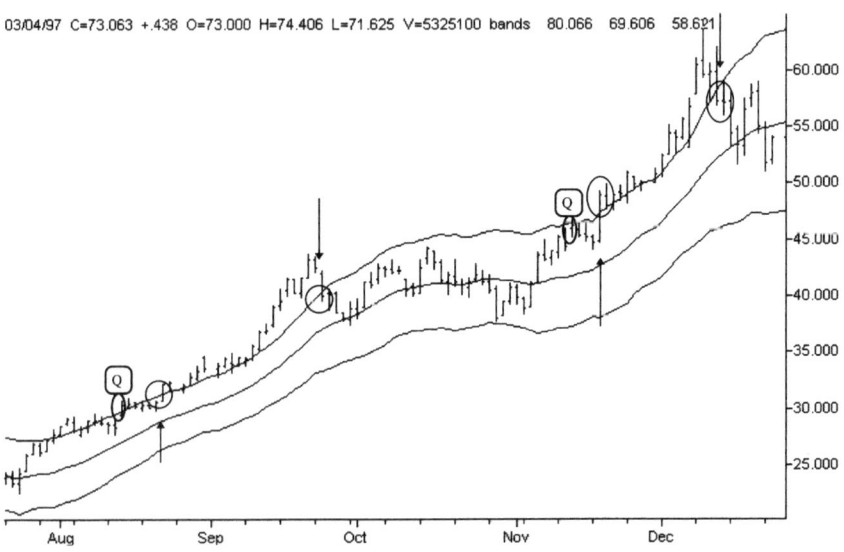

03/04/97 C=73.063 +.438 O=73.000 H=74.406 L=71.625 V=5325100 bands 80.066 69.606 58.621

Nachdruck mit freundlicher Genehmigung von Bridge Information Systems.

Wie Sie am Chart von Dell Computer in Abbildung 4.1 sehen können, hätten Systemtrader die zwei Aufwärtstrends außerhalb der Bänder, die vom 22. August bis zum 25. September und von 19. November bis zum 12. Dezember 1996 auftraten, erwischen können. Der individuelle Trader hätte jedoch gleich nach den überraschenden Umsatzberichten vom 13. August und vom 12. November schneller auf diese Aufwärtstrends aufspringen können. Das Erscheinen der Berichte wurde in Abbildung 4.1 mit einem »Q« gekennzeichnet, das die Reaktion nach dem Erscheinen der Vierteljahresberichte von Dell darstellt. Das Erscheinen dieser umsatzgetriebenen Nachrichten gab dem technischen Trend Zündstoff und den individuellen Tradern einen Vorteil.

DIE 10 HÄUFIGSTEN BEGRÜNDUNGEN, DIE VOM DURCHSCHNITTLICHEN OPTIONSTRADER GEGEBEN WERDEN

10. Mein Broker kennt nicht die Bedeutung einer »guten Ausführung«.
9. Wenn die Gebühren nicht wären, wäre ich im Gewinn.
8. Hätte ich nur weniger in diesen einen großen Verlusttrade investiert!
7. Wenn ich bei diesem Optionstrade wieder Pari bin, liquidiere ich.
6. Andere Leute haben bei der gleichen Position auch Geld verloren, ich brauche mich also nicht so schlecht zu fühlen.
5. Hätte ich diesen Verlust nur nicht außer Kontrolle geraten lassen!
4. Meine Aktie war stärker als der Gruppendurchschnitt, die ganze Gruppe lief aber schlecht.
3. Wenn ich den ganzen Tag traden könnte, hätte ich den idealen Ein-/Ausstiegskurs erwischt.
2. Das Geld, das ich verloren habe, entsprach dem Betrag eines brandneuen Autos, Motorrads, Ferien.
1. Wenn meine Option nur länger laufen würde!

Alle aufgezählten Beispiele haben etwas gemeinsam: Der Optionstrader versucht seine Verantwortung auf irgend jemanden oder irgend etwas anderes abzuwälzen – seinen Broker, die Aktie, den Bereich, daß er nur ein Hobbytrader ist und so weiter. Solche Begründungen helfen Ihnen vielleicht, sich kurzfristig besser zu fühlen, sie helfen Ihnen aber nicht, ein profitabler Optionstrader zu werden. Wie Sie an den Kommentaren, die für jede der Begründungen gegeben werden, unten sehen werden, müssen Sie die Verantwortung für Ihr Handeln und Ihren Tradingplan selbst übernehmen, wenn Sie erwarten, erfolgreich zu sein.

10. Sie können nicht fortwährend Ihren Broker verantwortlich machen (suchen Sie sich einen neuen Broker, wenn Sie meinen, wenn Sie aber merken, daß Sie dauernd wechseln, suchen Sie die Verantwortung bei sich selbst und Ihrer Handelsmethode).

9. Gebühren sind eine Tatsache, und jeder Tradingplan muß sie mit einbeziehen.

8. Sie müssen kontrollieren, wieviel Prozent Ihres Konto Sie in einen Trade investieren, damit Sie nicht bei einer Position zu stark engagiert sind.

7. Dem Markt ist es egal, ob Sie als Trader Ihre Gewinnschwelle erreichen. Diese Mentalität, zu Pari wieder auszusteigen, hat die Trader unzählige Millionen gekostet, nicht nur durch das Halten von Positionen mit unterdurchschnittlicher Performance, sondern auch dadurch, daß wertvolle Energie und Kapital nicht für mögliche bessere Gelegenheiten verwendet wurden.

6. Wenn andere mit ihren Trades Geld verlieren, sollte Ihnen das kein Trost sein. Die Welt des Investments ist eine extreme Konkurrenzgesellschaft. Worauf Sie sich konzentrieren *sollten* ist, daß Sie konstant tatsächliche Gewinne einfahren, ohne das Risiko einzugehen, mit dem Strom zu schwimmen.

5. Sie müssen einen Plan für Ihre Risikokontrolle haben.

4. Das Wissen um die Perfomance eines Bereiches sollte Teil Ihrer Analyse sein, da es besser ist, eine schwächere Aktie in einem starken Bereich zu kaufen, als eine gute Aktie in einem schwachen Bereich.

3. Wenn Sie sich nicht den ganzen Tag um Ihre Trades kümmern, haben Sie einen Nachteil, außer Sie erstellen eine Methode, die mittel- oder langfristiger Natur ist. Als Alternative können Sie jemand anderen, z.B. Ihren Broker haben, der für Sie die Märkte beobachtet.

2. Die Gewinne oder Verluste beim Trading dürfen nicht mit materiellen Besitztümern verglichen werden, da dies Ihre objektive Analyse der Märkte verzerrt. Versuchen Sie Ihr Verlangen nach Dollars auf einem Minimum zu halten und konzentrieren Sie sich voll auf Ihre Ein- und Ausstiegssignale. Wenn Sie das vernünftig tun, kommen die Dollars von alleine.

1. Und nun zum Schluß: Obwohl es frustrierend ist, kurzfristig auf der falschen Seite zu liegen, nur um zu sehen, wie sich dann die Aktie wie erwartet bewegt, sobald die Option verfallen ist, gehört das manchmal zum Optionsspiel. Eine gute Abhilfe ist eine länger laufende Option zu kaufen, als Sie das normalerweise tun würden, um Ihnen ein größeres Polster für Situationen zu geben, die sich langsamer entwickeln als Sie ursprünglich erwartet haben. Sie können auch einen Basispreis kaufen, der näher am aktuellen Aktienkurs liegt, da es oft-

mals nicht eine Zeitfrage ist, die so richtig schmerzhaft ist, sondern die Tatsache, daß sich die Aktie bewegte, nur nicht weit genug, um aus Ihrem Trade einen Gewinner zu machen.

GEDANKENGERÜST FÜR OPTIONSTRADER

1. *Leicht verdientes Geld* – Das Schlimmste was passieren kann ist, wenn Sie, als Neuling im Optionshandel, sofort viel Geld gewinnen. Diese frühen Gewinne geben Ihnen ein falsches Bild von Sicherheit und Vertrauen, besonders wenn Sie bereits erfolgreich Aktien gehandelt haben. Das Ergebnis ist ein zu hoher Kapitaleinsatz bei zukünftigen Trades. Kurz nach diesem zu hohen Kapitaleinsatz treten unweigerlich die Verluste auf und machen Sie möglicherweise zu einem von Selbstzweifeln geplagten, desillusionierten Verlierer.

2. *Paranoia* – Wenn Sie einmal durch Ihre Trades in den Kreislauf von Frustration und Selbstzweifel gekommen sind, ist es sehr wahrscheinlich, daß Sie in einer Geisteshaltung bleiben, die Kraft an andere abgibt und Sie sich an kaum etwas anderes als krankhafte Hoffnung klammern läßt. Nur wenn dieser Zustand aufhört und Sie aktiv Kontrolle und Verantwortung über Ihre Tradinggewinne und -verluste übernehmen, sind Sie fertig für den nächsten Schritt: Harte Arbeit.

3. *Harte Arbeit* – Das ist es, was notwendig ist, um einen konstanten Tradingplan zu entwickeln, der für den Erfolg im Optionstrading notwendig ist. Eine der wichtigsten Umwandlungen in diesem Stadium ist, daß die externen Begründungen für Mißerfolge verschwinden, und Sie erkennen, daß die Verantwortung für die Tradingerfolge bei Ihnen liegt. Mit diesem Erkennen kommt die große Suche nach der richtigen Methode, die in Form von Risiko, Höhe des Gewinns, dem Verhältnis von durchschnittlichem Gewinn zu durchschnittlichem Verlust, zu Ihrem persönlichen Stil paßt.

4. *Diszipliniertes Weiterarbeiten für weitere Verbesserungen* – Persönliche Verantwortung für Tradingergebnisse bedeutet, daß Sie als Optionstrader konstant versuchen müssen, vorhandene Methoden zu verbessern. Eine der besten Methoden, um weitere Verbesserungen zu erreichen ist, mit einem Tradingjournal Buch über Ihre Handelsaktivitäten zu führen. Das Tradingjournal bietet Ihnen eine objektive Quelle an Informationen darüber, warum jeder Trade eingegangen und wieder glattgestellt wurde. Dies ist notwendig, um erfolgreich an sich zu arbeiten. Wie wir alle wis-

sen, kann das Gehirn stark selektieren, woran wir uns erinnern, und oftmals erinnern wir uns nur an die Sachen, an die wir uns erinnern wollen. Mit einem Tradingjournal können Sie Muster und Strategien erkennen, die entweder geklappt haben und wiederholt werden sollten oder solche, die nicht funktioniert haben und nicht mehr wiederholt werden sollten.

ZUSÄTZLICHE RISIKEN

Nachdem Sie die notwendigen Schritte unternommen haben, um die Fallen der Gier und Angst zu minimieren, sollten Sie jetzt daran arbeiten, die anderen Risiken zu reduzieren. Das Gesamtrisiko im Optionshandel, dem Sie gegenüberstehen, kann von folgenden Standpunkten aus gesehen werden:

1. *Systematisches Risiko* (auch undiversifizierbares Risiko genannt) ist das Risiko, das nicht ausgeschaltet werden kann, da es von Faktoren herrührt, die den Markt als Ganzes steigen oder fallen lassen. Diesem Risiko können Sie nichts entgegensetzen, da es auf alle Aktien wirkt. Beispiele systematischen Risikos sind politische oder gesellschaftliche Änderungen wie Bundestagswahlen. Die häufigsten Formen von systematischen Risiken sind solche, die durch Zinsänderungen oder Inflation verursacht werden. Die Anwendung der Erwartungsanalyse, die in diesem Buch erläutert wird, kann Ihnen helfen zu messen, wieviel Selbstzufriedenheit oder Angst vor wichtigen systematischen Ereignissen herrscht, und als Teil meiner Methode wird es Ihnen helfen, das Risiko/Gewinn-Verhältnis zu jedem beliebigen Zeitpunkt zu bestimmen. Optionstrader haben bei Ihrem Versuch, systematisches Risiko zu reduzieren, einen einzigartigen Vorteil, da sie leicht Puts und Calls kaufen können, um die Gefahren, denen sie sich bei starken Marktbewegungen aussetzen, zu neutralisieren.

2. *Unsystematisches Risiko* (auch diversifizierbares Risiko genannt) ist der Teil des Risikos, das unternehmensspezifisch ist. Beispiele unsystematischer Risiken beinhalten Arbeiterstreiks, Verknappung des Rohmaterials, Änderungen des Wetters oder der Jahreszeit, der Finanzkraft des Unternehmens oder überraschende Unternehmensberichte, gleich welcher Richtung. Da das unsystematische Risiko ein einzelnes Unternehmen oder einen Industriezweig betreffen kann, können Sie es minimieren, indem Sie Ihre Anlagen auf viele unterschiedliche Unternehmen, quer durch die ganze Industrielandschaft, verteilen.

3. *Begrenztes Risiko* (bei dem Ihr Verlust auf Ihr investiertes Kapital beschränkt ist, die Gewinne jedoch theoretisch unbegrenzt sind) ist ein Hauptvorteil des Optionskaufs. Eine Risikoverteilung bietet Ihnen zusammen mit dem begrenzten Risiko einen maximalen Vorteil. Auch wenn einige Ihrer Positionen unweigerlich in den Verlust gehen, kann jede Gewinnposition ein Vielfaches an Verlustpositionen ausgleichen. Auch weil Optionen zu einem vergleichbar geringen Bruchteil des Preises der zugrundeliegenden Aktie gekauft werden können, sind sie für die Risikoverteilung ideal geeignet. In der Tat können sich viele Anleger, die sich keine ausreichende Risikoverteilung bei Ihrem Aktienengagement leisten können, umfassend absichern, indem Sie Optionen verwenden. Die Risikoverteilung mit Optionen sollte zweidimensional sein. Das erreichen Sie durch den Kauf von sowohl Puts als auch Calls auf Aktien unterschiedlicher Unternehmen. Sie sind dann von den Auswirkungen der allgemeinen Marktbewegungen (systematisches Risiko) zum Teil abgeschirmt. Der Schlüssel, um beim Optionstrading Gewinne zu erzielen, ist Ihre Chancen zu maximieren, große Gewinne einzufahren. Dies erfordert die finanzielle und emotionale Standhaftigkeit, die man durch die Kontrolle von Angst und Gier erreicht, die es Ihnen ermöglicht, daß Sie noch im Spiel sind, um diese riesigen Gewinne einzustreichen. Den letzten Schliff geben Ihnen noch die Risikoverteilungstechniken Risikoreduzierung und Gewinnmaximierung. Sie maximieren Ihre Chancen auf große Gewinne und minimieren die Risiken großer Verluste in Ihrem Optionsportfolio, wenn Sie immer verschiedene Optionspositionen im Markt haben. Die Strategien, die der kluge Optionstrader verwendet, um das Risiko zu minimieren, sind unten aufgezeigt

a. *Investieren Sie in Optionen vieler unterschiedlicher Unternehmen.* Gehen Sie Optionspositionen in verschiedenen zugrundeliegenden Aktien vieler unabhänger Industriezweige ein.

b. *Investieren Sie sowohl in Calls als auch in Puts.* Investieren Sie immer in Puts und auch in Calls, damit Sie in der Lage sind, unabhängig von allgemeinen Marktbedingungen zu profitieren, und damit Ihr Kapital bei einer Falscheinschätzung des Marktes nicht stark reduziert wird. Viele Anleger glauben, der einzige Weg, um im Markt Geld zu machen, sei die bullische Position bei einer steigenden Aktie einzunehmen. Mit der Möglichkeit, Puts auf Tausende von Aktien zu kaufen, ist es heutzutage genauso einfach, eine bärische Position wie eine bullische Position einzunehmen. Und das begrenzte Risiko des Put-Kaufs bietet eine risikolosere Methode, auf eine Abwärtsbewegung zu spekulieren, als die Alternative, die Aktie leerzuverkaufen.

DIE VERBREITETSTEN FEHLER BEIM OPTIONSTRADING: »GESUCHT« WEGEN SCHLECHTER MONEY-MANAGEMENT-PRAKTIKEN

Es ist klar, daß der ängstliche Anleger seine Gewinnmöglichkeiten stark einschränkt, und daß dem gierigen Anleger seine Gewinne wieder durch die Finger rinnen. Variationen dieser Charakterzüge werden in den untenstehenden Querschnitten deutlich. Vielleicht erkennen Sie sogar jemanden, den Sie nur zu gut kennen.

Der »Immer-nur-drauf-los«-Anleger

Dieser Anleger ist oftmals neu im Optionsgeschäft, obwohl die gleichen Tradingpraktiken vereinzelt bei erfahrenen Anlegern gefunden werden können. Wenn dieser Typ Anleger mögliche Gewinnchancen entdeckt, wird er extrem aufgeregt. In seiner Aufregung verliert der Anleger die Kontrolle über seine Tradingrichtlinien und wirft sein ganzes Tradingkapital in eine Anlage. Wenn andere Chancen auftauchen, kann er sie nicht ergreifen, denn er hat bereits sein Pulver verschossen. Aus Geldmangel ist dieser Anleger gezwungen, offene Positionen zu verkaufen, um mögliche bessere Chancen zu ergreifen. Im besten aller Fälle sind das Ergebnis dieses Tradingstils eine hohe Gebührenbelastung und schlechte Ausstiege aus möglichen profitablen Positionen. Im schlimmsten aller Fälle endet dieser Tradingstil mit dem Totalverlust des Anlagekapitals, wenn eine »narrensichere« Anlage danebengeht oder der Markt eine schnelle Wendung vollzieht. Wenn Sie solch einen Anleger kennen, sollten Sie ihn davon überzeugen, immer nur einen kleinen Teil seines Kapitals bei jeder Tradingmöglichkeit einzusetzen. Wenn man nicht alles auf einmal bei einer Anlage riskiert, hat man eine weitaus bessere Chance, sich in volatilen Zeiten des Marktes über Wasser zu halten, und man kann zusätzliche Investitionen tätigen, wenn sich Gelegenheiten bieten.

Der »Drahtseilakt«-Anleger

Dieser Anleger vertraut oftmals zu sehr – eigentlich viel zu sehr – seinen Tradingfähigkeiten. Dieses Selbsvertrauen verführt ihn dazu, Kapital, welches nicht zum Handeln, sondern als Sicherheit für spätere Zeiten gedacht ist, zu investieren. Egal, ob dieser Optimismus des Anlegers von Erfolgen beim Traden kommt oder andere Gründe hat, diese Art zu traden wird letztendlich in einem Desaster enden. Eine Anlage wird sich letztendlich nicht wie erwartet entwickeln, und der Anleger wird unter

142

Verkaufsdruck kommen, was zu einer verfrühten Liquidation einer möglicherweise profitablen Position und rausgeschmissenen Gebühren führen kann. Wenn diesem Trader mehrere Verlusttrades hintereinander widerfahren, könnte er gezwungen sein, Kredite mit hohem Zinssatz aufzunehmen, um seine Lebenshaltungskosten zu bestreiten. Wenn Sie solch einen Anleger kennen, verdeutlichen Sie ihm sofort, wie wichtig es ist, mit Kapital zu traden, das *nicht* für andere Zwecke gedacht ist.

Der »eindimensionale« Anleger

Dieser Anleger ist oftmals übervorsichtig. Er möchte bei ungewohnten Situationen nicht investieren. Auch wenn es ein wünschenswerter Zug ist, nicht blind zu investieren, ist sein Portfolio für gewöhnlich nicht diversifiziert, was zu einem unnötigen Risiko führt. Oftmals besteht sein ganzes Portfolio nur aus einer Art von Anlage, oder schlimmer, einer Anlage in nur ein Unternehmen. Wenn der Anleger beispielsweise mit Aktien vertraut ist, besteht sein Portfolio nur aus Aktien, da er sich mit anderen Anlageformen nicht wohl fühlt. Im Falle eines Optionsanlegers kann sein Portfolio nur aus Calls bestehen, was das gesamte Portfolio gefährdet, falls der Markt einbricht. Wenn Sie solch einen Anleger kennen, verdeutlichen Sie ihm sofort, wie wichtig und lukrativ Risikoverteilung ist. Auf lange Sicht führt eine Kombination von guten Anlageideen mit Calls und Puts zu einem ausgewogenen Portfolio und zu weniger systematischem Risiko.

Der »Ich-habe-gehört,-daß...«-Anleger

Dieser Anleger ist oftmals von einer Aktie begeistert, nachdem er etwas von dem Unternehmen oder seinen Produkten in den Nachrichten gehört oder in Zeitschriften gelesen hat. Der Anleger ist oftmals enttäuscht und verwirrt, wenn sich das Investment nicht seinen Erwartungen entsprechend entwickelt. Unglücklicherweise zahlt dieser Anleger oftmals überhöhte Prämien für seine Optionen, da er sie am Hoch des Marktoptimismus kauft. Obwohl Unternehmen, von denen in den Medien positiv berichtet wird, ihre starke Performance beibehalten können, ist es wichtig daran zu denken, daß hohe Erwartungen und die Möglichkeit kommender guter Nachrichten bereits in den Kursen der Aktie und den Optionen beinhaltet sind, da der Markt nur wenige Minuten benötigt, um solche Nachrichten zu verarbeiten. Oftmals ist es für einen Anleger besser, nur zuzuschauen und auf günstigere Kurse zu warten, als überhastet zuzugreifen und zu überhöhten Kursen, die das Gewinnpotential drastisch reduzieren, zu kaufen. Wenn Sie solch einen Anleger kennen, ver-

143

deutlichen Sie ihm, wie wichtig es ist, zu investieren, bevor sich die Masse aufgrund von Publikationen engagiert.

Der »unentschiedene« Anleger

Dieser Anleger beginnt mit einer soliden Anlagestrategie. Wenn jedoch die Zeit verstreicht und sich der Wert seiner Anlage verändert, dann ändern sich auch seine Erwartungen. Zum Beispiel kauft dieser Anleger eine Aktie mit der Erwartung, daß sie schnell von 25 Dollar auf 30 Dollar steigen wird, wo er sie mit einem Gewinn von 20 Prozent verkaufen will. Wenn die Aktie jedoch die 30-Dollar-Marke erreicht, ist er mit einer 20prozentigen Rendite nicht zufrieden und bleibt in der Position in der Erwartung noch höherer Gewinne. In vielen Fällen hält er die Aktie viel länger als ursprünglich geplant und realisiert oftmals nicht das erhöhte Gewinnziel. Entsprechend hält dieser Investor häufig an Verlustpositionen fest in der Erwartung, daß die Kurse drehen und der Trade in den Gewinn läuft. Obwohl ein Drehen des Marktes möglich ist, riskiert der Anleger weitere Verluste. Wenn Sie solch einen Anleger kennen, schlagen Sie ihm vor, Gewinnziele und ein Datum für den Ausstieg aus der Position festzulegen, sollte sie nicht ihr Ziel erreicht haben.

Der »Gung-Ho«-Anleger

Dieser Anleger ist bekannt dafür, daß er zuviel für seine Positionen zahlt. Dieser Anleger riskiert sein gesamtes Anlagekapital für einen kleinen Gewinn. Da die meisten Optionstrader mehr Verlusttrades als Gewinntrades haben, führt diese Strategie ins Verderben. Wegen der hohen Risiken, die mit Optionen am Geld und aus dem Geld einhergehen, sollten Anleger bei diesen Anlagen nicht mehr investieren, als sie an Gewinnen erwarten. Wegen der hohen Volatilität des Optionstradings sollte das Gewinnziel bei solch einer Anlage mindestens 2 zu 1 zum eingegangenen Risiko betragen. Ein Anleger sollte beispielsweise nicht 2.000 Dollar Dollar in eine Option aus dem Geld investieren, wenn er nicht mindestens einen Gewinn von 4.000 Dollar erwartet. Wenn Sie einen »Gung-Ho«-Anleger kennen, sollten Sie ihn überzeugen, daß er nur in Gelegenheiten mit einem günstigen Gewinn/Risiko-Verhältnis investieren sollte.

ZUSAMMENFASSUNG: DIE SCHLÜSSEL ZUM ERFOLGREICHEN TRADING

Die zwei wichtigsten Faktoren für ein erfolgreiches Optionstrading sind:

1. *Ein vernünftiger Prozentsatz an erfolgreichen Trades, die große Gewinne bringen.* Kein Handelsansatz ist perfekt, und es wird immer Trades geben, die nicht einträglich sind. Wegen der riesigen Gewinnmöglichkeiten und des begrenzten Risikos im Optionstrading können Sie hochrentable Ergebnisse erzielen, wobei das Erfolgsverhältnis einzelner Trades unter 50 Prozent liegen kann. Bei einem Gewinnziel von beispielsweise 300 Prozent kommen Sie in den Gewinnbereich, wenn das Gewinnziel bei nur einem Viertel der Trades (einem von vier Trades) erreicht wird. Das setzt voraus, daß Sie gleiche Teile Ihres Kapitals bei jedem Trade einsetzen, und daß alle Trades, die das Gewinnziel nicht erreichen, mit einem Totalverlust enden. In vielen Fällen werden Ihre Trades natürlich Teilverluste und Gewinne beinhalten, die niedriger als der erwartete Gewinn sind. Wenn Sie von einem 300prozentigen Gewinn und einem Totalverlust bei allen Trades ausgehen, die nicht ihr Gewinnziel erreicht haben, wird eine Erfolgsrate von 40 Prozent einen durchschnittlichen Gewinn von 30 Prozent pro Trade ergeben. (Alle Ergebnisse ohne Berücksichtigung der Gebühren.)

2. *Ein intelligentes Money-Management-System, das das Kapital bewahrt.* Der erste Schritt zu einem intelligenten Money-Management-System ist, nur mit dem Teil Ihres Kapitals zu traden, das Sie problemlos der Spekulation widmen (und auch opfern) können, da Optionstrading spekulativer Natur ist. Das erlaubt Ihnen, rational zu handeln und ruhig zu schlafen, was beides nicht möglich ist, wenn Sie Ihr letztes Hemd riskieren. Wenn Sie Ihr Tradingkapital bestimmt haben, gibt es eine letzte wichtige Regel: Riskieren Sie *niemals* Ihr gesamtes Kapital bei einem einzigen Trade. Diese Regel gilt, egal, wie erfolgreich Sie gewesen sind und egal, wie attraktiv der nächste Trade auch ausschauen mag. Es wird immer Verlusttrades geben. Nach einigen Gewinntrades werden Sie sich, wenn Verluste auf Sie zukommen, möglicherweise einigen sehr schmerzhaften Verlusten ausgesetzt sehen. Halten Sie Ihr Kapital zusammen und halten Sie *immer* einen großen Teil Ihres Tradingkapitals in Reserve. Wenn Sie das tun, haben Sie das Durchhaltevermögen, die Verlustphasen zu überstehen, damit Sie letztendlich in den Gewinnphasen und auch an Gewinnern, die anfangs einen Papierverlust aufweisen, letztendlich dann aber doch in den Gewinn laufen, profitieren können. Investieren Sie nie mehr als 10 Prozent Ihres gesamten Tradingkapitals in eine einzelne Position.

Letzteres bewahrt Sie vor einem übermäßigen Kapitaleinsatz bei einzelnen Trades; das zuvor Gesagte gewährleistet, daß Sie ausreichend Kapital in Reserve haben, damit Sie Gelegenheiten am Schopf greifen können, wenn sie auftauchen.

Wenn Sie alle oben aufgeführten Techniken anwenden, reduzieren Sie Ihr Risiko und erhöhen Ihre Gewinnmöglichkeiten. Lassen Sie uns nochmals durchgehen, wie Sie das erreichen.

1. *Managen Sie Ihr Risiko.* Sie traden nur mit Spekulationskapital. Bei Ihren Positionen verteilen Sie das Risiko durch die Anwendung der *zweidimensionalen Risikoverteilung*, und Ihr Kapital ist vor zunehmendem Zeitwertverfall durch Ihren im voraus festgelegten Ausstiegszeitpunkt geschützt.

2. *Managen Sie Ihre Gewinne.* Da Sie Ihr Risiko gemanagt haben, steigen Sie nie zu früh aus einer Position aus und berauben sich somit nicht Ihrer Gewinnmöglichkeiten. Sie streben deutliche, jedoch erreichbare Gewinne an, indem Sie im voraus festgelegte *Gewinnziele* bestimmen. Mit dieser Strategie erzielen Sie mit Ihren Gewinnzielen höhere Gewinne, als Sie bei Verlusten dem Markt zugestehen. Das anvisierte Gewinn/Verlust-Verhältnis liegt zu Ihren Gunsten.

SCHLUSSBETRACHTUNG

Die Anwendung der in diesem Kapitel besprochenen Grundsätze des Risiko/Gewinn-Managements erlaubt es Ihnen, trotz der unvermeidlichen Verluste, die bei bestimmten Optionstrades auftreten werden, Gewinne zu erwirtschaften. In der Tat kann nur ein einziger großer Gewinn mehrere Verluste ausgleichen und zu einem gesunden Gewinn werden. Zum Beispiel können 1000 in eine Option, die ein 200prozentiges Gewinnziel hat (das Dreifache des originalen Kaufpreises) investierte Dollar einen Gewinn von 2.000 Dollar ergeben. Wenn zwei andere Positionen zu je 1.000 Dollar mit einem Verlust von 50 Prozent enden, haben Sie noch immer einen Gewinn von 1.000 Dollar (2.000 Dollar Gewinn minus 1.000 Dollar Verlust), was bei einem Gesamtinvestment von 3.000 Dollar einen Gewinn von 33 Prozent vor Gebühren entspricht. Und das kann innerhalb von wenigen Wochen erreicht werden. Es ist wahrscheinlich, daß Sie während einiger Wochen und Monate keinen Gewinn machen, stattdessen mehrmals hintereinander verlieren, was Ihr Anlagekapital verringert, ohne daß sie es jedoch völlig verlieren. Die hier ausführlich erläuterten Strategien erlauben es Ihnen, mehr Trades einzugehen, was Ihnen hilft, Ihr Konto wieder in den Gewinn zu bringen.

Eine standhafte Anwendung dieser Grundsätze des Risiko/Gewinn-Managements erhöht Ihre Gewinnchancen beim Optionstrading deutlich und gibt Ihnen die Standhaftigkeit, um große Gewinntrades zu erzielen, die letztendlich Ihren Gewinn im Optionsmarkt ausmachen.

Ein letzter Gedanke ist noch fällig: Obwohl Sie realistischerweise erwarten müssen, Verlusttrades bei Ihrem Optionsmix zu erleiden, können Sie es sich nicht leisten, wie ein Verlierer zu *denken*. Jeder Trade, Gewinner oder Verlierer, erhöht Ihre Erfahrung im Optionstrading und muß mit dem Respekt, den diese Lektion verdient, behandelt werden. Lassen Sie es nicht zu, daß Sie sich in Selbstmitleid oder Selbstbeglückwünschung ertränken und dabei die nächste Gelegenheit verpassen. Lernen Sie Ihre Lektionen und wenden Sie sie bei zukünftigen Trades an. Auf diese Weise werden Sie ein vollendeter Optionstrader.

5

Indikatoren und Techniken für ein richtiges Timing

EINFÜHRUNG

Um Optionen erfolgreich zu traden, müssen Sie zunächst, und das ist am wichtigsten, wissen, wie man die richtige Aktie und die richtige Option auf diese Aktie wählt. Sie müssen jedoch auch die Auswirkungen des breiten Marktes auf Ihre Anlage kennen.

Der Griechische Poet Hesiod schrieb im Jahre 700 vor Christi Geburt: »Achte auf das rechte Maß, denn Timing ist bei allen Sachen der wichtigste Faktor.« Auf diese Beobachtung aufbauend kann man sagen, daß je kürzer Ihr Zeithorizont ist, desto kritischer wird das Timing des Marktes; ich nenne das: »Zeitkritisches Investieren«. Als Optionstrader mit kurzem Zeithorizont müssen Sie ein Arsenal zeitkritischer Marktindikatoren haben, damit Sie gut positioniert auf der richtigen Seite des Marktes bleiben.

Diese Indikatoren helfen Ihnen nicht nur zu bestimmen, welche Calls und Puts unter bestimmten Marktbedingungen Ihren Erwartungen nach gut abschneiden werden, sie bestimmen auch, wie viele Calls Sie im Verhältnis zu den Puts halten müssen (ihre »Netto-Position«). Wenn Sie Ihre Netto-Position von Calls und Puts so gut wie möglich Ihrer Markteinschätzung anpassen, können die Ergebnisse durch eine richtige Bestimmung der Markterwartungen maximiert werden.

Einige der nützlichsten Indikatoren für ein richtiges Timing basieren auf der Stimmung der Marktteilnehmer. Deutlichen Veränderungen der Richtung des Marktes gehen für gewöhnlich Spitzenwerte an Optimismus oder Pessimismus bei den Anlegern voraus. Die Festigkeit des Marktbooms der letzten fünfzehn Jahre wurde durch die pessimistische Stimmung, besonders seit dem Crash 1987 geschürt. Kurze Phasen extremen Optimismus der Anleger wurden durch gesunde Korrekturen während des Aufwärtstrends abgekühlt. Eine Stimmungsanalyse aus der Perspektive des Kontra-Traders ist oftmals ein großer Teil des Gesamtbildes eines richtigen Timings. Extrem negative Stimmung geht oftmals riesigen Aufwärtsbewegungen des Marktes voraus, und großer Optimismus kann eine bevorstehende Abwärtsbewegung ankündigen. So viele Anleger haben so große Schwierigkeiten mit ihrem Timing, weil sie keine Ahnung davon haben, die Stimmung zu messen und zu interpretieren.

Die Stimmung kann jedoch nicht in einem Vakuum analysiert werden. Wenn Sie die Stimmung messen wollen, müssen Sie genaue Wege kennen, um nicht nur die besten Indikatoren für das Anlegerverhalten, sondern auch die technischen und fundamentalen Faktoren, die das Wesen des Marktes bestimmen, abschätzen zu können. Nur wenn die Stimmung gegensätzlich zu fundamentalen und technischen Fakten ist (oder vergangene Spitzenwerte übersteigt), ist sie ein besonders hilfreicher Kontra-Indikator.

STIMMUNGSINDIKATOREN FÜR DEN MARKT

Warum müssen Sie sich die Stimmungsindikatoren in Relation zu den vorherrschenden fundamentalen und technischen Trends und nicht nur auf einer absoluten Basis anschauen? Weil eine pessimistische Stimmung erwartet werden sollte, wenn die fundamentalen Daten negativ sind und der technische Trend nach unten geht. Wenn jedoch in unerwarteten Zeiten eine übermäßig negative Stimmung auftritt, wie es während der Rallye seit dem Crash 1987 bei jedem kleineren Kursrückgang der Fall war, sind das bedeutende und handelbare Informationen. Im Gegensatz zu der, inmitten positiver technischer und fundamentaler Daten, bärischen Stimmung in den Neunzigern herrschte vor dem Crash 1987 eine bullische Stimmung vor, die den Markt nicht erschüttern konnte. Zu dieser Zeit wurde das Verkaufen von Puts als »sicheres« Spiel betrachtet, während der Kauf von Puts nach dem Crash als »sichere« Vorgehensweise angesehen wird. Diese selbstzufriedenen Putverkäufer traf es beim Crash 1987 am härtesten, genauso wie es die Putkäufer in den Neunzigern schwer getroffen hat. In der Welt des Investments herrscht ein großer Unterschied zwischen »sicher und populär« und »richtig«.

Oftmals ergreifen sogenannte »Kontra-Trader« die Gelegenheit zu kaufen, wenn der Markt einen großen Teil seines Wertes verloren hat und nur sehr wenige bullische Vorzeichen übrig sind. Das ist, als ob man versuchen würde, ein fallendes Messer aufzufangen – es kann einem sehr weh tun, wenn man es nicht richtig zu fassen bekommt. Nur wenn die Stimmung einen absoluten Spitzenwert erreicht, können Sie genug dar-

Abb. 5.1 S&P 100 INDEX MIT PUT/CALL-VERHÄLTNIS, 1990–1991

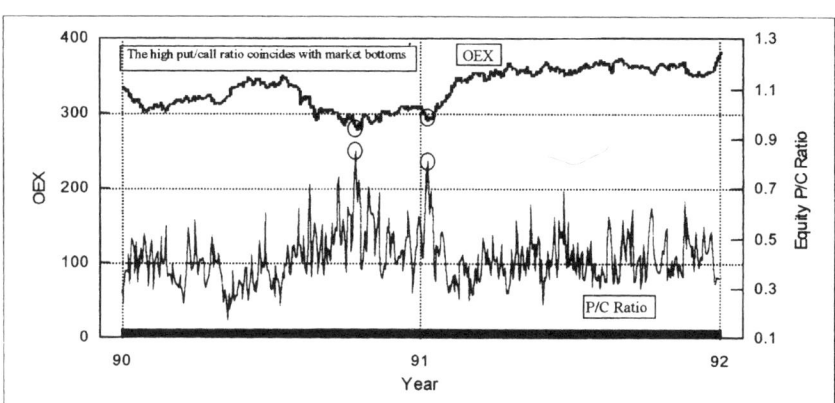

auf vertrauen, um darauf zu wetten, daß die negativen fundamentalen und technischen Daten völlig in den Kursen enthalten sind. Ende 1990 war genauso ein Fall: Nach einem schwachen Jahr für Aktien und nach einem letzten Kurseinbruch im Oktober 1990 stieg das Put/Call-Verhältnis der an der Chicago Board Options Exchange (CBOE) gehandelten Optionen auf die höchsten Werte seit mehr als zwei Jahren (siehe Abbildung 5.1). Diese extrem negativen Stimmungswerte ließen darauf schließen, daß das Schlimmste vorbei war, daß die Gewinnmöglichkeiten größer als das Risiko waren und in der Tat zeigte es sich, daß es sich um ein wichtiges Markttief handelte.

Der CBOE Market Volatility Index

Genauso wie die Analyse des Put/Call-Verhältnisses sind Extremwerte des CBOE Market Volatility Index (VIX) eine großartige Kontra-Quelle, um die zukünftige Richtung des Marktes zu messen. Der VIX ist eine Kombination aus der Volatilität von acht Optionen aus dem S&P 100 Index (OEX). Sein Wert gibt die erwartete Volatilität des Marktes in den nächsten dreißig Kalendertagen an.[1] Das Put/Call-Verhältnis steigt normalerweise, wenn der OEX fällt, und der VIX tendiert ebenfalls dazu, während Abwärtsbewegungen nach oben auszuschlagen, da nervöse Anleger die Kurse für Index-Puts nach oben bieten, um entweder ihr Port-

---

1 Zu weitere Informationen über technische Ausgaben, die mit der Berechnung des CBOE Market Volatility Index zu tun haben, setzen Sie sich mit der CBOE in Verbindung und fragen Sie nach der Schriftenreihe »The Risk Management Series«.

151

Abb. 5.2 **CBOE MARKET VOLATILITY INDEX MIT BOLLINGER BANDS**

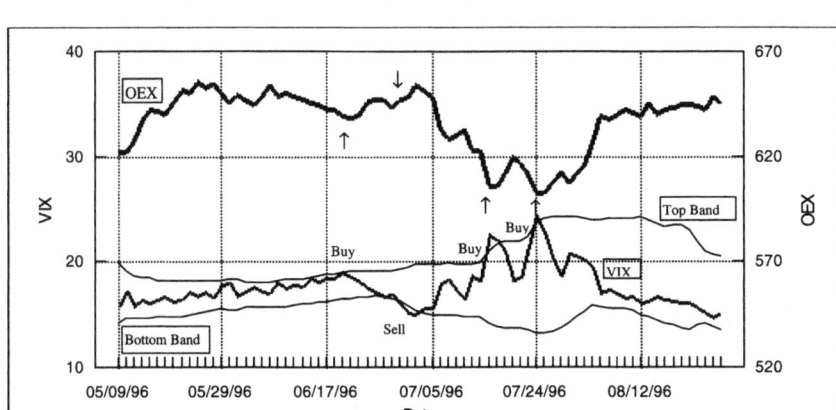

folio abzusichern oder auf eine weitere Abwärtsbewegung zu spekulieren. Mit anderen Worten: Es ist nicht nur das Put-*Volumen* während solcher Rückgänge im OEX höher, sondern die Anleger sind auch gewillt, mehr für diese Puts zu *bezahlen*.

Extrem hohe und niedrige Werte des VIX geben normalerweise gute Kontra-Signale. Es spielt keine Rolle, welcher absolute Wert erreicht wird, solange er relativ zu den aktuellen Werten extrem hoch oder niedrig ist. Wir können das messen, indem wir die Bollinger Bands um die täglichen VIX-Werte einzeichnen (siehe Abbildung 5.2).

Die Bollinger Bands wurden von John Bollinger entwickelt. Das obere Band entspricht zwei Standardabweichungen über dem gleitenden 21-Tage-Durchschnitt; das untere Band entspricht zwei Standardabweichungen unter dem gleitenden 21-Tage-Durchschnitt. Immer wenn die Kurse außerhalb dieser Linien liegen, kann man davon ausgehen, daß sie deutlich über (oder unter) dem aktuellen Kurstrend und der normalen Volatilität liegen. *Kauf*signale treten auf, sobald sich der VIX, nachdem er oberhalb dieser Begrenzung geschlossen hat, zurück unterhalb des oberen Bandes bewegt. *Verkaufs*signale treten auf, sobald sich der VIX, nachdem er unterhalb dieser Begrenzung geschlossen hat, zurück über das untere Band bewegt.

Seit Anfang 1986 *fiel* der OEX, im Vergleich zu einem durchschnittlichen Gewinn von 0,48 Prozent, durchschnittlich um 2,66 Prozent, wenn der VIX innerhalb von zehn Tagen um 20 Prozent stieg. Dies zeigt die umgedrehte Beziehung zwischen dem OEX und dem VIX. Der spekulative Ansturm auf Put-Käufe, was den VIX höher treibt, bot oftmals bei Spitzenwerten des VIX dem fallenden OEX eine Unterstützung.

Abb. 5.3 PERFORMANCE DES S&P 100 INDEX, NACHDEM DER VIX WIEDER UNTER 20,00 GESCHLOSSEN HAT

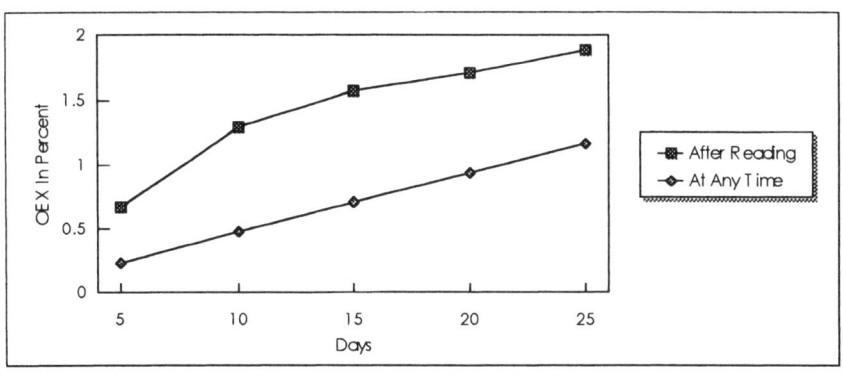

Wenn Sie den OEX nach einem starken Kursrückgang kaufen möchten, ist es am besten, wenn Sie dies tun, *nachdem* sich die Spitze des VIX gebildet hat. Eine weiterer Weg, die Spitze des VIX zu bestimmen, ist ein Anstieg auf über 20,00 und dann zurück unter 20,00. Wie Sie auf Abbildung 5.3 sehen können, stieg der OEX, nachdem der VIX wieder unter 20,00 geschlossen hatte, fast zweieinhalbmal mehr als normal.

Sie können auf Abbildung 5.4 sehen, wie wichtig die Ausschläge über 20,00 sind. Diese starken Sprünge über 20,00 neigen dazu, mit wichtigen Tiefs des Marktes übereinzustimmen, da die Angst einen Ansturm auf Put-Käufe durch Portfolio-Hedger und Spekulanten verursacht.

Abb. 5.4 S&P 100 INDEX UND DER VIX MIT AUSSCHLAG ÜBER 20,00

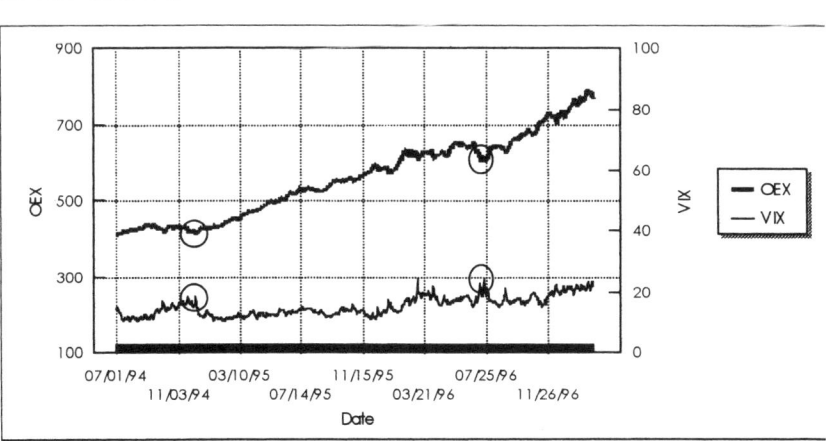

153

Abb. 5.5 **S&P 100 INDEX IN RELATION ZU DEN GELDERN DES FIDELITY SELECT MONEY MARKET**

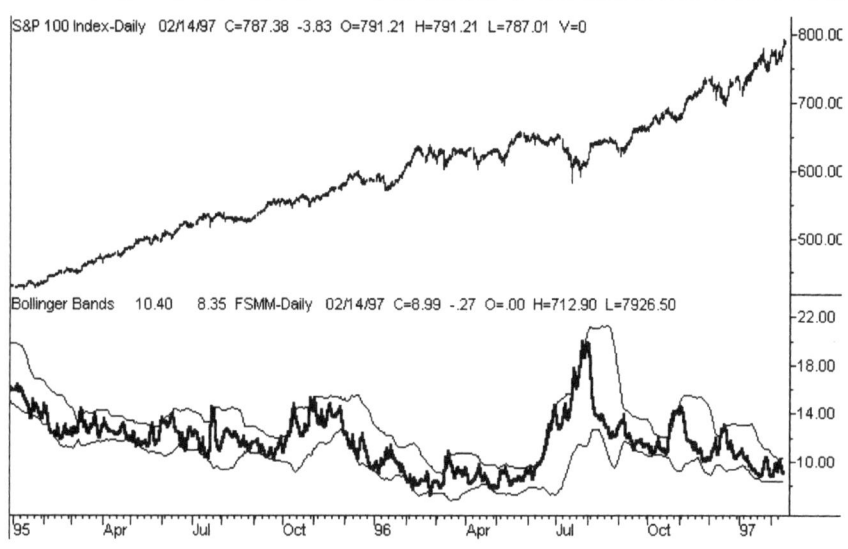

Erstellt mit SuperCharts by Omega Research © 1996

Diese erhöhte Nachfrage pumpt die Implizite Volatilität der Puts auf, was zu einem Spitzenwert im VIX führt. Beachten Sie, daß diese Ausschläge mit wichtigen Tiefs des Marktes im November 1994 und auch im März, Juli und Dezember 1996 übereinstimmten.

Die Gelder des Money Market Sector Fund

Die zukünftige Richtung des Marktes kann auch dadurch vorhergesagt werden, indem man den Geldfluß der offenen Aktienfonds (Mutual Funds) im Fidelity Select Money Market Fund prozentual zum Vermögen aller Fidelity Select Sector Funds verfolgt. Abbildung 5.5 zeigt, daß wenn durch diese Offenen Aktienfonds-Spekulanten extrem hohe Barreserven gehalten werden, dies übertriebene Angst signalisiert, was für gewöhnlich ein Markttief kennzeichnet, wohingegen extrem niedrige Barreserven diese Spieler als stark investiert zeigen, was wiederum eine Marktschwäche bedeutet, da die Kaufkraft erschöpft ist, und auch weil Spekulanten unweigerlich auf der falschen Seite liegen, wenn sie in Massen übereinstimmen. Die relativen Spitzenwerte werden gemessen, indem man die 21-Tage-Bollinger-Bands auf die Geldmarktdaten anwendet. Hohe Barreserven beim oberen Bollinger Band weisen auf relative Angst hin, während niedrige Barreserven für voll investierte Spekulanten nahe einem kurzfristigen Hoch sprechen.

Die Analyse des Open Interest

Die Analyse des *Open Interest* von OEX-Optionen kann ebenfalls Schlüssel für die zukünftige Volatilität und Richtung des Marktes bieten. Wie bereits erwähnt schlägt der VIX während Kursrückgängen oftmals nach oben aus, da die Spekulanten Angst haben und sich mit Puts eindecken. Das gleiche Phänomen können Sie sehen, wenn das Open Interest der OEX-Puts steigt. Eine gewisse Angst ist für den Markt gesund, und das ist der Grund, warum während anhaltender Bullenmärkte die Nachfrage nach OEX Put-Optionen relativ zu den Calls größer ist. Der beste Weg, um dieses Stimmungsbild abzuschätzen, ist die Stärke des Open Interest von OEX Call- und Put-Optionen aus dem Geld, die im Frontmonat gehandelt werden und bald verfallen, zu messen. Dies sind die bevorzugten Optionen der Spekulanten, und wir wollen ja herausbekommen, wann Angst oder Gier der Spekulanten ihren Höhepunkt erreichen. Ein solches Beispiel trat am 25. November 1996 auf, als wir uns einem Markttief näherten. Ich bemerkte auf meinen täglichen Faxen an die Kunden, daß vierzehn OEX Dezember Puts ein Open Interest von mehr als 10.000 Kontrakte hatten, während keiner der OEX Dezember Calls ein Open Interest von 10.000 oder mehr hatte.

Große Mengen an Open Interest bei Puts bieten dem Markt aus drei Gründen Unterstützung:

1. Sie bestimmen normalerweise die Punkte eines extremen Marktpessimismus, der für gewöhnlich mit der Erschöpfung der Verkaufskraft zusammentrifft. Wenn die Verkaufskraft erst einmal geringer ist als die Kaufkraft, wird der Markt steigen.
2. Diejenigen, die diese Put-Optionen an bärische Spekulanten verkauft haben, shorten den OEX eventuell synthetisch oder sie shorten den Index-Terminkontrakt, um die bullische Position auszugleichen, die sie mit dem Verkauf der Puts eingegangen sind. Diese Short-Positionen, die als Absicherung eingegangen wurden, werden letztendlich zurückgekauft, wenn die Put-Spieler ihre Positionen auflösen, oder wenn die Optionen verfallen. Das alles treibt den OEX in die Höhe.
3. Nicht abgesicherte Put-Verkäufer versuchen oftmals den Markt zu unterstützen, wenn er in Richtung des Basispreises fällt, zu dem sie ihre Puts verkauft haben, um einen deutlichen Verlust bei ihren Optionen zu vermeiden.

155

Abb. 5.6 **BULLENMÄRKTE, DEFINIERT DURCH EIN PUT/CALL OPEN INTEREST VERHÄLTNIS GRÖSSER ALS 1,00**

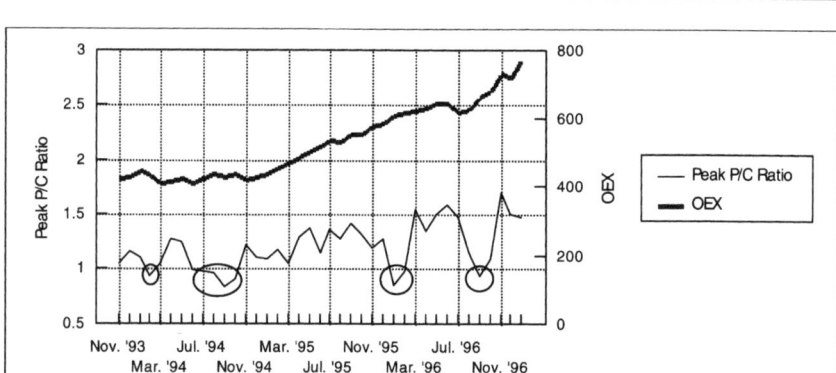

Ähnlich den Bemerkungen zum Open Interest bei Aktien in Kapitel 2, kann die Analyse der am aktivsten gehandelten OEX-Optionen einen Einblick in die zukünftige kurzfristige Richtung des Marktes geben. Nur wenn das Open Interest der OEX-Calls größer als das der Puts ist, sollte es Grund für die Bullen geben, sich Sorgen zu machen.

Mein Open-Interest-Indikator für Spitzenwerte mißt die größte Menge an Open Interest bei den Frontmonaten der OEX-Calls und Puts. Diese Optionen liegen am nähesten an ihrem Verfalltag und reizen daher die spekulative Menge wegen ihrer geringeren absoluten Kosten und der höheren Hebelwirkung. Nach der Bestimmung des Spitzenwertes des Open Interest des größten Index-Call im Frontmonat vergleichen Sie ihn mit dem Spitzenwert des Open Interest des größten Index-Put im Frontmonat.

Der Spitzenwert des Put Open Interest übersteigt normalerweise den Spitzenwert des Call-Open-Interest während Phasen des Bullenmarktes, und der Markt beinhaltet meiner Kontra-Analyse zufolge mehr Chancen als Risiken, solange der Spitzenwert für Puts den für Calls übersteigt. Dies zeigt sich in Abbildung 5.6 bei Zeiträumen, in denen der Spitzenwert des Put/Call-Open-Interest-Verhältnisses größer als 1,00 ist. Beachten Sie, daß die besten Kaufgelegenheiten auftraten, wenn der Spitzenwert des Put/Call-Open-Interest-Verhältnisses deutlich über 1,00 lag. Entsprechend war es in den wenigen Fällen, wenn dieses Verhältnis seit 1993 unter 1,00 lag; dann war der Markt in naher Zukunft in Schwierigkeiten. Am beachtenswertesten waren die Werte im Februar 1994 unter 1,00 und im Januar 1996 unter 1,00. Solche Zeiten des Optimismus treten nach starken Aufwärtstrends der Kurse auf und führen zu Korrekturen, wenn sich die Optionstrader zu sehr auf die bullische Seite gewagt haben.

Open Interest und Prämienbildung bei Optionen

Die Prämienbildung ist ein weiterer Faktor, der in Verbindung mit dem Open Interest in Erwägung gezogen werden muß. Übertriebenen Optimismus findet man normalerweise sehr nahe an Markthochs, es gibt jedoch Situationen, in denen dieser Optimismus überraschenderweise in Form eines großen *Put*-Open-Interest widergespiegelt wird. Obwohl hohes Put-Open-Interest für gewöhnlich ein bullischer Kontra-Indikator ist, kann uns ein Blick auf die vergleichbaren Kurse von Puts und Calls, die gleich weit aus dem Geld sind, weitere Rückschlüsse darüber ermöglichen, welche Spieler und Strategien vorherrschen und somit das wahre Stimmungsbild zeigen.

Beispielsweise vor dem Crash 1987 war das Put-Open-Interest höher als das Call-Open-Interest. Diese starke Put-Aktivität könnte schon von sich aus darauf hinweisen, daß der Markt weiter nach oben hätte gehen sollen. Das Index Put-Open-Interest von 1987 resultierte jedoch in hohem Maße aus ungedeckten Put-Verkäufen (siehe Kapitel 9). Die meisten Anleger waren überzeugt, daß der Markt nicht nach unten gehen würde, und so schrieben sie in großen Stückzahlen Puts. Viele entschlossen sich, ungedeckte Puts zu verkaufen, das Äquivalent einer »selbstgemachten Geldmaschine«, und Seminare über den Verkauf von ungedeckten Puts waren sehr populär. Zudem waren vor dem Crash 1987 die Prämien von Puts und Calls, die weit aus dem Geld notierten, in etwa gleich, während in den Neunzigern die Prämien von Puts bald doppelt so hoch sind wie die der Calls. Vor dem Crash 1987 bedeutete also ein hohes Put-Open-Interest übertriebenen Optimismus, nicht übertriebenen Pessimismus. Diejenigen, die sich über einen Crash Gedanken machen, sollten die Tatsache in Erwägung ziehen, daß Spekulanten während der Neunziger gewillt sind, wesentlich höhere Prämie für Index-Puts zu zahlen als für Index-Calls. Solch ein pessimistisches Verhalten trat *niemals* an Markthochs auf.

In Kapitel 2 finden Sie zusätzlichen Stimmungsindikatoren wie Put/Call-Verhältnis, Titelstories, Gelder der Spezialfonds und Stimmungsuntersuchungen.

ERWARTUNGSANALYSE DES BREITEN MARKTES

Dies sind die zwei Hauptfaktoren, die Entscheidungshilfen geben, wenn die Erwartungsanalyse auf den Markt als Ganzes angewendet wird: Psychologie und Mechanik, wie unten weiter erläutert wird.

1. *Psychologie.* Wenn Anleger Spitzenwerte bei der Stimmung in die eine oder andere Richtung zeigen ist es sehr wahrscheinlich, daß sich der aktuelle Trend seinem Ende zuneigt. Dies ist eine einfache Tatsache der Anlagephilosophie: Die Märkte werden von der Angst und der Gier gesteuert, die im menschlichen Wesen vorhanden sind, und diese erreichen meist bei Markthochs und –tiefs extreme Bereiche.

2. *Mechanik.* Die Aktivitäten in den Index-Optionen wirken direkt auf den zugrundeliegenden Markt ein. Wenn heftige Index-Put-Aktivitäten herrschen, und die Put-Prämien aufgrund der steigenden Angst der Anleger sehr hoch sind, bedeutet dies, daß diese Put-Aktivitäten direkt in Short-Positionen im Terminmarkt umgewandelt werden, da die Put-Verkäufer ihre Positionen absichern. Wenn der Markt steigt und somit diesen negativen Erwartungen trotzt, werden die Short-Positionen eingedeckt, und dieses Eindecken der Short-Positionen erzeugt noch mehr Kaufkraft, und die Rallye geht weiter.

AUSWIRKUNGEN EXTREMER ERWARTUNGSHALTUNG

Wenn vor bedeutenden Ereignissen eine extreme Stimmung herrrscht (wobei heftige Call-Aktivitäten für eine bullische Stimmung kennzeichnend sind und heftige Put-Aktivitäten für eine bärische Stimmung), ist das Ergebnis für gewöhnlich genau die *gegenteilige* Richtung der spekulativen Aktivitäten. Wenn die bullische Stimmung einen Spitzenwert erreicht, muß schon ein sehr starkes, positives Ereignis eintreten, wenn der Markt steigen soll, da ein Großteil der bullischen Stimmung durch starke Käufe von Calls vor dem Ereignis bereits in den Indexkursen enthalten ist. Und es ist in dieser Situation lediglich eine klitzekleine negative Überraschung notwendig (ein kleines etwas-schlechter-als-erwartetes Ereignis), um eine sehr negative Reaktion auszulösen.

Zum Beispiel wurde die Stimmung zum Jahr 1994 hin sowohl bei den Aktien wie auch bei den Bonds überaus optimistisch. Der Gewinn, der in diesen Märkten 1993 erzielt wurde, verursachte bei Anlegern, Medien und Spekulanten starke Hoffnungen auf einen Bullenmarkt 1994. Als die Amerikanische Bundesbank (Federal Reserve) jedoch im Februar 1994 die Zinsen erhöhte, sahen die Spekulanten diesen anfänglichen Kursrückgang als Kaufgelegenheit, da das Call-Open-Interest im OEX das Put-Open-Interest beim stärksten Basispreis im Frontmonat überstieg (das geschieht selten). Dies signalisierte den Kontra-Tradern, daß der Markt seinen Boden noch nicht gefunden hatte und er fiel im März um weitere 6 Prozent.

158

Entsprechend hat ein extreme *bärische* Stimmung vor einem Ereignis *bullische* Auswirkungen, nachdem es eingetreten ist. Nach den Tiefs im Bärenmarkt 1990, die von der Sorge über einen lang anhaltenden Golfkrieg geschürt wurden, erwarteten alle Anleger, daß der Dow Industrials stark fallen würde, wenn nach dem Ultimatum Mitte Januar die Kämpfe ausbrechen würden. Trotz aller Berichte über die Gefahren der »kampferfahrenen« irakischen Truppen schoß der Dow am 17. Januar um 115 Punkte, 4 Prozent, nach oben und stieg um weitere 15 Prozent im Folgemonat.

Die auf der Erwartung basierende Methodologie hat sich ebenfalls für das Timing des Gesamtmarktes auf mittlere und langfristige Sicht als wertvoll erwiesen. Zum Beispiel haben Index-Options-Trader seit dem Crash 1987 fast ohne Unterbrechung gegen eine Rallye in den Aktien gesetzt. Dieser Pessimismus hielt trotz des kräftigen technischen Aufwärtstrends und der starken fundamentalen Daten an. Solch ein Zweifel, trotz der starken technischen und fundamentalen Daten, beflügelte mich in meinem Glauben, daß solch ein Bullenmarkt mit niedriger Erwartungshaltung ein solides Gewinnpotential mit unterdurchschnittlichem Risiko bietet.

Sie können leicht auf die falsche Fährte geraten, wenn Sie versuchen, die Erwartungen zu messen, da die Stimmung sehr oft mit der Marktbewegung übereinstimmt. Sie erwarten eine bullische Stimmung, wenn der Markt steigt und eine bärische Stimmung, wenn er fällt. Das ist ganz normales menschliches Verhalten (oder wie ich es nenne: »Hund beißt Mensch«), und es ist sehr schwer, daraus Schlüsse zu ziehen. Wenn jedoch der Markt konstant nach oben geht, die Stimmung dennoch schlecht ist, da die Spekulanten meinen, es bilde sich ein Hoch, dann ist dies eine »Mensch beißt Hund«-Situation oder -Stimmung, da es sich um eine Reaktion handelt, die Sie normalerweise erwarten würden. Anstatt mit dem Trend zu gehen, setzen die Spekulanten gegen den Trend, was historisch gesehen für einen Kontra-Trader mächtige Auswirkungen hat.

Es ist ebenfalls wichtig, die Stimmung bei Kursrückgängen in einem Bullenmarkt zu beobachten. Während des 10prozentigen Kursrückgang im OEX vom Hoch 1. Juli 1996 bis zum Tagestief am 16. Juli 1996 erreichte die Stimmung einen negativen Höhepunkt mit einem Put/Call-Verhältnis, das im Juli höher war als zu irgendeiner Zeit sonst seit 1989. Am 24. Juli kam die Bestätigung vom Tageshoch des VIX, das höher war als irgendein Wert seit Januar 1991. Dies zeigte, daß der Bullenmarkt noch immer intakt war, und die folgende Rallye des Marktes bestätigte diese Schlußfolgerung. Wenn jedoch ein Kursrückgang mit Selbstzufriedenheit und einem »Keine-Angst«-Verhalten begleitet wird (wie es 1987 der Fall war vom Hoch Mitte August bis zum Crash im Oktober), dann kann man erwarten, daß der Markt weiterhin Schwierigkeiten haben wird. (Beachten Sie, daß am 2. Oktober 1987 bei der *Timer Digest* Hotline *alle* der »Top Ten Timer« gegenüber Aktien bullisch eingestellt waren und das, obwohl der Markt von seinen Hochs im August zurückgekommen war.[2]) Solange jedoch sogar nach kleinen Kursrückgängen negative Stimmung weiter in den Markt fließt, ist es sehr wahrscheinlich, daß der Bullenmarkt seine Aufwärtsbewegung wieder aufnimmt.

TRENDS UND SEITWÄRTSBEWEGUNGEN DES MARKTES

Eine weitere wichtige Überlegung, die Teil Ihrer Analyse sein muß, ist die Analyse des Trends (oder das Fehlen des Trends) eines Marktes. Genauso wie in Kapitel 2 die Auswirkungen von Trends und Seitwärtsbewegungen bei einzelnen Aktien besprochen wurden, müssen wir auch verstehen, wann der Markt in einem Trend oder in einer Seitwärtsbewegung ist. Der OEX erfährt einige Zeiten mit Trends, in denen er sich für einige Zeit mit konstanten Schritten in die gleiche Richtung bewegt. 1995 ist ein gutes Beispiel für einen anhaltenden Aufwärtstrend. In anderen Fällen bietet eine Seitwärtsbewegung am oberen Ende der Handelsspanne einen Widerstand und am unteren Ende eine Unterstützung. Die Richtungslosigkeit 1994 zeigt sehr schön solch eine Seitwärtsbewegung (siehe Abbildung 5.7).

Es ist immer vorteilhafter, bei Optionen Long-Positionen in trendierenden Märkten mit niedriger Volatilität einzugehen, als in Seitwärtsmärkten mit hoher Volatilität. Der Grund dafür ist, daß die Volatilität des Marktes hilft, die Prämie der entsprechenden Option zu bestimmen. Optionen in Märkten mit hoher Volatilität sind teurer. Wenn man weiß, daß alle Optionen bei Ihrem Verfall keine Volatilitätsprämie mehr haben, kann man davon ausgehen, daß sich bei Optionen, die aufgrund hoher Volatilität teurer sind, die Prämie schneller verringert, insbesondere in richtungslosen Märkten. Deshalb sollten Sie bestrebt sein, solche Gelegenheiten zu suchen, in denen Sie erwarten, daß der OEX stärker steigt als die Implizite Volatilität es vermuten läßt; dies geschieht oft bei Trends. Wenn beispielsweise die OEX-Optionen eine Implizite Volatilität von 20 Prozent haben, drückt dies die Erwartung aus, daß im kommenden Jahr

---

2 *Timer Digest* Hotline, 2. Oktober 1987. *Timer Digest* wird herausgegeben von Jim Schmidt, der die bullischen, bärischen und neutralen Empfehlungen von mehr als 100 Market Timern verfolgt. Weitere Informationen erhalten Sie von: Timer Digest, P.O. Box 1688, Greenwich, CT 06836-1688

Abb. 5.7 S&P 100 INDEX, WOCHENCHART:
SEITWÄRTSBEWEGUNG UND TREND

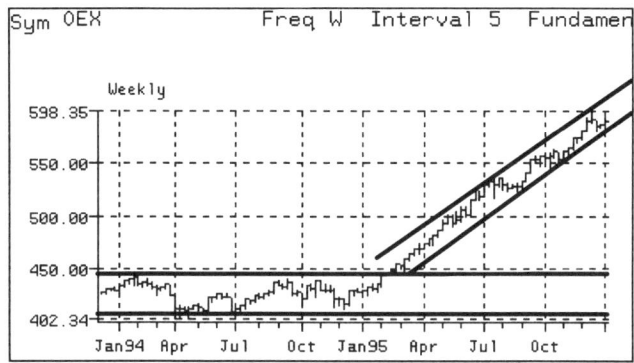

Nachdruck mit freundlicher Genehmigung von ILX Systems.

der OEX während zwei Drittel der Zeit um 20 Prozent höher oder tiefer notieren wird als jetzt. Von diesem Wert aus müssen wir unsere Erwartungen, für den OEX im Vergleich zur Volatilität und zu einem kürzeren Zeitraum angepaßt, definieren. Wenn wir die Quadratwurzel verwenden, um den Jahreswert von 20 Prozent Volatilitätserwartung auf einen dreimonatigen Zeitraum (0,25 eines Jahres) zu berichtigen, bekommen wir eine Implizite 90-Tage-Volatilität von 10 Prozent ($\sqrt{0,25}$ x 20% = 0,5 x 20% = 10%). Wenn wir meinen, daß der OEX innerhalb von neunzig Tagen stark in eine Richtung gehen wird, insbesondere wenn wir erwarten, daß diese Bewegung 10 Prozent übersteigt, profitieren wir deutlich davon, wenn wir OEX-Optionen kaufen. Wenn wir beispielsweise erwarten, daß der OEX innerhalb der nächsten 90 Tage um 15 Prozent oder mehr steigt, könnten OEX Call-Optionen, deren Prämie eine Kursveränderung von 10 Prozent widerspiegelt, ein sehr guter Kauf sein. Das Gegenteil ist ebenfalls richtig. Wenn OEX-Optionen relativ zur Richtung, in die der OEX gehen wird, mit einer sehr hohen Impliziten Volatilität bewertet werden, könnte ein Verkauf von OEX-Optionen für Sie sehr lukrativ sein, da zusätzlich der Zeitwertverfall zu Ihren Gunsten arbeitet.

Das Stadium des Trends ist ebenfalls eine Schlüsselkomponente bei Ihrem Entscheidungsprozeß. Der beste Zeitpunkt für den Kauf von Optionen ist, wenn der Trend bereits im Gange ist. Mit anderen Worten: Kaufen Sie Optionen inmitten eines Trends, nicht an dessen Anfang. Wenn Sie bei Optionsanlagen ein *Held* sein wollen, gehen Sie aus folgendem Grund unter: Es mag verlockend sein, auf den OEX-Chart zu schauen und fasziniert zu sein, wieviel Geld Sie verdient hätten, wenn Sie nach ei-

161

nem Kursrückgang am Tief Calls gekauft hätten. Das kann frustrierend sein, ist aber genauso unrealistisch. Wenn Sie sich Methoden aussuchen, um eine Kursumkehr zu erwischen, haben Sie oftmals im Sinne von Optionsprämien schlechte Karten. Die Optionsprämienberechnungsmethode geht von zufälligen Bewegungen der zugrundeliegenden Aktie aus. Der Kauf von Optionen in trendierenden Märkten ist ein Vorteil. Der Versuch, den Boden und die Umkehrpunkte zu erwischen, bringt Sie im Laufe der Zeit in eine nachteilige Position.

Die Tatsache, daß der VIX in Verbindung mit einem fallenden OEX nach oben ausschlägt zeigt, daß die Optionsprämien aufgrund der Erwartung höherer Volatilität teurer werden. Der Zeitwertverfall schadet den teuren Optionen im Vergleich zu billigeren Optionen mehr. Warum sollten Sie sich also dem Risiko aussetzen, bei einer Kursumkehr Optionen zu kaufen, wenn Sie sich sicherer sein können, bei trendierenden Märkten Recht zu haben? Es hat sich gezeigt, daß es wahrscheinlicher ist, daß Trends ihre eingeschlagene Richtung beibehalten, als daß sie drehen. Trends bestehen auch wesentlich länger, als die meisten Marktteilnehmer erwarten würden. Lassen Sie uns nun einige Möglichkeiten anschauen, mit denen man feststellen kann, ob der breite Markt in einem Trend ist.

METHODEN ZUR TRENDBESTIMMUNG DER MÄRKTE

Es ist nicht ungewöhnlich zu hören, daß der Markt bereits so lange schon so weit gegangen sei, daß er reif für eine Korrektur ist. Das mag möglicherweise richtig sein, es ist jedoch zu jedem beliebigen Zeitpunkt wahrscheinlicher, daß ein Markt weiter steigt, als daß er dreht. Es gibt viele Möglichkeiten, um festzustellen, ob ein Trend existiert. Wir besprechen hier Aufwärtstrends, Abwärtstrends sind aber genauso handelbar. Da Aktienindizes über einen langen Zeitraum gestiegen sind, konzentrieren wir uns mehr auf die Aufwärtstrends. Indem wir erlauben, daß »der Trend unser Freund ist«, ist es wahrscheinlicher, daß wir weniger teure Optionen auf Aktien oder Indizes kaufen, die wahrscheinlich weiter in die gleiche Richtung gehen.

Gleitende Durchschnitte beim OEX

Einfache gleitende Durchschnitte sind wohl eine der besten Methoden, um Trends zu bestimmen. Wenn der OEX über dem gleitenden 20-Tage-Durchschnitt ist, der 20-Tage über dem 50-Tage liegt und dieser wiederum über dem 100-Tage-Durchschnitt liegt, befindet sich der Markt in einem klaren Aufwärtstrend. Dies wäre der Idealfall, da es aus zwei

Abb. 5.8 **S&P 100 INDEX MIT GLEITENDEN 10-WOCHEN UND 20-WOCHEN DURCHSCHNITTEN**

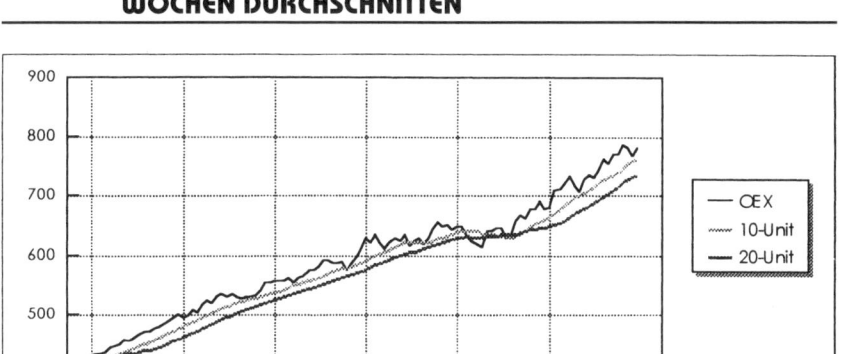

Gründen wahrscheinlich ist, daß solche Aufwärtstrends weitergehen: Erstens gibt es wahrscheinlich einen guten Grund, warum der OEX oberhalb der gleitenden Durchschnitte liegt. Vielleicht nützen dem OEX gute fundamentale Daten, niedrige Zinsen oder starke Umsatzprognosen der 100 Aktien, die ihm zugrunde liegen. Ungeachtet dessen befindet sich der Markt jedoch nicht oft in solch einer »Gleitender-Durchschnitt-Perfektion«, wenn die fundamentalen Komponenten nicht bullisch sind.

Der zweite Grund hat mit den gleitenden Durchschnitten als Unterstützungsbereich zu tun. Kursrückgänge treten in jedem steigenden Markt auf, und diese Rückgänge haben ihr Tief oftmals bei ihren gleitenden Durchschnitten, besonders wenn die gleitenden Durchschnitte steigen. Beachten Sie die Graphik des OEX mit seinen gleitenden 10-Wochen und 20-Wochen Durchschnitten (Abbildung 5.8). Der OEX fand wiederholt an diesen wichtigen gleitenden Durchschnitten Unterstützung.

Es gibt viele Gründe, warum gleitende Durchschnitte eine Unterstützung bieten, aber einer der bedeutendsten ist die Tatsache, daß die Anleger oftmals zusätzliche Gelder in Aktien angelegt haben, die zurück an eine wichtige Trendlinie gekommen sind. Edgar Peters weist in seinem Buch *Chaos and Order in the Capital Markets* darauf hin: »Echte »Feedback«-Systeme beinhalten langfristige Übereinstimmungen und Trends, da die Erinnerungen an lang vergangene Ereignisse noch immer die gegenwärtigen Entscheidungen beeinflussen können.«[3] Da der »Feedback«-Aspekt der Chaos-Theorie das Vorhandensein von Trends unter-

---

3 Edgar E. Peters, *Chaos and Order in the Capital Markets* (New York: John Wiley & Sons, 1991), 6.

stützt, können Sie sehen, wie gleitende Durchschnitte Unterstützung und Widerstand bieten können. Sobald mehr Anlegern der Trend entlang dem gleitenden Durchschnitt bewußt wird, wird mehr Geld in Aktien angelegt, wenn diese an einen wichtigen gleitenden Durchschnitt zurükkkommen. Mr. Peters Ansicht klingt richtig, daß viele Anleger für gewöhnlich langsam auf einen Trend reagieren und auch dazu neigen, an ihrer momentanen Einschätzung oder ihrem momentanen Glauben festzuhalten, bis es unumstößliche Beweise gibt oder Informationen bestätigt werden. Das erklärt, warum viele Kontra-Trader oftmals vorschnell mit ihren Analysen sind und den Trend nicht voll mitnehmen.

Trotz der starken Kursbewegung von 1995-1997 im OEX dauerte es lange, bevor die Anleger ihre übereinstimmende Meinung aufgaben, daß der Markt überbewertet sei. Deshalb schürt sich der Trend von selbst, da die aktuelleren Ereignisse eine größere Auswirkung auf ihn haben. Bis nicht die Herde der Anleger total kapituliert – was oftmals durch einen parabolischen Anstieg, gefolgt von einem Einbruch unter einen wichtigen gleitenden Durchschnitt signalisiert wird –, ist es unwahrscheinlich, daß der Trend beendet ist. Gleitende Durchschnitte werden seit vielen Jahren von technischen Analysten verwendet und sind leidlich bekannt. Aus diesem Grund können sich gleitende Durchschnitte selbst bestätigen, wenn genügend Trader und Investoren nach ihnen handeln.

Die Anzahl von Tagen unterhalb eines gleitenden Durchschnitts

Eine weitere Analysemöglichkeit in Verbindung mit dem gleitenden 50-Tage-Durchschnitt kann bestimmen helfen, ob der Markt in einem Trend ist. Es gibt nur relativ wenige Tage, an denen ein Aktienindex unterhalb seines gleitenden 50-Tage-Durchschnitts schließt, wenn er sich inmitten eines starken Aufwärtstrends befindet. Wenn speziell der OEX innerhalb der letzten 50 Tage weniger als 5 Tage unterhalb seines gleitenden 50-Tage-Durchschnittes schließt, befindet sich der OEX nach unserer Definition in einem Aufwärtstrend. Der OEX neigt zum Fallen oder dazu, sich seitwärts zu bewegen, nachdem mehr als fünf der letzten fünfzig Tage unterhalb des gleitenden 50-Tage-Durchschnitt lagen (siehe Abbildung 5.9). Put-Käufer ziehen zu diesem Zeitpunkt den doppelten Nutzen aus einem Rückgang des OEX und einem Ansteigen der Volatilität.

Ein Aspekt von Seitwärtsbewegungen ist die Tatsache, daß der Markt wegen des oben liegenden Widerstands davon abgehalten wird, weiter zu steigen. Es gibt oftmals mehrere Kursspitzen bis in den selben Kursbereich, was dann den oberen Bereich der Seitwärtsbewegung bestimmt. Nach oben tendierende Märkte haben andererseits wenig oder keinen Widerstand nach oben. Ein Markt, der konstant neue Allzeit-Hochs

Abb. 5.9 S&P 100 INDEX, NACHDEM MEHR ALS FÜNF DER LETZTEN FÜNZIG TAGE UNTER DEM GLEITENDEN 50-TAGE DURCHSCHNITT LAGEN

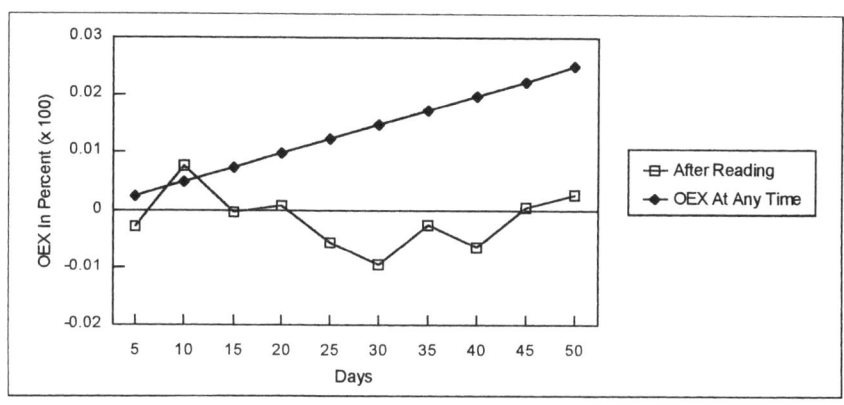

macht, wird wahrscheinlich weiter steigen, da ihm der Widerstand nach oben fehlt.

Prozentuale tägliche Handelsspanne

Ein weiterer Faktor der einen Aufwärtstrend bestimmen helfen kann, ist der Punkt innerhalb der täglichen Handelsspanne, an dem der Index schließt. Schloß er nahe dem Tageshoch oder nahe dem Tagestief? Dies ist die Grundlage für den »Percent of Daily Range«-Indikator. Dieser Indikator wird berechnet, indem man den gleitenden 10-Tage-Durchschnitt der Schlußkurse als Prozent der täglichen Handelsspanne nimmt.

Wenn beispielsweise das Hoch des OEX an einem bestimmten Tag 660 ist, das Tief 650 und der Schlußkurs 655, dann wäre die prozentuale tägliche Handelsspanne 50 Prozent [(655 Schluß – 650 Tief)/(660 Hoch – 650 Tief)]. Ein Schlußkurs am exakten Hoch würde einen Wert von 100 Prozent ergeben, ein Schlußkurs am Tief wäre 0 Prozent. Wenn dieser tägliche Indikator durch einen gleitenden 10-Tage-Durchschnitt geglättet wird, können bestimmte Werte als besonders relevant, als Momentum-Indikator, betrachtet werden. Viele Analysten mögen einen hohen Wert bei diesem Indikator als eine überkaufte Situation ansehen, dem ein Kursrückgang folgen sollte. Das ist gelegentlich richtig, nicht jedoch in einem Bullenmarkt. Eine Untersuchung dieses Indikators am OEX mit Daten zurück bis 1985 unterstützt diese Behauptung. Abbildung 5.10 zeigt, daß ein Wert größer 75 Prozent beim »Percent of Daily Range«-In-

Abb. 5.10 S&P 100 INDEX, NACHDEM DER INDEX DER PROZENTUALEN TÄGLICHEN SPANNE ZEHN TAGE ÜBER 75 LAG

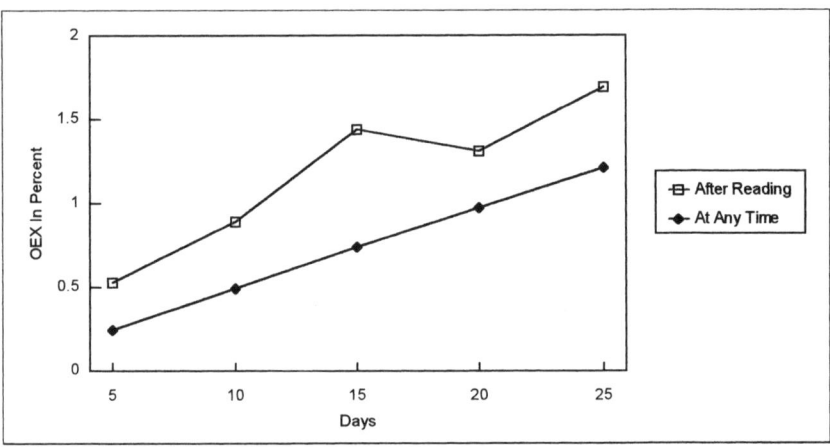

dikator einem Zeitraum von mindestens 25 Tagen vorausgeht, der im Durchschnitt um 48 Prozent höhere Kurse bringt, als sie der Markt in der gleichen Zeitspanne normalerweise hervorbringen würde. Weiterhin beträgt der durchschnittliche Anstieg nach 25 Tagen mehr als das Doppelte des normalen Durchschnitts. Diese Untersuchung zeigt, daß wenn der OEX am Schluß konstant an den oberen Enden der täglichen Handelsspanne liegt, dies *nicht* der Vorbote von Schwierigkeiten des Marktes ist, wie manche es erwarten mögen; vielmehr bestimmt diese Situation mit an Sicherheit grenzender Wahrscheinlichkeit einen Bullentrend, bei dem es viel wahrscheinlicher ist, daß er weitergeht, als daß er dreht.

SCHLUSSBETRACHTUNG

Es gibt viele gute Veröffentlichungen, die entweder von technischer oder fundamentaler Analyse oder von beidem handeln. Einige der wirkungsvollsten Methoden, den Markt zu verstehen und Voraussagen zu treffen, erhält man aus einer Kombination der traditionellen Indikatoren, die auf Untersuchungen der Stimmung beruhen. Die Stimmungsanalyse mißt die Meinungen und Erwartungen der Anlegergemeinschaft. Ich versuche, wo es möglich ist, die Erwartungen in Zahlen zu fassen und mit historischen Werten zu vergleichen, um deutliche Spitzenwerte zu finden.

166

Die technische Analyse historischer Daten und die fundamentale Analyse spielen bei den Aktivitäten im Markt eine Rolle. Sie müssen jedoch verstehen, daß letztendlich die Menschen – und nicht Maschinen – Aktien kaufen und verkaufen. Deshalb erhöht die Analyse der Emotionen und Erwartungen der Marktteilnehmer die Genauigkeit Ihrer Voraussagen.

»Eine Kette ist nur so stark wie ihr schwächstes Glied.« Diese populäre Redensart verdeutlicht die Tatsache, daß eine einzelne Methode bei der Analyse des Aktienmarktes hilfreicher sein kann, wenn sie mit anderen effektiven Indikatoren angewendet wird. Sie können mit einer stärkeren Zuversicht gewinnen, wenn die Ideenkette eine Anzahl starker Glieder enthält, bei der nicht nur die traditionellen Formen der Analyse sein müssen, sondern auch Formen der Erwartungsanalyse. Dies gibt Ihnen zu jeder Zeit eine allumfassende Perspektive über die wichtigen Fakten, die die Marktbewertung beeinflussen.

Nun ist es an der Zeit, all diese Informationen positiv umzusetzen. Das nächste Kapitel beginnt mit einer Erörterung und einer Demonstration bestimmter Tradingstrategien, die zeigen, wie Sie die besprochenen Indikatoren anwenden können, um beim Optionstrading zu gewinnen.

Teil 2

Anwendungen

6

Aggressive
Optionstrading-Stategien

EINFÜHRUNG

»Ich verdiente nie Geld durch großartiges Nachdenken. Ich verdiente
es durch mein Sitzfleisch.« Diese Philosophie des legendären Traders
Jesse Livermoore scheint veraltet, wenn man sich auf das Optionstrading konzentriert. Optionen stehen eigentlich für einen schnellen Ein-
und Ausstieg, für kleine Gewinne in kurzer Zeit. Den Markt zu scalpen
(Kauf und Verkauf mit nur wenigen Ticks Unterschied innerhalb einer
Handelssitzung) ist für einen Nicht-Floor-Optionstrader sehr schwierig, besonders für den normalen Anleger. Slippage (wenn der Nicht-
Floor-Trader zum Briefkurs (Ask) kauft und zum Geldkurs (Bid) verkauft) und die Gebühren machen konstante Gewinne mit Scalping
sehr schwierig, wenn nicht unmöglich. Abgesehen davon hat der
Floor-Trader meist bessere Informationen darüber, wie sich die zugrundeliegende Aktie kurzfristig bewegen könnte.

Sie können jedoch mit einer globaleren Sichtweise der Kursentwicklung – der Sichtweise eines Positionstraders – einen Vorteil erzielen.
Floor-Trader kümmern sich nicht darum zu erahnen, wo die Aktie
in den nächsten Tagen, Wochen oder Monaten notieren wird. Zudem
spielen Slippage und Gebühren im Verhältnis zum Gewinn durch das
Laufenlassen von Gewinnen auf 100 Prozent und mehr keine so
wesentliche Rolle mehr. Je bedeutender der Trend, desto größer ist
der Vorteil, den Sie als Positionstrader im Optionsmarkt erzielen können.

Wenn Sie also diesen Vorteil verbuchen wollen, dann kommt Livermores Trading-Philosophie ins Spiel. Was ist aber notwendig, um die
Versuchung, den Markt zu scalpen und einen schnellen Gewinn mit-

zunehmen, zu bekämpfen? Wie können Sie Gewinne erzielen, die wirklich unschlagbar sind?

Die folgenden vier Regeln sind für den Erfolg notwendig:

1. *Kontrolle der Angst*. Wie in Kapitel 4 besprochen, kann Sie die Angst vor jedem Tick, der gegen Sie läuft, dazu bringen, aus einer an sich guten Position auszusteigen. Sie müssen eine Handelsmethode einsetzen, die Sie davor bewahrt, daß die Angst überhand nimmt. Das erreichen Sie mit einer disziplinierten und objektiven Vorgehensweise, die Ihnen exakt signalisiert, wann Sie in einer Position bleiben und wann Sie glattstellen sollen.

2. *Besiegen der Gier*. In Kapitel 4 wird ebenfalls besprochen, wie wichtig es ist, die Gier im Zaum zu halten, indem Sie ein deutliches, jedoch erreichbares Gewinnziel festlegen, das Ihnen ermöglicht, mit einem gesunden Gewinn aus dem Markt zu gehen, und Sie davor bewahrt, zu lange in einer Position zu bleiben, wenn Ihre anfänglichen Erwartungen erfüllt worden sind.

3. *Entwickeln von Geduld*. Bei Instrumenten mit hoher Hebelwirkung, wie Optionen, kann Geduld eine der wertvollsten Tugenden sein. Während viele Marktteilnehmer empfänglich für die unvermeidbaren Schwankungen im Kurs einer Aktie sind, muß der Positionstrader die Geduld besitzen, den Kursbewegungen zuzuschauen, über den vorausgeplanten Zeitraum den Trend auszufahren und in der Position zu bleiben. Das ist es, was uns das Zitat von Livermore sagen will.

4. *Nicht verwirren lassen*. Viele Trader gehen eine Position ein und verwenden dann unangebrachte Indikatoren, wodurch ihre eigentliche Markteinschätzung durcheinandergebracht wird. Zum Beispiel sollte jemand, der sich Wochencharts anschaut, für seinen Ausstieg aus der Position keine Intraday-Charts verwenden. Wenn die entsprechenden Indikatoren Ihrer Persönlichkeit und geplanten Haltezeit angepaßt sind, wird sich Ihre Betrachtungsweise für das Wesentliche verbessern, da Sie nur die wichtigen Indikatoren auf deutliche Veränderungen hin im Auge behalten.

DIE »OPTION PROFIT«-STRATEGIE

Mit diesen Richtlinien im Hinterkopf habe ich einen Sechs-Punkte-Plan entwickelt – die »Option Profit«-Strategie – nach der man beim Positiontrading mit Optionen vorgehen sollte. Diese Methode beschränkt sich auf mittelfristige Bewegungen, für gewöhnlich ein Zeit-raum von zwei bis drei Monaten.

1. *Kaufen Sie Optionen mit längerer Laufzeit und nutzen Sie mehrmona-tige Trends.* Wenn Sie Optionen mit einer Laufzeit von mehreren Mo-naten besitzen, bekommen Sie die Flexibilität, daß Sie sich nicht über vorübergehende Kursschwankungen Gedanken machen müs-sen, und Sie können von dem breiteren Trend der zugrundeliegen-den Aktie profitieren.
2. *Peilen Sie bei dem Trade ein Gewinnziel von 200 Prozent an.* Angenom-men, der konstante Trend entwickelt sich wie erwartet, dann bedeu-tet ein Gewinn von 200 Prozent bei einer Option mit mehreren Mo-naten Laufzeit einen Anstieg der zugrundeliegenden Aktie von etwa 20 Prozent. Zu diesem Zeitpunkt ist die Aktie oftmals übermäßig gestiegen, und es ist Zeit, den Gewinn einzustreichen.
3. *Nehmen Sie einen Gewinn von 100 Prozent bei einer Schwäche mit, oder auch weniger, wenn Sie einen schnellen Kurssprung erwischen.* Die Erfahrung hat gezeigt: Wenn sich eine Aktie zu schnell in die erwar-tete Richtung bewegt, sind Sie für gewöhnlich besser dran, wenn Sie diesen schnellen Gewinn mitnehmen und bei der nächsten Korrek-tur der Aktie wieder einsteigen.
4. *Erkennen Sie, wann Ihre Analyse nicht mehr zutrifft und liquidieren Sie die Position.* Genauso wie Sie Ihre Gewinn laufen lassen müssen, müssen Sie auch einen im vorhinein festgelegten Ausstiegspunkt haben, an dem Sie die Position schließen, wenn sich Ihre Analyse als unrichtig erweist. Dieser Ausstiegspunkt kann sein, wenn die Aktie einen bestimmten Kurs durchbricht, der Indikator dreht, oder ein Zeitpunkt, zu dem die Position im Gewinn steht. Wenn dieser Aus-stiegspunkt erreicht wird, müssen Sie aktiv werden und die Position liquidieren.
5. *Arbeiten Sie mit einem mentalen »Zeitstop«, um Ihre Position zu schlie-ßen, falls nichts Nennenswertes geschieht.* Für Positionen, die sich nicht deutlich in eine Richtung bewegen, müssen Sie, wenn Sie Käu-fer einer Option sind, eine Strategie zum Ausstieg aus der Position haben, andernfalls wird der Zeitwertverfall konstant den Wert Ihrer Position verringern. Bestimmen Sie einen Tag in der näheren Zu-kunft, an dem Sie die Position schließen, falls sie nicht einen be-stimmten Kurs erreicht hat. Bei einer Option mit beispielsweise zwei Monaten Laufzeit würden Sie aus der Position aussteigen, wenn sie nach fünf Tagen noch nicht im Gewinn ist. Mit dieser Strategie hal-ten Sie Ihr Pulver für gute Gelegenheiten trocken und minimieren den langsamen Wertverlust der Optionsprämie in trendlosen Zeiten.

6. *Folgen Sie dem längerfristigen Trend.* Das ist der Schlüssel zur »Option Profit«-Strategie. Je kurzfristiger Ihre Einschätzung des Marktes wird, desto größer sind die Möglichkeiten für Schwankungen entgegen der eigentlichen Richtung. Diese Schwankungen unterliegen nicht der Kontrolle des Traders, und Sie sollten sie minimieren so gut es geht. Der beste Weg, dies zu erreichen ist, den breiten Trend zu erkennen und dann zu versuchen, auf der richtigen Seite dieses Trends zu bleiben. Meist helfen die fundamentalen Daten eines Unternehmens, einen längeren Trend auszutreiben. Achten Sie also auf Veränderungen der Unternehmensdaten. Im nächsten Abschnitt sehen wir, wie wir solche Antriebe für längerfristige Trends erkennen.

BEISPIEL EINES LANGFRISTIGEN AUFWÄRTSTRENDS

Erfolgreiche Trader, die technische Methoden verwenden, stimmen in einem Punkt überein: Bekämpfen Sie nicht den Trend, oder die Anzahl der Verlusttrades wird unweigerlich die Anzahl der Gewinntrades übersteigen und Sie möglicherweise aus dem Spiel werfen. Wie in Kapitel 2 besprochen, erhöhen Sie Ihre Gewinnchancen deutlich, wenn Sie auf den fahrenden Zug (Trend) aufspringen.

Um zu verdeutlichen, was es für einen Unterschied macht, wenn man mit dem Trend geht und seine Vorteile aus Kurskorrekturen zieht, schauen wir uns den Kurs von America Online (AOL) im Jahr 1996 an. Als Mitte Februar 1996 AT&T ankündigte, man wolle in das Internet-Geschäft einsteigen, gerieten die Anleger in Panik und verkauften Aktien, die mit dem Internet zu tun hatten. AOL fiel in einer Woche von ihrem Allzeit-Hoch von 57 auf 45¾. AOL hatte jedoch bewiesen, daß es ein starkes Unternehmen war, und die Zahl seiner Abonnenten stieg weiter. Die Einnahmen hatten sich im vorangegangenen Jahr verdreifacht, und für 1996 erwartet man, daß sie die Grenze von einer Milliarde Dollar übersteigen würde.

Am 28. Februar 1996 empfahl ich eine Position im AOL-April-50-Call, die am 13. März mit 223 Prozent Gewinn geschlossen wurde. Ich sprach diese Empfehlung aus, nachdem die AOL-Aktien auf ihre Unterstützung nahe 45 gefallen waren und sich dort stabilisierten. Die relative Stärke gegenüber dem S&P 500 Index hatte neue Hochs erreicht und war weiterhin in einem klaren Aufwärtstrend. Andere Indikatoren gaben ebenfalls ein Kaufsignal, wie man auf Abbildung 6.1 sehen kann. Eine doppelte Unterstützung ergab sich durch den erfolgreichen Test des gleitenden 50-Tage-Durchschnitts und durch die längerfristige Unterstützung knapp unter dem gleitenden 100-Tage-Durchschnitt. Bei Tests des 100-Tage-Durchschnitts hatte er seit dem Beginn des Aufwärtstrends im November 1994 eine außerordentliche Unterstützung geboten. Der MACD war auch in einem Aufwärtstrend und zeigte ein günstiges Aufwärtsmomentum. Auch waren die Optionsspekulanten eifrig dabei, beim Kursrückgang zur Unterstützung *Puts* zu kaufen. Skepsis war bei dem Stand der Dinge nicht angebracht und deshalb ergab sich dadurch ein Kontra-Kaufsignal. Doch die Aktienkäufer zuckten bei der durch die Medien verbreiteten Untergangsstimmung nur mit den Schultern, AOL schnellte nach oben, und innerhalb von zehn Tagen stiegen die Optionen um mehr als das Dreifache vom empfohlenen Kaufpreis von $3\frac{1}{4}$ auf $10\frac{1}{2}$.

Abb. 6.1 **AMERICA ONLINE (AOL) WOCHENCHART**

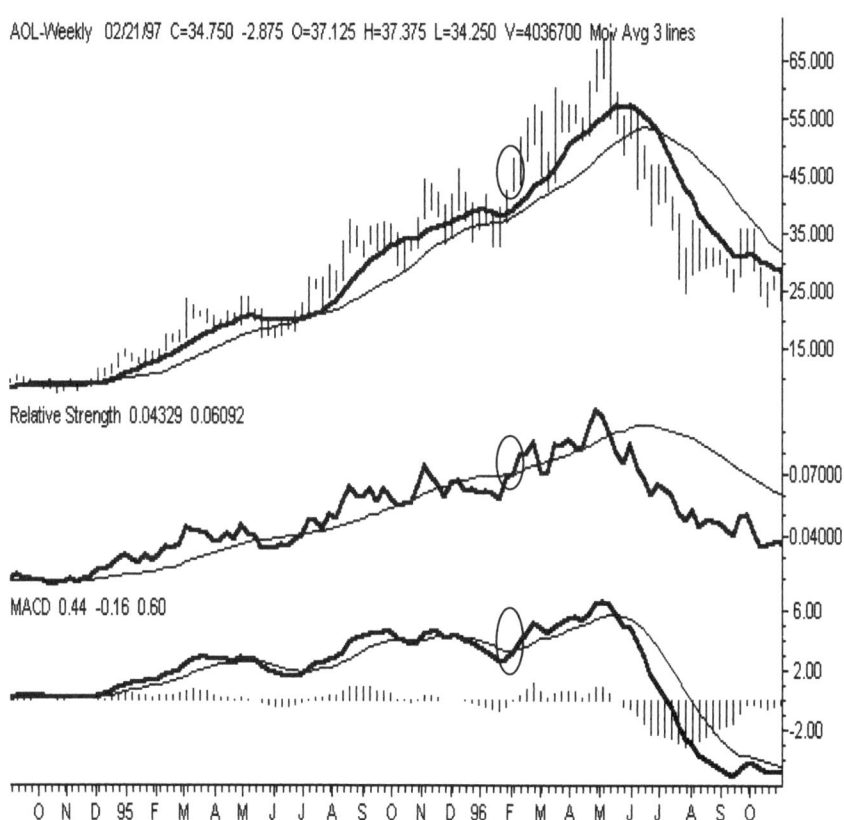

Erstellt mit SuperCharts by Omega Research © 1996

Obwohl bei der Aktie der Boden kurz einbrach, war der langfristige Aufwärtstrend der AOL-Aktie schnell wieder im Gange. Beachten Sie jedoch auf Abbildung 6.1, daß der Aufwärtstrend der AOL-Aktien auf klassische Weise nach der Erwartungsanalyse letztendlich im Mai 1996 endete. Optionsspekulanten, die während des Aufwärtstrends 1995 und Anfang 1996 so pessimistisch für AOL waren, drehten vor dem Vierteljahresbericht von AOL ihre Meinung fast einstimmig auf bullisch. Die hohen Erwartungen vor dem Vierteljahresbericht von AOL führten vor der Veröffentlichung des Berichts zu einer starken Rallye der Aktien. Obwohl die Umsätze deutlich über den Schätzungen der Wall Street lagen, erfuhren die AOL-Aktien eine starke negative Reaktion, was bald zu einem Durchbruch durch den technischen Trend führte.

VERNÜNFTIGE KONTROLLEN DER VERLUSTE DURCH DIE ANWENDUNG VON »OPTION PROFIT«

Die Kontrolle der Verluste stellt den Optionstrader vor ein potentielles Problem. Soll der Trade mit einem Stop-Loss versehen werden (z. B. Schließen der Position bei einem Verlust von 50 Prozent), oder soll er an die Bewegung der Aktie gekoppelt sein (z. B. Liquidation des Calls, wenn die Aktie unter die Unterstützung von 57 fällt)? Ich bin der Meinung, daß die Kursbewegung der zugrundeliegenden Aktie und die vergangene Zeit die Punkte sind, worauf man sich beim Ein- und Ausstieg von Optionstrades konzentrieren sollte, und nicht ein bestimmter Verlust der Option. Wenn sich die Aktie nicht richtig bewegt, hat die Option keinen Richtungsimpuls und verliert im Laufe der Zeit an Wert. Die Lehre daraus ist, daß Sie einen mentalen Zeit-Stop brauchen, um zusätzlich zu anderen Kriterien für das Aussteigen aus einer Position Ihre Disziplin bei Seitwärtsbewegungen zu festigen.

EREIGNISSE, DIE NEUE TRENDS VERURSACHEN

Trends werden teilweise dadurch ausgelöst, daß Anleger den Einfluß einer neuen Information auf den Kurs einer Aktie allmählich erkennen. Die Theorie des effizienten Markts steht dem entgegen, denn sie postuliert, daß jede veröffentlichte Neuigkeit von einer allwissenden Anlegerschaft sofort aufgenommen wird. Diese Annahme erweist sich jedoch als unrealistisch. Der Beweis ist die Tatsache, daß auf Trends basierende Indikatoren wie Trendkanäle und gleitende Durchschnitte mit Erfolg Trends identifizieren und künftige Preisentwicklungen prognostizieren können.

Die stärksten Trends, die mit Hilfe der Option-Profit-Methode hohe Gewinne einbringen können, werden durch bedeutende fundamentale Veränderungen der Situation eines Unternehmens verursacht. Wie wir sehen werden, können solche Veränderungen in vielen Formen auftreten.

Steigerung oder Abschwächung der Unternehmensgewinne

Die Quartalsberichte gehören zu den wichtigsten fundamentalen Faktoren für die Kursentwicklung von Aktien. Am wichtigsten ist der Quartalsgewinn je Aktie, relativ zu den Schätzungen der Analysten und den Erwartungen der Investoren. Das *Wall Street Journal* demonstrierte am 21. Oktober 1996 in einem Artikel unter der Überschrift »Die Aussagen eines IBM-Managers wirken sich oft auf den gesamten Aktienmarkt aus« den Einfluß des Finanzchefs von IBM, der in jedem Quartal Analysten zu einem Pressegespräch einlud. Der Aktienkurs von IBM reagierte stets prompt, und manchmal zog er den gesamten Aktienmarkt mit. Die skeptischen Aussagen des Finanzchefs im April 1996 ließen die IBM-Aktie um 9 fl Punkte sinken, was zu einem Einbruch um 70 Punkte beim Dow Jones führte. Seine optimistischen Bemerkungen drei Monate später ließen die Aktie um $11^7/_8$ Dollar steigen. Dieser Kurssprung machte die Hälfte des Anstiegs des Dow Jones um 67 Punkte aus und sorgte am gesamten Aktienmarkt für eine Trendwende. Diese optimistischen Aussagen des Finanzchefs und hö-

Abb. 6.2 INTERNATIONAL BUSINESS MACHINES (IBM), MONATSCHART 1992 BIS 1996

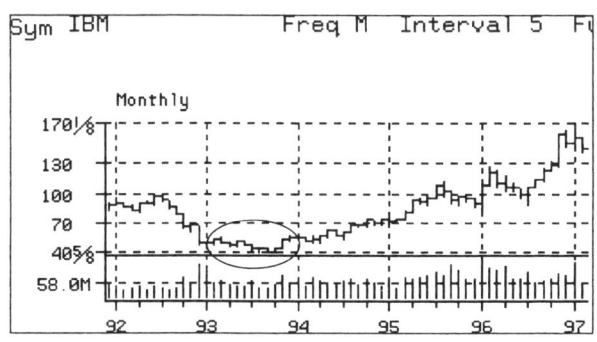

Nachdruck mit freundlicher Genehmigung von ILX Systems.

177

her als erwartet ausgefallene Gewinne im Juli 1996 sorgten dafür, daß die IBM-Aktie in weniger als sechs Monaten um über 60 Prozent zulegte. Die Lehre daraus: Man muß mit dem Momentum der Unternehmensgewinne agieren, nicht dagegen.

Restrukturierungsmaßnahmen von Unternehmen

Solche Maßnahmen waren Anfang der 90er Jahre berüchtigt, vor allem wegen der Tendenz zum Arbeitsplatzabbau. Sie erfaßten viele Fortune-500-Unternehmen, einschließlich IBM, das früher als Bastion für lebenslange Arbeitsplatzgarantie gegolten hatte. Während die Medien sich meist auf die negativen Aspekte konzentrieren – die wütenden entlassenen Angestellten, die schlechte Stimmung unter den Verbliebenen, die üblen Auswirkungen auf ganze Gemeinden – beurteilt die Wall Street die schlankeren Unternehmensstrukturen oft als sehr positiv für die Gewinnentwicklung. In Abbildung 6.2 ist zu sehen, daß die IBM-Aktie schon einen Boden gebildet hatte, als 1993 die Restrukturierung angekündigt wurde. Es war eine exzellente Kaufgelegenheit, sogar nach den ersten positiven Reaktionen auf die Neuigkeiten.

Was ist der Grund für so positive Reaktionen der Börse auf Restrukturierungsmaßnahmen, die ansonsten für so schlechte Schlagzeilen sorgen? Vielleicht hat Albert Dunlap recht, der Turnaround-Spezialist, der 1994 Scott Paper mit umfassenden Umstrukturierungen wiederbelebte: »Hätte ich die Firma nicht gerettet, dann hätten alle ihren Arbeitsplatz verloren, nicht nur einige Prozent unserer Angestellten.«

Abb. 6.3 **SCOTT PAPER (SPP), WOCHENCHART**

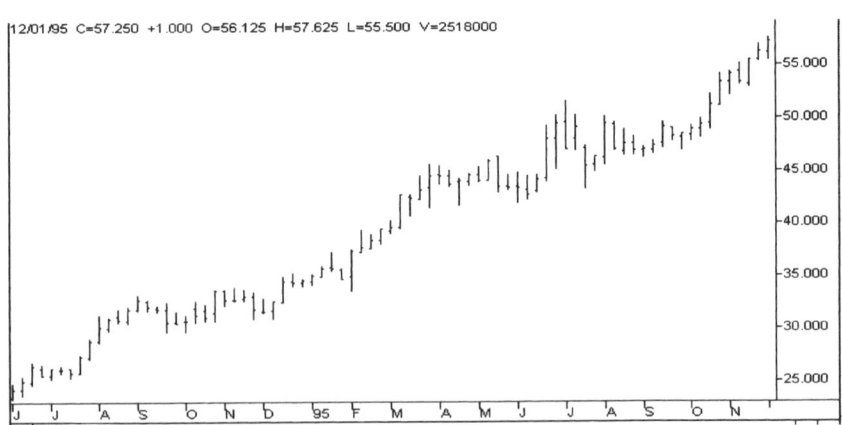

12/01/95 C=57.250 +1.000 O=56.125 H=57.625 L=55.500 V=2518000

Erstellt mit SuperCharts by Omega Research © 1996

Aus dem Wochenchart von Scott Paper (Abbildung 6.3) geht hervor, daß die anfängliche positive Marktreaktion auf den Turnaround nur der Anfang war. In den folgenden zwölf Monaten verdoppelte sich der Aktienkurs. Wichtig in diesem Zusammenhang: Die erste Reaktion des Aktienkurses auf Restrukturierungsmaßnahmen muß sehr positiv sein. Das läßt darauf schließen, daß die Wall Street an die verbesserten Perspektiven des schlanker gewordenen Unternehmens glaubt.

Wenn man festgestellt hat, daß die Nachricht von einer Umstrukturierung an der Börse positiv aufgenommen wurde, kann man seine eigenen technischen und Sentiment-Indikatoren überprüfen und so sicherstellen, daß die Aktie gute Chancen hat, einen neuen Aufwärtstrend einzuschlagen. Solange die Hoffnungen auf einen Turnaround nicht allzu hoch sind, werden Sie Call-Optionen zu attraktiven Preisen finden, die exzellente Gewinnchancen bieten.

Neue Produkte

Iomegas Zip-Festplatte kam Anfang 1995 auf den Markt und wurde bei Computerfans schnell zum Renner. Die Kunden waren fasziniert von der leichten Bedienbarkeit, dem niedrigen Preis, der Verfünffachung der gewohnten Speicherkapazität, und das Unternehmen konnte die Festplatten gar nicht schnell genug produzieren. Bevor Zip auf den Markt kam, bot Iomega (IOM) nicht viel Aufregendes, aber mit diesem Produkt hatten Anleger solide fundamentale Kaufargumente. Daher trieben die Investoren die Aktie immer höher. Iomega zeigte einen gewaltigen Aufwärtstrend. Zwischen Januar 1995 und Mai 1996 stieg sie von knapp über einem Dollar bis auf $55^1/_8$ Dollar. Der Trend wurde auch durch die Skepsis von Spekulanten beflügelt: Iomega war ein Lieblingstitel der Leerverkäufer, die dann ständig dazu gezwungen waren, ihre Positionen glattzustellen, indem sie Aktien zurückkauften (siehe Abbildung 6.4). Außerdem setzten Optionsspekulanten während des ganzen Aufwärtstrends auf fallende Kurse, wie man anhand des Open Interest von Puts und Calls in Abbildung 1.4 in Kapitel 1 erkennt. Diese negative Einstellung trotz starker technischer und fundamentaler Daten war für mich, der ich gerne entgegen der Marktmeinung agiere, ein Zeichen, daß Iomega eine Aktie war, der man nicht viel zutraute, und die deshalb noch erhebliches Kurspotential besaß. Der Aufwärtstrend von Iomega endete erst, als ein Stimmungsumschwung eintrat, Short-Positionen in großem Stil eingedeckt wurden und auch die Optionsspekulanten optimistisch wurden. Ich profitierte von dem langem Aufwärtstrend bei Iomega, indem ich am 1. März 1996 April-Calls mit Basispreis $17^1/_2$ Dollar für durchschnittlich $1^{31}/_{32}$

Abb. 6.4: OMEGA (IOM), MONATSCHART UND BESTÄNDE AN LEERVERKAUFTEN AKTIEN

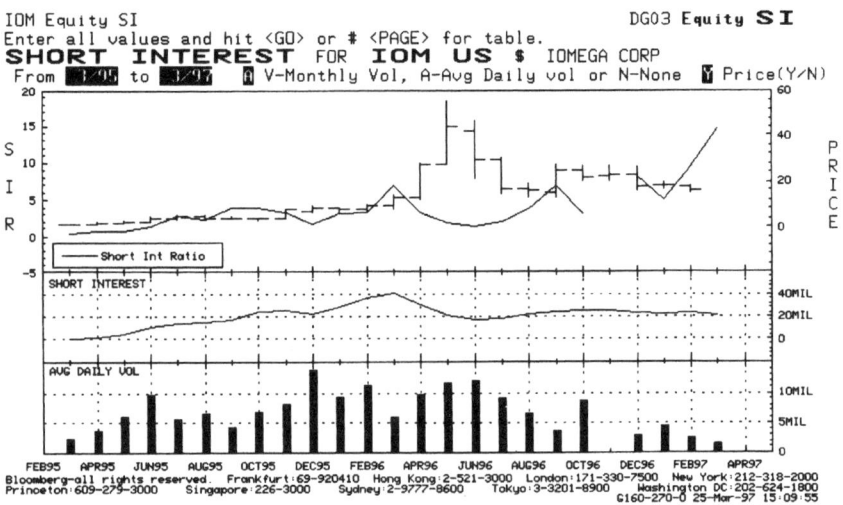

Nachdruck mit freundlicher Genehmigung von Bloomberg Financial Markets.

Dollar kaufte. In weniger als drei Wochen erzielte ich 122 Prozent Gewinn, denn am 18. März verkaufte ich zu durchschnittlich $4^3/_8$ Dollar.

Neue Unternehmenschefs (Chief Executive Officers)

Die Aktie von Eastman Kodak (EK) hatte einige Jahre lang im Bereich von etwa 35 Dollar stagniert, als George M. C. Fisher im Dezember 1993 zum neuen CEO ernannt wurde. Laut *Business Week* schien Kodak damals »gefangen in der wachstumsschwachen Photobranche, mit riesigen Schulden belastet, mit einer untauglichen Management-Kultur und frustrierten Mitarbeitern.«

Fishers erste Tat war der Verkauf des erst kurz zuvor erworbenen Bereichs Medizintechnik und damit die Reduzierung des Schuldenbergs von 7,5 Milliarden Dollar. Fishers Wechsel von Motorola zu Eastman Kodak war skeptisch kommentiert worden. Doch Fisher verbesserte Kodaks Bilanz und die Unternehmenskultur, indem er das Unternehmen wieder auf den Kernbereich Photo fokussierte, den Chemiebereich separat an die Börse brachte und die Digitaltechnologie vorantrieb.

Wie Abbildung 6.5 zeigt, stieg die Kodak-Aktie 1994 und 1995 unter kleineren Rückschlägen bis in den Bereich von etwa 55 Dollar. Seit

180

Abb. 6.5 EASTMAN KODAK (EK) MONATSCHART

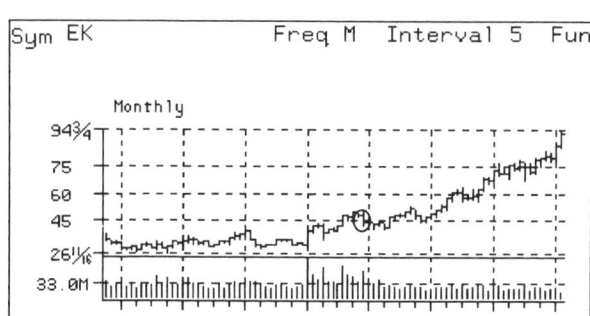

Nachdruck mit freundlicher Genehmigung von ILX Systems.

Anfang 1995 ging es beständig nach oben, und Anfang 1997 wurde die Aktie zu mehr als 90 Dollar gehandelt.

Bei Führungswechseln in Unternehmen müssen zwei Bedingungen erfüllt sein, damit man einen längerfristigen Aufwärtstrend erwarten kann: Zunächst muß der neue CEO schon bei anderen Firmen Erfolge erzielt haben. Noch wichtiger ist, daß die Erwartungen der Anlegerschaft nicht allzu hoch sind, denn sonst könnten die ersten Aktionen des neuen CEO zu Enttäuschungen führen. Es gibt genügend Beispiele dafür, daß bei besonders hohen Erwartungen der ursprüngliche Glanz bald verblaßt. Die großen Turnarounds wie bei Kodak oder wie bei IBM, als Louis Gerstner dort 1993 die Führung übernahm, wurden von großer Skepsis der Börsianer begleitet.

Aktienrückkäufe

Das Positive an einem Aktienrückkauf-Programm ist die Tatsache, daß ein Unternehmen sein Geld dafür ausgeben will, eigene Aktien zu erwerben. Sind es sechs bis acht Prozent aller emittierten Aktien, dann werden die Investoren aufmerksam. Bei zehn Prozent und mehr handelt es sich oft um eine hervorragende Kaufgelegenheit. Man muß bei der Interpretation von Rückkaufplänen aber vorsichtig sein. Es kann eine gute oder eine schlechte Nachricht sein; das kommt auf die Umstände an. Manche Skeptiker sagen: Wenn ein Unternehmen für sein Geld keine bessere Verwendung findet, dann hat es vielleicht ein einfallsloses, uninspiriertes Management. Manchmal bedeuten solche Pläne auch, daß das Management die eigenen Aktien auf dem aktuellen Kursniveau für stark unterbewertet hält. In diesem Fall sollte man dem Beispiel des Managements folgen und kaufen. Es kommt jedoch auf den Prozentsatz aller emittierten Aktien an, nicht auf das Dollarvolumen des Rückkaufs.

Hospitality Franchise Systems, ein in den Bereichen Hotels, Immobilien und Autoverleih tätiges Unternehmen, kündigte im Juli 1996 an, eigene Aktien im Wert von 50 Millionen Dollar zurückkaufen zu wollen. Bei näherer Betrachtung machten diese 50 Millionen Dollar aber weniger als ein Prozent der Marktkapitalisierung aller 100 Millionen emittierten Aktien aus. Ich beurteilte den Plan daher skeptisch und empfahl ein Put-Engagement. Als die Wall Street die enttäuschenden Einzelheiten des Rückkaufplans bemerkte, fiel die Aktie in kurzer Zeit von 56 auf 50 Dollar, und das Put-Engagement brachte 29 Prozent Gewinn in nur einer Woche. Man sollte also oberflächlich »positive« Nachrichten nicht ohne nähere Untersuchung akzeptieren. Viele Investoren betrachten *jeden* Rückkaufplan als positiv. Wenn das Unternehmen aber keinen nennenswerten Anteil kauft, handelt es sich oft um ein Kurzfristmanöver mit dem Zweck, den Aktienkurs zu stützen. Befolgen Sie also Humphrey Neills Rat und »durchdenken Sie die Dinge«, bevor sie auf Schlagzeilen reagieren.

Übernahmen

Wenn eine Firma Ziel einer Unternehmensübernahme ist, wird der Aktienkurs zwangsläufig deutlich steigen. Man muß jedoch sehr vorsichtig sein, wenn man Call-Optionen auf bloße Übernahmegerüchte hin kauft. Wenn das Gerücht verbreitet wird, ist die Aktie meist schon kräftig gestiegen. Man kauft also eventuell gerade zu einem kurzfristigen Höchstkurs, und nichts fürchten Käufer von Call-Optionen mehr als das.

Wegen der Gerüchte stecken im Aktienkurs bereits hohe Erwartungen. Käufer riskieren daher Verluste nach dem Motto »Verkaufe bei guten Nachrichten«, selbst wenn sich die Gerüchte bewahrheiten. Und wenn es aus irgendwelchen Gründen zu Verzögerungen des Übernahmeprozesses kommt, kann die Aktie einen erheblichen Kursrutsch erleiden.

Für Optionstrader, die beim Übernahmespiel mitmischen wollen, gibt es noch einen speziellen Nachteil: Optionshändler an der Börse neigen dazu, die impliziten Volatilitäten der Aktien von Übernahmekandidaten in die Höhe zu treiben. Das ist eine Reaktion auf die Nachfragesteigerung infolge der Übernahmegerüchte, denn die Optionspreise richten sich nach dem erwarteten Kursanstieg der betreffenden Aktie. Man muß also oft hohe Optionsprämien zahlen, wenn man in

Abb. 6.6 **NOVELL (NOVL), WOCHENCHART**

Sym NOVL   Freq W Interval 5

Nachdruck mit freundlicher Genehmigung von ILX Systems.

diesem Spiel mitmischen will. Die Volatilitäten werden jedoch ebenso wie die Prämien der Optionen, die Sie bereits halten, schnell absinken, falls sich die Gerüchte als unzutreffend erweisen. Wer bereits Call-Positionen hat, bevor Übernahmegerüchte auftauchen, sollte dies als gute Gelegenheit sehen, die Positionen zu *schließen*. In diesem Fall hat er ja von der Aktienkursbewegung schon profitiert und verkauft die Optionen bei hoher impliziter Volatilität.

Novell (Abbildung 6.6) ist ein klassisches Beispiel. Mehr als ein Jahr lang galt Novell als mögliches Übernahmeziel von Unternehmen mit hohen Cash-Beständen wie etwa IBM. 1995 notierte die Aktie monatelang unter 20 Dollar und tendierte infolge sinkender Gewinne nach unten. Viele Optionshändler häuften damals Calls an, die aus dem Geld notierten und hohe Aufgelder aufwiesen, weil sie erwarteten, die Übernahmegerüchte würden sich bewahrheiten. Monat für Monat liefen diese Calls jedoch wertlos aus, was zu heftigen Verlusten derjenigen führte, die aufgrund dieser Gerüchte gekauft hatten.

Wenn eine Übernahme angekündigt wird, sollte man nach Gelegenheiten suchen, Calls auf die Aktie der *übernehmenden* Firma zu kaufen. Solche Aktien werden an der Wall Street anfangs meist nach unten gedrückt, denn es gibt Befürchtungen, die Gewinne könnten verwässert werden, oder der Preis für die Übernahme sei zu hoch. Die Aktie der NationsBank (NB) erlebte zum Beispiel 1995 und im ersten Halbjahr 1996 einen kräftigen Anstieg und legte in diesen 18 Monaten um fast 100 Prozent zu. NationsBank war führend in der Übernahme regiona-

Abb. 6.7 NATIONSBANK (NB), TAGESCHART UND GLEITENDER 20-TAGE-DURCHSCHNITT

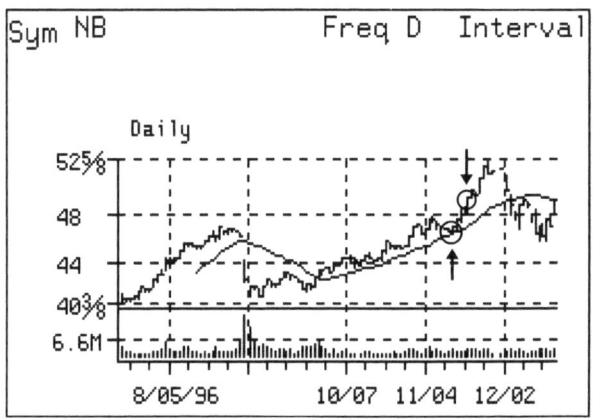

Nachdruck mit freundlicher Genehmigung von ILX Systems.

ler Banken und wuchs allmählich zu einem Finanzriesen heran. Als NB Anfang August die Übernahme von Boatmen's Bancshares für 9,5 Milliarden Dollar ankündigte, wobei mehr als die Hälfte des Kaufpreises durch Ausgabe von Aktien finanziert werden sollte, fiel der Titel von NB in wenigen Tagen um etwa 15 Prozent. Dieser Kursrückgang kam jedoch am gleitenden 100-Tage-Durchschnitt zu Stillstand, und das zeigte, daß der längerfristige Aufwärtstrend noch intakt war. Da die Aktie sich stabilisierte und wieder zu steigen begann, sah ich im November 1996 eine gute Chance, als der Kurs bis zum gleitenden 20-Tage-Durchschnitt zurückfiel (siehe Abbildung 6.7). Am 14. November empfahl ich den Kauf von Januar-Calls mit Basispreis $47^1/_2$ Dollar. Mein Kursziel für diesen Trade lag bei 200 Prozent. Am 20. November hatte sich der Wert meiner Position jedoch schon verdoppelt, und ich folgte meiner Regel, einen Gewinn von 100 oder mehr Prozent, der in höchstens einer Woche erzielt wurde, durch Verkauf zu realisieren. Man kann also schnelle und hohe Gewinne erzielen, wenn man nach Aktien sucht, die an der Börse nach unten gedrückt wurden, und einen Einstiegskurs wählt, von dem aus ein schneller Aufwärtstrend einsetzen könnte.

Es gibt sogar noch profitablere Methoden, beim Optionshandel hohe Gewinne zu erzielen. Im nächsten Abschnitt wird eine von ihnen vorgestellt.

DIE BASEBALL-STRATEGIE

Ein Homerun oder ein Grand Slam sind im Baseball selten und sorgen für große Aufregung und Begeisterung. Diese Dinge fügen dem Spiel eine neue Dimension hinzu und ziehen die Massen ins Stadion. Mit einem einzigen Schlag kann man den Spielverlauf völlig verändern.

Die Elektrizität eines solchen Volltreffers gibt es auch beim Optionstrading. An Trades mit riesigen Profiten – 300 Prozent und mehr – werden Sie sich immer erinnern. Wer würde nicht gern 2500 Dollar in einen Trade investieren und die Position nach einem oder zwei Monaten für 10 000 Dollar verkaufen?

Die Möglichkeit so großer Gewinne lockt die Trader auf den Optionsmarkt. Aber wie der Homerun und der Grand Slam sind solche enormen Profite natürlich nicht alltäglich. Es ist eine anspruchsvolle Herausforderung, aber die Möglichkeit ist vorhanden. Und man kann sein Geld in Hausse- *und* in Baissemärkten vervielfachen.

Der Grundsatz »Je größer die Chance, desto höher das Risiko« trifft natürlich auf nichts mehr zu als auf solche Homerun-Strategien im Optionshandel. Bevor man sich auf das aggressivere Ende des Optionsmarkts konzentriert, muß man sich darüber im klaren sein, daß die Baseball-Strategie die riskanteste von allen ist, die ich empfehle. Wenn Sie nicht das nötige Kapital und die mentale Disziplin mitbringen, um die in manchen Trades unvermeidlich auftretenden Totalverluste zu akzeptieren und zu verkraften, dann ist diese Alles-oder-nichts-Methode für Sie ungeeignet. Obwohl Optionstrader in aller Regel aggressive Investoren sind, sollte die Jagd auf Gewinne von 300 Prozent und mehr nur den aggressivsten vorbehalten bleiben, die das damit verbundene höhere Risiko zu tragen bereit sind.

In seiner ruhmreichen Karriere schlug Babe Ruth 714 Homeruns; ein Rekord, der viele Jahre Bestand hatte. Bezeichnenderweise war Babe Ruth zu seiner Zeit aber auch in puncto Fehlschlägen führend. Trotzdem wurde Babe in die Baseball-Ruhmeshalle aufgenommen, denn die positiven Aspekte seiner Homeruns und wichtigen Treffer waren weit bedeutender als die negativen Aspekte seiner Fehlschläge. Bei einer erfolgreichen Optionsstrategie sieht es ganz ähnlich aus. Fehlschläge, also der Totalverlust des für einen bestimmten Trade eingesetzten Kapitals, gehören zum Spiel. Wenn man aber bei profitablen Trades die Gewinne laufen läßt, kann man mit einem Schlag enorme Profite erzielen. Langfristig kann man so ebenfalls in die Ruhmeshalle kommen; in die der Trader, denn ein Grand-Slam-Trade (+ 300 Prozent) und zwei Fehlschläge (– 200 Prozent) ergeben einen Bruttogewinn je Trade von 33 Prozent, wenn der Einsatz für jeden Trade gleich war.

GEWINNE LAUFEN LASSEN, VERLUSTE BEGRENZEN

Es ist eine bekannte Regel für erfolgreiches Trading, Gewinne wachsen zu lassen und Verluste zu begrenzen. Unglücklicherweise neigen viele Optionstrader dazu, Gewinne zu schnell zu realisieren, wenn sie richtig liegen, und ihren Flops viel zu lange treu zu bleiben. Die Angst, den schnellen Gewinn wieder zu verlieren, führt zum voreiligen Verkauf; die Hoffnung auf eine Kurserholung bis zum Einstandskurs verhindert, daß ein Verlust glattgestellt wird, wenn dies erforderlich ist. Meine Nachforschungen haben ergeben, daß schnelle Gewinne oft zu noch weitaus höheren Profiten führen, *wenn* es neben der erfreulichen Kursentwicklung noch eine zusätzliche Antriebskraft gibt. Gleichzeitig ist es beim Optionstrading ein Spiel für Verlierer, Verlustpositionen über längere Zeit zu halten, denn der Zeitwertverlust wird das Investment zunichte machen. Wie in Kapitel 4 gezeigt wurde, unterscheidet sich die Psychologie des Optionshandels völlig von der Situation eines Aktionärs, der warten kann, bis seine Position in die Gewinnzone kommt.

»Gewinne laufen lassen, Verluste begrenzen« ist also ein wichtiges Thema für die aggressive Baseball-Strategie. Denken Sie jedoch stets daran, daß Verlusttrades unvermeidlich sind. Darum muß für das Management einer Position ebensoviel Energie aufgewendet werden wie für ihren Aufbau. Mit anderen Worten: Begrenzen Sie Verluste so gut Sie können, seinen Sie sich jedoch darüber im klaren, daß Sie nicht alle Verluste kontrollieren können, und daß völlige Fehlschläge in Form von Totalverlusten eintreten werden. Lassen Sie aber Ihre Gewinne anwachsen, solange die weiteren Aussichten positiv bleiben. Sie müssen aber wissen, daß nicht jeder Homerun klappt. Sie werden sehen, daß sich hohe Gewinne in Verluste verwandeln können, daß Sie schließlich zum Einstandskurs verkaufen werden, wenn die der Option zugrundeliegende Aktie ihren Trend nicht beibehält und am Ende sogar die Richtung wechselt.

DIE RICHTIGEN OPTIONEN FÜR ALLES-ODER-NICHTS-TRADES

Wegen der aggressiven Gewinnziele der Baseball-Strategie müssen die Optionen, die Sie kaufen, einen hohen Hebel aufweisen. Mit anderen Worten: Sie sollten eine Option kaufen, die relativ zur erwarteten Kursbewegung einen prozentual viel höheren Gewinn abwirft.

Ich empfehle für diese Strategie keine Optionen, die weit aus dem Geld notieren, denn für die meisten erwarteten Preisbewegungen der zugrundeliegenden Aktien weisen sie typischerweise einen außerordentlich geringen Hebel auf. Der Gewinn aus der Option im Vergleich zum Gewinn im Fall der erwarteten Kursbewegung der Aktie ist einfach nicht hoch genug, um das zusätzliche Risiko zu kompensieren, daß eine solche Option, die ein niedriges Delta aufweist, schließlich wertlos verfällt. Man sollte hohe Gewinne durch realistische Kursbewegungen der Aktie anstreben, anstatt auf völlig unwahrscheinliche Bewegungen zu setzen.

Wenn sie eine Call-Option kaufen, und die zugrundeliegende Aktie (das Underlying oder das Basisobjekt) um fünf Prozent steigt, während Ihre Option um 15 Prozent steigt, dann beträgt der Hebel lediglich 3 : 1. Weil Optionen riskant sind und mit der Zeit an Wert verlieren, muß die Bewegung der Option relativ zu der Bewegung der Aktie größer sein, um einen Trade zu rechtfertigen. Optionen, die bei einer realistischen Kursbewegung der Aktie einen Hebel von 5 : 1 oder 10 : 1 aufweisen, sind das Risiko in der Regel wert.

WIE MAN DIE BASEBALL-STRATEGIE ANWENDET

Zwei Arten von Optionen mit Restlaufzeiten von einem bis zwei Monaten sind für die Baseball-Strategie am geeignetsten. Der erste Typ sind Optionen, die – in der Regel um einen Basispreis-Schritt – aus dem Geld notieren. Diese Strategie erfordert die zutreffende Prognose einer starken Kursbewegung des Underlying und exaktes Timing. Wenn Sie beides schaffen, können Sie von einem echten Homerun-Trade profitieren. Wenn aber auch nur eine der beiden Bedingungen nicht erfüllt ist, kommt es oft zum Totalverlust.

Ein Beispiel für einen Homerun-Trade: Sie hätten September-Calls mit Basispreis 60 Dollar auf die Compaq-Aktie am 13. August 1996 kaufen können; und zwar basierend auf einem neuen Höchstkurs der Compaq-Aktie im Vergleich zum früheren Hoch von 56 fl Dollar, das Ende 1995 erreicht worden war. Bestärkt wurde die positive Einschätzung dadurch, daß die relative Stärke der Aktie im Vergleich zum S & P-500-Index nach achtwöchiger Konsolidierung ein neues mehrjähriges Hoch erreicht hatte (siehe Abbildung 6.8). Zum Zeitpunkt des Trade stand die Aktie bei 57 Dollar, und Sie hätten für die Option eine Prämie von zwei Dollar bezahlt. Der Kursausbruch setzte sich tatsächlich fort, und die Aktie vollzog einen schnellen Anstieg um acht auf 65 Dollar bis zum 20. September. Dann hätten Sie die Option mit einem Profit von 300 Prozent für acht Dollar verkaufen können, weil Ihre Einschätzung und Ihr Timing sich als zutreffend erwiesen hätten.

187

Abb. 6.8 **COMPAQ (CPQ), WOCHENCHART**

Nachdruck mit freundlicher Genehmigung von ILX Systems.

Noch einmal: *Beide* Bedingungen, die richtige Kursprognose und exaktes Timing, müssen erfüllt sein, oder es kommt wahrscheinlich zu einem empfindlichen Verlust. Wenn Sie dann Verlustpositionen nicht schnell glattstellen, werden Sie wohl Ihren gesamten Einsatz für den Trade verlieren. Der Zeitwertverlust wirkt sich bei Optionen mit so kurzer Restlaufzeit viel dramatischer aus, weil nur noch so wenig Zeit bis zum Verfallstag bleibt. Während Kursprognose und Timing zwei entscheidende Faktoren für den Gewinn mit Optionen sind, gibt es auch eine Situation, in der das Wissen um die Volatilität von Optionen sie davor bewahren kann, eine Dummheit zu begehen. Meiden Sie Optionen, deren implizite Volatilitäten wegen eines bevorstehenden Ereignisses, zum Beispiel einer Ergebnisveröffentlichung, soeben nach oben geschossen sind. Diese Volatilitäten sinken nach dem Ereignis in der Regel stark ab. In diesen Fällen können Einschätzung und Timing zwar korrekt sein, aber man verliert trotzdem Geld, weil die Optionsprämie fällt, und die implizite Volatilität wieder auf das übliche Niveau sinkt.

Sie hätten am 29. Juli 1996 zum Beispiel August-Puts mit Basispreis 35 Dollar auf die Aktie von Digital Equipment (DEC) kaufen können, und zwar in Erwartung einer enttäuschenden Ergebnismeldung am folgenden Tag. Die Aktie stand damals bei $36^1/_2$ Dollar. Während die historische Volatilität von DEC-Optionen zuvor bei 40 Prozent gele-

Abbildung 6.9: Digital Equipment (DEC), Tageschart

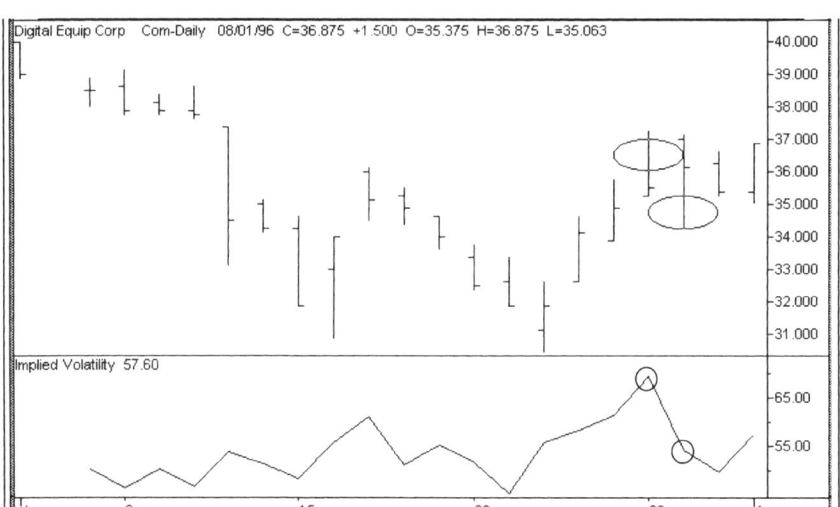

Erstellt mit SuperCharts by Omega Research © 1996

gen hatte, stieg die implizite Volatilität des August-Put vor der Ergebnismeldung bis auf 69 Prozent an. Nehmen wir an, Sie kauften die Option für $1^5/_8$ Dollar, und wie erwartet fielen die DEC-Aktien am folgenden Tag um zwei Dollar (siehe Abbildung 6.9). Sie haben aber das Risiko nicht einkalkuliert, daß die implizite Volatilität nach der Meldung einbrechen würde. Beim August-Put fiel sie von 69 auf 54 Prozent, und somit wieder auf das Niveau der historischen Volatilität. Folglich notierte die Option *immer noch* bei $1^5/_8$ Dollar, und von einem Gewinn war nicht die Rede. Obwohl Kursprognose und Timing perfekt waren, hätten Sie kein Geld verdient, weil Sie den Einbruch der Volatilität nicht vorausgesehen hätten.

Die zweite Optionsart für die Baseball-Strategie sind »billige« Optionen am Geld oder im Geld. In manchen Fällen identifiziert ein Spekulant eine Aktie, die sich in einem engen, aber eindeutigen Aufwärtsoder Abwärtstrend befindet. Da der Trendkanal eng ist, die Aktie also keine bedeutenden Kursausschläge aufweist, sind die Optionsprämien oft recht gering.

Betrachten wir U.S. Industries. Die Aktie bewegte sich in den letzten acht Monaten 1996 in einer engen Neun-Punkte-Range langsam nach oben. Zur gleichen Zeit bewegte sich die Aktie von Charles Schwab richtungslos in einer Trading-Range von $8^1/_2$ Punkten. Anfang April

189

Abb. 6.10 **U.S. INDUSTRIES (USI), WOCHENCHART**

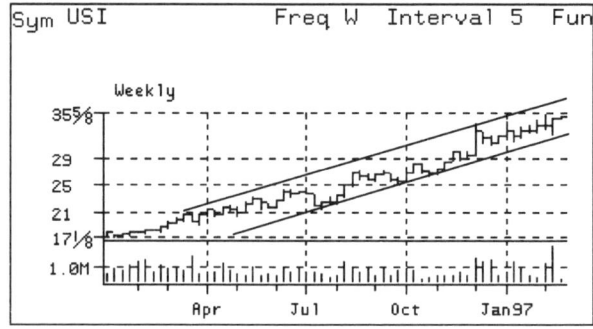

Nachdruck mit freundlicher Genehmigung von ILX Systems.

kosteten beide Titel etwa 26 Dollar (siehe Abbildungen 6.10 und 6.11). Obwohl die Schwab-Aktie keinen klaren Trend aufwies, waren Januar-Calls mit Basispreis 25 Dollar auf diese Aktie mit einem Briefkurs von $3^1/_4$ Dollar teurer als die auf U.S. Industries (Briefkurs: $2^3/_8$ Dollar). Dies illustriert sehr anschaulich, daß das Optionspreismodell richtungslose Volatilität über- und nichtvolatile Trends unterbewertet. Und Gewinnchancen für Optionskäufer bieten vor allem letztere.

Eine weniger hochhebelige, aber dennoch aggressive Strategie mit billigen Optionen auf Trend-Aktien ist es, eine Option am Geld zu kaufen, die eine Restlaufzeit von zwei bis vier Monaten aufweist. Ein angestrebter Gewinn von 300 Prozent und mehr ist auch hier angemessen.

Abbildung 6.11 **CHARLES SCHWAB (SCH), WOCHENCHART**

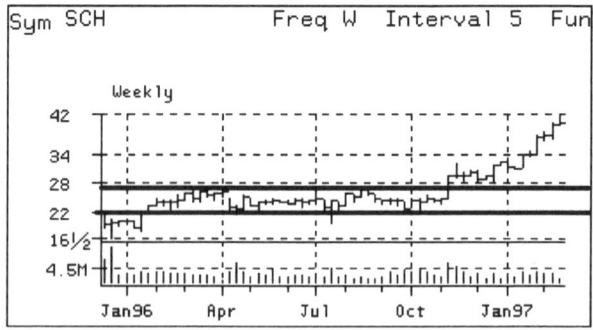

Nachdruck mit freundlicher Genehmigung von ILX Systems.

Mit einem solchen Kauf spekuliert man darauf, daß der Trend sich fortsetzt und die Volatilitäten sowohl der Aktie als auch der Option schließlich erheblich steigen, weil man an der Börse den Trend erkennt und auf den Zug aufspringen will. Obwohl die steigende Volatilität der Aktie ein Ende des Trends signalisieren könnte, kann ein schlauer Spekulant mit Call-Optionen enorm von einem rasanten Anstieg profitieren. Die Optionsprämie steigt nämlich dank des doppelt positiven Einflusses eines anziehenden Aktienkurses und einer höher werdenden impliziten Volatilität.

Zum Beispiel empfahl ich am 13. August 1996 den Oktober-Call auf die Aktie der Bank of New York (BK) mit Basispreis $27^1/_2$ Dollar. Sie sehen auf Abbildung 6.12, daß die Aktie sich seit Anfang 1995 in einem engen langfristigen Aufwärtstrend bewegt hatte. Zur Feinabstimmung meines Einstiegs und zur Maximierung meiner Gewinne wartete ich auf einen Ausbruch nach oben und einen Test des Bereichs um 27 Dollar, der sich in den sechs vorangegangenen Monaten als stabile Widerstandszone erwiesen hatte. Das Durchbrechen einer Widerstandszone führt in der Regel zu einer schnellen und starken Aufwärtsbewegung. Um das Maximum herauszuholen, hätte ich den Kauf einer August- oder einer September-Option empfehlen können. BK-Optionen waren allerdings recht billig, und daher kaufte ich, um mein Risiko zu reduzieren, die Oktober-Option für $1^5/_{16}$ Dollar. Ich konnte den Aufwärtstrend des folgenden Monats ausnutzen, bevor ich mich am 10. Septem-

Abb. 6.12 BANK OF NEW YORK (BK), WOCHENCHART

Nachdruck mit freundlicher Genehmigung von ILX Systems.

ber 1996 zum Verkauf entschloß. Sogar mit einer Option, die einen niedrigeren Hebel aufwies als eine kurzfristigere Alternative konnte ich meinen Einsatz so in vier Wochen mehr als verdoppeln.

DIE REGEL VOM KOSTENLOSEN TRADE

Trader können in der besten beider Welten leben, indem sie ihr Risiko in einem noch bestehenden Engagement beträchtlich reduzieren, während sie ihre Gewinne immer noch laufen lassen. Das ist vor allem für Trader verlockend, die sehr aggressive Positionen aufgebaut haben, denn in der volatilen Welt der Optionen können sich Gewinne innerhalb von Stunden in Luft auflösen und sich schließlich in Verluste verwandeln. Trader können diese potentielle Volatilität reduzieren und sicherstellen, daß sie zumindest keine Verluste erleiden, nachdem eine Position sich gegenüber dem Kaufpreis zumindest verdoppelt hat. Sie verkaufen zu diesem Zweck die Hälfte ihrer Kontrakte mit einem Gewinn von 100 Prozent und halten den Rest in der Hoffnung auf noch höhere Gewinne.

Nehmen wir an, Sie kaufen zehn Kontrakte zu $2^1/_2$ Dollar am 30. April, und Ihr Ziel liegt bei einem Gewinn von 400 Prozent. Ihr Einsatz beträgt 2500 Dollar (10 x 2,50 Dollar x 100), Gebühren nicht gerechnet. Die zugrundeliegende Aktie verhält sich wie erhofft, und am 7. Juni verkaufen Sie fünf Kontrakte zu fünf Dollar. Damit haben Sie Ihren ursprünglichen Einsatz wieder erhalten (5 x 5 Dollar x 100). Sie haben aber immer noch fünf Kontrakte, für die Ihr Gewinnziel von 400 Prozent weiterhin gilt. Das ist ein kostenloser Trade, denn der ursprüngliche Einsatz ist bereits wieder in Ihrer Kasse. Dies garantiert Ihnen, daß Sie sogar im schlimmsten aller Fälle, wenn die verbleibende Hälfte Ihrer Position wertlos verfällt, ohne Verlust davonkommen.

Im bestmöglichen Fall bringen die fünf verbliebenen Kontrakte die angestrebten 400 Prozent Gewinn. In diesem Fall verbucht der Trader im Durchschnitt 250 Prozent Gewinn für den gesamten Trade: (100 % x 0,5) + (400 % x 0,5). Und er hatte die *Garantie*, hinsichtlich seines ursprünglichen Einsatzes zumindest keine Verluste zu erleiden, nachdem er die Hälfte der Position mit 100 Prozent Gewinn glattgestellt hatte. Diese Strategie erlaubt eine höhere Flexibilität mit der verbleibenden Hälfte. Weil das Risiko eines Totalverlusts des ursprünglichen Einsatzes nicht mehr besteht, entwickeln die meisten Trader ein bedeutend größeres Durchhaltevermögen, um den Homerun-Gewinn zu erzielen.

DIE PROFILE VON BASEBALL-TRADES

In diesem Abschnitt ist von einigen Trades die Rede, die erhebliche Gewinne gebracht haben, und auch von einigen, die enttäuscht haben. Die meisten weisen einige Gemeinsamkeiten auf wie hohe relative Stärke im Vergleich zum Gesamtmarkt und zur jeweiligen Branche bei Call-Optionen, oder relative Schwäche in beiderlei Hinsicht bei Put-Optionen.

Außerdem waren alle diese Trades konträr zur Marktmeinung. Sie entstanden durch das Aufspringen auf Trends, gegen die Spekulanten gewettet hatten, die früher durch schlechtes Timing aufgefallen waren. Ich werde oft gefragt: »Wieso ist es gegen die Marktmeinung, wenn man einen Call auf eine steigende Aktie kauft?« Wie ich in Kapitel 1 erläutert habe, geht es darum, bei einer im Vergleich zur Kursbewegung einer Aktie geringen Erwartungshaltung zu kaufen. Und wenn eine Aktie von Optionsspekulanten vernachlässigt wird, dann ist dies oft ein Anzeichen dafür, daß der Trend noch eine Weile andauern wird, denn es kommt selten zu einem Höchstkurs, ohne daß Spekulanten eine äußerst optimistische Haltung einnehmen.

Einige der im folgenden beschriebenen Trades resultierten daraus, daß ich auf eine Aktie stieß, die sich in einem engen Trend befand. Das ermöglichte es mir, Optionen mit recht niedrigen Prämien zu kaufen, so daß ich mit ungewöhnlich hohen Gewinnen rechnen konnte. Beim ersten Beispiel, Williams Companies, konnte ich eine Option, die aus dem Geld notierte, mit genügend langer Laufzeit kaufen und profitierte davon, daß der Trend sich voll entfaltete. Das heißt, daß auf Rückschläge innerhalb des Trends mit großer Wahrscheinlichkeit neue Höchststände folgten, solange die Unterstützungsniveaus innerhalb des von niedriger Volatilität gekennzeichneten Trends stabil blieben.

Williams Companies (WMB), Februar-Call, Basispreis 40 Dollar

Am 18. Oktober 1995 empfahl ich den Kauf des oben genannten Call mit einem Gewinnziel von 300 Prozent. Abbildung 6.13 zeigt, daß WMB sich in einem engen Aufwärtstrend befand und am gleitenden 50-Tage-Durchschnitt Unterstützung hatte. Bei einem Aktienkurs von $26^5/_8$ Dollar (adjustiert nach einem Split im Vehältnis 3 : 2) empfahl ich die Option zu $1^3/_8$ Dollar zum Kauf. Schon bald stieg die Aktie aus ihrer Unterstützungszone bis auf ein neues Hoch von mehr als 27 Dollar. Der Grund war eine besser als erwartet ausgefallene Gewinnmeldung des Unternehmens. Außerdem zeigte die Aktie im Vergleich zum S & P

193

Abb. 6.13 WILLIAMS COMPANIES (WMB), WOCHENCHART

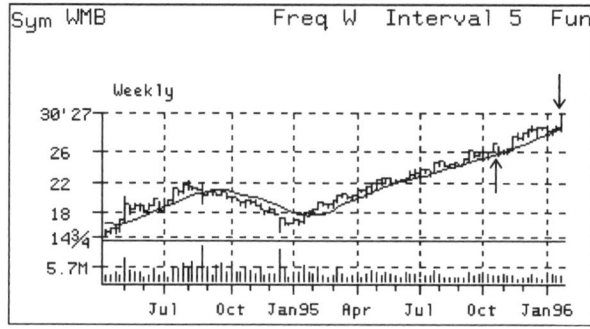

Nachdruck mit freundlicher Genehmigung von ILX Systems.

500 enorme relative Stärke (Abbildung 6.14). Trotz des ansteigenden Kurses und der überdurchschnittlichen Performance fand WMB an der Wall Street wenig Beachtung. Nach Angaben von Zack Investment Research stufte auch nur einer von 14 Analysten, die die Aktie beobachteten, sie als »Strong Buy« ein. Einer der Analysten empfahl sogar den Verkauf. Zusätzlich bemerkte ich, daß die Optionsspekulanten keine Calls auf die Aktie ansammelten, obwohl es verhältnismäßig einfach zu sein schien, mit WMB Geld zu verdienen, wenn man den Trend der Aktie analysierte. Die gleichgültige Reaktion der Analysten und der Spekulanten legte nahe, daß dieser Trend noch nicht ausgereizt war.

Wie sich herausstellte, war meine Annahme richtig, daß der Auf-

Abb. 6.14 WILLIAMS COMPANIES (WMB), WOCHENCHART:
RELATIVE STÄRKE IM VERGLEICH ZUM S & P 500

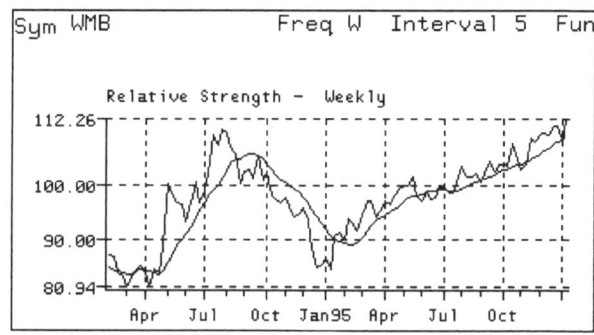

Nachdruck mit freundlicher Genehmigung von ILX Systems.

wärtstrend anhalten würde. Die Aktie markierte ständig neue Höchststände, wobei der gleitende 50-Tage-Durchschnitt kurzfristige Unterstützung innerhalb des längerfristigen Aufwärtstrends bot. Das Management dieses Trades war wichtig, denn ich hielt die Position auch während einiger Rückschläge, da meine Unterstützungszonen nicht durchbrochen wurden. Am 8. Februar 1996 war mein Gewinnziel von 300 Prozent erreicht, denn die Aktie stieg aus der Unterstützungszone kräftig bis etwa $32^1/_2$ Dollar an.

United Healthcare (UNH), August-Put, Basispreis 50 Dollar

Diesen Trade empfahl ich am 27. Juni 1996, und der Grund war, unter umgekehrten Vorzeichen, der gleiche wie beim WMB-Call. Wie in Abbildung 6.15 zu sehen ist, bewegte sich UNH in einem engen Abwärtstrend. Wie Abbildung 6.16 zeigt, gab es jedoch eine kurzfristige Erholung nach einem Kurseinbruch in der Vorwoche. Als dieser Einbruch wettgemacht war, empfahl ich die Put-Position. Nach einem Kurssturz und einer Erholung gibt es in der Regel ein Überangebot an Aktien. Wer sie vor dem Einbruch gekauft hat, will nämlich verkaufen, um ohne Verlust aus dem Engagement herauszukommen. Außerdem zeigte diese Aktie eine extrem schwache Performance im Vergleich zum S & P 500 (siehe Abbildung 6.17). Da der Langfristtrend für eine Put-Position sprach und das potentielle Überangebot gerade über dem Schlußkurs von UNH am 26 Juni lag, war es an der Zeit, ein Engage-

Abb. 6.15 **United Healthcare (UNH), Wochenchart**

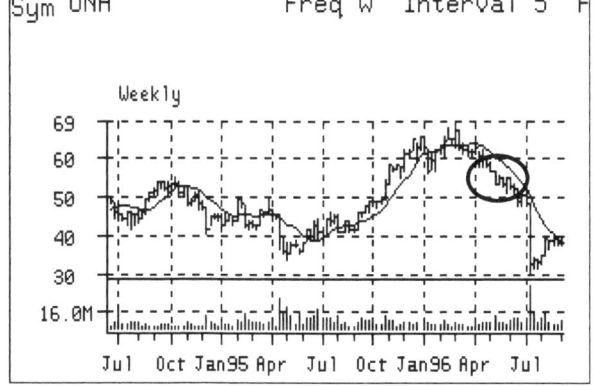

Nachdruck mit freundlicher Genehmigung von ILX Systems.

Abb. 6.16 **UNITED HEALTHCARE (UNH), TAGESCHART**

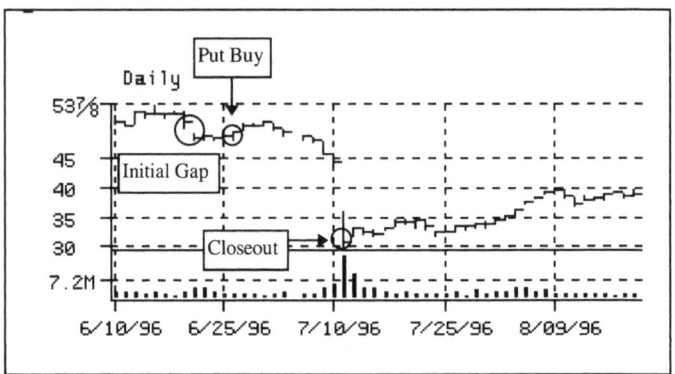

Nachdruck mit freundlicher Genehmigung von ILX Systems.

ment zu tätigen, und ich empfahl den Put am 26. Juni beim Kurs von $2^5/_8$ Dollar. Ein negativer Gewinntrend übte zusätzlichen Druck auf den Kurs von UNH aus, denn die letzte Gewinnmeldung des Unternehmens hatte enttäuscht. Aber trotz der schwachen Kursentwicklun und der enttäuschenden Gewinnzahlen war UNH noch immer ein Liebling der Wall Street. Zum Beispiel berichtete Zack Investment Research, daß 21 von 24 Analysten, die die Aktie beobachteten, sie als kaufenswert einstuften. Der abbröckelnde Kurs stand im Widerspruch

Abb. 6.17 **UNITED HEALTHCARE (UNH), WOCHENCHART: RELATIVE STÄRKE IM VERGLEICH ZUM S & P 500, OKTOBER 1993 BIS JULI 1996**

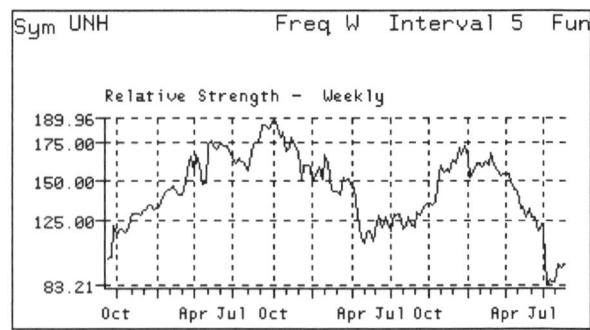

Nachdruck mit freundlicher Genehmigung von ILX Systems.

zum Optimismus der Wall-Street-Analysten, und in solchen Fällen ist es meist klug, auf die Stimme des Marktes zu hören.

Nur zwei Wochen später, am 11. Juli, gab mir der Markt recht. UNH deutete an, daß die Gewinne des laufenden Quartals weit unter den Erwartungen der Analysten liegen würden. Die Aktie brach am folgenden Vormittag deutlich ein und verzeichnete einen Tagesverlust von $13^1/_4$ Dollar. Ich verkaufte den Put zu $17^1/_8$ Dollar, mit einem Gewinn von 560 Prozent.

CompUSA (CPU), Juni-Call, Basispreis 20 Dollar

Auch CPU ist ein Beispiel dafür, wie man mit dem Trend und gegen die Mehrzahl der Marktteilnehmer spekulieren kann. Ich empfahl den Call am 3. Mai 1996 zum Kurs von 17/32 Dollar. Die Aktie kostete damals $17^9/_{16}$ Dollar (adjustiert nach Split im Verhältnis 2 : 1). Bei diesem Trade lag mein Gewinnziel bei 400 Prozent. Wie Abbildung 6.18 zeigt, befand sich CPU in einem klaren Trend und hatte am gleitenden Zehn-Tage-Durchschnitt eine Unterstützung. Außerdem wies CPU schon seit Ja-

Abb. 6.18 COMPUSA (CPU), TAGESCHART MIT GLEITENDEM ZEHN-TAGE-DURCHSCHNITT, APRIL 1996 BIS FEBRUAR 1997

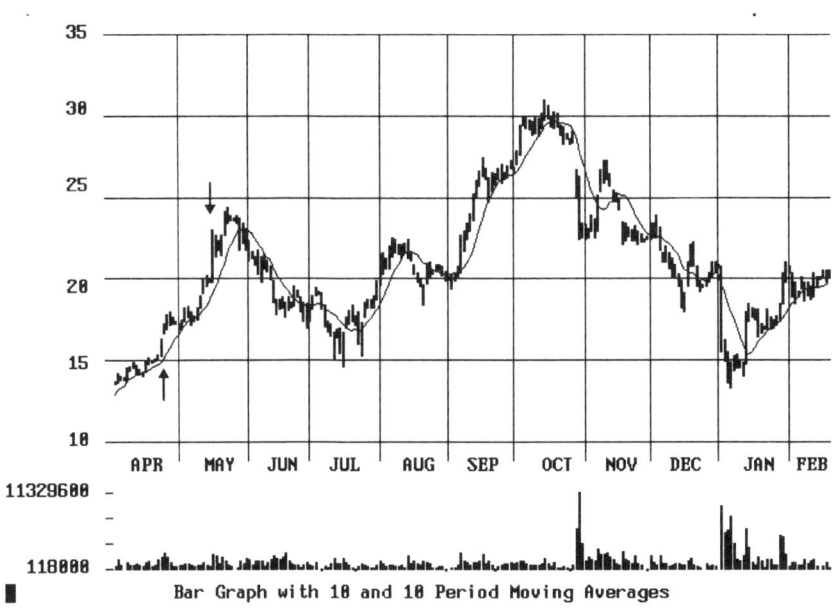

Nachdruck mit freundlicher Genehmigung von Bridge Information Systems.

nuar ständig eine bessere Entwicklung auf als der Gesamtmarkt. Auch die Fundamentaldaten sprachen für einen anhaltenden Aufwärtstrend, denn eine Woche zuvor hatte das Unternehmen Gewinnzahlen veröffentlicht, die die Analystenschätzungen um 21 Prozent übertroffen hatten. Ich hielt nicht nur die Kursentwicklung und die Fundamentaldaten für überzeugend, sondern ich fand es auch interessant, daß die Spekulanten sich noch nicht in diesen Trend eingekauft hatten. Wie ich durch eine Marktuntersuchung feststellte, setzten Spekulanten sogar auf ein Ende der Rallye und kauften die aus dem Geld notierenden Puts mit Basispreis $16^1/_4$ Dollar (adjustiert wie oben). Derart verbreitete Skepsis einer Gruppe, die typischerweise falsch liegt, angesichts positiver Fundamentaldaten und einer technischen Korrektur bot die Chance für hohe zusätzliche Gewinne innerhalb kurzer Zeit.

Zwei Wochen später begrüßte man an der Wall Street die Nachricht, CPU werde PC Compleat übernehmen, einen Direktverkäufer von Markencomputern und PC-Zubehör. CPU schloß mehr als fünf Punkte höher, bei $22^7/_{16}$ Dollar, und die Option erreichte das Gewinnziel von 400 Prozent.

Newbridge Networks (NN), Mai-Call, Basispreis 30 Dollar

Im Februar 1996 begann ich damit, NN genau zu beobachten. Die Aktie hatte sich während eines Kurseinbruchs der Technologiewerte, der am 23. Februar begann, extrem gut gehalten. Sie stieg sogar, als der Morgan Stanley High-Tech 35 Index (MSH) weiter nach unten tendierte (siehe Abbildung 6.19). Diese relative Stärke im Vergleich zum MSH beeindruckte mich, und ich rechnete damit, daß NN die nächste Aufwärtsbewegung der Technologie-Aktien anführen würde. Als diese Aktien allmählich eine bessere Performance als der Gesamtmarkt entwickelten, wurde NN zum Kandidaten für ein Call-Engagement. Ein weiterer Grund dafür: NN erreichte ständig neue historische Höchstkurse, was von den Optionsspekulanten jedoch völlig ignoriert wurde. Dieser Mangel an Begeisterung zeigte mir, daß die Aktie noch viel Platz nach oben hatte.

Also empfahl ich am 18. April 1996 den Kauf des oben genannten Call (alle Zahlen adjustiert nach einem Split im Verhältnis 2 : 1), als die Aktie nach einer kurzen Konsolidierung wieder nach oben tendierte. Der Bereich um $28^1/_2$ Dollar hatte seit Anfang April als Widerstand fungiert. Als die Aktie ihn nach oben durchbrach, gab ich meine Call-Empfehlung mit einem Gewinnziel von 300 Prozent. Ich erwartete eine schnelle Kursbewegung bis $32^1/_2$ Dollar. Dort, so glaubte ich, würde Optimismus einsetzen, und die Rallye würde ins Stocken gera-

Abb. 6.19 NEWBRIDGE NETWORKS (NN) IM VERGLEICH ZUM MORGAN STANLEY HIGH-TECH 35 INDEX (MSH)

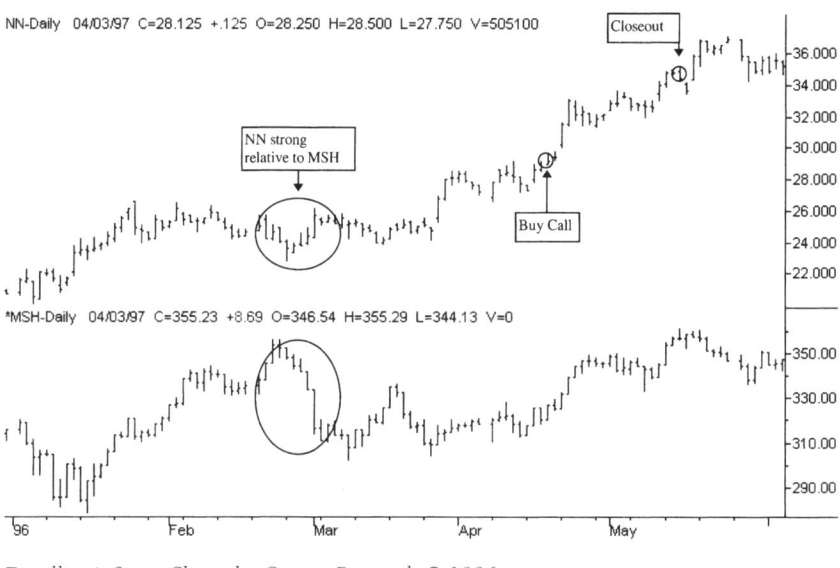

Erstellt mit SuperCharts by Omega Research © 1996

ten. In den sechs Monaten zuvor hatte die NN-Aktie ständig erheblich zugelegt, nachdem sie Konsolidierungszonen überwunden hatte.

Ich erreichte das Gewinnziel von 300 Prozent, indem ich die bereits beschriebene risikobegrenzende Strategie des kostenlosen Trade anwendete. Zwei Wochen vor Ablauf der Option kam die Position in die Gewinnzone. Ich nahm die angefallenen Gewinne zur Hälfte mit, denn ich befürchtete, die Aktie könnte wegen der mit dem Ablauf der Optionsfrist verbundenen Glattstellungen unter Druck kommen. Mit der Verkaufsempfehlung der Option zu $3^9/_{16}$ Dollar hatte ich einen Gewinn von 235 Prozent in der Tasche, und außerdem hatte ich einen garantierten Gewinn von 117 Prozent der Gesamtposition, ganz egal, wie sich die Aktie in den beiden Wochen bis zum Verfallstermin der Option entwickeln würde. Da ich nach dem Teilverkauf schon einen Gewinn von mehr als 100 Prozent sicher hatte, wurde ich aggresiver und erhöhte das Gewinnziel für den Rest der Position auf 400 Prozent. In der Regel sollte man Gewinnziele nicht erhöhen. Ich hatte jedoch festgestellt, daß die Optionsspekulanten immer noch nicht auf die Bewegung der NN-Aktie aufmerksam geworden waren, und das gab mir Zutrauen. Am 15. Mai empfahl ich schließlich, die zweite Hälfte der

Position beim Kurs von 15 Dollar mit einem Gewinn von 370 Prozent glattzustellen. Der Durchschnittsgewinn betrug also 302 Prozent.

Chrysler (C), April-Call, Basispreis 27¹/₂ Dollar

Bei dieser Empfehlung vom 22. Februar 1996 fehlte der gemeinsame Nenner meiner früheren großen Erfolge: Ein Trend relativer Stärke zu meinen Gunsten. Daher charakterisiere ich diesen Trade als riskanter im Vergleich zu den anderen. Ich versuchte nämlich, den exakten Tiefpunkt eines Kursrückgangs zu bestimmen, der die Aktie seit dem Hoch vom Februar 14 Prozent Kurswert gekostet hatte.

Wie bestimmte ich dieses kurzfristige Tief? Ich verwendete eine Kombination von technischen Indikatoren und den im Widerspruch zur Marktmeinung stehenden Implikationen eines plötzlichen negativen Sentiments gegenüber den Aktien der Autohersteller, als diese Aktien sich ihrem Tiefpunkt näherten. Natürlich brauchte ich zu alledem auch einige positive Fundamentaldaten, und damals berichteten die drei großen Autohersteller von Verkaufszahlen, die über den Erwartungen der Wall Street lagen.

Ich empfahl die Call-Position, als die Chrysler-Aktie *exakt* bis zum gleitenden 200-Tage-Durchschnitt zurückgefallen war. Nur drei Monate zuvor hatte dieser Durchschnitt sich als Unterstützung erwiesen, bevor die Aktie auf neue Höchststände geklettert war. Er stand zudem auf einem Niveau, das früher mehrmals eine Widerstandszone markiert hatte, und ich ging davon aus, daß dieser frühere Widerstand nun zusätzliche Unterstützung bieten würde. Und schließlich wurden die Presseberichte der Analysten über die Autobranche immer pessimistischer; es war von hohen Lagerbeständen die Rede. Ich sah die Sache anders, denn die Verkaufszahlen zogen an, und die Autohersteller waren auf eine weiter steigende Nachfrage vorbereitet. Beim Aktienkurs von 26 Dollar (ex Split) empfahl ich die oben erwähnte, aus dem Geld notierende Option zu 1³/₈ Dollar, denn ich erwartete eine schnelle Erholung vom Niveau der Unterstützung aus. Das Timing war entscheidend, denn die Laufzeit betrug nur noch acht Wochen, und die Option war drei Dollar aus dem Geld. Mein Timing erwies sich jedoch als gewinnbringend, denn schon eine Woche nach Kauf der Position folgte eine kräftige Kursrallye. Dieses präzise Timing wurde reich belohnt, denn ich stellte die Position am 13. März mit einem Gewinn von 400 Prozent glatt.

Natürlich kann man nicht mit jedem Trade gewinnen. Aber auch bei verlustbringenden Engagements versuche ich etwas zu lernen, das meine künftigen Gewinne steigern kann.

EMC Corp. (EMC), Juli-Call, Basispreis 22¹/₂ Dollar

Am 5. Juni 1996 durchbrach EMC den wichtigen Kursbereich von 22 Dollar (siehe Abbildung 6.20), der sich in der Vergangenheit als bedeutende Unterstützungs- bzw. Widerstandszone erwiesen hatte. Vor dieser Call-Empfehlung hatte ich mit dieser Aktie schon einen sehr erfolgreichen Put-Trade durchgeführt, als sie am Widerstand bei 22 Dollar gescheitert war. Diesmal durchbrach sie ihn jedoch, bei hohen Umsätzen, und ohne daß es wichtige Neuigkeiten gegeben hätte. Ich war zuversichtlich, mit der Empfehlung einer Call-Position Gewinne zu machen. In der Tat so zuversichtlich, daß ich eine Option mit nur 45 Tagen Restlaufzeit empfahl, die nur knapp im Geld notierte.

Sofort nach der Empfehlung bewegte sich EMC in die erwartete Richtung, und der Trade brachte innerhalb weniger Stunden 30 Prozent Gewinn. Dann geschahen jedoch zwei Dinge, vor denen sich ein gegen die Marktmeinung agierender Trader fürchtet. Zunächst wurde nach Börsenschluß eine Sendung ausgestrahlt, in der technische Analysten den »Kursausbruch« von EMC priesen und die nähere Zukunft der Aktie als sehr vielversprechend beschrieben (wer gegen die Mehrheitsmeinung agiert, bevorzugt es, wenn ein solcher Ausbruch weitgehend unbemerkt vonstatten geht). Außerdem ergab eine Analyse des Open Interest am folgenden Tag, daß auch die Optionsspekulanten an diesen Ausbruch glaubten. Das ergab sich aus dem hohen Volumen an

Abb. 6.20 EMC CORP. (EMC), WOCHENCHART

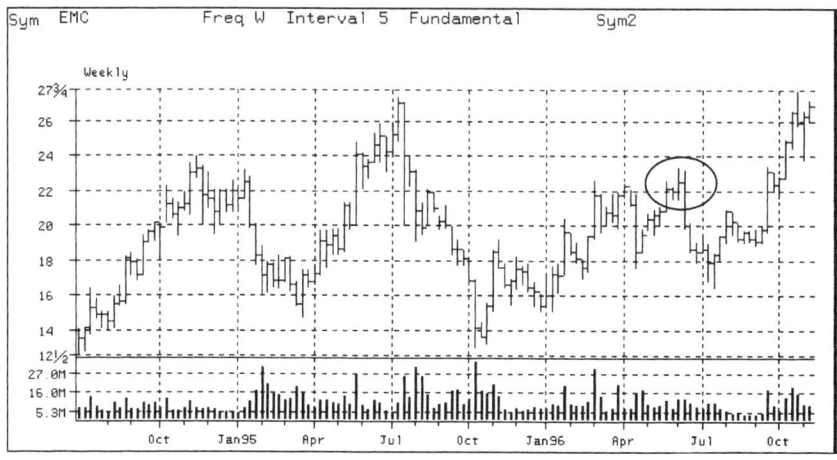

Nachdruck mit freundlicher Genehmigung von ILX Systems.

Call-Optionen mit Basispreisen von 25 und $27^1/_2$ Dollar. Plötzlich merkte ich, daß ich Teil einer potentiellen Massenhysterie war, was extrem gefährlich ist. Die Tatsache, daß dieser Ausbruch an der Wall Street so bekannt und so populär war, erwies sich als Todeskuß. Der nächste Schritt hätte darin bestehen *sollen*, die Position glattzustellen. Ich war aber nicht diszipliniert genug, und die Strafe dafür, daß ich es nicht tat, machte diesen Trade erstens unvergeßlich und zweitens zu einer wichtigen Erfahrung. Nach all dem optimistischen Geschwätz der Analysten in den Nachrichten und der Gier der Optionsspekulanten, EMC-Calls zu kaufen, stürzte die Aktie nach Börsenschluß am 5. Juni steil ab. Am 11. Juni machte EMC einen kräftigen Fall nach unten; unter die optionsgestützte Zone um $22^1/_2$ Dollar. An diesem Punkt warf ich endlich das Handtuch und mußte einen Verlust von 46 Prozent hinnehmen. Ich hätte eine Woche zuvor mit kleinem Gewinn oder zumindest ohne Verlust aussteigen können, wäre ich meiner Kontra-Philosophie treu geblieben. Denken Sie immer daran, daß sich das Umfeld schnell ändern kann, nachdem man ein Engagement eingegangen ist. Daher muß man aufmerksam und flexibel bleiben.

Stone Container (STO), März-Call, Basispreis 15 Dollar

Ich empfahl diesen Call am 17. Januar 1997 zum Kauf, nachdem die Aktie bei hohen Umsätzen den Bereich von 15 Dollar nach oben überwunden hatte (siehe Abbildung 6.21). Ich glaubte, die Aktie würde weiter steigen, denn Kursausbrüche bei hohen Umsätzen sind in der Regel sehr bedeutsam. Außerdem hatte die Aktie tags zuvor exakt an ihrem gleitenden Zehn-Tage-Durchschnitt geschlossen; ein Hinweis auf eine wahrscheinliche Erholung. Die Aktie bewegte sich jedoch fast von Anfang an nicht in die erwünschte Richtung und fiel drei Tage später wieder unter 15 Dollar. Rückblickend hätte ich besser einen Indikator wie den RSI verwendet, der kurzfristige Bewegungen und das übliche Verhalten dieser zyklischen Aktie innerhalb einer Trading Range besser erfaßt hätte. Der kurzfristige Neun-Tage-RSI kam gerade von einem überkauften Niveau zurück, was in den Monaten zuvor oft Kursrückgänge angekündigt hatte. In einem neuen Aufwärtstrend zeigen die Oszillatoren oft eine überkaufte Lage an, aber die Aktie wird davon nicht beeinflußt, denn der Trend zeigt nun nach oben. Zyklische, konjunktursensitive Aktien zeigten im aktuellen Haussemarkt aber die geringste Tendenz zur Trendbildung. Daher hätte mich die Aussage der Oszillatoren vorsichtig stimmen sollen. Am 27. Januar empfahl ich, diesen Trade glattzustellen. STO stand damals bei 14 Dollar, und das Call-Engagement brachte einen Verlust von 65 Prozent.

Abb. 6.21 **STONE CONTAINER (STO) 9-DAY STRENGTH INDEX: SEPTEMBER 1996 – MÄRZ 1997**

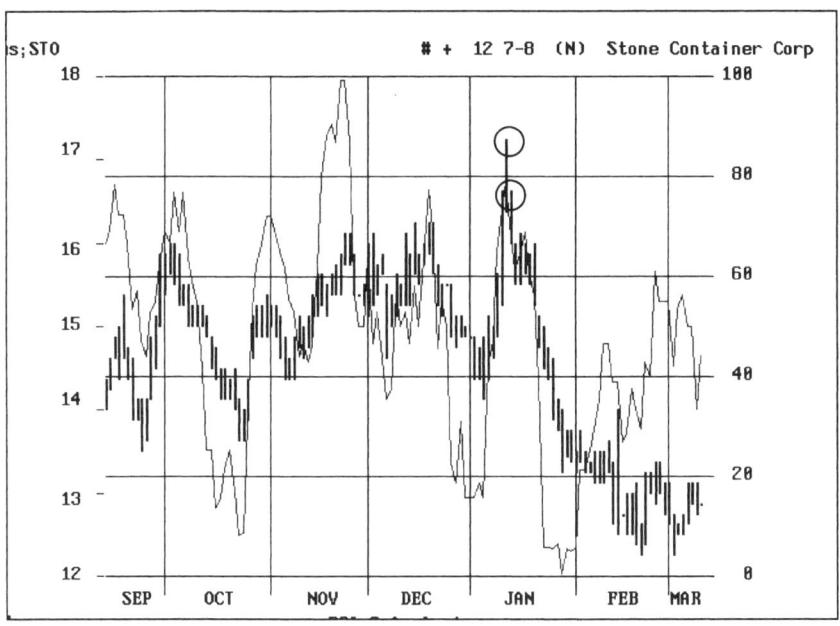

Nachdruck mit freundlicher Genehmigung von Bridge Information Systems.

SCHLUSSBEMERKUNG

Es gibt immer Gelegenheiten für Optionstrades mit hohem Hebel, und man kann damit enorme Gewinne erzielen. Kein Zweifel: Es ist eine spannende Sache; schon wegen der Profite, die man herausholen kann, wenn man sich an diese Variante des Optionstrading wagt. Ich kann aber gar nicht genug betonen, daß solche Gewinne nur möglich sind, wenn man die zusätzlichen Risiken dieser Strategien akzeptiert. Mit anderen Worten: Sie müssen die Tatsache akzeptieren, daß Sie mit aggressiven Trades öfter einen Verlust machen werden als einen Gewinn. Sie sollten auch wissen, daß es eine Menge anderer, weniger aggressiver Optionsstrategien gibt, die Ihnen vielleicht ebenso gut liegen. Außerdem müssen Sie anerkennen, daß Sie bei manchen Trades einen Totalverlust erleiden werden. Wenn Sie sich jedoch für die aggressiven Strategien entscheiden und darin Übung erwerben, dann werden die

203

gelegentlichen Homeruns die unvermeidlichen Verluste mehr als ausgleichen.

Denken Sie daran, daß technische Indikatoren nicht unfehlbar sind. Zum Beispiel kann eine Unterstützung durchbrochen werden, und bei meinem Chrysler-Trade war das der entscheidende Punkt. Wäre die Aktie am gleitenden 200-Tage-Durchschnitt unter die Unterstützungszone gerutscht, wäre der Trade in Gefahr gewesen. Ein schneller Ausstieg ist in einem solchen Fall die beste Lösung. Hätte die Chrysler-Aktie die Unterstützung durchbrochen und damit einen erheblichen Kurseinbruch angekündigt, hätte die Option zur Verlustbegrenzung für fl Dollar verkauft werden müssen – ein schneller Verlust von 45 Prozent, Gebühren nicht mitgerechnet. Beim Einstieg in den Trade hatte ich ein Chance-Risiko-Verhältnis von vier zu eins angenommen. Der maximale Verlust lag natürlich bei 100 Prozent, mein Gewinnziel bei 400 Prozent. Zum Glück trat letzteres ein.

Eine Aktie kann eine Veränderung ihrer relativen Stärke erleben oder ein falsches Ausbruchssignal liefern. Auch die Fundamentaldaten eines Unternehmens oder einer Branche können sich ändern, was möglicherweise zu einem verlustbringenden Trade führt.

In diesem Kapital habe ich einige meiner erfolgreichsten Trades und auch einige Enttäuschungen beschrieben. Das wird Ihnen hoffentlich dabei helfen, große Gewinnchancen im Markt zu entdecken und zu verstehen, daß bei aggressiven Optionsstrategien Verluste unvermeidlich sind. Natürlich gibt es keine unfehlbare Methode, aber ich denke, daß die gemeinsamen Nenner meiner großen Erfolge und der bitteren Lektionen aus meinen verlustbringenden Trades Ihnen dabei helfen können, gute Gewinnchancen zu identifizieren. In Kapitel 7 beschreibe ich eine spezielle Strategie für kurzfristiges Optionstrading, die ich »Quick-Trade-Methode« genannt habe.

7

Die Quick-Trade-Methode

EINFÜHRUNG

Meine Investmentphilosophie beinhaltet, daß der einzelne Optionstrader beim Kauf von Optionen einen Wissensvorsprung haben muß, der sich dann auswirkt, wenn er versucht, einen Trend über einige Tage oder Wochen auszunutzen. Generell rate ich vom Day Trading mit Optionen ab, denn in diesem Fall konkurriert man direkt mit dem Händler auf dem Börsenparkett, der wahrscheinlich besser über Ereignisse informiert ist, die eine Aktie auf sehr kurze Sicht beeinflussen könnten. Floor Trader kümmern sich in der Regel nur um das, was in dieser Minute, in dieser Stunde, an diesem Tag passiert. Der nächste Tag ist nur ein Schimmern in ihren Augen, und die nächste Woche ist eine Ewigkeit entfernt. Im Intraday-Handel haben Floor-Trader außerdem den Vorteil niedrigerer Gebühren; zudem können sie zum Geldkurs kaufen und zum Briefkurs verkaufen. Sie können also nicht erwarten, im Wettbewerb mit Floor-Tradern regelmäßig Gewinne zu machen.

Ich habe jedoch eine Kurzfristmethode entwickelt, mit der Sie eine Position für maximal sieben Tage halten und einen bedeutenden Vorteil für Ihr Optionstrading erwarten können. Ich nenne Sie »Quick Trade« (QT), und sie benutzt Regressionskanäle, um Beschleunigungspunkte innerhalb vorhandener Trends zu identifizieren.

DIE MACHT BESCHLEUNIGTER TRENDS

Vor der Definition von Regressionskanälen wollen wir die Vorteile betrachten, wenn man Optionen unmittelbar vor einer Trendbeschleunigung kauft. Wenn am Markt erwartet wird, eine Aktie werde sich in einer bestimmten Zeit innerhalb einer Range von +/– 30 Prozent bewegen, wenn die Optionspreise diese Einschätzung ausdrücken, und wenn die Aktie sich dann auch wie erwartet entwickelt, bieten Optionen keinen entscheidenden Vorteil. Wenn man dieses Spiel oft genug macht, wird man schon deshalb verlieren, weil man Gebühren zahlen muß und oft nicht die günstigsten Kurse bekommt. Wenn sich die Aktie anstatt um 30 allerdings um 60 Prozent bewegt, hätten Sie einen großen Vorteil, falls Sie die Richtung dieser Bewegung vorhersagen könnten. Denken Sie daran, daß ein Wochengewinn von einem Prozent eine jährliche Bewegung von 52 Prozent ergibt (ein Prozent x 52 Wochen). Bei der Anwedung der QT-Methode suche ich nach wöchentlichen Kursbewegungen von zehn Prozent, was einem Jahresgewinn von 520 Prozent entsprechen würde. Wenn ich unter Anwendung von Regressionskanälen solche Beschleunigungspunkte finde, habe ich einen zehnfachen Vorteil gegenüber derjenigen Kursbewegung, die der Markt für diesen kurzen Zeitraum tatsächlich erwartet.

REGRESSIONSKANÄLE

Regressionskanäle sind Linien, die einen bestimmten Trendanteil definieren. Die übliche Vorgehensweise besteht darin, einen Zeitraum festzulegen und die am besten passende Linie vom Anfang bis zum Ende dieses Zeitraums zu ziehen. Etwa die Hälfte der Kurse wird unter der Linie liegen, die andere Hälfte darüber. Die meisten Trader haben gelernt, am oberen Ende des Regressionskanals mit Widerstand zu rechnen, und im Prinzip stimme ich dem zu. Wer am Top des Kanals allerdings mit Widerstand rechnet und verkauft, wird seine pessimistische Haltung ändern, wenn der Widerstand durchbrochen wird, und die Aktie sich an mindestens zwei aufeinanderfolgenden Handelstagen über der früheren Widerstandszone hält.

Ein Beispiel: Wenn jemand eine Aktie bei 100 Dollar leer verkauft hat, weil er an dieser Marke mit Widerstand rechnete, dann sitzt er auf einem Verlust von fünf Dollar, falls die Aktie auf 105 Dollar steigt. Fällt sie wieder auf 100 Dollar zurück, kann er ohne Gewinn oder Verlust glattstellen. Daher kann aus einem früheren Widerstand eine Unterstützung werden, weil frühere Verkäufer nun zu 100 Dollar kaufen.

Man kann Regressionslinien ziehen, indem man die täglichen Eröffnungs-, Höchst-, Tiefst- oder Schlußkurse notiert. Man kann auch sämtliche Kombinationen dieser Werte verwenden, aber der Schlußkurs ist der bedeutendste Faktor auf jedem Chart. Die Mehrheit der Anleger wird in Reaktion auf Kursbewegungen früh im Verlauf eines Handelstags ihre Investitionen tätigen. Die wohlinformierten Anleger konzentrieren sich aber auf Kursbewegungen am Ende des Tages, weil sie künftige Entwicklungen beeinflussen wollen.

Abbildung 7.1 zeigt den Tageschart von CompUSA (CPU) von Anfang Januar 1996 bis Januar 1997. Sie zeigt die Standard-Interpretation eines festgelegten Zeitrahmens von 120 Tagen (das entspricht sechs Handelsmonaten), um eine Regressionslinie zwischen zwei beliebigen Punkten zu ziehen, die einen Abstand von 120 Tagen aufweisen. Statistisch ist die Regressionslinie eine Funktion der folgenden Formel:

$$\sum_{i=1}^{n} (\chi_i - M)^2 + (\chi_{i+1} - M)^2 + \ldots + (\chi_{n-1} - M)^2 + (\chi_n - M)^2$$

N steht für die Anzahl der Tage, M ist der Mittelwert über n Tage, und χ steht für jeden täglichen Datenpunkt. Diese als Formel der kleinsten Quadrate bekannte Methode ermittelt die optimale Regressionslinie, für die die Summe der Quadrate der Abweichung jedes einzelnen Datenpunkts von der Linie auf das Minimum reduziert ist.

Linie A in Abbildung 7.1 stellt eine aufwärtsgerichtete 120-Tage-Re-

Abb. 7.1 COMPUSA (CPU), TAGESCHART MIT 120-TAGE-REGRESSIONSLINIEN

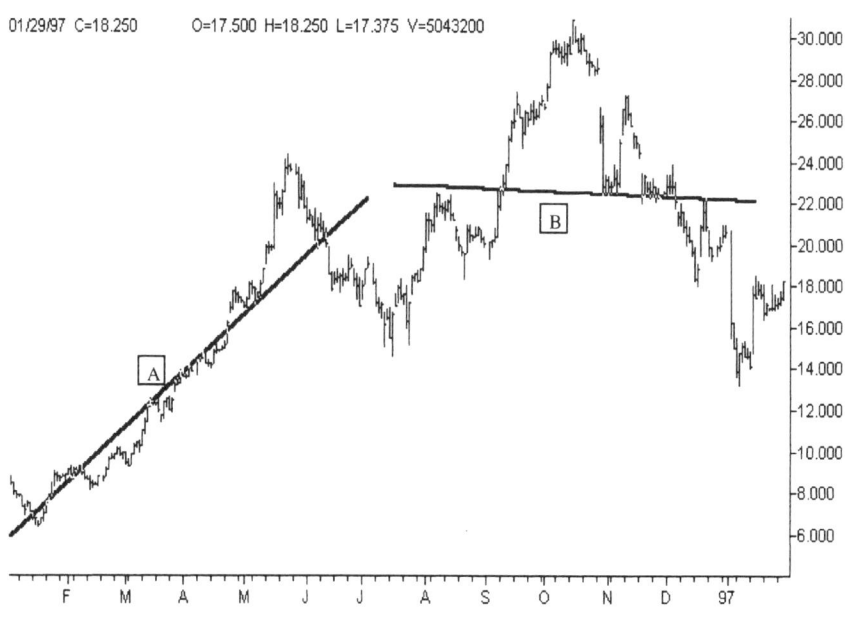

01/29/97 C=18.250   O=17.500 H=18.250 L=17.375 V=5043200

Erstellt mit SuperCharts by Omega Research © 1996

gressionslinie dar, da der Kurs in der ersten Jahreshälfte 1996 stieg. Linie B ist eine seitwärts verlaufende 120-Tage-Regressionslinie. Der Kurs stieg nach dem Tief von Mitte 1996, wo diese Linie beginnt, allmählich wieder an. In beiden Fällen wurden die Linien nicht gezogen, um relevante Hochs und Tiefs miteinander zu verbinden, denn der Kanal ist unflexibel und mißt nur eine fixe Anzahl von Tagen. Sehen wir nun, wie die Aussagekraft des Kanals steigt, wenn wir die Regressionslinie flexibel machen.

DIE ANWENDUNG VON REGRESSIONSKANÄLEN, UM CHANCEN FÜR QUICK TRADES ZU FINDEN

Abbildung 7.2 zeigt, warum man Regressionskanäle nicht für festgelegte Zeiträume ziehen, sondern nach markanten Höchst- und Tiefstkursen suchen sollte. Die flexiblen Regressionslinien in diesem Chart definieren die Stärke der verschiedenen Aufwärts- und Abwärtstrend der CPU-Aktien im Verlauf des Jahres 1996 besser. Die Methode, diese Linien zu ziehen, ist die folgende: Nachdem ich die Linie an einem relevanten Hoch oder Tief des Tagesschlußkurses begonnen habe, ziehe

Abb. 7.2 COMPUSA (CPU), TAGESCHART MIT FLEXIBLEN REGRESSIONSLINIEN

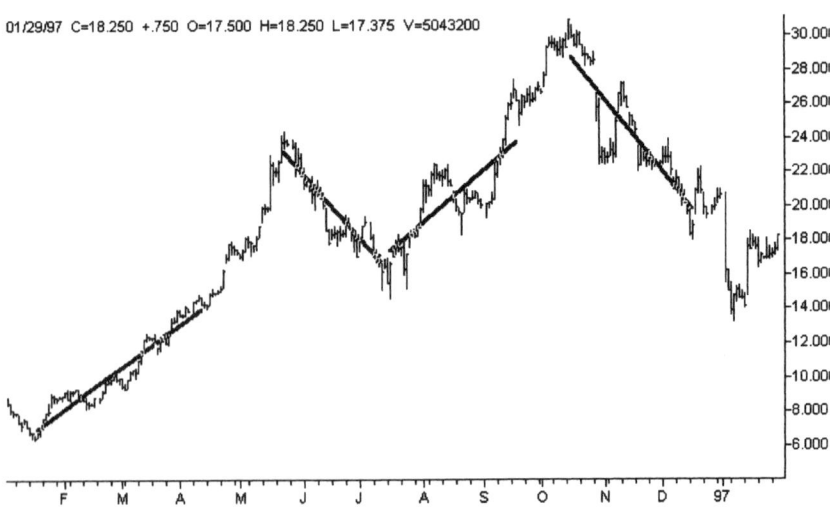

01/29/97 C=18.250 +.750 O=17.500 H=18.250 L=17.375 V=5043200

Erstellt mit SuperCharts by Omega Research © 1996

ich sie bis zu einem wichtigen *sekundären* Hoch oder Tief innerhalb des anhaltenden Trends. Ich tue dies aus folgendem Grund: Wenn ich solche Kanäle in der Realität aufzeichne, kenne ich das absolute Hoch oder Tief erst, wenn es zu spät ist. Solange mindestens 20 Tage mit Kursdaten zur Verfügung stehen, kann man sinnvollerweise eine Regressionslinie zeichnen und die künftige Kursbewegung verfolgen, um zu prüfen, ob die Linie von prognostischer Bedeutung ist. Beachten Sie, daß die Regressionslinie selbst als Widerstand über oder Unterstützung unter dem aktuellen Kurs fungieren sollte. Das hilft bei der Beurteilung, ob die Regressionslinie tatsächlich bestimmte Kursbewegungen der Aktie enthält. Sehen wir nun, wie man Parallelen zur Regressionslinie zieht, um Trendkanäle zu erhalten, innerhalb derer sich der größte Teil der Kursbewegung abspielt.

Achten Sie in Abbildung 7.3 zunächst auf die Regressionslinie, die am Schlußkurs-Tief von Mitte Januar 1996 beginnt, und ziehen Sie diese nach oben gerichtete Linie bis zum Zwischenhoch vom April 1996. Dann ziehen Sie diese Regressionslinie endlos in der gleichen

Abb. 7.3 COMPUSA (CPU), TAGESCHART MIT FLEXIBLEM REGRESSIONSKANAL

01/29/97 C=18.250 +.750 O=17.500 H=18.250 L=17.375 V=5043200

Erstellt mit SuperCharts by Omega Research © 1996

Richtung weiter. TradeStation von Omega Research und die Super-Charts-Software bieten diese hervorragende Möglichkeit und erlauben es, Endlos-Parallelen zur Regressionslinie zu ziehen. Ziehen Sie also zwei Parallelen und passen Sie sie dem ersten signifikanten Hoch und Tief nach dem Anfang der Regressionslinie an. In diesem Fall erreichte CPU Ende Januar 1996 ein erstes kurzfristiges Hoch; Mitte Februar folgten kurzfristige Tiefs. Wenn man die Regressionslinie in diesem Fall bis zum Sekundär-Hoch am 10. April 1996 zieht, erkennt man, daß eine Reihe früherer Hochs im April und Mitte März an einen Widerstand geraten sind. Nun haben Sie eine Reihe von Referenzpunkten, um die obere Begrenzung des Trendkanals zu bilden. Die untere Begrenzung sollte am ursprünglichen Tief beginnen, obwohl die Aktie am 4. März 1996 unterhalb dieser Linie schloß. Es gab nämlich am folgenden Tag eine kräftige Erholung. Die Aktie notierte wieder innerhalb des Kanals und testete die untere Begrenzung noch einmal mit Erfolg am 8. März. Wie Sie anhand der Quick-Trade-Regeln im Verlauf dieses Kapitels noch sehen werden, stellt eine eintägige Bewegung außerhalb des Kanals keinen Beschleunigungspunkt dar. Solche Ereignisse sind meist unbedeutend für die künftige Entwicklung. Es bedarf der Bestätigung durch eine mehrtägige Bewegung außerhalb des Kanals, um festzustellen, daß wahrscheinlich eine Trendbeschleunigung erfolgen wird. Beachten Sie, daß die in die Zukunft projizierte Trendlinie als wichtige Unterstützung bzw. als Widerstand dient.

RETESTS UND RETURNS

Sie erkennen in Abbildung 7.3 die Beschleunigung nach oben im Mai (die nach einem Quick-Trade-Kaufsignal erfolgte, das im Anschluß beschrieben wird), gefolgt von einem Kurssturz aus dem Kanal heraus Ende Juni. Außerdem ist zu sehen, daß die Aktie es Anfang Juli nicht schaffte, den Kanal wieder zu erreichen. Es gab einen weiteren Einbruch und dann einen erneuten Test (Retest) des Kanals im August, wobei ein Quick-Trade-Verkaufssignal nur um $1/8$ Dollar verfehlt wurde. Danach gelangte CPU schnell wieder in seinen früheren Aufwärtstrendkanal (wodurch das Verkaufssignal verhindert wurde), und die Aktie erreichte Ende Oktober, den Höhepunkt dieses nun neun Monate andauernden Aufwärtstrends. Beachten Sie, daß der eintägige Ausbruch nach oben aus dem Kanal heraus ebenfalls nicht von Bedeutung ist.

Betrachten wir nun die Aufwärtsbeschleunigung aus dem Kanal heraus etwas genauer, die Ende April und Anfang Mai eintrat. Abbildung

Abb. 7.4 COMPUSA (CPU), REGRESSIONSKANAL UND KAUFSIGNAL

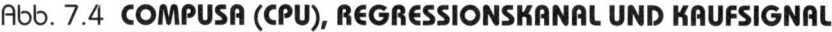

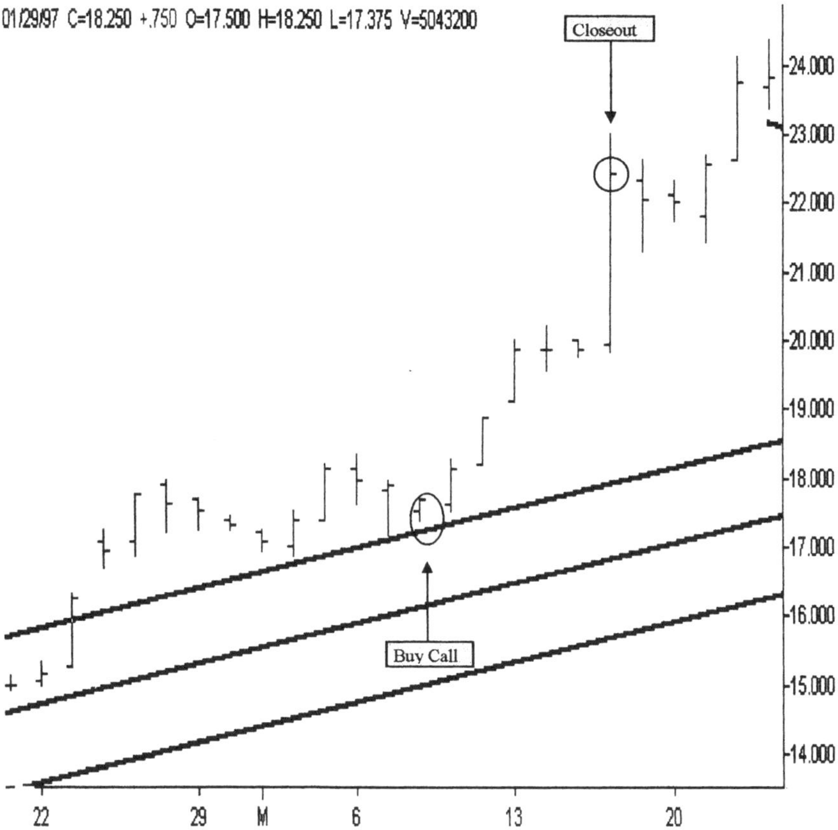
01/29/97 C=18.250 +.750 O=17.500 H=18.250 L=17.375 V=5043200
Closeout
Buy Call
24.000
23.000
22.000
21.000
20.000
19.000
18.000
17.000
16.000
15.000
14.000
22
29
M
6
13
20

Erstellt mit SuperCharts by Omega Research © 1996

7.4 zeigt detailliert die Entwicklung von CPU in diesem Zeitraum. Sie sehen den Ausbruch aus dem Regressionskanal am 23. April. Nach einigen Kursgewinnen fiel die Aktie in Richtung Regressionskanal zurück (2. Mai), erreichte ihn aber nicht ganz. Am 7. Mai fiel die Aktie bis auf $17^1/_8$ Dollar zurück (alle Kurse sind nach einem 2:1-Aktiensplit adjustiert) und berührte die obere Begrenzung des Aufwärtstrendkanals, wodurch ein QT-Kaufsignal ausgelöst wurde. Ich steige in der Regel sofort ein, wenn die Linie berührt wird. Manchmal auch erst am nächsten Morgen, falls ich Zweifel hege, daß sie nicht als Unterstützung fungieren wird. Beim Einstieg am folgenden Tag notierte CPU bei $17^1/_2$ Dollar. Der Tag, an dem ein Signal erfolgt, heißt Tag 0. Dann be-

ginnt man die Zeit des Engagements vom folgenden Tag (Tag 1) an zu zählen und hält die Position sieben Tage lang. Am 16. Mai, sieben Handelstage später, schloß CPU bei $22^7/_{16}$ Dollar (split-adjustiert) und hatte in diesen sieben Tagen damit um 28 Prozent zugelegt. Für Optionstrader, die für $1^7/_{16}$ Dollar die Juni-Calls mit Basispreis $17^1/_2$ Dollar gekauft hatten, bedeuete dies eine Gewinn von 265 Prozent, denn die Calls stiegen auf $5^1/_4$ Dollar.

EXTREME ANGST

Wenn man sich auf die signifikanten Hochs und Tiefs innerhalb eines Trends konzentriert, kann man die extreme Furcht an den Tiefpunkten ausloten, ebenso wie die gegensätzliche Emotion der Gier an den Hochpunkten oder in deren Nähe. Man kann dann im Zusammenhang dieser beiden Extremen eine Trendlinie ziehen.

Es ist sehr wichtig zu wissen, wie man Regressionslinien richtig zeichnet. Der größte Fehler ist es, die Linie vom Tag des absoluten Tiefs aus zu ziehen. Es ist besser, hierfür den Tag mit dem niedrigsten *Schlußkurs* zu wählen. Manchmal treten beide Tiefs innerhalb eines bestimmten Zeitraums am gleichen Tag auf, aber manchmal auch nicht. Man bekommt eine bessere Vorstellung von der Stärke des Aufwärtstrends, wenn man die Regressionslinie vom Tag des niedrigsten Schlußkurses aus zieht (oder vom Tag des höchsten Schlußkurses aus, wenn man einen Abwärtstrend verfolgt).

Sehen wir uns zum Beispiel Abbildung 7.5 an; den Tageschart von Nike (NKE). Das absolute Tief wurde am 16. Februar erreicht, der niedrigste Schlußkurs erst am 26. Februar. Dieser geringe Unterschied im Anfangspunkt des Kanals entscheidet, ob ein künftiges QT-Verkaufssignal entsteht oder nicht. Die gepunkteten Linien zeigen den unzutreffenden Regressionskanal vom Tag des absoluten Tiefs bis zum Hoch im Oktober 1996. Die dunkleren Linien zeigen den »richtigen« Regressionskanal mit Beginn am niedrigsten Tagesschlußkurs (26. Februar). Letztere weisen einen etwas flacheren Steigungswinkel auf, was zu folgender Situation führt:

Wie auf Abbildung 7.6 zu sehen ist, wird die »richtige«, dunklere Linie am 8. November von der Nike-Aktie im Zug einer Kurserholung erreicht. Die punktierte Linie wird jedoch nicht berührt, wodurch die Chance auf einen Put-Trade verlorengeht. Am Anfang ist der Unterschied zwischen beiden Kanälen noch kaum wahrnehmbar. Im Lauf der Zeit wird die Lücke zwischen den »richtigen« und den »falschen« Linien aber immer größer. Dies zeigt, wie wichtig es ist, auf Details zu

Abb. 7.5 **NIKE (NKE), TAGESCHART MIT REGRESSIONSKANAL**

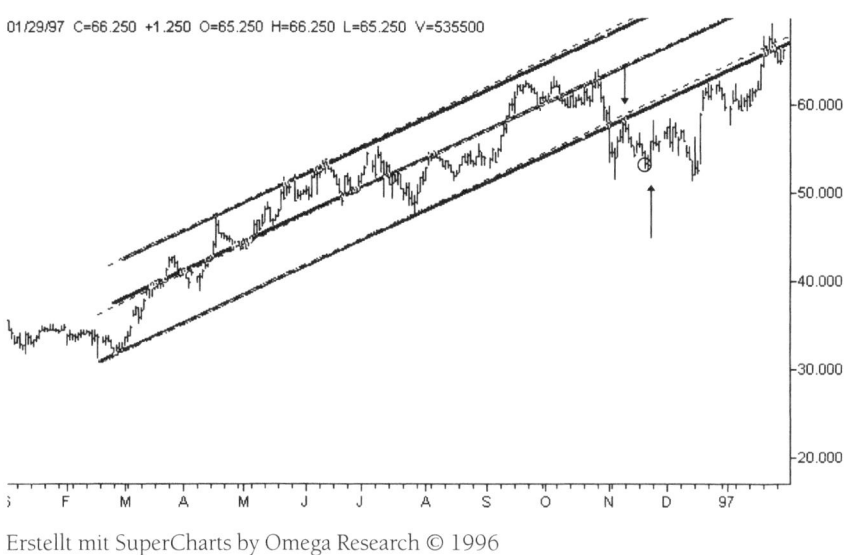

01/29/97 C=66.250 +1.250 O=65.250 H=66.250 L=65.250 V=535500

Erstellt mit SuperCharts by Omega Research © 1996

Abb. 7.6 **(NIKE (NKE) REGRESSIONSKANAL UND VERKAUFSSIGNAL**

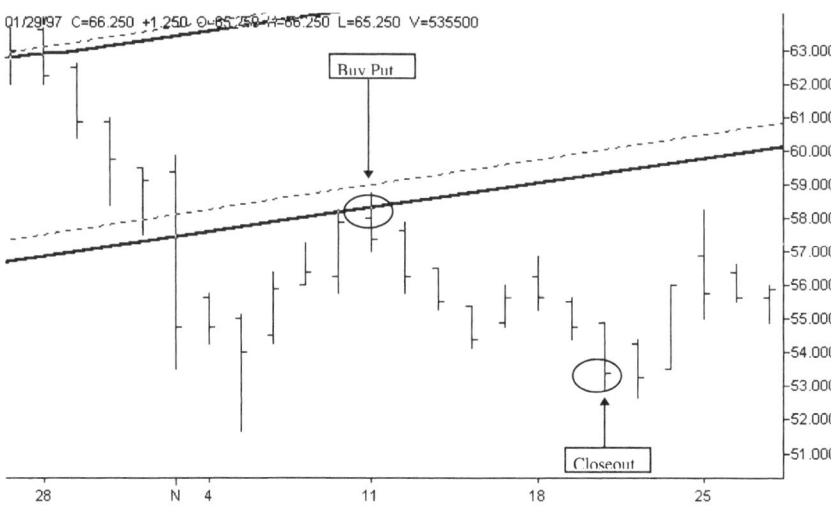

01/29/97 C=66.250 +1.250 O=65.250 H=66.250 L=65.250 V=535500

Buy Put

Closeout

Erstellt mit SuperCharts by Omega Research © 1996

achten und beim Zeichnen von Regressionslinien die niedrigsten bzw. die höchsten Schlußkurse zu verwenden.

Zur Zusammenfassung: Die Parallelen zur Regressionslinie dienen als Begrenzungslinien im Abstand von zwei Standardabweichungen der Kursentwicklung. Das bedeutet, daß wahrscheinlich 95 Prozent der künftigen Kurse innerhalb des Trendkanals liegen werden. Suchen Sie nach Kanälen, die gute Prognosen von Hochs und Tiefs einer Aktie innerhalb ihres Trends zulassen. Je weniger ausgeprägt ein Trend ist, desto uneffektiver sind Regressionskanäle, und desto weniger Vertrauen werden Sie in auftretende QT-Signale haben. Konzentrieren Sie sich also auf Aktien in engen Trends, mit Regressionskanälen, die klare Aussagen ermöglichen, so daß Sie im Fall einer Trendbeschleunigung zuversichtlich traden können.

HÜTEN SIE SICH VOR TÄUSCHUNGEN

In Abbildung 7.7 sehen Sie: Obwohl der Regressionskanal von Centocor (CNTO) vom ersten Tagestiefst- bis zum letzten Tageshöchstkurs seine Aufgabe gut erfüllt, den Großteil der Kursentwicklung zu umfassen, kann es signifikante »Täuschungsmanöver« außerhalb der Trend-

Abb. 7.7 CENTOCOR (CNTO), TAGESCHART. EIN BEISPIEL FÜR RICHTUNGSLOSE KURSENTWICKLUNG

01/29/97 C=36.625 +1.625 O=37.000 H=37.000 L=36.125 V=2651400

Erstellt mit SuperCharts by Omega Research © 1996

214

linien geben. So etwas tritt auf, wenn man meint, man habe ein akkurates Ausbruchssignal, der Kurs dann aber schnell wieder dreht und das Signal als unkorrekt entlarvt. Aufgrund solcher Täuschungsmanöver zu agieren würde bei Put- und Call-Engagements zu Mißerfolgen führen. Am Hoch würde es beim Kursausbruch und beim erneuten Test des Kanals im Mai zu Verlusten kommen, als die erwartete Trendbeschleunigung nach oben ausblieb, und die Aktie von CNTO schnell wieder in den Trendkanal zurückfiel. Verluste gäbe es auch bei der Beschleunigung nach unten in der Nähe der Tiefs vom Juli, als ein erneuter Test der unteren Begrenzungslinie am 17. Juli scheiterte, worauf die Aktie am 19. Juli am einem einzigen Tag drei Dollar hinzugewann und wieder in den Trendkanal zurückfand. Beachten Sie auch, daß die Richtung des Regressionskanals nahezu flach ist und nur eine sehr geringe Neigung nach unten aufweist. Je flacher und breiter ein Regressionskanal ist, desto wahrscheinlicher ist es, daß die Aktie keinen Trend aufweist und zufälligen Kursschwankungen unterliegt, die nicht zu verläßlichen QT-Signalen führen.

Abbildung 7.8 zeigt den sehr konsistenten Regressionskanal von Gillette (G). Der Kanal beginnt an den Tiefs vom August 1995 und reicht bis zum Sekundärhoch im Oktober 1996. Die drei durchgezogenen Linien zeigen den *ursprünglichen* Regressionskanal, der Anfang April ein korrektes Verkaufssignal sowie Anfang Mai ein zunächst richtiges Signal gab, ebenso wie zwei nützliche Kaufsignale Anfang

---

Abb. 7.8 GILLETTE (G), TAGESCHART. EIN BEISPIEL FÜR EINEN ENGEN TREND

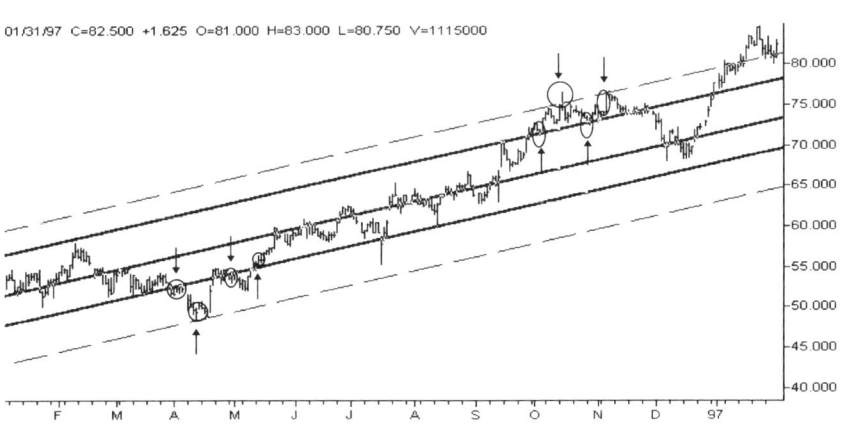

01/31/97 C=82.500 +1.625 O=81.000 H=83.000 L=80.750 V=1115000

Erstellt mit SuperCharts by Omega Research © 1996

215

Oktober und Anfang November 1996. Die gestrichelten Linien *außer-halb* des ursprünglichen Kanals sind die äußeren Begrenzungen des Trends. Eine solche Außenbegrenzung ist eine zweite Parallele zur Regressionslinie, die ab dem ersten signifikanten Hoch oder Tief außerhalb des Kanals gezogen wird. Bei einem folgenden Kursausbruch zeigen die Außenbegrenzungen das zu erwartende Maximum einer Kursbewegung innerhalb der sieben Tage an, die ein Quick Trade umfaßt. In unserem Beispiel wird die untere Außenbegrenzung nach dem ersten Ausbruch aus dem Kanal nicht wieder erreicht. Die obere Begrenzung erweist sich als wichtiger Widerstand und später als stabile Unterstützung. Als die Gillette-Aktie im Januar 1997 oberhalb der oberen Außenbegrenzung notierte und diese Linie später als Unterstützung testete, kam es zu einer QT-Kaufchance. Wie bei der oberen Begrenzung des ursprünglichen Kanals war aus einem Widerstand eine Unterstützung geworden; die Signale an Außenbegrenzungen sind daher wertvoll bei Aktien, die einen engen Trend aufweisen.

TRENDWENDEN INNERHALB EINES TAGES (INTRADAY REVERSALS)

Die bisher besprochenen Regressionskanäle basieren auf Tagesschlußkursen. Man könnte sich zwar einen Spaß daraus machen, den prognostischen Nutzen von Eröffnungs-, Höchst- oder Tiefstkursen zu prüfen, aber meine Meinung lautet: »Die Schlachten werden tagsüber geschlagen, doch am Schluß wird der Krieg gewonnen.« Zu oft habe ich schon erlebt, daß eine Aktie tagsüber aus einem Kanal auszubrechen schien, nur um zum Handelsschluß wieder dorthin zurückzukehren. Solche Tests sind oft dann von Bedeutung, wenn eine Aktie innerhalb eines Tages deutlich die Richtung wechselt, denn Bullen oder Bären spekulieren auf den Ausbruch und scheitern an der Trendwende. Dies führt oft dazu, daß die Aktie sich später weiter in die am Schluß dieses Handelstages vorherrschende Richtung bewegt.

Ein Ausbruch aus dem Kanal auf Schlußkursbasis zeigt, daß die Aktie das Potential hat, eine kurzfristige Trendbeschleunigung zu zeigen. Wenn dieser Ausbruch fundamentale Gründe hat, zum Beispiel einen überraschend guten Gewinnausweis, dann kann man desto zuversichtlicher auf ein Anhalten des Trends schließen. Sehen wir uns zum Beispiel Abbildung 7.9 an, den Tageschart von Electronics for Imaging (EFII), und konzentrieren wir uns auf den Zeitraum von April bis Mai 1996. Im April 1996 meldete EFII einen weit über den Erwartungen der Wall Street liegenden Quartalsgewinn. Die Aktie stieg an und

216

Abb. 7.9 **ELECTRONICS FOR IMAGING (EFII), TAGESCHART.**

01/31/97 C=92.750 -2.500 O=95.500 H=95.500 L=92.500 V=180400 Mov Avg 1 line 94.500

Erstellt mit SuperCharts by Omega Research © 1996

durchbrach zunächst den früheren Widerstand bei 50 Dollar. Als der Kurs dann nach oben aus dem aufwärtsgerichteten Trendkanal ausbrach und ihn am 16. Mai im Tagesverlauf bei $65^3/_4$ Dollar noch einmal testete, schoß die Aktie nach oben. Dieser erneute Test der Regressionslinie fiel mit einem erneuten Test des gleitenden Zehn-Tage-Durchschnitts zusammen, der zuvor als perfekte Unterstützung im Aufwärtstrend gedient hatte. Am Ende diese Tages hatte sich die Aktie von dieser neuen QT-Unterstützung entfernt und schloß um acht Dollar höher bei 73 fl Dollar. Nach sieben Handelstagen betrug der Kurs 76 fl Dollar. Dieses Beispiel zeigt: Wenn eine Aktie neu bewertet wird, weil immer mehr Investoren den revidierten Gewinnschätzungen folgen (oder auch einem anderen fundamentalen Faktor wie Restrukturierung, neues Management oder neue Produkte, die alle in Kapitel 6 diskutiert wurden), dann kann die QT-Methode aggressiven Optionstradern dabei helfen, schnelle Kursbewegungen innerhalb des Neubewertungstrends zu prognostizieren.

DIE »REGELN« FÜR EINEN WIRKLICHEN KURSAUSBRUCH

Es muß Regeln geben, anhand derer man zuverlässig nachweisen kann, daß es sich um einen wirklichen Kursausbruch und nicht etwa um ein »Täuschungsmanöver« handelt. Zunächst liefert der Schluß-kurs eines einzigen Tages nicht genug Kursinformation, um zu beweisen, daß eine Beschleunigung bevorsteht. Besser sind zwei aufeinanderfolgende Schlußkurse über oder unter dem Regressionskanal, denn der zweite Tag bestätigt so den Kursausbruch des ersten Tages. Wenn eine Aktie am Tag nach einem Ausbruch wieder innerhalb des Trendkanals schließt, dann ergibt sich nach der QT-Methode kein Handlungsbedarf. Nach zwei aufeinanderfolgenden Schlußkursen außerhalb des Kanals sollten Sie auf das Kursniveau achten, auf dem im Fall eines Rückschlags der Regressionskanal noch einmal getestet wird. Dieses Kursniveau weist das beste Chance-Risiko-Verhältnis für einen QT-Trade auf. Es sollte sich nach einem Ausbruch nach oben als Unterstützung und bei einem Fall unter die untere Trendbegrenzungslinie als Widerstand erweisen. In manchen Fällen wartet man besser noch einen Tag, um zu sehen, ob der erneute Test erfolgreich verläuft,

Abb. 7.10 ATC COMMUNICATIONS (ATCT), TAGESCHART MIT REGRESSIONSKANAL UND ÄUßERER BEGRENZUNG

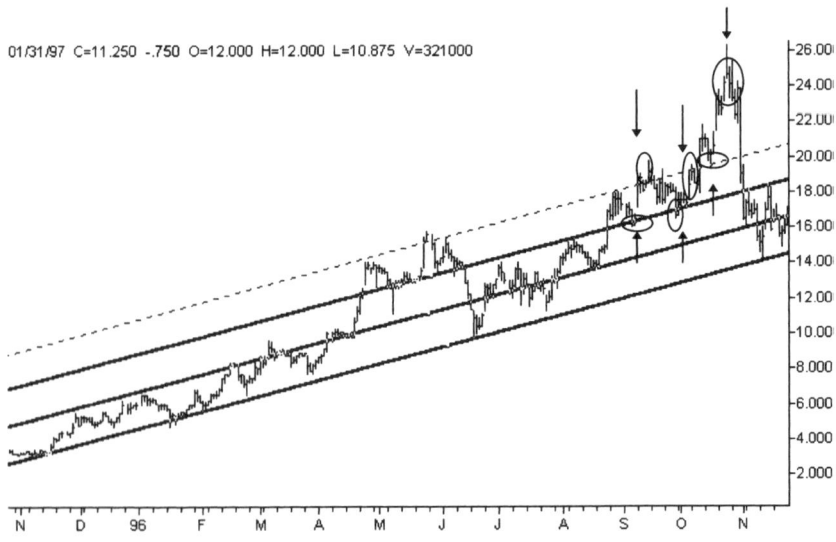

01/31/97 C=11.250 -.750 O=12.000 H=12.000 L=10.875 V=321000

Erstellt mit SuperCharts by Omega Research © 1996

und geht erst am folgenden Morgen den Trade ein. In jedem Fall ist das Chance-Risiko-Verhältnis für kurze Trades von maximal sieben Tagen sehr attraktiv, solange die Aktie ganz in der Nähe der äußeren Begrenzung des Regressionskanals notiert. Warum eigentlich sieben Tage und nicht 70 Tage? Meine Nachforschungen haben ergeben, daß die stärkste Performance (auf annualisierter Basis) an den ersten sieben Tagen erreicht wird. Optionskäufer profitieren auch davon, daß sich die zugrundeliegende Aktie in einem beschleunigten Trend bewegt. Das steigert zusätzlich den Wert der gekauften Option im Vergleich zum verbesserten Kurzfristpotential der Aktie. Sehen wir uns nun noch zwei Beispiele an; ein »bullishes« und ein »bearishes«.

Bei ATC Communications (ATCT, siehe Abbildung 7.10) wurde der Aufwärtstrend von hohen Zuwachsraten der Unternehmensgewinne getrieben, was einen sehr konsistenten und engen Trendkanal ergab. Der Kanal umfaßte nicht nur den Großteil der Kursbewegungen, er lieferte auch gute Signale beim Ausbruch nach oben im Mai. Dies führte zu sehr zuverlässigen QT-Signalen Anfang und Ende September, als ATCT jeweils fast 20 Prozent Kursgewinn in nur sieben Tage erreichte. Achten Sie auf das QT-Signal an der äußeren Begrenzungslinie Anfang Oktober, als die Aktie um fast 30 Prozent zulegte, bevor sie schließlich ihren Höchstkurs erreichte. Der Aufwärtstrend stoppte erst, als das Unternehmen niedrigere Gewinne verzeichnete.

Newbridge Networks (NN, Abbildung 7.11) hatte von Oktober 1995 bis Juni 1996 einen Aufwärtstrend verzeichnet. Der Kurseinbruch im Juni und der anschließende erneute Test des Kanals im Juli erwiesen sich als klassische Signale, Puts auf die Aktie von NN zu kaufen. Beachten Sie, daß es *zwei* äußere Begrenzungslinien außerhalb des ursprünglichen, nach oben gerichteten Regressionskanals gibt. Der erste steht für die traditionelle Vorgehensweise: Leerverkauf beim erneuten Test der unteren Begrenzung des Regressionskanals, die zuvor Unterstützung war und nun zum Widerstand geworden ist. Dies führte zu einer sehr profitablen Short-Position bei etwa 34 Dollar am 1. Juli. Die Aktie fiel bis zum 12. Juli, dem siebten Handelstag nach Eingehen der Position (Punkt A im Chart), bis auf $27^{1}/_{2}$ Dollar. Die andere Möglichkeit, von einer solchen Bewegung zu profitieren, besteht darin, zu warten, bis die unterste Begrenzungslinie durchbrochen wird und bei einem Schlußkurs unterhalb dieses Bereichs leer zu verkaufen. Das Momentum der Abwärtsbewegung erlaubt in manchen Fällen nämlich keinen erneuten Test der unteren Begrenzung des Regressionskanals. Wenn dies eintritt, geht man eine Short-Position zum Schlußkurs unterhalb der untersten Begrenzungslinie ein; also am 10. Juli zu $30^{1}/_{8}$ Dollar (Punkt B auf dem Chart). In beiden Fällen waren die Gewinne

Abb. 7.11 NEWBRIDGE NETWORKS (NN), ZWEI CHANCEN FÜR SPEKULATIONEN AUF SINKENDE KURSE

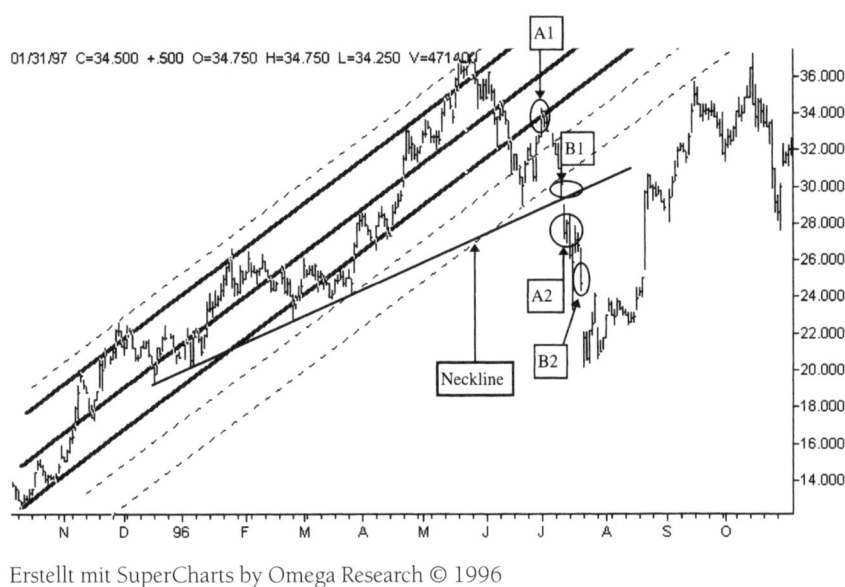

Erstellt mit SuperCharts by Omega Research © 1996

für Put-Trader erheblich, da die Kursbewegung an den jeweils folgenden sieben Handelstagen kraß ausfiel.

DIE ANALYSE VON REGRESSIONSKANÄLEN UND TRADITIONELLE CHARTFORMATIONEN

Techniker sollten die Auswirkungen der Analyse von Regressionskanälen auf traditionelle Chartformationen beachten. In Abbildung 7.11 können wir etwas erkennen (April bis Juni), das wie ein »Kopf-Schulter-Top« aussieht, wobei das absolute Hoch der NN-Aktie bei $37^1/_8$ Dollar liegt und an beiden Seiten dieses Tops sekundäre Hochs von 34 Dollar auftreten. Techniker wissen, daß eine baisseträchtige Kraft im Spiel ist, wenn die »Nackenlinie« durchbrochen wird, was andeutet, daß eine wichtige Unterstützungszone durchbrochen worden ist. In diesem Beispiel ist die Nackenlinie die flach verlaufende Linie, die im Bereich von 29 Dollar eingezeichnet ist. Für Trader, die sich auf die Analyse traditioneller Chartmuster verlassen, kommt das Short-Signal beim Einbruch der NN-Aktie unter die Nackenlinie, also bei 28 fl Dollar. Unter der traditionellen technischen Sichtweise ist dies immer

220

noch ein erfolgreiches kurzfristiges Verkaufssignal, aber es lohnt sich zu beachten, wie sehr das Auffinden des optimalen Verkaufszeitpunkts durch die Regressionskanalanalyse verbessert wird. Im Grunde genommen kann ein Schlußkurs unterhalb der äußeren Begrenzungslinie als eigenständige Nackenlinie interpretiert werden, denn dies signalisiert schon kurz nach Ausbildung des Kopf-Schulter-Top, daß die Aktie ihre kurzfristige Unterstützung verloren hat. Der erste Schlußkurs unterhalb der äußeren Begrenzungslinie beträgt $30^1/_8$ Dollar. Damit schneidet ein Leerverkäufer um volle $1^3/_8$ Dollar besser ab als beim Verkauf am folgenden Tag, als der Kursausbruch nach unten erfolgt. Es zahlt sich also aus, darauf zu achten, an exakt welchem Punkt der Regressionskanal durchbrochen wird, auch wenn man andere, traditionelle Analysemethoden anwendet.

»Täuschungsmanöver« sind ein wichtiges Thema; besonders bei Aktien, die sich innerhalb einer Trading Range und nicht in einem Trend bewegen. Und da ist noch etwas: Wenn eine Aktie nach einem kurzfristigen Kursausbruch überkauft ist, wie kann man dann kaufen und eine noch dramatischere kurzfristige Kursbeschleunigung erwarten? Nach meiner Erfahrung hat man mit der QT-Methode die besten Chancen bei Aktien, die sich in einem soliden Trend ohne große Zufallsschwankungen befinden. Bei solchen Aktien erweist sich ein Überkauft-Oszillator oft als nicht effektiv. Eine Methode, die besten Aktien für die QT-Methode herauszufiltern, ist es, die Kursveränderung innerhalb von 52 Wochen durch den Term der Standardabweichung (SEE) zu dividieren. Er mißt den Abstand der einzelnen Datenpunkte von der Regressionslinie. Je enger der Abstand, desto niedriger die Standardabweichung, Indem man die Kursbewegung innerhalb von 52 Wochen durch den SEE teilt, paßt man die Performance der Aktie ihrer Volatilität an; das heißt: der Vorhersagbarkeit dieser Performance. Daher weisen Aktien mit hoher Volatilität im Vergleich zu Aktien mit niedrigerer Volatilität, aber ähnlicher 52-Wochen-Performance, ein reduziertes Verhältnis der Kursbandbreite zum SEE auf. Bridge Information Systems bietet Börsensoftware mit der Bezeichnung »Rank & Filter« an, die nach allen erdenklichen Kriterien eine Liste von Aktien mit der besten Performance erstellt. Abbildung 7.12 zeigt die attraktivsten Aktien auf Basis der Kursveränderung innerhalb von 52 Wochen, dividiert durch den SEE (Stand: 24. Februar 1997).

Abb. 7.12 **BRIDGE RANK & FILTER, EIN TECHNISCHES HILFSMITTEL ZUM AUFSPÜREN VON ENGEN TRENDS**

PRTSYM	NA	(W52P/SEE)
US;CNC	CONSECO INC	26.209
US;DELL	DELL COMPUTER CORP	22.196
US;AES	AES CORP	21.302
US;WDC	WESTERN DIGITAL CORP	20.983
US;SPW	SPX CORP	20.499
US;PSUN	PACIFIC SUNWEAR OF C	20.307
US;GPT	GREENPOINT FINANCIAL	19.973
US;CCE	COCA COLA ENTERPRISE	19.408
US;NBTY	NBTY INC	19.401
US;STT	STATE STREET BOSTON	18.977
US;NKE	NIKE INC	17.818
US;VON	VONS COMPANIES INC	17.678
US;KEA	KEANE INC	16.865
US;SOTR	SOUTHTRUST CORP	16.527
US;FINL	FINISH LINE INC	16.388
US;WLA	WARNER LAMBERT CO	16.334
US;STB	STAR BANC CORP	16.082
US;INTC	INTEL CORP	15.876
US;CEI	CRESCENT REAL ESTATE	15.697
US;ASFC	ASTORIA FINANCIAL CO	15.459

```
                                                    Found: 2110
[BIR]RF        <--- Main Menu        24-FEB-97      Page: 1 of 106
[BIR]RF/PRT=OPT/RNK=(W52P/SEE)/PG2█                      (c)BRIDGE
```

Nachdruck mit freundlicher Genehmigung von Bridge Information Systems.

AKTIEN IN ENGEN TRENDS OHNE GROSSE ZUFALLSSCHWANKUNGEN

Die Aktien in Abbildung 7.12 bewegen sich in engen Trends. Sie haben eine exzellente Performance im Vergleich zur Standardabweichung gezeigt – oder zur Volatilität, die beim Erreichen dieser Performance aufgetreten ist. Solche Aktien weisen relativ zur Kursentwicklung wenige Zufallsschwankungen auf. Das heißt, Sie erhalten bei Ihren Optionsengagements die besten Chancen mit den wenigsten »Nebengeräuschen«.

Um die Regeln für Einstieg und Ausstieg bei der QT-Methode zusammenzufassen: Gehen sie Call- oder Put-Engagements dann ein, wenn eine Aktie zumindest zweimal in Folge außerhalb des Regressionskanals geschlossen hat und dann die Begrenzungslinie noch einmal testet. Dieser Punkt bietet das beste Chance-Risiko-Verhältnis für den Einstieg. Wenn die Aktie an zwei aufeinanderfolgenden Tagen wieder innerhalb des Kanals schließt, sollten Sie die Position glattstel-

len. Halten Sie Call-Positionen sieben Tage lang. Put-Positionen können Sie ebenfalls bis zu sieben Tage lang halten, falls sie sich wie erhofft entwickeln. Wenn nicht, sollten Sie früher glattstellen, denn Put-
Trades müssen in der Regel sehr schnell funktionieren.

Beachten Sie, daß die QT-Methode auch auf Wochen- und Monatscharts angewendet werden kann und mittelfristigen und langfristigen Tradern sehr ansprechende Resultate liefert.

Wöchentliche Regressionscharts – Power Trend

Abbildung 7.13 zeigt, daß Becton Dickinson (BDX) sich auf Wochenbasis seit April 1994 in einem stetigen Aufwärtstrend bewegt hatte. Als
die Aktie Ende 1995 nach oben ausbrach und bei $35^1/_2$ Dollar (ex Split)
die obere Begrenzung des Regressionskanals noch einmal testete, war
sie reif für eine Kursrallye. In den folgenden sieben Wochen stieg BDX
von $35^1/_2$ auf $44^1/_2$ Dollar. Beim März-Call mit Basispreis $37^1/_2$ machte
daseinen Gewinn von mehr als 300 Prozent aus. Diese Strategie ist eine
Abwandlung meiner ursprünglichen QT-Methode; ich nenne diese
wöchentliche Analyse Power Trend, denn man kann mit der Analyse
von Regressionskanälen auf Wochenbasis wirklich kraftvolle Bewegungen in einem Zeitraum von weniger als zwei Monaten erfassen.

Abb. 7.13 **BECTON DICKINSON (BDX), WOCHENCHART**

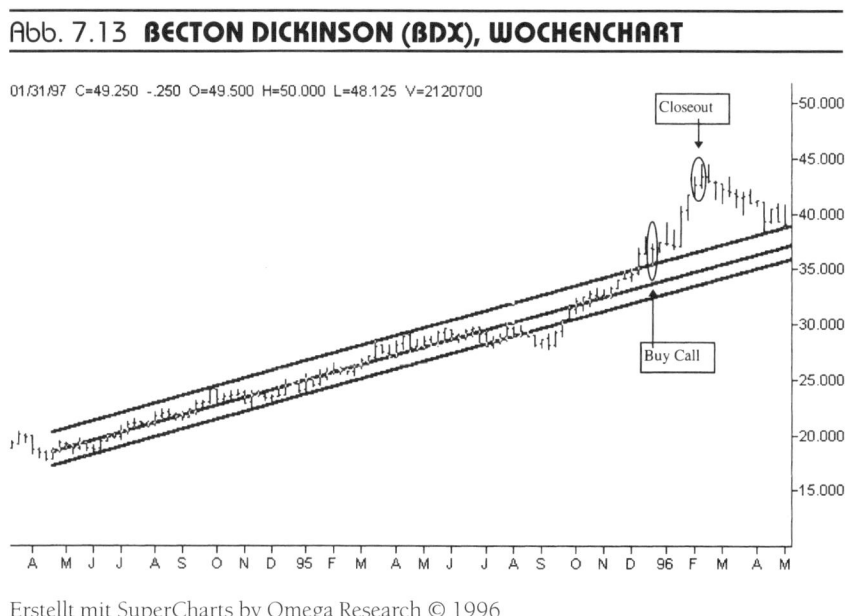

01/31/97 C=49.250 -.250 O=49.500 H=50.000 L=48.125 V=2120700

Erstellt mit SuperCharts by Omega Research © 1996

Abb. 7.14 **DU PONT (DD), MONATSCHART**

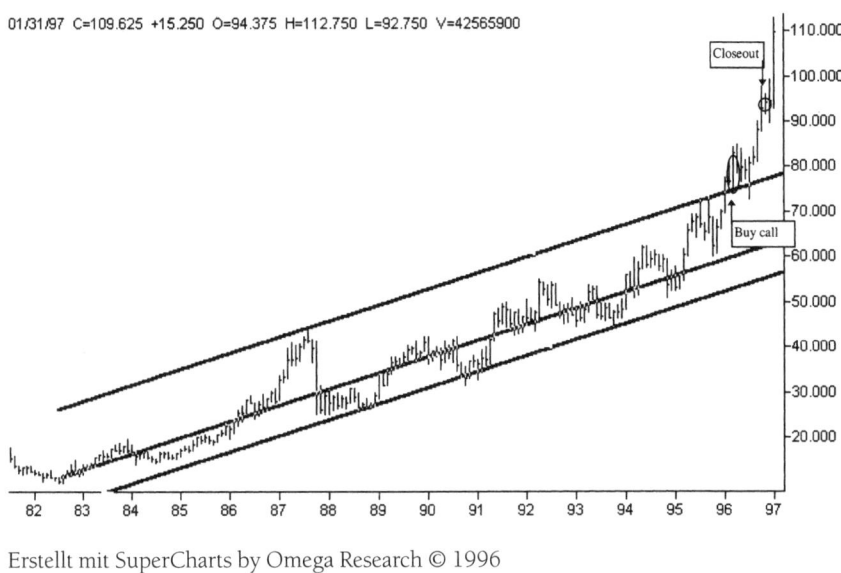

01/31/97 C=109.625 +15.250 O=94.375 H=112.750 L=92.750 V=42565900

Closeout

Buy call

Erstellt mit SuperCharts by Omega Research © 1996

Monatliche Regressionscharts – Langfristige Optionen

Die Analyse von Regressionskanälen kann auch auf Monatscharts angewendet werden, um wahrscheinliche Trendbeschleunigungen aus-
findig zu machen. Im Fall von Du Pont (DD) kam es im Januar 1996
zum Ausbruch nach oben aus einem langjährigen Aufwärtstrend, und
der erneute Test erfolgte im März 1996 bei einem Kurs von $75^1/_4$ Dollar
(siehe Abbildung 7.14). Obwohl DD einige Monate brauchte, um sich
signifikant zu bewegen, schloß die Aktie Ende Oktober 1996, also sieben Monate nach dem erneuten Test, bei $97^5/_8$ Dollar. Ich verwende
diese Methode auch in *The Options Advisor's LEAPS Portfolio*, das in Kapitel 8 vorgestellt wird.

REGRESSIONSKANÄLE UND ANDERE METHODEN – PRO UND CONTRA

Sollte man Regressionskanäle isoliert oder in Kombination mit anderen Methoden verwenden? Als ich damit begann, Regressionskanäle
zu untersuchen, sah es oft so aus, als bezeichnete das untere Ende des
Kanals das exakte Tief und das obere Ende das exakte Hoch. Natürlich

tradete ich zunächst »auf dem Papier«, wobei ich versuchte, basierend auf den Regressionslinien der Aktien billig zu kaufen und teuer zu verkaufen. Ich stellte fest, daß ich die Hochs und Tiefs manchmal recht genau traf, aber oft mußte ich dann zu lange auf eine Trendwende warten. Besonders dann, wenn ich am oberen Ende eines Aufwärtstrends auf einen Kursrückgang oder am unteren Ende eines Abwärtstrends auf eine Kurserholung setzte. Das ist auch nachvollziehbar, denn mit solchen Trades kämpft man gegen einen breiten Trend, und in der Folge kommt es oft zu einer Seitwärts-Konsolidierung nach einem Aufwärts- und zu einer Periode der Bodenbildung nach einem Abwärtstrend. Die bekannte Börsenweisheit »Kämpfe nie gegen einen Trend« trifft bei der Analyse von Regressionskanälen nicht weniger zu als bei anderen Methoden.

Was ich noch herausfand: Auch wenn ich am unteren Ende eines Aufwärtstrends kaufte oder am oberen Ende eines Abwärtstrends verkaufte, kamen die Kursbewegungen in Wirklichkeit nicht so schnell, wie ich es zunächst wahrnahm. Eine folgende Untersuchung brachte die bekannte Selbsttäuschung der subjektiven Realitätsverzerrung ans Tageslicht: Mein Gehirn machte meine Augen auf die guten Trades aufmerksam, während ich nicht auf solche Trades achtete, die sich nur langsam entwickelten oder gar nicht funktionierten. Meine erste Schlußfolgerung war, daß ich noch immer gegen einen Trend kämpfte. Während ich auf den Langfristtrend baute, kaufte ich in Phasen kurzfristiger Schwäche oder verkaufte in Phasen kurzfristiger Stärke. Ich beschloß, einen kurzfristigen Trendfilter anzuwenden, um sicherzustellen, daß ich sowohl kurz- als auch langfristig im Trend lag. Meine Tests ergaben, daß gleitende 200-Minuten- und 600-Minuten-Durchschnitte kurzfristige Trends gut ermitteln können. Abbildung 7.15, der Tagesverlaufschart von Philip Morris (MO), zeigt, daß die Schnittpunkte des gleitenden 200-Minuten-Durchschnitts mit dem 600-Minuten-Durchschnitt für die Prognose eines Einbruchs um fünf Dollar an einem Tag und der folgenden Rallye von sieben Dollar sehr bedeutsam waren.

Der Tagesverlaufschart von Intel (INTC) Ende Februar 1997 (Abbildung 7.16) enthält ebenfalls den »schnellen« 200-Minuten- und den »langsamen« 600-Minuten Durchschnitt. Als Intel am 26. Februar unter den gleitenden 600-Minuten-Durchschnitt fiel, geriet die Aktie in einen stetigen Abwärtstrend. Beachten Sie auch, daß der 200-Minuten-Durchschnitt während des letzten Abschnitts des Abwärtstrends als Widerstand fungiert. Erst wenn die Aktie oberhalb dieser gleitenden Durchschnitte schließt, ist der Abwärtstrend beendet. Der Vorteil solcher Filter war ein höherer Prozentsatz von gewinnbringenden QT-

Abb. 7.15 PHILIP MORRIS (MO), TAGESVERLAUFSCHART

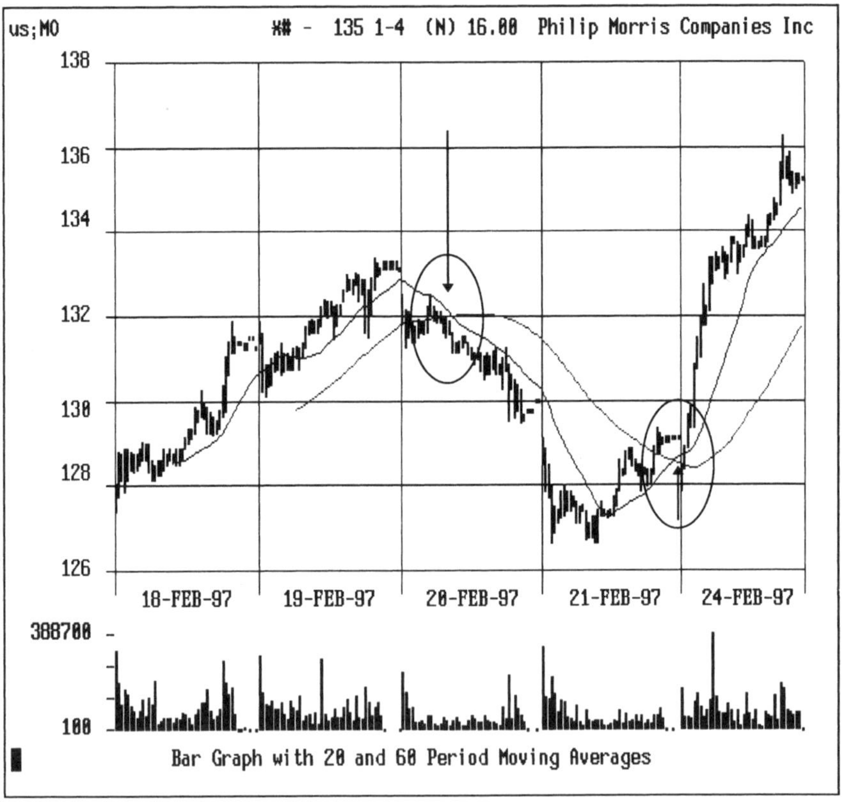

Nachdruck mit freundlicher Genehmigung von Bridge Information Systems.

Trades, denn die extremen Kurzfristtrends standen nun auf meiner Seite, nicht mehr gegen mich. Je mehr Zeitrahmen es gab, innerhalb derer ich die technischen Indikatoren in Einklang bringen konnte, desto besser. Potentielle Käufer (oder Verkäufer, wenn die Zeitrahmen negativ sind) können eine Aktie mit allen erdenklichen Erwartungen und für verschiedene Zeiträume kaufen, aber letzten Endes stehen sie alle auf der gleichen Seite, denn sie alle kaufen. Der wichtigste Punkt beim Warten auf Bestätigung eines Trends durch Tagesverlaufscharts ist, daß das ideale Verhältnis von Chance und Risiko exakt an der Regressionslinie liegt, denn man erwartet, daß diese Linie entscheidende Unterstützung für Call-Engagements am oberen Ende und wichtigen Widerstand für Put-Engagements am unteren Ende eines Trends ge-

Abb. 7.16 INTEL (INTC), TAGESVERLAUFSCHART

Nachdruck mit freundlicher Genehmigung von Bridge Information Systems.

währleistet. Die Anwendung von Trendfiltern erfordert Anhaltspunkte dafür, daß dieses Kursniveau gehalten und die Aktie sich zu diesem Zeitpunkt schon ein wenig von der Linie des Regressionskanals entfernt hat. Darunter leiden meine Einstiegskurse ein wenig. Doch bis zu einem gewissen Grad zahle ich diesen Preis gern, wenn ich dafür stärker auf die Richtigkeit meines QT-Signals vertrauen kann.

DIE ENTSCHEIDUNG, WANN MAN TRENDFILTER BENUTZEN SOLL

Es gibt mehrere Faktoren, die entscheiden, ob der Einsatz von Trendfiltern sinnvoll ist. Die Volatilität kann stark ansteigen, wenn eine vermutliche Widerstands- oder Unterstützungszone nicht hält, denn die Aktie bewegt sich dann oft sehr schnell wieder in den alten Trendkanal zurück. Die Anwendung von Trendfiltern reduziert die potentielle Volatilität wesentlich, obwohl diese Rückversicherung die Gewinnchancen ein wenig vermindert. Ein anderer wesentlicher Faktor für den

227

Einsatz eines solchen Filters ist das vorherrschende Marktumfeld. Im Idealfall ziehe ich es vor, am Punkt des optimalen Chance-Risiko-Verhältnisses einzusteigen, denn der Trade kann dann mit kleinem Verlust glattgestellt werden, falls die Regressionslinie nicht hält, während desto höhere Gewinne winken, wenn die Linie sich als so bedeutend erweist wie erwartet. Wenn der Markt bei einer »bullishen« Kaufgelegenheit allerdings gemessen am OEX kurzfristig schwach ist (das bedeutet, er notiert unterhalb der gleitenden 200- und 600-Minuten-Durchschnitte), dann habe ich einen entscheidenden Nachteil für QT-Trades ermittelt und wende lieber den Tagesverlaufs-Filter an, um nicht in die Falle einer kurzfristigen Marktschwäche zu tappen. Das hat mich zum Beispiel während der Korrekturphase im Juli 1996 oft davor bewahrt, »bullishe« Trades einzugehen, denn der Abwärtstrend des Gesamtmarkts stoppte die meisten Aufwärtstrends einzelner Aktien, bevor es im August zu einer allgemeinen Erholung kam. Eine wichtige Ausnahme von diesen Regeln ist es, wenn ein erneuter Test einer QT-Linie mit einem wichtigen gleitenden Durchschnitt zusammenfällt, also dem Zehn-, 20- oder 50-Tage-Durchschnitt bei Call-Trades oder dem 100- bzw. 200-Tage-Durchschnitt bei Put-Trades. Wie bei Electronics for Imaging (EFII) zu sehen war (Abbildung 7.9), gewährleistete diese zusätzliche Trendunterstützung einen optimalen Einstiegszeitpunkt exakt beim erneuten Test der Unterstützung oder des Widerstands der Regressionslinie.

AKTIEN OHNE TREND

Was soll man tun, wenn eine Aktie trendlos und zufälligen Kursschwankungen unterworfen zu sein scheint? Streichen Sie sie von Ihrer Liste potentieller QT-Kandidaten. Es gibt einfach zu viele andere gute Chancen, als daß Sie sich mit trendlosen Aktien beschäftigen sollten. Wenn Sie später feststellen, daß die Aktie wieder einen Trend aufweist, können Sie sie erneut in Ihre Beobachtungsliste aufnehmen. Ich verbringe nicht nur viel Zeit mit der Beobachtung meiner verschiedenen Datenbanken für QT-Gelegenheiten, sondern auch damit, trendlose Aktien auszusondern und andere aufzunehmen, die einen Trend aufweisen, und auf die man Optionen kaufen kann. Wenn Sie den Markt nicht täglich beobachten können, dann kaufen Sie sich am Freitag *Investors' Business Daily* und sehen Sie sich den Wochenrückblick auf der Rückseite von Abschnitt A an. Hier finden Sie Charts und Tabellen attraktiver Aktien mit beeindruckender relativer Stärke im Vergleich zum Gesamtmarkt. Einige dieser Aktien werden Sie aufgrund ihrer Trendkanäle beeindrucken, und Sie können nachforschen, ob es auf diese Aktien Optionen gibt, mit denen sie von Trendbeschleunigungen und der Hebelwirkung profitieren können. *Investors' Business Daily* nennt auf der gleichen Seite auch die großen Gewinner und Verlierer der vergangenen Woche, die höhere Umsätze als üblich verzeichnet haben. Software wie die von Bridge bietet auch exzellente Informationen über Studien, mit denen Sie Trendaktien für weitere Nachforschungen finden können, wie am Beispiel von »Rank & Filter« schon erläutert wurde.

QUICK TRADES UND OPTIONEN

Welche Arten von Optionen sollte man mit der QT-Methode traden? Optionen mit Verfallstag im folgenden Monat (die ich in der Regel meide) sind oft die besten, um von einer Trendbeschleunigung zu profitieren. Hier hat man den größten Vorteil für sein Geld, weil man anderen zuvorkommt, die die Optionspreise noch entsprechend der alten Trendgeschwindigkeit festlegen. Optionen, die bis zum übernächsten Monat laufen, eignen sich ebenfalls für diese Strategie. Optionen, die aus dem Geld notieren und im folgenden Monat ablaufen sind das aggressivste Vehikel für diese Strategie. Ich bevorzuge allerdings Optinen am Geld für die QT-Methode, denn sie vollziehen die Kursbewegung der Aktie am besten nach und gewährleisten eine respektable Hebelwirkung. Meine Erfahrung zeigt, daß mit solchen Optionen während der sieben Tage des Engagements eine Einsatzverdoppelung oder noch ein wenig mehr möglich ist. Außerdem ist das Risiko reduziert, und ich kann noch eine respektable Optionsprämie retten, wenn der Trade nicht funktioniert und ich ihn glattstellen muß. Manchmal kommt es eine Woche vor dem Verfall der am kürzesten laufenden Optionen zu einem Signal. Dann empfehle ich meist Optionen, die aus dem Geld notieren und bis zum übernächsten Verfallsdatum laufen. Solche Optionen leiden nicht allzu stark darunter, wenn die Aktie sich nach sieben Handelstagen kaum bewegt hat und die QT-Methode den Ausstieg erfordert, während die am kürzesten laufende Option wahrscheinlich zu einem Totalverlust geführt hätte.

WANN MAN EINEN QT-TRADE GLATTSTELLEN SOLL

Bestimmt führen nicht alle Trades zu Gewinnen, egal wie sorgfältig die Methode recherchiert ist. Die QT-Methode gibt allerdings ein klares

Ausstiegssignal, wenn die zugrundeliegende Aktie wieder in ihren Regressionskanal zurückkehrt. Ein Schlußkurs innerhalb des Kanals läßt schon die Alarmglocken läuten, zwei aufeinanderfolgende befehlen den Ausstieg, denn dieses Ereignis widerlegt die Annahme, daß die Aktie sich beschleunigt aus dem früheren Trendkanal herausbewegen wird. Zu Verlusten kommt es auch, wenn eine Aktie sich nicht beschleunigt, sondern nur zögernd bewegt. Dies führt bei kurzlaufenden Optionen zu Zeitwertverlust. Wenn man aber nach sieben Tagen ohnehin aussteigt, vermindert man das Verlustrisiko in solchen Situationen.

ABSCHLIESSENDE GEDANKEN ZUM QUICK TRADE

Einige Schlußbemerkungen über Regressionskanäle:

1. Je weniger volatil der Kanal, desto besser der Trend. Ein enger Kanal bedeutet definitionsgemäß, daß es innerhalb des Trends wenige Tagesschwankungen gibt, was den Trend stetiger und besser prognostizierbar macht. Solche Trends sollte man auf der Suche nach Kursausbrüchen beobachten. Hier kann man größeres Zutrauen haben, daß ein Ausbruch mehr als nur eine Zufallsschwankung ist.

2. Es gibt Unterschiede zwischen Chancen für Call- und für Put-Engagements. Aufwärtsbewegungen verlaufen in der Regel langsamer, aber regelmäßiger, Abwärtsbewegungen sind kurz, aber heftig. Folglich brauchen Beschleunigungspunkte in Aufwärtstrends meist mehr als einen oder zwei Tage, um sich zu entfalten. Im Schnitt sind sieben Tage die optimale Zeitdauer für ein Engagement. Das Abwärtspotential in baisseträchtigen QT-Situationen ist oft weit dramatischer, wobei ein Einbruch um mehere Dollar an einem oder an zwei Tagen nichts Ungewöhnliches ist. Bei Put-Trades nach der QT-Methode können Sie folglich mit schnellen Gewinnen rechnen, die innerhalb des typischen Zeitrahmens von drei bis fünf Tagen anfallen. Wenn das Engagement gut läuft, kann man es aber auch für sieben Tage durchhalten. Die allgemeine Regel lautet: Wenn es zu einem Einbruch kommt, dann rechnen Sie damit, daß er schnell kommt. Wenn Panik einsetzt und der Kurs abstürzt, sollten Sie Ihre Gewinne dann realisieren, wenn Sie sie haben. Halten Sie sich nicht mit Überlegungen auf, mit den Puts könnten noch höhere Gewinne drin sein. In der Regel halten solche Gedanken den Trader davon ab, durch schnelle Gewinnmitnahmen mit den Puts von der Panikstimmung auf dem Markt zu profitieren.

3. Aus den QT-Beschleunigungsphasen können sich auch Langfrist-trends entwickeln. Ihr Ziel sollte es sein, schnelle Gewinne von 100 oder mehr Prozent mit Trades zu erzielen, die bis zu sieben Tage dauern. Ich habe schon Trades erlebt, bei denen ich nach der Maßgabe meiner Methode Gewinne mitgenommen habe, worauf die Aktie immer weiter in die von mir angenommene Richtung stieg. Ich stellte fest, daß Fundamentaldaten wie etwa Unternehmensgewinne der Antrieb für einen neuen, beschleunigten und langfristigen Aufwärtstrend sein können, wenn sie kraftvoll genug sind, wie es bei EFII der Fall war, was in diesem Kapitel schon geschildert wurde. Ich erzielte bei EFII einen Gewinn von elf Punkten, aber die Aktie bewegte sich in einem engen Trend immer weiter nach oben. Der gleitende 20-Tage-Durchschnitt diente in diesem neuen, steileren Aufwärtstrend als Unterstützung, ebenso wie der steil nach oben verlaufende Regressionskanal, den ich von den neuen Hochs und Tiefs aus ziehen konnte. Die Lehre daraus ist, daß es mittelfristige Chancen für Trader gibt, die die Bedeutung von Nachrichten für die Kursrichtung einer Aktie erkennen. Ich bleibe jedoch bei der kurzfristigeren QT-Methode, weil sie in den meisten Fällen hervorragende Kurschancen bietet. Außerdem profitiere ich lieber von neuen Situationen, wenn sie sich entwickeln, bevor der Markt auf den beschleunigten Trend setzt.

4. Auf ähnliche Weise kann der Ausbruch aus einem kurzfristigen Abwärts- oder Seitwärtstrend innerhalb eines längerfristigen Aufwärts-trends für Langfrist-Trader attraktive Kaufchancen eröffnen. Situationen wie die von Schwab (SCH) in Abbildung 7.17 sind attraktiv, weil ein abwärts oder seitwärts verlaufender Regressionskanal, der nach oben durchbrochen wird, zeigt, daß die Aktie entweder hinsichtlich des Kurswerts oder der Zeit schon eine signifikante Korrektur hinter sich hat. Der folgende Aufwärtstrend kann daher für einen langen Zeitraum anhalten. Die wichtigste Entscheidung bei dieser Methode ist es, ob man einen erneuten Test des Kanals abwartet oder auf den Ausbruch reagiert. Auch hier hängt die Entscheidung davon ab, welche Faktoren für den Trade sprechen. Wenn die Unternehmensgewinne der wichtigste Faktor sind, kommt es vielleicht nicht zu einem erneuten Test, weil die neuen Ereignisse den Trend radikal verändert haben. Erfolgt der Ausbruch, ohne daß es wichtige Neuigkeiten gibt, dann ist man in den meisten Fällen gut beraten, erst beim ersten Rückschlag bis zum alten Abwärtstrend oder zumindest bis zu einem wichtigen gleitenden Durchschnitt wie etwa Schwabs gleitenden 50-Tage-Durchschnitt zu kaufen.

Abb. 7.17 SCHWAB (SCH), WOCHENCHART MIT AUSBRÜCHEN AUS DEM TRENDKANAL

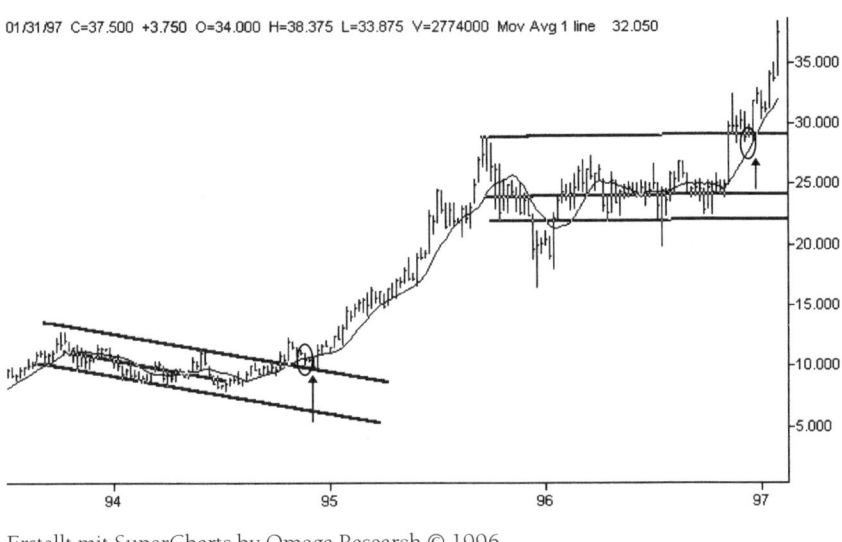

01/31/97 C=37.500 +3.750 O=34.000 H=38.375 L=33.875 V=2774000 Mov Avg 1 line 32.050

Erstellt mit SuperCharts by Omega Research © 1996

5. Seien Sie darauf vorbereitet, daß Sie einige Trades verpassen werden, weil die Aktie nie wieder den früheren Regressionskanal testet. Es liegt in der Natur meiner Methode, daß ich kein optimales Chance-Risiko-Verhältnis zum Kauf von Positionen ermitteln kann, wenn es nicht zu einem erneuten Test des früheren Regressionskanals kommt. Ich habe mit den gleitenden Zehn- und 20-Tage-Durchschnitten als Trendfilter experimentiert, aber obwohl diese Kursniveaus manchmal signifikant sind, werden sie oft vorübergehend durchbrochen, und der frühere Kanal wird noch einmal getestet. Und ich bevorzuge ein optimales Verhältnis von Chance und Risiko zum Einstiegszeitpunkt gegenüber einem Trade, der sich als Eigentor erweisen könnte.

SCHLUSSBEMERKUNG

Warum funktioniert die Quick-Trade-Methode? Weil frühere Widerstände zu Unterstützungen werden (und umgekehrt). Dieses klassisch einfache Konzept ist die Basis der QT-Methode. Hinzu kommt die Regressionslinie, die aufzeigt, bei welchem Kursniveau eine Aktie die Richtung ändern könnte, weil Widerstand sich zu Unterstützung verwandelt, und eine frühere Unterstützung zu einem neuen Widerstand wird. Viele Vermögensverwalter und Anlageberater werden Ihnen sagen, daß es zu riskant ist, auf einen schnellen Richtungswechsel einer Aktie oder eines Markts zu setzen. Die QT-Methode ist eine systematische Art, auf schnelle Bewegungen zu setzen, ohne lange engagiert zu sein, falls die Bewegung ausbleibt oder gar ein Richtungswechsel eintritt. Die QT-Methode eignet sich zudem ideal für das Optionstrading, weil der beschleunigte Trend ein klassischer Weg ist, die statischen Annahmen des Preisbildungsmodells für Optionen zu schlagen und von einer schnellen Bewegung zu profitieren, die für den Erfolg von Optionskäufern so entscheidend ist. Da wir nun detailliert kurzfristige Optionsstrategien diskutiert haben, wird es in Kapitel 8 darum gehen, wie man langfristige Optionen dazu benutzt, Risiken zu reduzieren und von den großen Kursbewegungen zu profitieren, die manchmal ein wenig mehr Zeit brauchen, um sich zu entfalten.

Optionen mit langen Laufzeiten (LEAPS)

EINFÜHRUNG

Wenn man in Optionen investiert, bekommt man leicht das Gefühl, man sei auf der Überholspur der Finanzwelt unterwegs. Man kann aber auch wechseln und die Fahrt auf einer langsameren Spur genießen, indem man Optionen mit längerer Laufzeit kauft, die als LEAPS bekannt sind.

Long-term Equity AnticiPation Securities (LEAPS) wurden 1990 eingeführt, und die ersten Basisobjekte (Underlyings) waren ausgesuchte Aktien aus dem Dow-Jones-Index. Später kamen andere bedeutende Aktien hinzu. Heute gibt es LEAPS-Optionen auf mehr als 200 Aktien, außerdem auf bestimmte Industriezweige, die sich so sehr voneinander unterscheiden wie die Biotechnologie und der mexikanische Aktienindex, oder auf Marktbarometer wie den Major Market Index, den S & P Midcap Index und natürlich den seit jeher beliebten S & P 100 Index.

LEAPS sind Finanztitel mit begrenzter Lebensdauer; ebenso wie kurzfristigere Optionen verfallen sie an einem bestimmten Tag. Aber der Zeitwertverlust von LEAPS verläuft viel langsamer als bei herkömmlichen Kurzfristoptionen. Das ist von Vorteil, wenn man eine Position für einige Monate oder sogar ein Jahr lang halten will. LEAPS haben typischerweise eine Gesamtlaufzeit von einem bis zweieinhalb Jahren. Das Verfallsdatum der LEAPS ist im Januar, was steuerliche Vorteile bietet, wenn Sie beabsichtigen, die Position kurz vor dem Verfallsdatum im folgenden Steuerjahr aufzulösen. Wenn eine LEAPS-Serie noch eine Restlaufzeit von sechs bis acht Monaten hat, werden die LEAPS in den normalen Optionszyklus der jeweiligen Aktie eingebunden und ihr Ticker-Symbol ändert sich. Sie müssen sich über diese Veränderung im klaren sein, wenn Sie die Entwicklung solcher Optionen an einem Kursterminal verfolgen wollen.

Warum widme ich den LEAPS ein ganzes Kapitel? Man kann LEAPS für eine ganze Reihe von Zwecken einsetzen: Zur Spekulation auf die mittelfristige Entwicklung einer Aktie oder eines Markts, als Absicherung gegen Verluste einer Aktie oder eines Depots, oder auch als eine Art Aktienersatz. Man kann LEAPS auch in einer Anzahl von zeitlichen Spreads und in anderen Optionsstrategien einsetzen, um zusätzliche Gewinne zu erzielen oder den Depotwert zu steigern, während man die Kosten des ursprünglichen Engagements senkt. Wenn Sie LEAPS kaufen, verzichten Sie auf einen Teil der Hebelwirkung von Optionen mit kürzerer Laufzeit, aber Sie reduzieren dafür erheblich das Risiko, hohe Verluste zu erleiden. So können Sie von Langfristtrends profitieren und Ihre Sorgen über die täglichen Kursausschläge und den beschleunigten Zeitwertverlust auf ein Minimum reduzieren.

Wie bei herkömmlichen Optionen repräsentiert ein LEAPS-Kontrakt 100 Stück der zugrundeliegenden Aktie, und man sowohl Calls als auch Puts erwerben. Man kann von LEAPS profitieren, ganz egal, ob man für eine Akte oder einen Index nun optimistisch oder pessimistisch ist. Wenn Sie, wie viele Investoren, Aktien nicht gern leer verkaufen, dann können LEAPS Ihnen dabei helfen, mit strategisch ausgewählten LEAPS-Calls und LEAPS-Puts Ihr Depot zwischen »bullishen« und »bearishen« Positionen zu diversifizieren.

Ein normaler Optionsspekulant könnte einwenden, daß mit LEAPS im Vergleich zu herkömmlichen Optionen zuviel Hebelwirkung verlorengeht. Und ein normaler Aktionär könnte besorgt sein, daß LEAPS im Vergleich zu Aktien eine zu hohe Hebelwirkung haben. Doch dieser Mittelweg ist genau das, was solche Optionstrader anzieht, die schon einmal durch eine kurzfristige Marktschwankung hohe Verluste mit kurzlaufenden Optionen erlitten haben, um dann später zu sehen, daß sich ihre Einschätzung einen oder zwei Monate später als richtig erwies. Und Aktienanleger können ihr Gesamtrisiko mit bestimmten LEAPS-Strategien reduzieren, ohne ihre Gewinnchancen zu schmälern.

Über die strategischen Möglichkeiten mit LEAPS ist schon viel geschrieben worden. Ich habe aber die Erfahrung gemacht, daß Kurzfristspekulanten Probleme bekommen können, wenn sie ihre gewohnten Strategien mit diesen Langfristoptionen umsetzen wollen. Ihre spekulative Einstellung verleitet sie dazu, zu schnell zu viel erreichen zu wollen. Die Diskussion über LEAPS vermittelt eine breitere Perspektive dessen, was ich den »großen Trend« nenne. Dies umfaßt eine

Kombination von technischen Langfristindikatoren und vor allem eine Perspektive der Erwartungen gegenüber verschiedenen Aktien und Branchen. Diese Perspektive ist unverzichtbar, um die kurzfristigen Schwankungen auszuhalten (über die wir uns Sorgen machen, wenn wir mit Kurzfristoptionen spekulieren, über die wir aber hinwegsehen müssen, wenn wir auf den großen Trend setzen wollen), ohne die unvermeidlichen Erschütterungen hinzunehmen, die viele gewohnheitsmäßige Kurzfristtrader dazu veranlassen, vorzeitig auszusteigen.

Dies führt zu einer fundamentalen Prämisse des LEAPS-Trading: LEAPS sollten anders getradet werden als Kurzfristoptionen, aber dennoch kann man sie nicht wie ein Aktieninvestment sehen. Es ist die erfolgreiche Synthese – eben der genannte Mittelweg – auf den wir uns hier konzentrieren wollen, und ich werde Ihnen Techniken zeigen, mit denen Sie diese relativ neue und konservativere Art von Optionen mit Erfolg traden können.

LEAPS-STRATEGIEN FÜR DIE SPEKULATION AUF STEIGENDE KURSE

In der folgenden Strategiediskussion differenzieren wir zwischen Hausse- und Baisse-Situationen. Dies wegen einer Tatsache, die viele Trader übersehen: Die Indikatoren, die bei Call-Trades am besten funktionieren, sind nicht notwendigerweise auch bei Put-Trades die besten. Warum? Weil Kurssteigerungen und -einbrüche in Haussemärkten anders verlaufen als in Baisse-Situationen. In einem Bullenmarkt sind Kursaufschwünge langsam, aber stetig, denn beständig kommen Käufer hinzu, die vom Trend profitieren wollen und den Kurs in die Höhe treiben. Wenn es zu einer Korrektur kommt, dann verläuft sie üblicherweise kurz und heftig, denn es kommt zu schnellen Gewinnmitnahmen, und die Angst vor einer Topbildung ist weit verbreitet. In einem Bullenmarkt sollten Call-Trades also so strukturiert sein, daß man von einem stetigen, wenn auch manchmal langsamen Aufwärtstrend profitiert. Put-Trades in einem Bullenmarkt sollten eingegangen werden, wenn der schnelle Einbruch beginnt, und dann bald wieder glattgestellt werden, weil der Tiefpunkt rasch erreicht ist. Der Anreiz der schnellen Abwärtsbewegung scheint zwar verlockend, aber viele Put-Trader verlieren dabei dennoch: Entweder wegen eines schlechten Timing von Put-Käufen gegen einen anhaltenden Aufwärtstrend, oder weil sie nach einem schnellen Gewinn unvorsichtig werden, der dann vom nächsten Kursaufschwung wieder zunichte gemacht wird.

Beachten Sie, daß die genannten Abläufe in einem Bärenmarkt mit umgekehrten Vorzeichen eintreten. Kursabschwünge sind langsam und stetig, Bear-Market-Rallyes sind kurz und heftig. Call-Spekulanten hoffen auf eine Bodenbildung, die meist erst nach einer letzten, dramatischen Abwärtsbewegung einsetzt. Trader sollten in breiten Abwärtstrends bei Put-Engagements bleiben, denn schnelle und heftige Rallyes treten zu unregelmäßig auf, als daß man in solchen Situationen sein Geld mit Calls aufs Spiel setzen sollte.

Haussestrategie Nr. 1: Der Kauf von Calls

Der Kauf von Calls ist die einfachste, aber effektivste LEAPS-Strategie für Optionstrader ebenso wie für Aktienanleger. In »*The Option Advisor's* LEAPS Portfolio« wird ausschließlich diese Strategie angewendet. Das LEAPS-Portfolio umfaßt monatlich vier LEAPS-Empfehlungen und dient der Suche nach LEAPS mit attraktiven Kursen, deren Wert sich in etwa verdoppeln kann, wenn sich die zugrundeliegende Aktie um 15 bis 20 Prozent bewegt.

Tabelle 8.1 zeigt ein Beispiel für eine LEAPS-Empfehlung. Ich empfahl den Kauf des Januar-1999-Call auf Coca-Cola mit Basispreis 60 Dollar. LEAPS-Optionssymbole unterscheiden sich von denen anderer Optionen, denn sie müssen nicht nur die zugrundeliegende Aktie angeben, sondern auch das Jahr, in dem die Option verfällt. Alle LEAPS-Optionssymbole beginnen mit Z, W oder V. Jeder Buchstabe steht für ein bestimmtes Verfallsjahr. Zum Beispiel bezeichnet V LEAPS, die im

Tabelle 8.1 EINE LEAPS-EMPFEHLUNG DES *OPTIONS ADVISOR*

Stock Re-Cap (1-3)			Option Re-Cap (4-5)	
(1)	(2)	(3)	(4)	(5)
Underlying Stock	Ticker Symbol	Closing Price	B=Buy	Expiration Month/ Striking Price
Coca-Cola	VKO	60	B	January 1999/60

(6)	(7)	(8)	(9)	(10)	(11)	(12)
Closing Price	Exchange	Maximum Entry Price	Target Profit	Closeout Date	Volume/ Liquidity Class	Delta
4	C	4¼	100%	04/02	D6	50%

Januar 1999 auslaufen. Danach wird dieser Buchstabe erst für 2002 wieder verwendet. LEAPS, deren Symbol mit W beginnt, verfallen 2001, Z-Leaps laufen im Jahr 2000 aus.

Es gibt einige wichtige Regeln, die man beim Kauf von LEAP-Calls beachten muß:

1. *Kaufen Sie nur LEAPS auf Aktien, die sich im Aufwärtstrend befinden.* Eine der größten Versuchungen für Trading-Anfänger ist es, eine Bodenbildung zu erwischen, indem sie Calls auf Aktien kaufen, die gerade einen ernsthaften Einbruch erlitten haben. Auch für LEAPS-Trader ist das verlockend, denn sie haben mit ihrer Option mehr Zeit eingekauft. Sie können länger warten, falls die Aktie eine ausgedehnte Bodenbildung vollzieht, bevor sie sich merklich erholt. Dies ist eine »Zeitfalle«, die Investoren einschläfern kann, die daran gewöhnt sind, Bodenbildungen abzuwarten; mit LEAPS könnten sie hier Probleme bekommen.

Merken Sie sich: LEAPS haben eine begrenzte Lebensdauer, auch wenn der Zeitwertverlust langsamer verläuft als bei Kurzfristoptionen. Kaufen Sie LEAPS also auf solche Aktien, die nach einem Rückschlag innerhalb eines Aufwärtstrends mit hoher Wahrscheinlichkeit wieder nach oben tendieren, oder die mit einem Kursausbruch bestätigt haben, daß ihr Aufwärtstrend noch intakt ist.

Gleitende Durchschnitte sind bei technisch orientierten Investoren ein sehr verbreitetes Konzept; zudem auch eines der einfachsten für die Anwendung der Regeln zum Ein- und Ausstieg. Beim LEAPS-Trading, so haben Forschungen ergeben, ist der 20-Monats-Durchschnitt (entspricht etwa 400 Handelstagen) einer der nützlichsten, um die Richtung des Langfristtrends zu bestimmen, doch er wird kaum beachtet. Zum Beispiel zeigt im Monatschart der Discount-Broker-Firma Charles Schwab (SCH) der 20-Monats-Durchschnitt gut begrenzte Rückschläge innerhalb des langfristigen Trends (Abbildung 8.1). Die Erfahrung hat mich gelehrt, LEAPS-Calls zu empfehlen, wenn eine Aktie sich von einer solchen Unterstützung aus wieder erholt und sich ein Ausbruch aus der früheren Seitwärtszone anbahnt. Bei Schwab geschah dies im Dezember 1996, als die Aktie, vom gleitenden 20-Monats-Durchschnitt kommend, über 30 Dollar stieg. Meine Empfehlung vom 7. Januar 1997, den Schwab-Call mit Basispreis 30 Dollar und Laufzeit bis Januar 1998 zu kaufen, profitierte vom Kursausbruch der Aktie und führte zu einem Gewinn von 100 Prozent, als mein Gewinnziel am 14. Februar erreicht wurde.

Natürlich kann man verschiedene gleitende Durchschnitte verwenden, um günstige Kaufgelegenheiten zu finden. Zum Beispiel beruhte meine Empfehlung vom 22. August 1996 zum Kauf des Januar-1998-

Abb. 8.1 CHARLES SCHWAB (SCH), MONATSCHART MIT GLEITENDEM 20-MONATS-DURCHSCHNITT

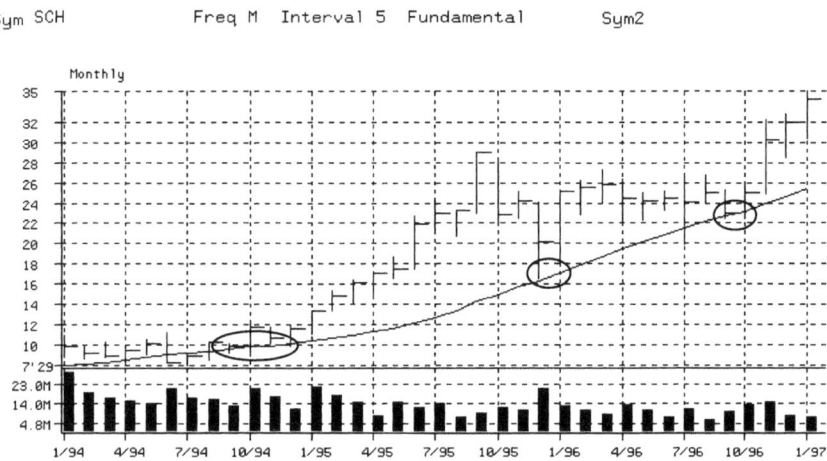

Nachdruck mit freundlicher Genehmigung von ILX Systems.

Call auf die Aktie von Equifax (EFX) mit Basispreis 25 Dollar auf einer bedeutenden Unterstützung durch den gleitenden 100-Tage-Durchschnitt (Abbildung 8.2). Solange diese Linie als Unterstützung fungierte, war dies der optimale Einstiegspunkt mit dem besten Chance-Risiko-Verhältnis innerhalb des Aufwärtstrends. Der empfohlene Call verdoppelte seinen Wert innerhalb von drei Monaten. Natürlich führen nicht sämtliche technischen Anzeichen für einen Aufwärtstrend zum Erfolg. Meine Kaufempfehlung vom 21. Dezember 1995 für den Put auf die Aktie von Lowe's (LOW) mit Basispreis 35 Dollar und Laufzeit bis Januar 1997 beruhte auf der Erwartung, die Aktie werde bis zu ihrem langfristigen Widerstand bei 35 Dollar steigen. Wie Abbildung 8.2 zeigt, bot hier auch der gleitende 400-Tage-Durchschnitt einen Widerstand. Im März 1996 durchbrach die Aktie diesen Widerstand, und ich stellte meine Position schnell mit einem Verlust von 41 Prozent glatt. Beachten Sie die Unbeständigkeit des LOW-Charts: Der Aktienkurs kreuzte den gleitenden Durchschnitt sehr häufig. Rückblickend wäre es besser gewesen, in einer solchen trendlosen Situation keinen Optionstrade durchzuführen.

2. Wenn Sie Gewinne von etwa 100 Prozent anstreben, sollten Sie LEAPS kaufen, die am Geld notieren. Die Kursbildung von LEAPS verläuft in der Regel so, daß, wenn die Aktie um fünf bis zehn Dollar steigt, sich

240

Abb. 8.2 **EQUIFAX (EFX), WOCHENCHART**

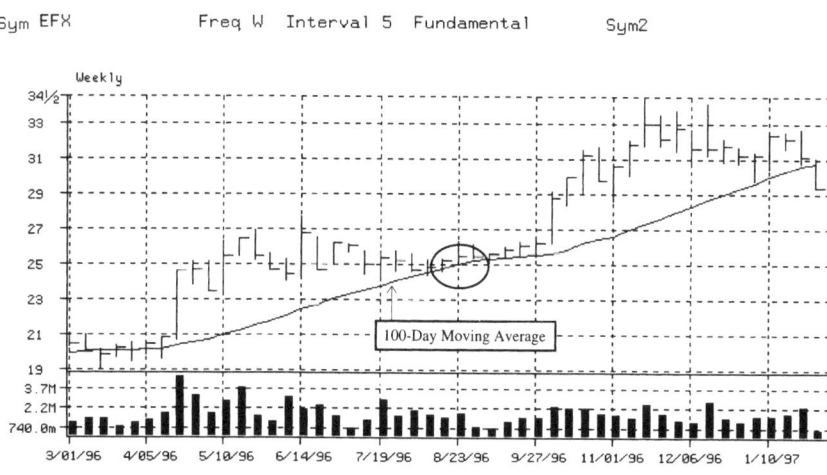

Nachdruck mit freundlicher Genehmigung von ILX Systems.

der Wert von LEAPS am Geld oder aus dem Geld in etwa verdoppelt. Nur wenn man eine noch stärkere Rallye erwartet, sollte man LEAPS kaufen, die weit aus dem Geld notieren. Obwohl die Versuchung groß ist, für die gleiche Dollarsumme mehr Optionen zu erhalten, ist das

Abb. 8.3 **LOWE'S (LOW), MONATSCHART**

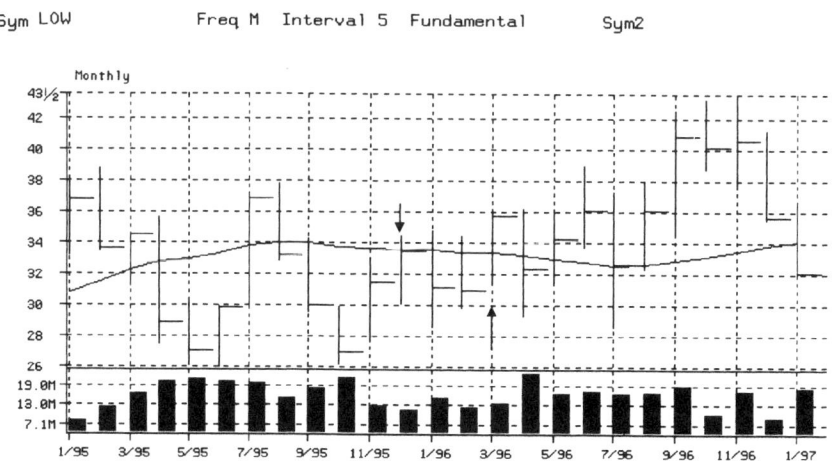

Nachdruck mit freundlicher Genehmigung von ILX Systems.

Tabelle 8.2 **LEAPS-PRÄMIEN FÜR EINE AKTIE MIT HOHER UND EINE MIT NIEDRIGER VOLATILITÄT**

February 4, 1997 Microsoft Options (High Volatility) Stock at 103⅛	versus	February 4, 1997 Merck Options (Low Volatility) Stock at 91¾

Call	Strike Price	Option Price	Intrinsic Value	Time Premium	Call	Strike Price	Option Price	Intrinsic Value	Time Premium
OTM	105	23⅞	0	23⅞	OTM	95	13⅝	0	13⅝
ATM	100	26⅛	3⅛	23	ATM	90	16⅛	1¾	14⅜
ITM	95	28¾	8⅛	20⅝	ITM	85	18⅞	6¾	12⅛

Put	Strike Price	Option Price	Intrinsic Value	Time Premium	Put	Strike Price	Option Price	Intrinsic Value	Time Premium
OTM	95	10	0	10	OTM	85	6½	0	6½
ATM	100	12⅝	0	12⅝	ATM	90	8½	0	8½
ITM	105	14½	1⅞	12⅜	ITM	95	11	3¼	7¾

Chance-Risiko-Profil von LEAPS, die am Geld notieren, besser, falls Sie nicht eine außergewöhnliche Kursbewegung der Aktie erwarten.

Das trifft vor allem auf hochvolatile Aktien zu (siehe Tabelle 8.2). Die zusätzliche Laufzeit, die Sie kaufen, wird bei weit aus dem Geld notierenden LEAPS stärker eingepreist als bei solchen, die am Geld notieren.

3. *Beschleunigte Aufwärtstrends sind sehr profitabel.* Gegenwärtig lauten die meisten LEAPS auf umsatzstarke Aktien mit hoher Marktkapitalisierung und somit geringerem Potential, große Kursgewinne zu erzielen, als es die Aktien aus der zweiten Reihe aufweisen. Aber manchmal kann auch eine LEAPS-Aktie in relativ kurzer Zeit signifikante Gewinne erreichen.

Ich verwende zwei grundlegende Methoden, um Kandidaten für eine beschleunigte Kursentwicklung zu finden:

A: *Die modifizierte Quick-Trade-Methode.* Unter Verwendung von Monatscharts untersuche ich erneute Tests wichtiger Regressionsli-

**Abb. 8.4 AVON PRODUCTS (AVP), WOCHENCHART.
BESCHLEUNIGUNG AUS DEM REGRESSIONSKANAL**

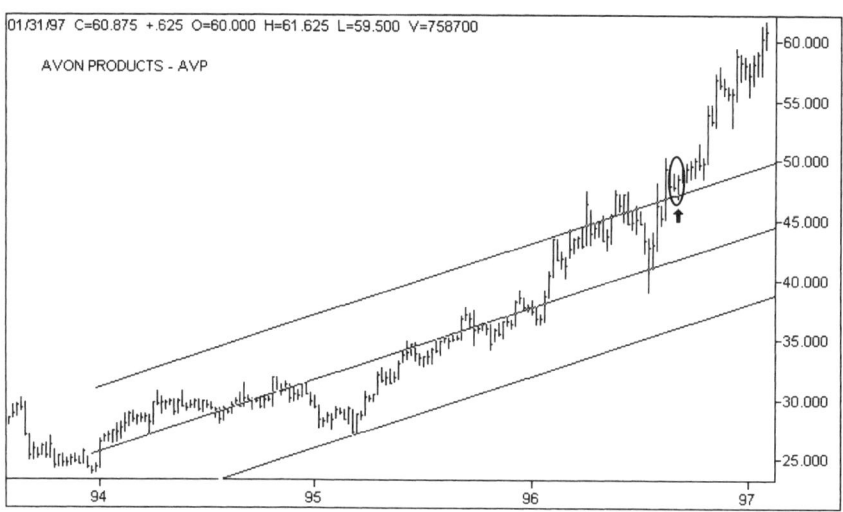

Erstellt mit SuperCharts by Omega Research © 1996

nien, um LEAPS-Aktien zu finden, die sich beschleunigt aus dem Regressionskanal entfernen könnten.

Die Avon-Empfehlung (Abbildung 8.4) gab ich am 9. September 1996, obwohl ich wußte, daß einen Dollar über dem aktuellen Kurs von 49 Dollar ein kurzfristiger Widerstand lag. Ich tat es dennoch, weil ich ebenfalls wußte, daß meine Regressionsanalyse des großen Trends zeigte, daß sich AVP oberhalb des langjährigen Trendkanals bewegte und vor einer Kursbeschleunigung stand. Der Bereich von 50 Dollar wirkte einige Tage lang als Widerstand, aber ich hatte einen viel längeren Zeithorizont. Schließlich kam es zur Beschleunigung, der kurzfristige Widerstand bei 50 Dollar wurde durchbrochen, und die Aktie legte in den folgenden zwei Monaten um acht Dollar zu.

Den Januar-1998-Call auf Procter & Gamble (PG) mit Basispreis 110 Dollar empfahl ich am 22. August 1996, denn dieser normalerweise wenig volatile Standardwert bewegte sich aus einem Kanal heraus, der schon seit dem Crash von 1987 Bestand hatte (siehe Abbildung 8.5). Die Aktie kletterte weiter von $90\frac{1}{2}$ bis auf $110\frac{1}{4}$ Dollar, und der Wert des Call verdoppelte sich in weniger als drei Monaten.

243

Abb. 8.5 **PROCTER & GAMBLE (PG), MONATSCHART. BESCHLEUNIGUNG AUS DEM REGRESSIONSKANAL**

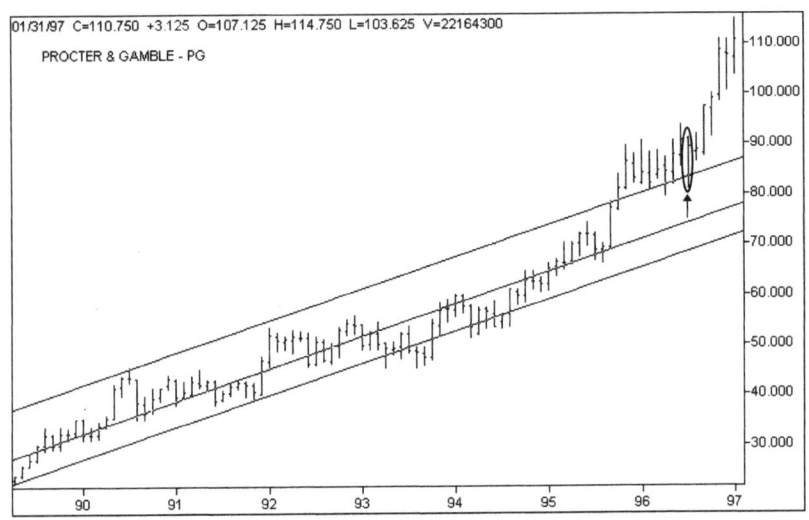

01/31/97 C=110.750 +3.125 O=107.125 H=114.750 L=103.625 V=22164300

PROCTER & GAMBLE - PG

Erstellt mit SuperCharts by Omega Research © 1996

Abb. 8.6 **FEDERAL NATIONAL MORTGAGE (FNM), MONATSCHART. AUSSTIEG NACH RÜCKFALL IN DEN TRENDKANAL**

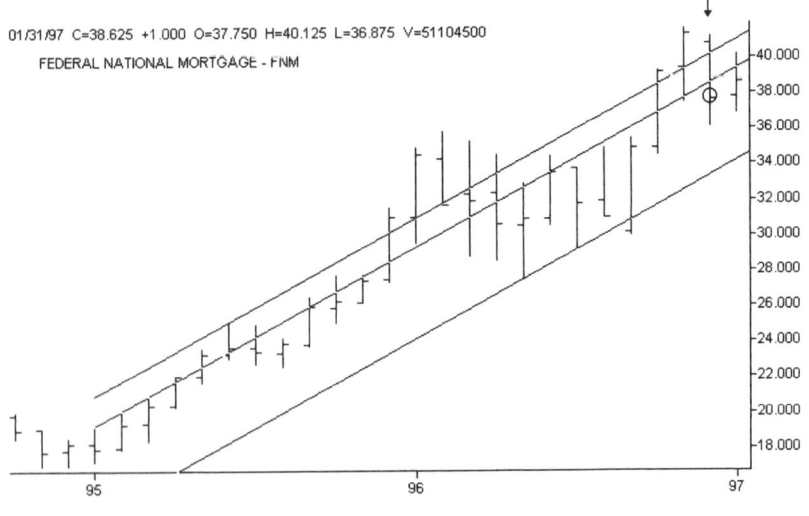

01/31/97 C=38.625 +1.000 O=37.750 H=40.125 L=36.875 V=51104500

FEDERAL NATIONAL MORTGAGE - FNM

Erstellt mit SuperCharts by Omega Research © 1996

244

Seien Sie geduldig, wenn Trades mit LEAPS-Calls am Anfang nicht die erwartete Beschleunigung zeigen. Ich empfehle, solche Trades nur dann glattzustellen, wenn der Monatsschlußkurs unterhalb der oberen Regressionslinie liegt. Dies würde nämlich für ein verringertes Beschleunigungspotential sprechen. Meine Empfehlung vom 22. August 1996, der Januar-1998-Call auf die Aktie von Federal National Mortgage (FNM) mit Basispreis 32¹/₂ Dollar, legte zum Beispiel einen guten Start hin, erreichte jedoch das Kursziel nicht und fiel dann allmählich zurück. Da der Monatsschlußkurs wieder innerhalb des Regressionskanals lag, war klar, daß das Beschleunigungspotential der FNM-Aktie Mitte Dezember 1996 kleiner geworden war. In der folgenden Woche, nach einem kurzfristigen Kursanstieg der Aktie, empfahl ich, die Position mit einem Gewinn von 80 Prozent glattzustellen.

Wie schon erwähnt, kündigt ein beschleunigtes Verlassen des Regressionskanals oft eine Entwicklung an, die schließlich zu noch höheren Aktienkursen führt. Oft geschieht der Ausbruch im Zusammenhang mit einem besser als erwartet ausgefallenen Quartalsergebnis, wie zum Beispiel bei Oracle Systems (ORCL) in Abbildung 8.7. Oracle war bis zur wichtigen Regressionslinie zurückgekehrt,

Abb. 8.7 ORACLE SYSTEMS (ORCL), MONATSCHART. SCHNELLER GEWINN NACH BESCHLEUNIGUNG UND VOR KURSUMKEHR

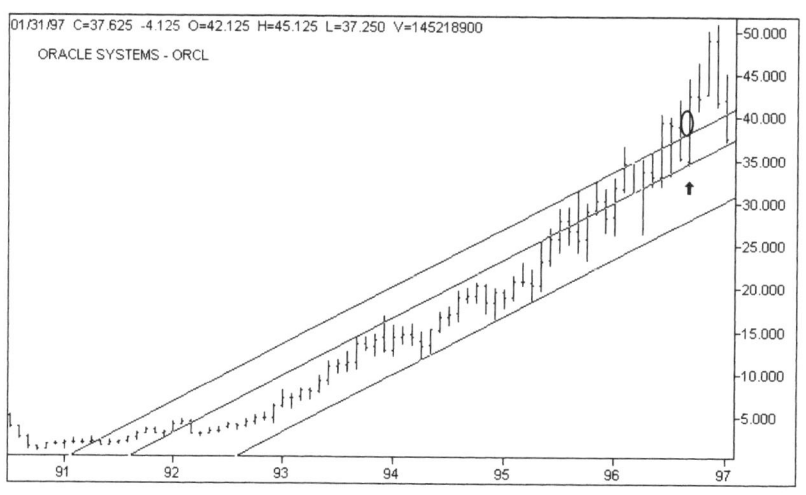

Erstellt mit SuperCharts by Omega Research © 1996

245

Abb. 8.8 SAFEWAY (SWY), WOCHENCHART. KAUF NACH ERNEUTEM TEST FRÜHERER HOCHS IM TRENDKANAL

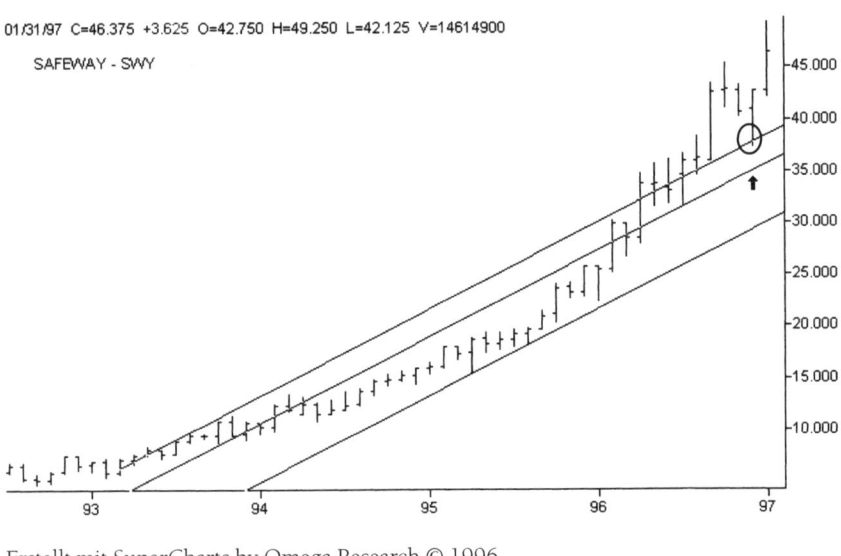

01/31/97 C=46.375 +3.625 O=42.750 H=49.250 L=42.125 V=14614900

Erstellt mit SuperCharts by Omega Research © 1996

und die relative Stärke der Aktie im Vergleich zum S & P 500 befand sich in einem günstigen Aufwärtstrend. Nachdem ich am 9. September meine LEAPS-Kaufempfehlung gegeben hatte, schoß die Aktie um zehn Dollar nach oben und brachte in weniger als drei Monaten einen Gewinn von 100 Prozent.

Solche Kaufgelegenheiten können sich auch entwickeln, wenn eine technisch starke Aktie bis auf ein Niveau zurückfällt, wo sie wahrscheinlich Unterstützung findet. Ein gutes Beispiel dafür ereignete sich Ende 1996. Safeways Kursanstieg um 76 Prozent bis Anfang Oktober folgte eine Korrektur um 14 Prozent, als bekannt wurde, daß Safeway die Handelskette Vons für 1,57 Milliarden Dollar übernehmen wollte. Die übernehmende Firma erleidet in solchen Fällen oft vorübergehende Kursverluste, weil man eine Verwässerung des Gewinns je Aktie erwartet. Ich sehe so etwas jedoch als Kaufgelegenheit bei Aktien, die sich in einem längerfristigen Aufwärtstrend befinden. Wie Abbildung 8.8 zeigt, fiel Safeway bis zur oberen Regressionslinie zurück. Das ergab eine gute Kaufgelegenheit für meine Empfehlung vom 20. Dezember 1996, den Januar-1998-Call mit Basispreis 45 Dollar. In den folgenden fünf Wochen verdoppelte sich die Position nahezu, und die Aktie gewann 20 Prozent.

Abb. 8.9 **AMERICAN HOME PRODUCTS (AHP), MONATSCHART**

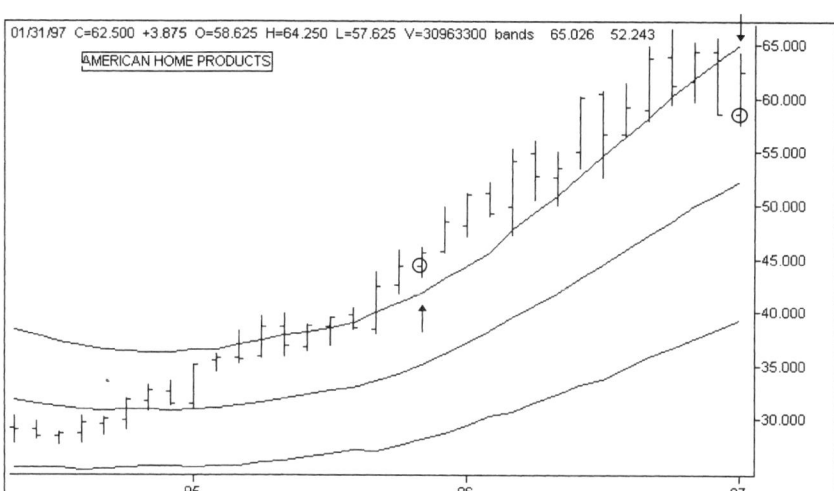

01/31/97 C=62.500 +3.875 O=58.625 H=64.250 L=57.625 V=30963300 bands 65.026 52.243

AMERICAN HOME PRODUCTS

Erstellt mit SuperCharts by Omega Research © 1996

B. »*Abweichendes*« *Kursverhalten*. Ähnlich wie bei der Regressions-kanalmethode (wo man nach einer Bewegung außerhalb der Range sucht, die normalerweise 95 Prozent der Kursentwicklung umfaßt) zeigt auch eine Bewegung außerhalb der üblichen Volatilitätsband-breite oft, daß bei einer Aktie etwas Wichtiges passiert. Dieses »ab-weichende« Verhalten birgt das meiste Potential für große Trends. Der berühmte Hedge-Fund-Manager George Soros erwähnte ein-mal, er habe das meiste Geld mit diesen wenigen Prozenten der Kursentwicklung verdient, die durch die Standardabweichung nicht zu erklären sind. In den folgenden Beispielen werden Sie die Stärke solcher Preisbewegungen außerhalb der Volatilitätsbandbrei-ten sehen, die in der Regel die erwarete,»normale« Kursspanne ei-ner Aktie definieren.

Ich bevorzuge eine Volatilitätsspanne, die eine Funktion der Hochs und Tiefs der zurückliegenden 20 Monate darstellt. Ich plaziere eine Hoch-Linie und eine Tief-Linie um den gleitenden 20-Monats-Durchschnitt, um Bewegungen außerhalb der üblichen Range zu identifizieren. Wenn zwei Monatsschlußkurse über der Hoch-Linie liegen, dann versuche ich beim nächsten Test dieser Linie zu kaufen, denn ein früherer Widerstand ist nun zu einer Unterstützung ge-worden (wie in den Abbildungen 8.9 und 8.10 gezeigt). Nur wenn

247

Abb. 8.10 **COLUMBIA GAS (CG), MONATSCHART**

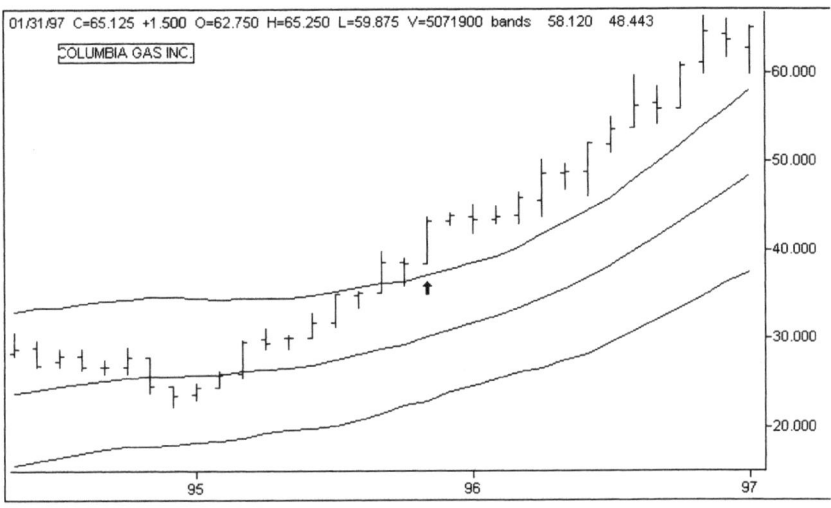

Erstellt mit SuperCharts by Omega Research © 1996

Abb. 8.11 **JOHNSON & JOHNSON (JNJ), MONATSCHART**

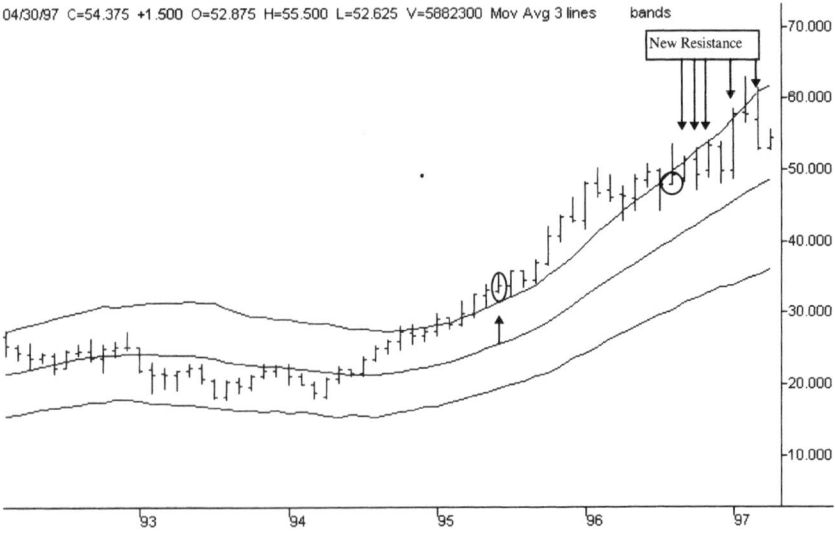

Erstellt mit SuperCharts by Omega Research © 1996

Abb. 8.12 ADVANCED MICRO DEVICES (AMD), WOCHENCHART. KREUZUNGSPUNKT DER RELATIVEN STÄRKE

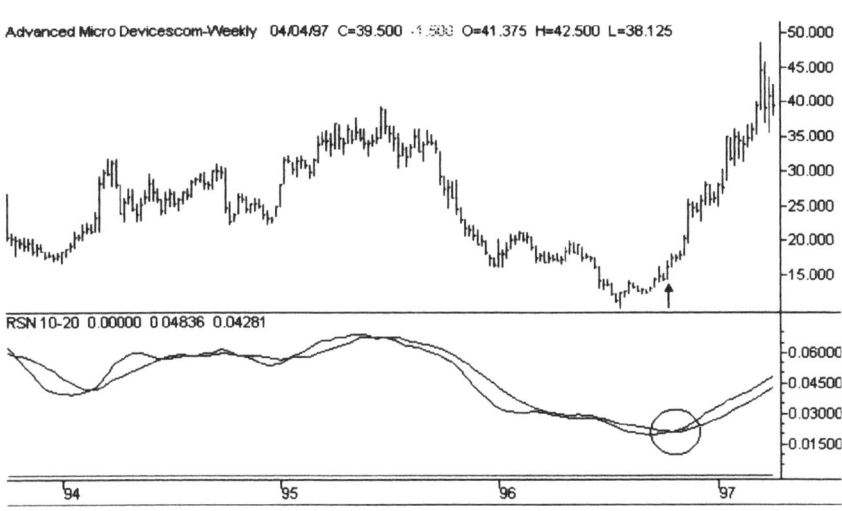

Advanced Micro Devicescom-Weekly   04/04/97 C=39.500 -1.500 O=41.375 H=42.500 L=38.125

RSN 10-20 0.00000 0.04836 0.04281

Erstellt mit SuperCharts by Omega Research © 1996

ein folgender Monatsschlußkurs der Aktie wieder unterhalb der Linie liegt, ist ein Ausstieg erforderlich (siehe Abbildung 8.11). In diesem Fall könnte ein erneuter Test der Linie sogar eine Gelegenheit für Leerverkäufe sein, denn der Aufwärtstrend ist wahrscheinlich beendet, und die obere Linie kann nun wieder als Widerstand fungieren.

Ich verwende zwei Methoden, um langfristige Kaufsignale zu erzielen:

A. *Trendumkehr der relativen Stärke.* Aktien, die aufgrund ihrer relativen Stärke im Vergleich zu einem relevanten Index oder einem anderen Maßstab neue Kaufsignale liefern, sind hervorragende Kandidaten für weitere Kurssteigerungen. Suchen Sie eine Aktie, die nach einer Schwächephase beginnt, eine bessere Performance als der Gesamtmarkt zu zeigen. An einer bestimmten Schwelle, deren Bedeutung für einen bestimmten Investitionszeitraum durch Tests bestätigt worden ist, gibt die Aktie ein Relative-Stärke-Kaufsignal. Ich mag besonders gern schnelle und langsame gleitende Durchschnitte der relativen Stärke, weil man sie je nach der erwünschten Investitionsdauer adjustieren kann. Für das LEAPS-Trading beobachte ich die gleitenden Durchschnitte der relativen Stärke einer Aktie gegenüber dem S & P

500 Index über zehn Wochen (schnell) und über 40 Wochen (langsam). Ein Kreuzen der schnellen Linie über (unter) die langsame liefert Kaufsignale (Verkaufssignale), die für eine ganze Anzahl von Aktien erstaunlich exakt sein können.

Zum Beispiel basierte meine Kaufempfehlung für den Januar-1998-Call mit Basispreis 15 Dollar auf die Aktie von AMD (Abbildung 8.12) darauf, daß die Zehn-Wochen-Linie die 40-Wochen-Linie von unten nach oben gekreuzt hatte. Mein Zutrauen wuchs, als ich die letzten fünf solchen Signale bei dieser relativ billigen Aktie untersuchte: Vier von Ihnen hatten Kursgewinne zwischen acht und 20 Punkten gebracht. Das Relative-Stärke-Kaufsignal bei AMD am 24. Oktober 1996 war also eine goldene Gelegenheit, und die empfohlene Option verdoppelte sich in weniger als einem Monat.

Der AMD-Trade führt zu der Frage, warum man sich überhaupt Kurs- oder Gewinnziele setzen soll. Warum läßt man die Position nicht einfach laufen, bis die Aktie ein neues Signal gibt? Meine Erfahrung mit einer derart aggressiven Methode ist die folgende: Obwohl man auf diese Weise manchmal höhere Gewinne erzielt, kommt es auch oft zu schmerzlichen Trendwenden, und Optionsgewinne werden zu Verlusten oder schmelzen jedenfalls auf Null zusammen. In der Theorie können beide Methoden funktionieren. In der Realität allerdings wird einer der wichtigsten Aspekte erfolgreichen Optionstradings trainiert, wenn man seinem ursprünglichen Kursziel treu bleibt: Die Disziplin, sich an seinen Plan zu halten. Viele Trader können emotional nicht mit der Volatilität umgehen, die mit der »Laufenlassen«-Methode verbunden ist (obwohl viele gerne glauben, sie könnten es). Daher lassen sie die Position offen, bis einige große Verluste eintreten. Und dann kommen die Fragen: »Was ist falsch an meiner Methode?« »Brauche ich eine andere Methode?« Sollte ich aufhören, mit diesem System zu traden und prüfen, ob es fehlerhaft ist?« Und dann, ganz nach Murphy's Gesetz, ignoriert der Trader künftige Trading-Signale, weil er sein Selbstvertrauen verloren hat, und den nächsten großen Gewinner beobachtet er nur als Zuschauer. Eines meiner Hauptziele ist es, Pläne für das Optionstrading zu entwickeln, mit denen man durch dick und dünn gehen kann, so daß man das nötige Zutrauen entwickelt, alle Trades einzugehen und schließlich zu den Gewinnern zu gehören.

B. *Systematisierte Verkaufssignale bei Aktien im Aufwärtstrend.* Viele Trader warten auf neue Kaufsignale, bevor sie eine Aktie in einem starken Aufwärtstrend kaufen. Aber diese Aktien bieten bei Anwendung der gleichen Kriterien oft auch exzellente *Kauf*gelegenheiten bei *Ver-*

Abb. 8.13 SAFEWAY (SWY), WOCHENCHART.
RELATIVE STÄRKE IM VERGLEICH ZUM S & P 500

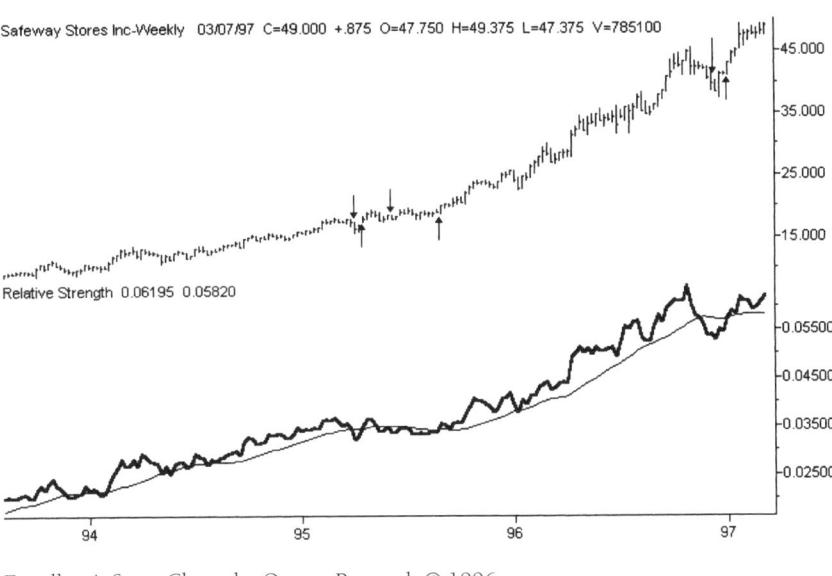

Erstellt mit SuperCharts by Omega Research © 1996

*kauf*ssignalen. Zum Beispiel erwiesen sich Leerverkäufe von Safeway, wenn die Zehn-Wochen-Linie die 40-Wochen-Linie von oben nach unten gekreuzt hatte, nur in einem von neun Fällen als profitabel. In allen Fällen stand die Aktie höher oder unverändert, als ein Relative-Stärke-Kaufsignal das vorhergehende Relative-Stärke-Verkaufssignal auslöschte. Das Verkaufssignal bietet Tradern also in der Tat gute Kaufgelegenheiten (Abbildung 8.13). Beachten Sie, daß diese Strategie nur bei Aktien in einem starken Aufwärtstrend anwendbar ist. Warum? Weil Leerverkäufer darauf abzielen, Aktien nach unten zu drücken, aber sie scheitern an den starken Aktien, weil wohlinformierte Anleger bei vorübergehenden Kursschwächen kaufen. Folglich kommt das Verkaufssignal ganz in der Nähe der kurzfristigen Tiefs der Aktien, die sich in einem so starken Aufwärtstrend befinden. Versuchen Sie diese Strategie nicht bei Aktien, die längerfristig seitwärts tendieren, denn das Fehlen eines Aufwärtstrends macht Verkaufssignale hier wirksamer als bei Trendaktien. Und natürlich dürfen Sie Verkaufssignale bei Aktien im Abwärtstrend nicht vernachlässigen. In solchen Fällen sollten Sie lieber Kaufsignale ignorieren.

Haussestrategie Nr. 2: Kauf von tief im Geld notierenden LEAPS anstelle von Aktien

Wenn Sie eine Kurskorrektur einer Aktie oder des gesamten Aktienmarkts erwarten, können Sie diese Strategie anwenden, die Kursbewegungen genau nachvollzieht, für die jedoch ein wesentlich geringerer Kapitaleinsatz erforderlich ist als für den Kauf der Aktien. Nehmen wir an, Sie sind optimistisch für Philip Morris (MO), machen sich aber Sorgen über eventuelle juristische Risiken für deren Tabak-Geschäft, oder Sie befürchten daß der Gesamtmarkt um zehn bis 20 Prozent sinken könnte. Wenn eine MO-Aktie 118 Dollar kostet, müssen Sie für 100 Stück 11800 Dollar investieren. Sie können jedoch auch einen tief im Geld stehenden LEAPS-Call mit Basispreis 90 Dollar und einer Restlaufzeit von zwei Jahren für 3200 Dollar kaufen. Damit kontrollieren Sie ebenfalls 100 Aktien. Die restlichen 8600 Dollar können Sie sicher in einem Geldmarktfonds anlegen. Dieses Geld ist nicht gefährdet, falls die Aktie von Philip Morris fallen sollte.

Bei näherer Betrachtung dieses LEAPS-Kaufs sehen wir, daß der innere Wert des 90-Dollar-Call bei einem Aktienkurs von 118 Dollar 28 Dollar (118 – 90) beträgt. Bei einem Gesamteinsatz von 3200 Dollar zahlen Sie also nur 400 Dollar für das Recht, diese Position zwei Jahre lang halten zu können. An weiteren, indirekten Kosten kommt hinzu, daß Sie als Optionsinhaber keine Dividenden erhalten. Auf diesen Aspekt der Gesamtrendite der MO-Aktie (gegenwärtig etwa 4,4 Prozent) müssen Sie als LEAPS-Inhaber also verzichten.

Wenn die Aktie von Philip Morris bis zum Verfall der Option auf 150 Dollar steigt, erzielt der Aktionär einen Gewinn von 3200 Dollar oder 27 Prozent. Zum Vergleich: Der innere Wert des LEAPS-Call beträgt dann 60 Dollar. Das bedeutet, daß Ihr Gewinn bei 2800 Dollar oder 88 Prozent liegt. Bei einer bedeutenden Aufwärtsbewegung erzielt der LEAPS-Inhaber also nahezu den gleichen Gewinn wie der Aktionär, abgesehen von den Dividenden. Und er hat nur 27 Prozent des Kapitals eingesetzt, das für den Kauf der Aktien nötig gewesen wäre (3200 : 11800 = 27 %).

Die Kehrseite: Nehmen wir an, MO fällt bis zum Ablauf der Optionsfrist auf 100 Dollar. Der Aktionär verliert 1800 Dollar oder 15 Prozent, wobei der Verlust durch die Dividenden geschmälert wird. Der innere Wert der LEAPS-Option beträgt noch 10 Dollar, die Position ist 1000 Dollar wert. Der Verlust beträgt also 2200 Dollar oder 69 Prozent.

Wenn die MO-Aktie in einem Crash-Szenario bis zum Verfall der LEAPS bis auf 59 Dollar fällt, verzeichnet der Aktionär einen Verlust von 50 Prozent oder 5 900 Dollar. Der LEAPS-Inhaber kann nicht mehr verlieren als die 3200 Dollar, die er investiert hat. Und wenn die Aktie noch weiter sinken sollte, bleibt der Verlust der LEAPS ebenfalls auf den Einsatz von 3200 Dollar beschränkt. Sollte die Aktie beim Verfall der LEAPS unverändert bei 118 Dollar stehen, dann hat der Aktionär, abgesehen von den Dividenden, weder gewonnen noch verloren. Die LEAPS-Position hat dann einen inneren Wert von 2800 Dollar; der Verlust beträgt 400 Dollar oder 13 Prozent.

Sie sehen den gemeinsamen Nenner dieser Szenarien: Der Faktor, der den Unterschied zwischen den tief im Geld stehenden LEAPS und dem Aktieninvestment ausmacht, ist die bezahlte Zeitprämie. In unserem Beispiel sind es 400 Dollar. Aber als Entschädigung für die Bezahlung dieser Prämie und den Verzicht auf Dividenden kommt man bei LEAPS mit einem wesentlich geringeren Kapitaleinsatz aus.

Wenn Sie sich auf kürzere Sicht engagieren wollen, also für ein Jahr oder weniger, kann diese Zeitprämie reduziert werden. Ein MO-Call mit Basispreis 90 Dollar und einem Jahr Laufzeit erfordert zum Beispiel nur eine Zeitprämie von 200 Dollar. Oder Sie können auch die LEAPS mit der längsten Laufzeit wählen, die noch tiefer im Geld stehen, falls Sie mehr Geld einsetzen wollen. Ein MO-Call mit Basispreis 80 Dollar würde in unserem Beispiel etwa 4000 Dollar kosten, also nur 200 Dollar mehr als sein innerer Wert beträgt.

Haussestrategie Nr. 3: Der Debit Spread – Kauf von LEAP-Calls und Verkauf von Kurzfrist-Optionen

Man kann von finanzieller Genialität sprechen, wenn ein Investor eine Möglichkeit findet, durch den Verkauf von Calls die Nettokosten einer Position zu reduzieren, ohne die Position dabei zu verlieren. Vor der Einführung von LEAPS konnten Investoren kurzfristige Optionen nur auf solche Aktien verkaufen bzw. schreiben, die sie besaßen, oder auf andere kurzfristige Optionen. Heute können Sie kurzfristige Optionen auf LEAP-Calls verkaufen, die Sie besitzen, und so die Gesamtkosten der Position erheblich reduzieren, wenn Sie es richtig anfangen.

Dazu kauft man einen LEAPS-Call, der am Geld notiert, und verkauft eine kurzfristigere, aus dem Geld stehende Option, falls die Aktie überkauft ist. In diesem Fall setzen Sie darauf, daß die Kurzfristoption wertlos verfallen wird und Sie den Verkaufspreis vereinnahmen sowie Ihre LEAP-Position behalten können. Ein Beispiel: Wenn Philip Morris bei 118 Dollar steht, kaufen Sie zu zehn Dollar, also für insgesamt 1000 Dollar, einen LEAPS-Call mit zwei Jahren Laufzeit und einem Basispreis von 120 Dollar. Immer wenn MO sich um zehn Prozent von einem kurzfristigen Tief erholt, verkaufen Sie einen Call mit zwei Monaten Laufzeit, der um fünf Dollar aus dem Geld notiert. Falls MO also auf 130 steigt, verkaufen Sie einen Call mit Basispreis 135 Dollar und zwei Monaten Laufzeit. Sie vereinnahmen dabei 100 Dollar. Falls MO innerhalb der zwei Monate nicht über 135 Dollar steigt, können Sie die 100 Dollar in die Tasche stecken, und die Nettokosten für Ihren LEAP-Call mit Basispreis 120 Dollar haben sich so um 100 auf 900 Dollar reduziert. Falls sich dieses Muster alle sechs Monate wiederholt, könnten Sie diese Strategie während der »Lebensdauer« Ihrer LEAPS vier Mal anwenden und so Ihre Kosten um etwa 40 Prozent senken. Dabei ist es entscheidend, daß man eine Methode zur Beurteilung hat, ob eine steigende Aktie bald eine Pause einlegen wird. In der Regel empfehle ich, auf mittelfristige Überkauft-Indikatoren zu achten und nach Veränderungen des Momentums Ausschau zu halten, die eine zwei- bis dreimonatige Konsolidierung der Aktie erwarten lassen. Die Kehrseite dieser Methode: Wenn die Aktie bis weit über den Basispreis der von Ihnen verkauften Kurzfristoption hinaus steigt, dann überwiegt das negative Delta der Kurzfristoption das positive Delta Ihrer LEAP-Position. Hier müssen Sie Disziplin zeigen und den kurzfristigen Call glattstellen, falls er deutlich im Geld steht.

Haussestrategie Nr. 4: LEAPS auf die »Five Dogs of the Dow«

Wahrscheinlich kennen Sie die »Dogs of the Dow«-Theorie. Sie besteht darin, am Ende eines jeden Jahres die zehn Dow-Jones-Werte mit der höchsten Dividendenrendite zu kaufen. Man investiert den gleichen Betrag in jede dieser zehn renditestarken Aktien und hält sie für ein Jahr. Dann beginnt die Prozedur von neuem. Seit 1973 hat diese Strategie eine durchschnittliche jährliche Gesamtrendite von 17,7 Prozent gebracht und die Dow-Jones-Gesamtrendite von 11,9 Prozent deutlich übertroffen (siehe *U.S. News & World Report*, 8. Juli 1996).

Noch besser war es, auf die sogenannten »Dow 5« zu setzen. Darunter versteht man die fünf Aktien *mit den niedrigsten Kursen* unter den »Dogs of the Dow«. Sie brachten seit 1973 eine durchschnittliche Gesamtrendite von 20,9 Prozent pro Jahr (Quelle: siehe oben).

Man kann die Outperformance der »Dow 5« noch steigern, indem man LEAPS auf diese fünf Aktien kauft. Für die optimale Hebelwirkung im folgenden Jahr wählt man LEAPS mit 13 Monaten Restlaufzeit und verkauft sie nach zwölf Monaten.

Wie in Tabelle 8.3 zu sehen ist, erreichten die fünf »billigsten« Dow-Aktien, auf die es LEAPS gibt, 1996 eine durchschnittliche Gesamtrendite von 20,9 Prozent (Beachten Sie daß es Ende 1995 keine LEAPS auf

Tabelle 8.3 »DOGS OF THE DOW« UND »DOW 5« 1996

		Price 12/31/95	Yield (%)	Price 12/31/96	1996 Return (%)
MO	Philip Morris Cos.	$90\frac{1}{4}$	4.43	113	25.2
TX	**Texaco Inc.**	$\mathbf{78\frac{1}{2}}$	**4.08**	$\mathbf{98\frac{1}{8}}$	**25.0**
JPM	Morgan (J.P.)	$80\frac{1}{4}$	4.04	$97\frac{5}{8}$	21.7
CHV	**Chevron Corp.**	$\mathbf{52\frac{3}{8}}$	**3.82**	**65**	**24.1**
XON	Exxon Corp.	$80\frac{1}{2}$	3.73	98	21.7
DD	DuPont	$69\frac{7}{8}$	2.98	$94\frac{1}{8}$	34.7
MMM	**Minn. Min. Mfg.**	$\mathbf{66\frac{3}{8}}$	**2.83**	**83**	**28.7**
IP	**Internat'l Paper**	$\mathbf{37\frac{7}{8}}$	**2.64**	$\mathbf{40\frac{1}{2}}$	**6.9**
GE	General Electric	72	2.56	$98\frac{7}{8}$	37.3
EK	**Eastman Kodak**	**67**	**2.39**	$\mathbf{80\frac{1}{4}}$	**19.8**
10 Dow Dogs Average					24.5
Dow 5 with LEAPS Available Average					20.9

Du Pont und General Electric gab. Daher rückte Texaco nach. Beachten Sie auch, daß die »Dow 5« 1996 keine bessere Performance zeigten als die »Dogs of the Dow«, obwohl dies normalerweise der Fall ist.)

Tabelle 8.4 zeigt die Auswirkungen der Hebelwirkung beim Kauf von LEAPS anstelle der Aktien. Im Vergleich zur durchschnittlichen Aktienperformance von 20,9 Prozent lag die durchschnittliche Performance der fünf LEAPS im Jahr 1996 bei 130 Prozent, was einer Hebelwirkung von mehr als sechs zu eins entspricht.

Sehen wir uns nun die »Dow 5«-Projektionen für 1997 an; zunächst

Tabelle 8.4 LEAPS AUF DIE »DOW 5« MIT LAUFZEIT BIS JANUAR 1997. PERFORMANCE IM JAHR 1996.

		12/31/95 close	12/31/96 close	1996 Return (%)
Texaco (TX)	Jan. 80 call	$5\frac{1}{8}$	$18\frac{3}{4}$	+266
Chevron (CHV)	Jan. 50 call	$5\frac{3}{4}$	$15\frac{5}{8}$	+172
Minn. Min. Mfg. (MMM)	Jan. 60 call	$9\frac{1}{8}$	23	+152
Internat'l Paper (IP)	Jan. 40 call	$3\frac{3}{8}$	1	–70
Eastman Kodak (EK)	Jan. 70 call	$5\frac{5}{8}$	$12\frac{7}{8}$	+129
Dow 5 LEAPS Average				+130

Tabelle 8.5 »DOGS OF THE DOW« UND »DOW 5« 1997

		Price 12/31/96	Yield (%)
MO	Philip Morris Cos.	113	4.19
JPM	Morgan (J.P.)	$97\frac{5}{8}$	3.53
TX	Texaco Inc.	$98\frac{1}{8}$	3.44
CHV	**Chevron Corp.**	**65**	**3.25**
XON	Exxon Corp.	98	3.18
T	**AT&T**	$43\frac{3}{8}$	**2.99**
GM	**General Motors**	$55\frac{3}{4}$	**2.88**
IP	**Internat'l Paper**	$40\frac{1}{2}$	**2.45**
DD	DuPont	$94\frac{1}{8}$	2.38
MMM	**Minn. Min. Mfg.**	**83**	**2.31**

für die Aktien und dann für die LEAPS. Tabelle 8.5 zeigt die zehn Aktien mit der höchsten Dividendenrendite (Stand: 31. Dezember 1996). Aus diesen zehn wählen wir die fünf billigsten Aktien, auf die es LEAPS gibt, um den »Dow 5« festzulegen, mit dem wir traden. Die fünf billigsten unter den zehn Aktien mit der höchsten Dividendenrendite sind International Paper, AT&T, General Motors, Chevron und 3M.

Wenn Sie die Performance des vergangenen Jahres betrachten, könnten Sie in Versuchung geraten, die schwächste Aktie unter den »Dow 5«, nämlich International Paper (IP) auszuschließen. Tun Sie es nicht. Obwohl IP offensichtlich schlecht abgeschnitten hat, sind es oft solche »Wiederholungstäter«, die für eine Ganzjahresstrategie die besten Chancen bieten und den meisten Platz nach oben haben, wenn sie erst einmal in Fahrt kommen.

Tabelle 8.6 zeigt die »Dow 5«-LEAPS-Auswahl für 1997 und die jeweiligen Kurse am 31. 12. 1996 (Beachten Sie, daß der Verfallstermin

Tabelle 8.6 LEAPS AUF DIE »DOW 5«

		12/31/96	1998 LEAPS	12/31/96 Price
CHV	Chevron Corp.	65	Jan. 65 call	6
T	AT&T	$43\frac{3}{8}$	Jan. 60 call	$3\frac{1}{8}$
GM	General Motors	$55\frac{3}{4}$	Jan. 55 call	$6\frac{1}{4}$
IP	Internat'l Paper	$40\frac{1}{2}$	Jan. 40 call	$5\frac{1}{4}$
MMM	Minn. Min. Mfg.	83	Jan. 85 call	6

im Januar 1998 liegt, und daß die Positionen zum Schlußkurs des letzten Handelstags 1997 glattgestellt werden.)

BAISSESTRATEGIEN MIT LEAPS

Ein Put-Trader muß mit LEAPS notwendigerweise andere Strategien anwenden als ein Call-Trader. Der zentrale Punkt dabei ist, daß Kursrückgänge anders verlaufen als Kursanstiege. In einem Haussemarkt verlaufen Anstiege langsam, gleichmäßig und über einen längeren Zeitraum, mit scharfen, aber vorübergehenden Korrekturen. In einem Baissemarkt sind die Kursrückgänge langsamer und dauerhafter, und obwohl zwischenzeitliche Rallyes dramatisch verlaufen können, dauern sie meist nicht länger als einige Tage, und dann setzt der Trend nach unten wieder ein. Wenn Sie Methoden entwickeln können, einen schnellen Gegentrend zu erfassen, sollten Sie diese Methoden mit kurzfristigen Optionen umsetzen, denn der Einstieg und der Ausstieg müssen bei solchen Bewegungen sehr schnell erfolgen. Daher konzentriere ich mich bei Trades mit LEAPS-Puts auf Methoden zur Bestimmung des Zeitpunkts, an dem der Aufwärtstrend durchbrochen ist und ein neuer Abwärtstrend sich zu entfalten beginnt.

Baissestrategie Nr. 1: Der Kauf von LEAP-Puts

Der Kauf von Puts ist die einfachste Methode, mit LEAPS von einem neuen Abwärtstrend zu profitieren. Ich verwende drei Methoden, um nach möglichen neuen Abwärtstrends Ausschau zu halten:

1. *Nachlassen der relativen Stärke.* Eine nachlassende relative Stärke ist eines der sichersten Anzeichen, daß mit einer Aktie etwas nicht stimmt. Aktien mit geringer relativer Stärke zeigen eine überdurchschnittliche Tendenz zu Abwärtstrends, was mein erstes Kriterium zur Definition von Abwärtstrend-Situationen erfüllt. Falls die relative Stärke nachläßt *und* Optionsspekulanten den Kursrückgang als Gelegenheit sehen, Calls zu kaufen, dann ist dies ein Anzeichen dafür, daß die Aktie weiter nach unten tendieren und diese wohlwollende Einschätzung nicht rechtfertigen wird.

Eines der denkwürdigsten Beispiele für einen stetigen Abwärtstrend, den die Optionsspekulanten als gute Kaufgelegenheit sahen, war meine Empfehlung vom 27. Juni 1996 zum Kauf des August-Put auf die Aktie von United Healthcare (UNH) mit Basispreis 50 Dollar. In Kapitel 7 finden Sie eine vollständige Darstellung dieses Trade. In die-

257

Abb. 8.14 **UNITED HEALTHCARE (UNH), TAGESCHART**

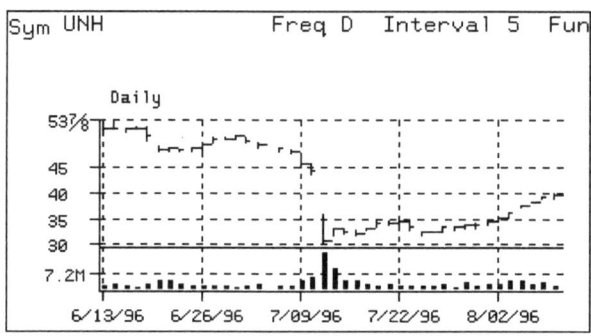

Nachdruck mit freundlicher Genehmigung von ILX Systems.

sem Beispiel verwendete ich eine Option mit kürzerer Laufzeit, weil es keine LEAPS-Puts zu vernünftigen Kursen gab. Die Aktie befand sich in einem stetigen Abwärtstrend (siehe Abbildung 8.14), aber die Optionsspekulanten häuften Call-Positionen an, und es gab so gut wie keinen Open Interest auf der Put-Seite. Dieser Optimismus barg einfach noch weiteres Potential nach unten. Daher war es für mich keine Überraschung, daß die Aktie nach einer Gewinnwarnung um zehn Dollar einbrach. Die Leute, die die Aktie zu Tiefstkursen kaufen wollten, waren alle auf die Nase gefallen.

2. *Der Zusammenbruch von Trendkanälen.* Die Regressionskanalmethode ist gut geeignet, um den Charakter eines Trends zu definieren.

Abb. 8.15 **GTE CORP. (GTE), ZUSAMMENBRUCH DES TRENDKANALS**

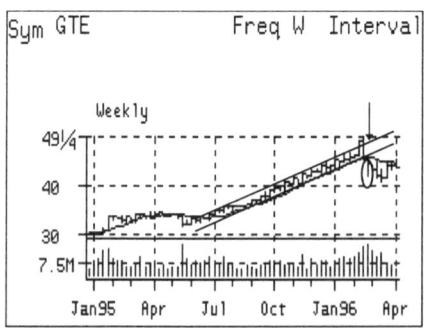

Nachdruck mit freundlicher Genehmigung von ILX Systems.

Kursbewegungen unter die untere Begrenzungslinie können ein Warnzeichen für einen neuen Abwärtstrend sein. Ein »bearishes« Beispiel in meinem LEAPS-Portfolio war eine Put-Empfehlung auf GTE. Diese zinssensitive Aktie zeigte eine schlechtere Performance als der S & P 500, aber die Finanzpresse zeigte sich für 1996 hinsichtlich der Zinsentwicklung optimistisch. Ein seit dem Sekundärtief vom Mai 1995 bestehender Aufwärtstrendkanal wurde durchbrochen und erwies sich später, im Februar 1996, bei einem erneuten Test als Widerstand auf dem Monatschart (siehe Abbildung 8.15). Die GTE-Aktie schaffte es nicht, über diese niedrigere Trendlinie zu steigen, und dies legte nahe, daß die Wahrscheinlichkeit weiterer Kursrückgänge überdurchschnittlich hoch war. Obwohl der Gesamtmarkt im Jahr 1996 eine beeindruckende Entwicklung zeigte, fiel GTE weiter zurück. Ich stellte meine Put-Position auf GTE mit einem Gewinn von 22 Prozent glatt, und das war ein schöner Profit für eine Put-Position in einem haussierenden Markt.

3. *Trading als Reaktion auf bestimmte Ereignisse.* Dieses Element des Put-Trading erfordert, die fundamentalen Ereignisse zu beobachten, die den Aktienkurs eines Unternehmens beeinflussen. Das wichtigste Kriterium ist hier die Gewinnentwicklung. Wenn ein Unternehmen die Gewinnerwartungen der Wall Street übertroffen hat und seine Aktie positiv auf die Gewinnmeldung reagiert, dann spricht man von einem positiven Gewinn-Momentum dieser Aktie. Das erste Anzeichen einer negativen Entwicklung ist es, wenn ein Unternehmen besser als erwartet ausgefallene Ergebnisse meldet, die Aktie daraufhin aber fällt. Dies zeigt mir, daß die Aktie kurzfristig ihren Zenit erreicht hat und möglicherweise weiter an Boden verlieren wird. Die Grundüberlegung lautet hier: »Wenn eine Aktie nach hervorragenden Nachrichten nicht steigt, wann soll sie dann steigen?« Bei solchen Ereignissen gibt es zusätzliches Potential für negative Überraschungen, wenn Optionsspekulanten an den Tagen kurz vor der Ergebnisbekanntgabe aggressiv kurzfristige Call-Optionen angesammelt haben.

Ein klassisches Beispiel für eine Aktie, von der man viel erwartete, und die angesichts starker Call-Aktivitäten einfach fallen mußte, war Micron Technology (MU) im Herbst 1995. Micron gab seine Gewinne am 20. September 1995 bekannt. In der Woche zuvor hatte die Aktie ein Hoch von 94 fl Dollar erreicht, fiel zwei Tage vor Bekanntgabe der Ergebnisse bis auf $83^1/_2$ Dollar und zog dann kräftig an. Optionsspekulanten sahen den Kursrückschlag als eine Art Geschenk und kauften Calls, denn jeder wußte, daß eine großartige Gewinnmeldung bevorstand. Das Problem war natürlich, daß es jeder wußte. Am Tag der Gewinnmeldung legte MU zunächst gegenüber dem Vortagsschluß.von 90 Dollar um $1^1/_2$ Dollar zu. Der Eröffnungskurs war allerdings auch der Tageshöchstkurs; die MU-Aktie gab stetig nach und schloß bei $87^5/_8$ Dollar. Von dort an ging es nur noch abwärts. Micron hatte 1995 einen enormen Kursanstieg verzeichnet, und entsprechend umfangreich waren die Put-Aktivitäten skeptischer Optionsspekulanten. Aber kurz vor der Gewinnmeldung standen fast alle auf der Call-Seite, und dieses Muster setzte sich fort. Kombinieren Sie diesen überschießenden spekulativen Enthusiasmus mit der enttäuschenden Kursentwikklung der Aktie nach der Gewinnmeldung, und Sie haben das Rezept für einen möglicherweise heftigen Rückschlag. Micron zeigte später einen massiven Abwärtstrend (siehe Abbildung 8.16) und notierte Ende Juli 1996, also knapp ein halbes Jahr später, bei $16^5/_8$ Dollar.

Baissestrategie Nr. 2: Das Hedgen einer Aktienposition mit LEAPS-Puts

Nehmen wir an, Sie machen sich über die Entwicklung einer Aktienposition in den kommenden ein bis zwei Jahren Sorgen. Sei es nun wegen unternehmensspezifischer oder auf den Gesamtmarkt bezogener Risiken. Sie wollen aber Ihre langfristige Position behalten und/oder Kapitalertragssteuern vermeiden. Dann können Sie Ihre »bullishe« Aktienposition vor Verlusten schützen, indem Sie sie mit LEAPS-Puts hedgen.

Nehmen wir an, Sie haben 1993 IBM-Aktien gekauft, als Louis Gerstner zum neuen CEO ernannt wurde. Nehmen wir weiter an, Sie haben 1000 Aktien zu einem durchschnittlichen Kurs von 50 Dollar gekauft. Jetzt, da die Aktie bei 160 Dollar steht, möchten Sie Ihre Gewinne sichern. Sie wollen aber keine hohen Kapitalertragssteuern zahlen, und Sie möchten die Aktien trotz kurzfristiger Schwankungen noch länger halten. Wir schreiben Anfang 1997, und Sie kaufen zehn Kontrakte des Januar-1998-Put mit Basispreis 150 Dollar, um alle Ihre 1000 Aktien zu hedgen. Der Kurs liegt bei acht Dollar, und Sie zahlen somit 8000 Dollar für die Absicherung. Nehmen wir an, es existiere die Gefahr, daß IBM in den folgenden sechs Monaten bis auf 130 Dollar fällt. Nehmen wir weiter an, daß dies tatsächlich geschieht, und daß Ihre Put-Position nun 22 000 Dollar wert ist. Von den 30 Punkten, die Sie durch den Kursrückgang der IBM-Aktien verloren haben, konnten Sie 14 durch den Kursgewinn Ihrer LEAPS-Puts kompensieren. Damit waren 47 Prozent Ihres Verlusts durch diese Transaktion abgesichert oder gehedgt.

Die Absicherung langfristiger Aktienengagements durch LEAPS-

Abb. 8.16 **MICRON TECHNOLOGY (MU), TAGESCHART**

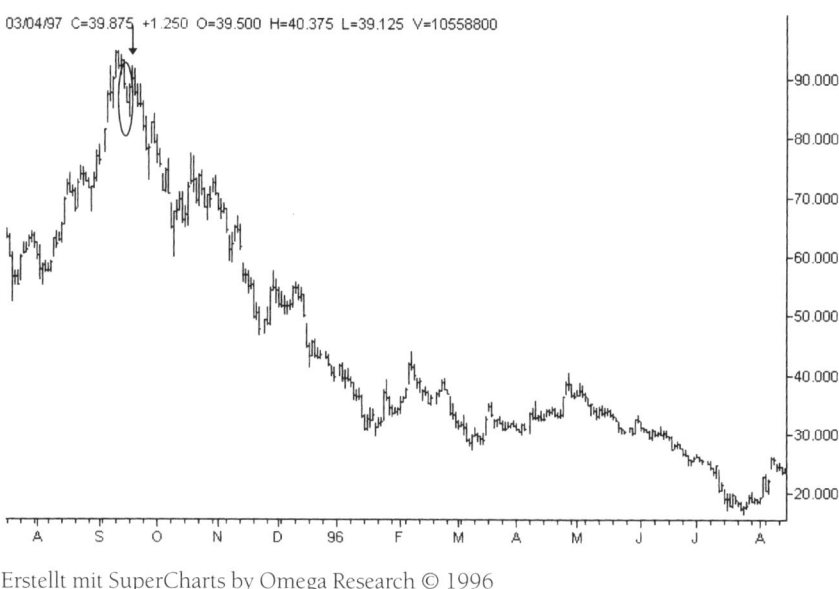

03/04/97 C=39.875 +1.250 O=39.500 H=40.375 L=39.125 V=10558800

Erstellt mit SuperCharts by Omega Research © 1996

Puts bietet im Vergleich zur Absicherung durch kurzfristige Puts Vorteile. Die Kosten der Absicherung pro Zeiteinheit sind niedriger, und man spart Gebühren, indem man den ständigen Wechsel zu neuen Verfallsmonaten der Puts vermeidet, der bei Kurzfristoptionen üblich ist. Dennoch gilt auch bei LEAPS die Warnung, die ich bezüglich der Absicherung durch Puts stets ausspreche: Sie stellen einen erheblichen Kostenfaktor dar, und die meisten Investoren kaufen sie, wenn sie sie gar nicht brauchen. Tatsächlich war einer meiner hausseträchtigsten Indikatoren in den 90er Jahren der ständige Wunsch nervöser Investoren, ihr Geld mit Put-Absicherungen in einem Bullenmarkt zu verschleudern.

SCHLUSSBEMERKUNG

LEAPS bieten sowohl Optionsspekulanten als auch Aktienanlegern eine exzellente Möglichkeit, vom »großen Trend« einer Aktie zu profitieren, ohne soviel Kapital einsetzen zu müssen, wie es für den Aktienkauf erforderlich wäre. Dennoch sind LEAPS weniger riskant als kurzfristige Optionen. Da der Zeithoritzont vieler Investoren ein bis zwei

261

Jahre umfaßt, bieten LEAPS eine Investment-Alternative, deren Beliebtheit noch steigen könnte. Im nächsten Kapitel diskutieren wir Strategien mit geringeren Risiken unter Anwendung kurzfristiger Optionen.

9

Konservative Methoden beim Optionstrading

EINFÜHRUNG

Optionstrader sollten im Gedächtnis behalten, was Benjamin Disraeli vor mehr als 100 Jahren gesagt hat: »Das Geheimnis des Erfolgs besteht darin, sein Ziel im Auge zu behalten«. Jeder Trader muß einen gründlich geprüften Tradingplan haben, und dazu die Disziplin, jeden Trade diesem Plan gemäß durchzuführen, denn so erwirbt er die Fähigkeit, regelmäßig Gewinne zu erzielen. Viele Trader verbringen einen großen Teil ihrer Zeit damit, die profitabelsten Methoden und Systeme zu finden, die schließlich zu einigen enormen Gewinnen führen sollen. Wie aber werden sie sich im Eifer des Gefechts verhalten, wenn ihre Methode zu Verlusten führt, bevor es schließlich zu Gewinnen kommt? Werden sie in der Lage sein, sich konsistent an ihren Plan zu halten, oder werden sie den emotionalen und finanziellen Belastungen schließlich nicht standhalten? Viele Trader, die sich für äußerst risikofreudig halten, wären in Wirklichkeit mit einer risikoärmeren Methode besser bedient, die es ihnen erlaubt, kleine Gewinne mitzunehmen, anstatt auf alles oder nichts zu spekulieren. Wenn er auf Homeruns aus ist, setzt sich ein Trader der Gefahr extremer emotionaler Schwankungen aus: Er wird in Hochstimmung geraten, wenn er Erfolg hat, und er wird bei Mißerfolgen zutiefst deprimiert sein.

Wenn man erst einmal die Chancen und Risiken verschiedener Methoden erforscht hat, ist es sinnvoll, seine eigene Position in diesem Spektrum anhand des »Schlafniveaus« zu bestimmen. Wenn die mit der aggressiven Vorgehensweise verbundene Volatilität Ihnen in der Nacht nicht den Schlaf raubt, wenn Sie sich durch die wechselnden Hochs und Tiefs, die Sie durchstehen müssen, um schließlich Ihr Ziel zu erreichen, nicht emotional überfordert fühlen, dann ist aggressives Trading eine Methode, die Sie erwägen sollten. Falls dies auf Sie nicht zutrifft, dann sollten Sie darüber nachdenken, konservativere Methoden in Ihr Trading-Arsenal aufzunehmen. In der Tat gleichen viele erfolgreiche Optionstrader ihr aggressives Trading mit konservativeren Optionsstrategien aus, um ihre Ergebnisse zu stabilisieren. In diesem Kapitel werden einige der attraktivsten konservativen Strategien vorgestellt.

Wenn Sie mit beständigem Erfolg Optionen traden wollen, brauchen Sie zunächst einen höheren Anteil an gewinnbringenden Trades als zum Beispiel bei der Homerun-Methode. Sie wollen nicht immer alles aufs Spiel setzen, daher müssen Sie besser prognostizierbare und stetige Gewinne erzielen. Außerdem wollen Sie die Volatilität im Zaum halten, um krasse Verlusttrades auf ein Minimum zu reduzieren. Daher brauchen Sie ein Chance-Risiko-Verhältnis, das Ihnen einen Vorteil gewährleistet.

Es gibt zahlreiche Strategien des Verkaufs von Optionen. Bei gedeckten Verkaufsstrategien verkaufen oder schreiben Sie Calls auf Aktien, die Sie besitzen. Wir wollen diese Strategien hier nicht näher besprechen, weil es schon zahlreiche Bücher zu diesem Thema gibt. Konzentrieren wir uns lieber auf profitable Strategien, die Sie vielleicht noch nicht so gut kennen. Der Verkauf von ungedeckten Puts kann zum Beispiel eine exzellente Methode sein, um Gewinne zu erzielen oder Qualitätsaktien zu niedrigeren Kursen zu erwerben. Wir werden den Verkauf von Puts in diesem Kapitel noch besprechen. Außerdem kennen Sie vielleicht eine andere Strategie noch nicht, die 15 bis 20 Prozent Profit in weniger als einem Monat einbringen kann, wobei es in 90 Prozent aller Fälle zu Gewinnen kommt, wenn Sie das Timing des Markts gut beherrschen. Diese Strategie nennt man Credit Spread Investing.

1992 begann ich eine Methode zu entwickeln, die es Investoren erlauben sollte, an einem Tradingprogramm festzuhalten, das sowohl stetige Erträge als auch kontrollierte Risiken gewährleistet, so daß die Investoren das nötige Vertrauen aufbringen können, während der »Lebensdauer« dieser Tradingmethode jeden Trade einzugehen. Das Resultat war die *OA Wealthbuilder*-Methode, die meine Techniken des Markt-Timing mit einer Strategie des Optionstrading kombiniert, um eine Regelmäßigkeit der Gewinne zu gewährleisten, die für eine konservative, auf kleine Gewinne abzielende Optionsstrategie entscheidend ist.

Tabelle 9.1 zeigt die bisherigen Ergebnisse von *OA Wealthbuilder*. Sie fragen sich wahrscheinlich, wie ich im Optionstrading eine Treffer-

Tabelle 9.1 **OA WEALTHBUILDER, BILANZ SEIT DER EINFÜHRUNG BIS DEZEMBER 1996**

Date	OEX Option Sold/ Bought		Average Credit	Close	Gross Profit (%)
02/23/93	Mar.	390p/385p	0.750	0	+17.6
03/16/93	Apr.	400p/395p	0.594	0	+13.5
04/23/93	May	395p/390p	0.688	0	+15.9
06/11/93	Jul.	400p/395p	0.563	0	+12.7
09/03/93	Sep.	420p/415p	0.813	0	+19.4
10/28/93	Nov.	420p/415p	0.906	0	+22.1
01/03/94	Jan.	425p/420p	0.938	0	+23.1
02/07/94	Feb.	430p/425p	0.844	0	+20.3
03/07/94	Mar.	425p/420p	0.875	0	+21.2
03/07/94	Mar.	440c/445c	0.563	0	+12.7
04/21/94	May	420c/425c	0.750	1.875	− 26.5
07/07/94	Jul.	420c/425c	0.750	0.688	+ 1.5
09/01/94	Sep.	430p/425p	0.750	0	+17.6
10/27/94	Nov.	420p/415p	0.750	0	+17.6
02/27/95	Mar.	450p/445p	0.938	0	+23.1
04/03/95	Apr.	465p/460p	0.938	0	+23.1
08/01/95	Aug.	520p/515p	0.781	0	+18.5
10/05/95	Oct.	545p/540p	0.750	0	+17.6
03/05/96	Mar.	615p/610p	0.750	0	+17.6
04/11/96	Apr.	590p/585p	0.750	0	+17.6
05/07/96	May	605p/600p	0.813	0	+19.4
06/09/96	Jun.	640p/635p	0.813	0	+19.4
07/03/96	Jul.	635p/630p	0.750	5.000	−100.0
08/23/96	Aug.	630p/625p	0.750	0	+17.6
11/04/96	Nov.	670p/665p	0.875	0	+21.2
12/10/96	Dec.	715p/710p	0.750	0	+17.6

Totals: 24 wins of 26 trades = 92.3% profitable
Cumulative return is +301.4%
Average return is +11.6% per trade

quote von mehr als 90 Prozent erzielen konnte. Der große Vorteil der *OA Wealthbuilder*- Strategie ist, daß man keine Optionsprämien bezahlt (wie beim *Kauf* von Optionen), sondern Prämien vereinnahmt, weil man Optionen *verkauft*. Das Ziel besteht in diesem Fall darin, daß

die Optionen wertlos verfallen und man damit den gesamten Verkaufs-
preis der Optionen vereinnahmen kann. Betrachten wir nun die
Grundlagen der Index-Credit-Spread-Strategie, die die Basis dieser
Methode bildet.

CREDIT SPREADS MIT INDEX-OPTIONEN

Ein Credit Spread besteht aus zwei Optionen, und zwar aus einer aus
dem Geld notierenden Option, die man *schreibt* (verkauft) und einer
noch weiter aus dem Geld notierenden Option, die man als Hedge
kauft. Kauf und Verkauf finden gleichzeitig statt, wobei der beim Verkauf vereinnahmte Betrag höher ist als der Einsatz für den Kauf. Es
stellt sich natürlich die Frage, warum man nicht einfach die eine Option verkauft, *ohne* die andere zu kaufen, denn dadurch würde ja der
vereinnahmte Betrag maximiert. Ich ziehe es aber vor, die zweite Option zu kaufen, um meine Position gegen eine starke Marktbewegung
abzusichern (zu hedgen), die entgegen meiner Erwartung verläuft. Da
ich stets abgesichert bin, kann nicht einmal ein Crash mein Depot
ernsthaft schädigen. Außerdem wende ich die angemessenen Techniken des Risikomanagements an, so daß auch die zehn Prozent aller
Trades, die *tatsächlich* zu Verlusten führen, meinem Portfolio keinen
ernsthaften Schaden zufügen können. Trotz der hohen Gewinnwahrscheinlichkeit: Wenn man bei jedem Trade 100 Prozent seines Kapitals
einsetzt, bedarf es nur eines einzigen Totalverlusts, und man steht mit
leeren Händen da. In der Geschichte meines *OA Wealthbuilder*-Service
habe ich einmal einen solchen Totalverlust erlebt, und ich habe immer
wieder darauf hingewiesen, daß Credit-Spread-Investoren auf solche
Ereignisse vorbereitet sein müssen. Das bedeutet, daß sie nie mehr als
50 Prozent ihres Kapitals für diese Strategie einsetzen dürfen. Man darf
nie das gesamte Kapital eines Optionsdepots in einen einzigen Trade
stecken, denn das ist das Rezept für eine mögliche Katastrophe, selbst
wenn man in 99 von 100 Fällen richtig liegt.

Der S & P 100 Index (OEX) ist das einzige Basisobjekt, das ich zur
Zeit für Credit Spreads verwende. Hier gibt es sehr hohe Umsätze, was
beim Ein- und Ausstieg für exzellente Liquidität sorgt. Außerdem läßt
sich diese Strategie bei einem Index besser managen als bei einer Ein-
zelaktie. Der OEX umfaßt 100 hochkapitalisierte Aktien, und ein Ereignis, das ein einzelnes dieser Unternehmen betrifft (zum Beispiel
eine Kursschwankung infolge einer Gewinnmeldung) hat keine exzes-
siven Auswirkungen auf den Index.

Credit Spreads können mit Calls oder mit Puts gebildet werden, je nachdem, welche Marktentwicklung Sie erwarten. Wer optimistisch war, konnte zum Beispiel Ende Januar 1997 bei einem Stand des OEX von 776,30 einen Februar-Put mit Basispreis 760 *verkaufen* und einen mit Basispreis 755 *kaufen*. Der Credit Spread betrug einen Dollar, also 100 Dollar pro Kontrakt. Falls der OEX bis zum Februar-Verfallstermin (der dritte Freitag im Februar) *nicht* unter 760 Punkte fällt, verfallen beide Optionen wertlos, und Sie können die 100 Dollar abzüglich Gebühren vereinnahmen. Falls Sie zehn Kontrakte verkauft haben (ich empfehle für diese Strategie ein Minimum von zehn Kontrakten, um den Einfluß der Gebühren auf die Gesamtrendite zu reduzieren), würden Sie 1000 Dollar abzüglich Gebühren vereinnahmen.

Sie benötigen auf Ihrem Trading-Konto eine Sicherheitsreserve (Margin), um den maximalen Verlust abzudecken (siehe Kapitel 10). In diesem Fall sind es 4000 Dollar: 5000 Dollar aus dem Spread der zehn Kontrakte abzüglich der 1000 Dollar, die Sie vereinnahmt haben. Der maximale Verlust tritt ein, wenn der OEX am Verfallstag unter dem Basispreis der Option schließt, die Sie als Absicherung (Hedge) gekauft haben. In unserem Fall müßten Sie dann einen OEX-Kontrakt zu 760 kaufen und hätten das Recht, ihn für 755 zu verkaufen. Damit würden Sie pro Kontrakt 500 Dollar verlieren. Allerdings haben Sie ja zuvor 100 Dollar je Kontrakt erhalten, so daß der Nettoverlust bei 400, der Gesamtverlust aus den zehn Kontrakten bei 4000 Dollar liegt. Hinzu kommen natürlich Gebühren. Diese Rechnung zeigt auch, warum Ihre Sicherheitsreserve (Margin) 4000 Dollar betragen muß: Sie entspricht dem höchstmöglichen Verlust. Ihre maximale Rendite wird berechnet, indem man den Credit (1000 Dollar) durch die Margin (4000 Dollar) teilt. In unserem Beispiel sind es 25 Prozent. Ich strebe bei jedem Credit Spread einen Credit von mindestens 0,75 Dollar an. Die maximale Bruttorendite beträgt dann 17,6 Prozent.

DIE VORTEILE VON CREDIT SPREADS

Die beschriebene Methode bietet zwei große Vorteile: Erstens gewinnt man bei einer großen Bandbreite von Ergebnissen. Zurück zu unserem Beispiel: Sie sind den 760/755 Put-Spread eingegangen, als der OEX bei 776,30 Punkten stand. Selbst wenn der OEX am Verfallstag bei 760,00 schließt, erzielen Sie noch den maximalen Profit, obwohl Sie ja optimistisch waren und die Entwicklung um 16 OEX-Punkte oder mehr als zwei Prozent falsch eingeschätzt haben. Mit der Strategie des Credit Spread gewinnen Sie, ob der Markt nun höher tendiert, unverändert, oder, wie in unserem Fall, sogar um zwei Prozent tiefer. Außerdem haben Sie Ihren maximalen Verlust begrenzt. Das ist eine breite Spanne von gewinnbringenden Entwicklungen, vergleichen etwa mit meiner FAR-Regel für den Erfolg mit Optionen aus Kapitel 3.

Wenn Sie aus dem Geld notierende Optionen kaufen, muß der Markt sich in die von Ihnen erwartete Richtung bewegen, damit Sie gewinnen. Tendiert der Markt schwächer oder unverändert, dann verliert der Call-Käufer. Er verliert sogar, wenn der Markt ein wenig höher tendiert, aber nicht hoch genug, um die Kosten des Call-Engagements abzudecken. Beim Credit Spread liegt die Sache anders: Sie wissen zwar, daß Sie auf die Chance verzichten, gelegentlich einen Homerun zu landen, aber dafür erzielen Sie mit hoher Wahrscheinlichkeit beständige Gewinne. Der zweite Vorteil kommt zum Tragen, wenn man einen Credit Spread bis zum Verfallstag hält und beide Positionen wertlos auslaufen: Sie brauchen keine Gebühren zu bezahlen, um den Trade glattzustellen. Er stellt sich sozusagen von selbst glatt, denn nach dem Verfallstag existieren die Optionen ja nicht mehr.

Beachten Sie in unserem Beispiel: Der einzige Fall, in dem Sie Verluste erleiden, tritt ein, wenn der Index deutlich unter 760 Punkte fällt. Der Break-Even-Punkt in diesem Trade ist der Basispreis der verkauften Option (760) abzüglich des Credit (1), also 759. Der maximale Verlust entspricht wie schon erwähnt der Margin (400 Dollar je Spread), wenn der OEX unter dem Basispreis der zur Absicherung gekauften Option schließt. In unserem Beispiel also bei 755 Punkten oder niedriger.

Einige Credit-Spread-Trader ziehen es vor, ihre Positionen einige Tage vor dem Verfallstermin zu schließen, auch wenn es sie einen Achtelpunkt pro Spread kostet. Sie haben es nämlich schon erlebt, daß der Markt am Verfallstag oder kurz davor eine scharfe Richtungsänderung vollzog, wodurch aus Gewinnen plötzlich Verluste wurden. Diese Trader denken, daß Vorsicht der bessere Teil der Tapferkeit ist. Ich ziehe es in der Regel vor, die Optionen wertlos auslaufen zu lassen, wenn der Kursspielraum vor dem Verfallstag groß genug ist, aber in einigen Fällen habe ich Positionen zwecks Risikokontrolle auch schon früher glattgestellt. Wenn der Index wenige Tage vor dem Verfallstermin in der Nähe des Basispreises der verkauften Option steht, kann schon ein kleines Anzeichen technischer Schwäche den Spread in die Verlustzone bringen. Andererseits will ich solche Positionen aber nicht panisch glattstellen, denn wenn der Index unverändert bleibt oder steigt, brechen die Preise aus dem Geld notierender Puts an den Tagen vor dem Verfallstermin zusammen, und ich kann wenig später den vollen Credit vereinnahmen. In diesen Fällen zahlt es sich aus, das Marktgeschehen genau zu beobachten.

Man kann sich eine ganze Reihe von Credit Spreads zusammenstellen, je nachdem, ob man steigende oder fallende Notierungen erwartet. In unserem Fall brächte der Februar-Put-Spread mit Basispreisen von 765 und 760 Punkten einen »fetteren« Credit von $1^{1}/_{2}$ Dollar. Der Nachteil: Der Break-Even-Punkt steigt auf 763,50. Falls der Markt steigt, ist es natürlich besser, Puts mit einem höheren Basispreis zu kaufen. Ich kann allerdings besser schlafen, wenn es einen Abstand von mindestens 1,5 Prozent zwischen dem aktuellen Indexstand und dem Basispreis der verkauften Option gibt, denn niemand kann Marktbewegungen perfekt prognostizieren.

Wenn Sie fallende Kurse erwarten, können Sie auf analoge Weise Credit Spreads auf der Call-Seite konstruieren. Sie könnten zum Beispiel den Februar-800-Call für vier Dollar verkaufen und den Februar-805-Call für drei Dollar kaufen und somit einen Credit von einem Dollar erzielen. Solange der OEX bei 800 Punkten oder tiefer schließt, können Sie den vollen Credit abzüglich Gebühren vereinnahmen. Der Break-Even-Punkt liegt bei 801,00 (800 plus den Credit von 1).

FAKTOREN, DIE DIE PREISBILDUNG VON INDEX-CREDIT-SPREADS BEEINFLUSSEN

Die vier wichtigsten Einflußfaktoren sind hier meiner Meinung nach die Volatilität, die Restlaufzeit, bevorstehende Ereignisse und falsche Annahmen über die Preisbildung.

Die *Volatilität* der OEX-Optionen wird am besten anhand des CBOE Market Volatility Index (VIX) gemessen. Extreme Veränderungen des VIX treten typischerweise an bedeutenden Wendepunkten des Marktes auf. Wenn der Markt zum Beispiel deutlich fällt, schießt der VIX in der Regel nach oben. In Kapitel 5 haben wir die hausseträchtigen Implikationen von kurzfristigen Ausschlägen nach oben (Spikes) im VIX diskutiert: Sie deuten auf durch Angst ausgelöste Put-Verkäufe in unmittelbarer Nähe des Markttiefs hin. So etwas war zum Beispiel beim Tief im November 1994 und auch im Juli 1996 zu beobachten (siehe Abbildung 9.1). Solche Volatilitätsschwankungen bieten oft gute Gelegenheiten, um Credit Spreads auf der Put-Seite aufzubauen.

Während starker Kursrückgänge reagiert der Markt mit der Erwartung, daß die hohe Volatilität anhalten wird. Aber die Marktvolatilität steigt selten weiter an, wenn sie sich in der Nähe historischer Höchststände befindet. In der Regel geht sie wieder zurück. Wenn klar ist, daß die Volatilität sinken und der Markt nicht weiter fallen wird, ist ein guter Zeitpunkt gekommen, einen Put zu verkaufen und einen

Abb. 9.1 CBOE MARKET VOLATILITY INDEX (VIX) IM VERGLEICH ZUM S & P 100 INDEX

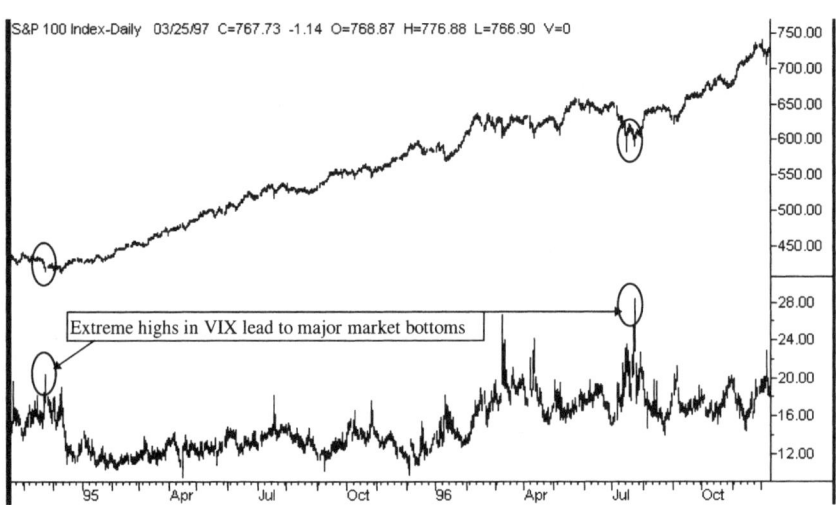

Erstellt mit SuperCharts by Omega Research © 1996

noch weiter aus dem Geld stehenden Put zu kaufen, also einen Credit Spread aufzubauen. Diese Strategie ist doppelt attraktiv, denn die Erwartung einer hohen Volatilität führt dazu, daß man mit dem Credit Spread eine höhere Optionsprämie erzielen kann. Außerdem ist der Markt dann oft auf dem Tiefpunkt oder in dessen Nähe angekommen.

Sie sehen in Abbildung 9.1 auch, daß der VIX seine Tiefststände oft in der Nähe von Markthochs erreicht hat, denn in solchen Fällen setzt Sorglosigkeit ein, und die Marktteilnehmer machen sich wenig Gedanken über einen Kurseinbruch. Das Schwierige daran ist, daß sich solche Topbildungen oft über Tage oder Wochen hinziehen, nachdem der VIX einen Tiefpunkt erreicht hat. Daher muß man noch andere Erwartungsindikatoren zur Bestätigung heranziehen, bevor man in solchen Fällen einen »bearishen« Credit Spread auf der Call-Seite konstruiert.

Die Zeit bis zum Verfallsdatum ist ebenfalls ein wichtiger Faktor, der bei der Preisbildung von Credit Spreads überraschende Auswirkungen haben kann. Wenn man Optionen kauft, zahlt man für längere Laufzeiten höhere Prämien, denn bei einer langen Laufzeit ist die Wahrscheinlichkeit höher, daß die Option tief ins Geld läuft. Bei Credit Spreads ist die Prämiendifferenz in Abhängigkeit von der Laufzeit interessanterweise minimal, weil ja auch das Risiko dramatisch ansteigt, wenn man eine Option mit langer Laufzeit verkauft. Wenn man zum Beispiel am 30. Januar 1997 den Februar-Put-Spread mit Basispreisen von 760 und 755 Punkten konstuiert hätte, dann hätte man einen Credit von einem Punkt oder einem Dollar erzielt. Ein Credit Spread mit Verfallstermin im März und den gleichen Basispreisen hätte am selben Tag nur einen Credit von $1^1/_4$ Dollar gebracht. Die Belohnung fällt also nicht sehr hoch aus, wenn man das Risiko einer unerwarteten Marktbewegung einen Monat länger in Kauf nimmt. Daher empfehle ich für Credit Spreads nur Optionen, die im folgenden Monat ablaufen, weil man hier aus dem Zeitwertverlust kurz vor dem Verfallstermin den maximalen Nutzen ziehen kann.

Im letzten »Lebensmonat« einer Option schwindet der Zeitwert schnell, wie wir auf dem Chart in Kapitel 3 gesehen haben. Und weil man beim Credit Spread auf den wertlosen Verfall der Optionen setzt, sollte man sich in der Nähe des Verfallstermins befinden, wo der Zeitwert am schnellsten dahinschmilzt, anstatt einen weiter entfernten Zeitpunkt zu wählen, wo der Verfall langsamer vonstatten geht. Beim Trading mit Credit Spreads geht es darum, zwei wichtige Ziele zu erreichen:

1. *Minimieren Sie Ihr Risiko*, indem Sie Optionen mit der kürzestmöglichen Laufzeit wählen. Wenn man sich auf Optionen beschränkt, die in einer bis vier Wochen verfallen, kann man schöne Gewinne erzielen und ist schnell wieder auf der sicheren Seite. Dann kann man in Ruhe auf die nächste Gelegenheit mit niedrigem Risiko warten.

2. *Maximieren Sie Ihre Rendite*, indem Sie Ihr Investment im Lauf des Jahres so oft erneuern, wie es angemessen erscheint. Auch dieser Punkt spricht für Optionen mit kurzer Laufzeit. Wenn Sie mit zehn Kontrakten einen Credit von 1000 Dollar erzielen, brauchen Sie eine Sicherheitsreserve (Margin) von 4000 Dollar. Ihre Rendite beträgt also 25 Prozent abzüglich Gebühren. Wie wir gesehen haben, bringen länger laufende Credit Spreads kaum zusätzlichen Ertrag, aber zusätzliche Risiken. Außerdem können Sie Ihre jährliche Rendite erheblich steigern, wenn Sie Ihre Credit Spreads mit kurzlaufenden Optionen immer wieder erneuern.

Wichtige bevorstehende Ereignisse, wie Zentralbankratssitzungen, Arbeitsmarktberichte, Meldungen von Quartalsergebnissen und andere entscheidende Nachrichten können für Optionskäufer manchmal profitabel sein. Bei Credit Spreads ziehe ich es aber vor zu warten, bis sich der Pulverdampf verzogen hat. Das ermöglicht es mir, die Reaktion des Markts auf das Ereignis zu analysieren.

Es gilt die Regel: Die unmittelbare Marktreaktion kann ein »Täuschungsmanöver« in die eine Richtung sein, dem eine Gegenreaktion in die andere Richtung folgt. Wenn die Federal Reserve eine Zinsentscheidung trifft, gibt es bei den Aktien oft zunächst eine Bewegung, die dann von einer viel stärkeren Bewegung in die Gegenrichtung abgelöst wird. Warten Sie also die erste Reaktion ab und schließen Sie sich dann dem größeren Trend an.

1996 war zum Beispiel der Arbeitsmarktbericht in jedem Monat das wichtigste Ereignis. Man glaubte nämlich, daß dieser Maßstab der Konjunktursituation entscheidend für Zinserhöhungen durch die Fed sein würde. Als der Bericht am 1. November 1996 veröffentlicht wurde, gab er keinen Anlaß zu Befürchtungen einer Zinserhöhung. Der Markt reagierte zunächst schwach, stieg dann gegen Handelsschluß ein wenig an, schloß jedoch unterhalb des wichtigen Basispreises von 680 Punkten. Am folgenden Montag kam es zu einem Kursanstieg, und der OEX kletterte über 680 Punkte. Als er bei 681,93 stand, empfahl ich einen Credit Spread 665/660 auf der Put-Seite mit Verfallstermin im November. Dieser Trade geriet nie in die Verlustzone, denn der OEX stieg innerhalb von zwei Wochen um mehr als 30 Punkte.

Der letzte wichtige Einflußfaktor auf die Kurse ist das, was ich *falsche Annahmen über die Preisbildung* auf dem Optionsmarkt nenne. Wir haben schon über die Volatilität gesprochen und auch darüber, wie das Optionspreismodell extreme Volatilitätserwartungen nach starken Kursanstiegen oder -einbrüchen reflektiert. Diese Bedingungen verändern sich oft, nachdem solche Extreme erreicht worden sind. Das eröffnet gute Gelegenheiten, weil es manchmal zu großen Diskrepanzen zwischen historischer und erwarteter Volatilität kommt. Für Investoren in Credit Spreads bieten die hohen VIX-Niveaus, die in der Nahe von Markttiefs auftreten, gute Gelegenheiten für Einnahmen durch Optionsverkäufe.

Eine andere Markterwartung, von der man profitieren kann, ist die Theorie des effizienten Markts. Sie postuliert, daß die Kurse der Normalverteilung unterliegen und gleiche Chancen haben, zu steigen oder zu fallen. Das Optionspreismodell setzt also voraus, daß man die Kursrichtung eines Basisobjekts (Underlying) nicht prognostizieren kann. Und es nimmt an, daß der Kurs des Basisobjekts am Verfallstags der Summe aus dem aktuellen Kurs und einem Zinsfaktor entspricht. Indem man technische und Sentiment-Indikatoren in Verbindung mit Fundamentaldaten verwendet, um die Bewegungsrichtung eines Index zu bestimmen, verschafft man sich einen bedeutenden Vorteil gegenüber denen, die von ausbleibenden oder zufälligen Indexbewegungen ausgehen. Dieser Vorteil des direktional orientierten Traders gegenüber jemandem, der sich an die Theorie des effizienten Markts hält, fällt desto größer aus, je ausgeprägter sich der prognostizierte Trend entwickelt.

TECHNIKEN MIT INDEX-CREDIT-SPREADS

Zur Identifikation der kurz- und langfristigen Marktsituation, um den Eintrittszeitpunkt in Credit Spreads festzulegen, kann man eine Reihe von Indikatoren verwenden: Technische und auch solche, die sich auf das Sentiment, auf die Optionen oder auf bestimmte Ereignisse beziehen. Wenn die Aussagen dieser Indikatoren einander gegenseitig bestätigen, dann erhält man sehr zuverlässige Trading-Signale für konservative Strategien wie Credit Spreads auf Indizes.

Auf der technischen Seite untersuche ich nicht nur Trendmaßstäbe, sondern auch Überkauft/Überverkauft-Indikatoren. Ein Beispiel dafür ist der Relative-Stärke-Index (RSI), der in Kapitel 2 detailliert beschrieben wurde. Ich benutze meist einen Zeitraum von neun Tagen im RSI, um den OEX zu analysieren (siehe Abbildung 9.2). Dies liefert mir einen kurzfristigen Überkauft/Überverkauft-Indikator für den OEX. Stände unter 30 deuten auf einen überverkauften Markt hin, der bald nach oben drehen könnte, und Stände über 70 lassen auf einen überkauften Markt schließen, der vielleicht bald nachgeben wird.

Andere technische Oszillatoren umfassen den MACD, Standardabweichungsmaße und die Regressionskanalanalyse des OEX. Außerdem können auch Sentiment-Indikatoren wie das Put/Call-Verhältnis, Umfragen unter Anlegern und andere Maßstäbe nützlich sein, um Rückschlüsse auf die Markterwartung zu ziehen. Sie alle wurden in Kapitel 2 und Kapitel 5 ausführlich dargestellt. Entscheidend ist es, ein Set von Indikatoren zu haben, die die Voraussage von wichtigen Trendwenden am Markt ermöglichen.

Außerdem muß man beim OEX auf die »runden Zahlen« achten. So wie die Presse viel darüber geschrieben hat, als der Dow Jones immer neue 1000-Punkte-Marken überwunden hat (Dow 5000, Dow 6000, Dow 7000 usw.), beachten Trader die »Hundertermarken« (600, 700, 800) des OEX mit großem Interesse. Abbildung 9.3 zeigt die wöchentlichen Bewegungen des OEX seit 1994. Rund um die Hundertermarken treten technische Widerstände und Unterstützungen auf. Und zwar genau deshalb, weil viele Anleger gern mit hohen Einsätzen darauf wetten, ob diese Marken überwunden werden oder nicht. Daher kommt es an solchen Hunderter-Basispreisen zu sehr hohem Open Interest auf der Call- wie auf der Put-Seite. Auch die »Fünfzigermarken«

Abb. 9.2 **S & P 100 INDEX, TAGESCHART MIT NEUN-TAGE-RSI. AUGUST 1996 BIS FEBRUAR 1997**

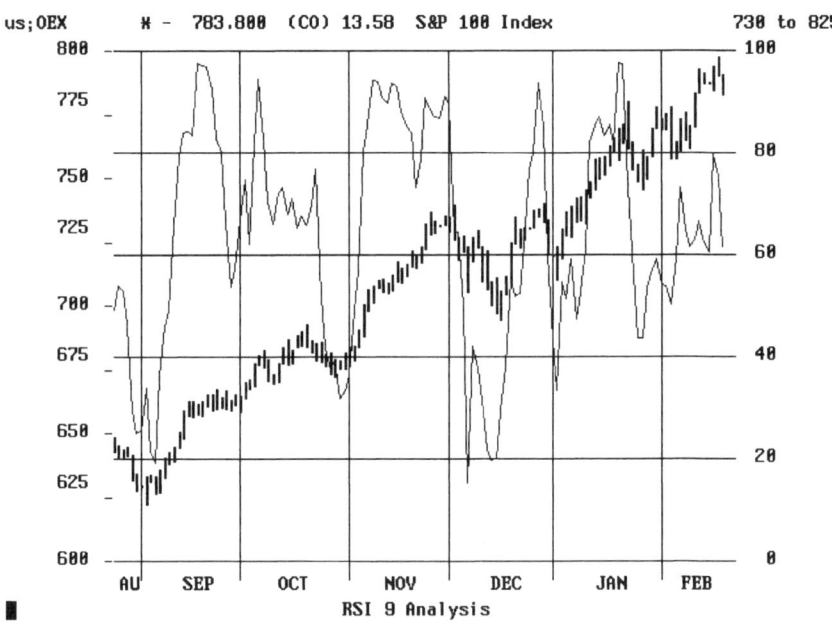

Nachdruck mit freundlicher Genehmigung von Bridge Information Systems.

Abb. 9.3 **S & P 100 INDEX, WOCHENCHART MIT »HUNDERTERMARKEN«**

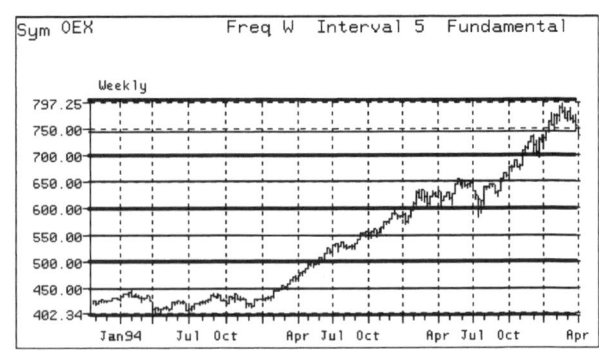

Nachdruck mit freundlicher Genehmigung von ILX Systems.

(550, 650, 750) können als Mitte zwischen zwei »Hundertern« wichtig sein. Setzen Sie nie auf einen Kursausbruch über oder unter eine dieser Marken, wenn er nicht auf Schlußkursbasis erfolgt ist.

Abbildung 9.4 zeigt einen Vergleich des OEX, dividiert durch den S & P 500 Index (SPX) mit einem gleitenden Zehn-Tage-Durchschnitt dieser Relation. Wenn diese Linie ansteigt, läuft der OEX in der Regel gut; vielleicht, weil die großen Investoren mehr Programmkäufe als -verkäufe tätigen. Wenn die Linie dramatisch zu fallen beginnt, steigt das Risiko programminduzierter Panikverkäufe dramatisch.

Dieser OEX/SPX-Indikator tendierte 1996 meistens innerhalb eines leicht nach oben gerichteten Regressionskanals. Wie Abbildung 9.4 zeigt, stand der Markt jeweils kurz vor einer Rallye, wenn der Indikator das untere Ende dieser Range erreicht hatte. Am ersten Handelstag 1997 brach der Indikator aus und erreichte neue Höchststände. Nachdem er die Trading Range verlassen hatte, tendierte er beständig nach oben, was den erstaunlichen Anstieg des OEX um fast 70 Punkte in nur 16 Tagen ankündigte. Solange das Verhältnis OEX/SPX sich innerhalb einer Range bewegt, sollte man vorsichtig sein, wenn der OEX das obere Ende dieser Range erreicht und auf ein Absinken auf das untere Ende achten. Wenn der Indikator allerdings aus der Range ausbricht,

Abb. 9.4 S & P 100 INDEX: RELATIVE STÄRKE IM VERGLEICH ZUM S & P 500 INDEX

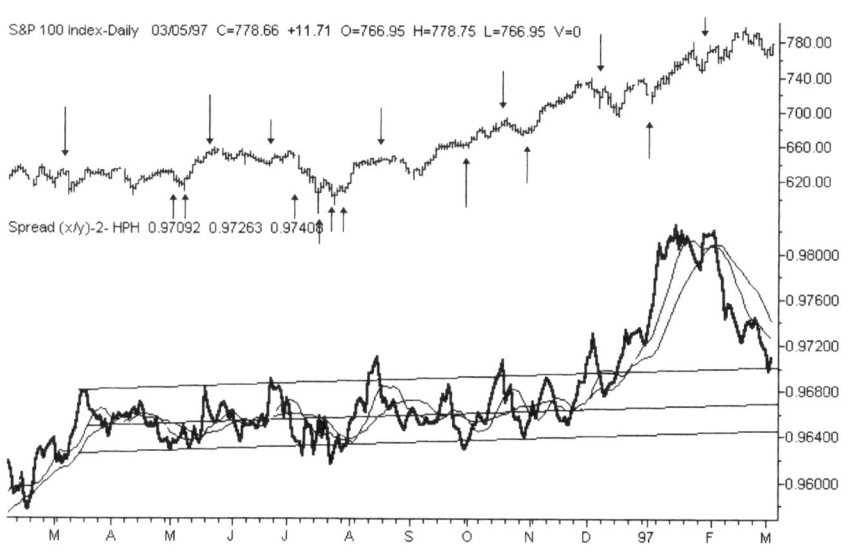

Erstellt mit SuperCharts by Omega Research © 1996

275

sollte man darauf setzen, daß die Richtung des OEX/SPX-Trends die Richtung des OEX und des Gesamtmarkts für die nähere Zukunft vorgibt.

Allerdings ist kein Indikator narrensicher, und das Verhältnis zwischen OEX und SPX gab Anfang Dezember 1996 ein Ausbruchssignal, das sich als falsch erweisen sollte. Am 10. Dezember 1996 empfahl ich, teilweise aufgrund dieses Signals, einen *OA Wealthbuilder*-Credit Spread mit Puts, die im Dezember verfielen und Basispreise von 715 und 710 Dollar aufwiesen. Ich lag von Anfang an falsch, und zwar um etwa 30 OEX-Punkte, denn der Markt sank von 725 auf weniger als 700 Punkte im Tagesverlauf. Der Hauptfaktor, der mich an diesem Trade festhalten ließ und schließlich trotz des schlechten Timings noch zu einem Gewinn führte, war eine substantielle Unterstützung, besonders beim Basispreis an der »Hundertermarke« 700.

Wir werden nun die Bedeutung von hohem Open Interest in OEX-Optionen untersuchen, und dieses Beispiel erinert daran, wie wichtig es ist, daß mehrere Indikatoren für einen Trade sprechen, so daß der Credit Spread mit hoher Wahrscheinlichkeit zu einem Gewinn führt, auch wenn einer der Indikatoren sich als falsch erweist.

Die Bedeutung eines hohen Open Interest in OEX-Optionen

Basispreise mit hohem Open Interest sind oft entscheidende Punkte für einen Markt. Im obigen Beispiel vom Dezember 1996 war das Open Interest des Put mit Basispreis 700 unvergleichlich höher als das anderer Puts. Was am 16. Dezember geschah, war ein Test der Marke 700 (mit einem Open Interest von 26 000 Put-Kontrakten), die sich als optionsgestützte Unterstützung erwies. Der gleitende 50-Tage-Durchschnitt stand ebenfalls an der Marke von 700 Punkten. Der OEX startete an dieser Marke eine heftige Aufwärtsbewegung. In Abbildung 9.5 ist zu sehen, daß der OEX am 17. Dezember im Tagesverlauf unter 700 Punkte sank und dann über dieser Marke schloß. Das war ein wichtiger Wendepunkt für den OEX: Tagsüber hatten die Bären eine Schlacht gewonnen, als sie den Index deutlich unter 700 Punkte drückten. Am Ende aber gewannen die Bullen den Krieg, als der OEX über 700 schloß. Achten Sie auf solche entscheidenden Wendepunkten an Marken, wo es hohe offene Optionsbestände gibt. Sie können zu heftigen Kursbewegungen führen. In diesem Fall gewann der OEX in nur drei Tagen 30 Punkte.

Abb. 9.5 **S & P 100 INDEX, TAGESCHART MIT GLEITENDEM 50-TAGE-DURCHSCHNITT**

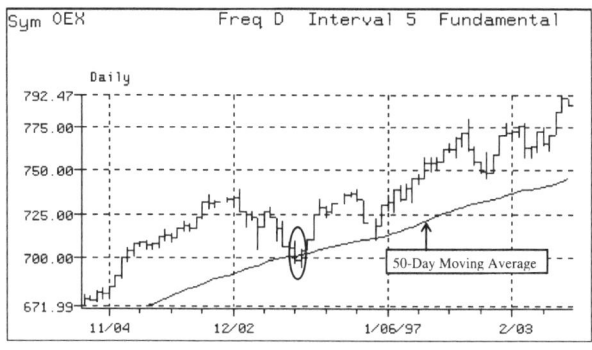

Nachdruck mit freundlicher Genehmigung von ILX Systems.

Wenn solche entscheidenden Open-Interest-Levels zusammenbre-chen, steigt oft die Volatilität an, und ich meide Credit Spreads, bis die Volatilität ihren Höhepunkt erreicht hat und wieder sinkt. Im März 1994 gab es zum Beispiel das höchste Open Interest beim Basispreis von 430. Dieses Niveau hätte als Unterstützung auf Schlußkursbasis halten sollen, aber wie Abbildung 9.6 zeigt, brach der Markt ein und fiel am 25. März um fünf Punkte unter diese wichtige Marke. Damit begann ein dramatischer Hedge-Zyklus, der den OEX in nur vier Ta-gen von 425 auf 402,34 Punkte drückte. Beachten Sie, daß dieser Ein-

Abb. 9.6 **S & P 100 INDEX, WOCHENCHART. PERFORMANCE 1994**

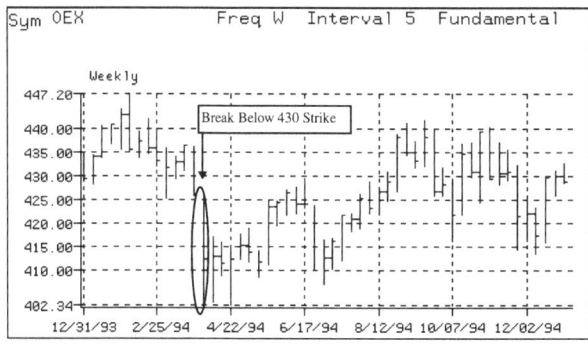

Nachdruck mit freundlicher Genehmigung von ILX Systems.

bruch um sechs Prozent in einer Woche zu einer Zeit erfolgte, als die annualisierte Volatilität ihren niedrigsten Stand seit Jahrzehnten erreicht hatte. Von 1992 bis 1994 betrug die annualisierte, also auf Jahresbasis gemessene Volatilität bescheidene elf Prozent. Daher war ein Einbruch um mehr als die Hälfte der für das gesamte Jahr erwarteten Schwankungsbreite in nur einer Woche schon ein bedeutendes Ereignis. Die 52-Wochen-Volatilität war niedrig. Die Ein-Wochen-Volatilität war aber hoch, was die Bedeutung dieses Einbruchs durch die Marke von 430 Punkten zeigt, an der das Open Interest hoch war, und die auf Schlußkursbasis hätte als Unterstützung fungieren sollen.

Hedge-Zyklen treten auf, weil die Optionshändler an der Börse seit dem Crash von 1987 in OEX-Puts meist »short« sind. Es gibt seither nämlich eine große Nachfrage institutioneller und privater Anleger nach OEX-Puts, um ihre Depots abzusichern oder à la baisse zu spekulieren. Daher haben die Parketthändler natürlich ein Interesse daran, beim Test wichtiger Basispreis-Marken den Markt zu stützen. Sie sind dabei meist nicht voll durch leerverkaufte Index-Futures oder Aktien abgesichert. Sie wollen, daß die Put-Optionen wertlos verfallen. Wenn ein solcher Basispreis aber auf Schlußkursbasis unterschritten wird, dann haben die Parketthändler den Krieg verloren. Während die Put-Optionen tiefer ins Geld kommen, gewinnen sie an Delta, und die Floor-Trader geraten mit ihren nicht abgesicherten Positionen immer tiefer in die Verlustzone. Die Floor-Trader müssen sich dann absichern, indem sie Index-Futures leer verkaufen, was den Abwärtstrend weiter beschleunigt.

Ich beobachte die Preisbildung von OEX-Optionen sehr aufmerksam, und ich behalte auch die Preise äquivalenter, aus dem Geld notierender Calls und Puts im Auge. Nehmen wir an, der OEX stehe bei 725 Punkten. Der Januar-745-Call wird zu $7/_{16}$ Dollar nachgefragt, der Januar-705-Put wird zu $1^1/_{18}$ Dollar angeboten. Beide notieren um 20 Punkte aus dem Geld. In diesem Fall ist der Put etwa zweieinhalb Mal so teuer wie der äquivalente Call. Solche Preisdifferenzen sind das Resultat von Angebot und Nachfrage. Wenn Puts für Absicherungszwecke sehr gefragt sind und es wenige Verkäufer gibt, dann steigt ihr Preis, bis Angebot und Nachfrage ausgeglichen sind. Und wenn die Call-Verkäufer aggressiver vorgehen als die Käufer, dann werden Call-Optionen billiger als üblich. Eine Analyse der Preisbildung von gleich weit aus dem Geld notierenden (äquivalenten) Calls und Puts liefert einen guten Kontra-Indikator.

Wenn äquivalente Calls und Puts ähnliche Preise aufweisen, deutet das auf sinkende Kurse hin, denn die Preise der Puts waren seit 1987 fast immer höher (siehe Kapitel 5). Dieses Preisbildungsverhalten

278

nach dem Crash von 1987 ist vor allem darauf zurückzuführen, daß viele Trader à la baisse spekulieren, und daß der Markt kurzfristig meist heftiger fällt als er steigt. Ich habe schon extremen Pesimismus erlebt, als Puts fünf- bis siebenmal so teuer waren wie äquivalente Calls. In solchen Phasen sollte man wegen der Kontra-Implikationen eines solchen extremen Pessimismus sehr »bullish« werden.

Credit-Spread-Investoren müssen sich solcher Preisdiskrepanzen bewußt sein, denn »bullishe« Strategien erfordern es, einen relativ teuren Put zu verkaufen und einen anderen relativ teuren Put zu kaufen. Das Risiko besteht darin, daß der Preis des gekauften Put im Vergleich zu dem des verkauften aggressiv überzogen ist. Prüfen Sie in jedem Fall die implizite Volatilität beider Puts. Sonst könnten die Einnahmen durch den Verkauf relativ zu den Risiken ein zu geringes Gewinnpotential ergeben.

Verlustkontrolle mit Credit Spreads auf Indizes

Ich versuche bei Credit Spreads zumindest einen Credit von fl Dollar herauszuholen. Eine Faustregel für den Ausstieg: Läuft der Markt so weit gegen mich, daß ich die vereinnahmte Summe wieder verliere (wenn ich die Position in diesem Fall also für $1^1/_2$ Dollar zurückkaufen müßte), denke ich ernsthaft daran, den Trade glattzustellen.

Diese Strategie ist hilfreich, um das Verlustrisiko definitiv zu begrenzen. Da ich außerdem zuversichtlich bin, daß meine Trades mit Credit Spreads eine Erfolgsquote von 90 Prozent aufweisen, weiß ich, daß ich verlorenes Geld mit den nächsten Trades wieder zurückgewinnen werde. Ich messe die Verluste meiner Positionen nur anhand der Schlußkurse, denn im Tagesverlauf gibt es viele Kämpfe zwischen Großinvestoren, die versuchen, den Markt in die eine oder andere Richtung zu treiben. Der Krieg wird jedoch erst am Ende des Tages gewonnen oder verloren.

DER VERKAUF VON UNGEDECKTEN OPTIONEN AUF AKTIEN

Der Verkauf von ungedeckten (also nicht durch eigene Bestände abgesicherten) Optionen auf Aktien ist ein weiteres Beispiel für eine exzellente konservative Strategie, die bei begrenztem Risiko erhebliche Gewinne einbringen kann. Langfristig neigen Aktien zu steigenden Kursen; daher ist es besser, zu günstigen Zeitpunkten Puts als Calls zu verkaufen. Puts sind wegen des Angstfaktors oft überteuert, was für den Verkäufer zu höheren Einnahmen führt. Beim Verkauf von Optionen profitiert man vom Konzept des Zeitwertverlusts. Optionen verlieren desto schneller an Wert, je näher das Laufzeitende rückt. Wenn Sie den Zeitwertverlust auf Ihrer Seite haben, dann stehen Sie nicht so sehr unter Druck, die Entwicklung einer Aktie genau prognostizieren zu müssen. Der Zeitwert schmilzt mit gut prognostizierbarer Geschwindigkeit, und zwar desto schneller, je näher der Verfallstermin rückt. In den letzten 45 Tagen vor diesem Termin geht es am schnellsten.

Vor dem Verkauf ungedeckter Puts müssen Sie eine Aktie finden, von der Sie meinen, daß sie steigen oder zumindest nicht stark unter das aktuelle Kursniveau fallen wird. Dann verkaufen Sie einen aus dem Geld notierenden Put. Sie vereinnahmen den Verkaufspreis, während Sie beim Kauf von Optionen zunächst bezahlen müßten. Weil die Option aus dem Geld notiert, hat sie keinen inneren Wert. Wenn die Aktie steigt oder zumindest bis zum Verfallstag über dem Basispreis notiert, verfällt die Option wertlos. Sie können den Verkaufspreis dann als Gewinn verbuchen.

Ein Beispiel: Sie bemerken, daß sich die Aktie von Charles Schwab acht Wochen vor Ablauf der September-Optionen über 35 Dollar gehalten hat und aktuell bei 36 Dollar steht. Selbst als der Gesamtmarkt nach unten ging, fiel Schwab nicht unter 35 Dollar, was nahelegt, daß hier eine stabile Unterstützung besteht. Da Sie überzeugt sind, daß die Aktie auf absehbare Zeit nicht unter 35 Dollar schließen wird, verkaufen Sie für $1\frac{1}{2}$ Dollar September-Puts mit Basispreis 35 Dollar. Am Verfallstag steht Schwab bei 37 Dollar, der Put verfällt wertlos, und Sie können den Verkaufspreis als Gewinn verbuchen.

Aber was ist, wenn Sie noch sicherer sein wollen, daß Ihr Trade einen Gewinn bringen wird? Sie glauben, daß die Aktie nicht unter 35 Dollar fallen wird, aber Sie sind wirklich sicher, daß das Kursniveau von 30 Dollar nicht durchbrochen wird. Dann können Sie einen September-Put mit Basispreis 30 Dollar für fl Dollar verkaufen. Sogar wenn Schwab auf 30 Dollar fällt, behalten Sie den Verkaufserlös, während der Verkauf des 35-Dollar-Put in diesem Fall zu einem Verlust geführt hätte. Der 30-Dollar-Put bringt eine weitere »Versicherung« von fünf Punkten, denn Schwab muß sich nur über 30, nicht über 35 Dollar halten. Ihre »Belohnung« ist allerdings auch nur halb so hoch, daher muß man Chancen und Risiken verschiedener Basispreise genau abwägen. Dies erfordert eine Analyse der potentiellen Kursbewegung der Aktie bis zum Verfallstag im Vergleich zur erzielten Optionsprämie.

Sehen wir uns die Rendite beim Verkauf des 35-Dollar-Put an. Beim Verkauf einer Aktienoption ist eine Sicherheitsleistung (Margin) in

Höhe von 20 Prozent des aktuellen Kurswerts der Aktie erforderlich, zuzüglich der erzielten Optionsprämie und abzüglich des Betrags aus dem Geld. In diesem Beispiel liegt sie bei 690 Dollar pro verkauftem Kontrakt: (37 Dollar je Aktie x 0,20) x 100 plus die 150 Dollar Verkaufspreis minus die 200 Dollar, um die der Gesamtkontrakt aus dem Geld notiert. Daher: Falls Sie die 150 Dollar Verkaufserlös am Ende als Gewinn verbuchen können, beträgt die Rendite auf die Margin 690 : 150 = 27 Prozent.

Schließt die Aktie am Verfallstag unter 35 Dollar oder notiert sie vor dem Verfallstermin deutlich unter dieser Marke, dann könnte Ihnen die Aktie angedient werden. Das bedeutet, daß der Optionskäufer sein Verkaufsrecht ausgeübt hat. Bei einem Put-Verkauf gewähren Sie dem Käufer das Recht, Ihnen die Aktie zum Basispreis zu *verkaufen*. Wenn der Käufer den Put ausübt, müssen Sie zum vereinbarten Basispreis pro verkauftem Kontrakt 100 Stück der Aktie von ihm kaufen. Sie behalten jedoch die 150 Dollar, die Sie für jeden Kontrakt vereinnahmt haben. Damit können Sie die Aktien zum Nettopreis von 3350 Dollar je 1000 Stück kaufen, oder für 33,50 Dollar pro Stück. Das Risiko, die Aktien kaufen zu müssen, sollte Sie dahin bringen, nur Puts auf absolute Qualitätsaktien zu kaufen, die Sie bei jedem vorübergehenden Kursrückschlag ohnehin gern kaufen würden.

Zum Beispiel empfahl ich in meinem Put-Verkaufsportfolio für den *Option Advisor* am 20. Dezember 1996 den Verkauf von Februar-65 Dollar-Puts auf die Aktie von Schering-Plough (SGP). Da die Aktie bei $67^1/_8$ Dollar notierte, konnten meine Abonnenten eine Prämie von $1^{11}/_{16}$ Dollar erzielen. Die Empfehlung basierte auf dem langfristigen

Abb. 9.7 **SCHERING-PLOUGH (SGP), WOCHENCHART**

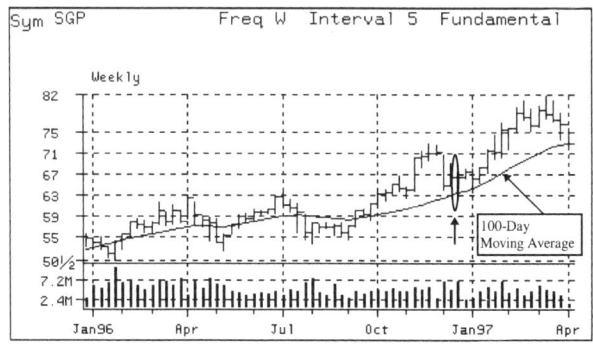

Nachdruck mit freundlicher Genehmigung von ILX Systems.

Aufwärtstrend von SGP und der Wahrscheinlichkeit einer starken Unterstützung im Bereich um 64 Dollar, wo im April und im Juli 1996 frühere Kurshochs gelegen hatten. Der gleitende 100-Tage-Durchschnitt lag bei 63 Dollar und versprach zusätzliche Unterstützung. Es sah also so aus, als würde die Aktie nicht weiter fallen. Und sogar wenn sie es doch täte, wäre das wegen SGP's beständigen Gewinnwachstums eine exzellente Kaufgelegenheit. In der Tat vollzog die Aktie bald darauf eine Rallye und erreichte in der Woche des Verfallstermins $81^3/_8$ Dollar. Auf Basis der erforderlichen Sicherheitsleistung von 1293,75 Dollar pro Kontrakt kam es zu einer Rendite von 13 Prozent in zwei Monaten.

Wenn man ungedeckte Aktienoptionen effektiv verkaufen will, muß man wissen, daß es Zeiten gibt, in denen auch Qualitätsaktien fallen; sei es nun wegen einer Schwäche des Gesamtmarkts, wegen unternehmensspezifischer oder auch nur wegen technischer Faktoren. Sie müssen also finanziell dazu in der Lage sein, die Aktien zum niedrigeren Preis zu kaufen, falls die Puts ausgeübt werden. Die meisten Leute, die ungedeckte Aktienoptionen verkaufen, denken gar nicht daran, die Aktien jemals zu kaufen. Sie wollen sich nur zurücklehnen und Prämien kassieren. Falls Sie Aktien nicht in Situationen kaufen wollen, in denen sie vorübergehende Kursverluste erleiden, oder wenn Sie nicht das nötige Kapital haben, sollten Sie diese Strategie nicht anwenden. In solchen Situationen kann der Kapitalaufwand bedeutend sein, und Sie müssen damit rechnen, daß Sie in 15 bis 25 Prozent der Fälle die Aktien kaufen müssen.

Viele Brokerfirmen verlangen beim Verkauf von Puts ein Depot von mindestens 50 000 Dollar, denn der mögliche Kapitalaufwand, um die Aktien zu kaufen, übertrifft die Sicherheitsleistung beim Optionsverkauf bei weitem. Allerdings erlauben die meisten Broker den Kauf der angedienten Aktie mit einer Sicherheitsleistung von 50 Prozent. Ich ziehe das aus zwei Gründen vor:

1. Es reduziert den Kapitalbedarf.
2. Wenn die Qualitätsaktie einen vorübergehenden Verlust erlitten hat, ist es Zeit, auf eine Erholung zu setzen. Daher könnte es sich um eine gute Kaufgelegenheit handeln.

OPTIONEN IM GELD

Wie in Kapitel 3 gezeigt wurde, ist das Verständnis der Preisbildung von Optionen entscheidend für die Einschätzung der Profitabilität eines Trades. Die Preisbildung basiert auf der Volatilität, der Restlaufzeit, dem Aktienkurs und dem Betrag, um den die Option aus dem Geld notiert. Eine geringfügige Rolle spielen auch Zinsen und Dividenden. Diese Faktoren wirken jedoch unterschiedlich, je nachdem, ob die Optionen im Geld oder aus dem Geld notieren. Optionen im Geld zeigen Eigenschaften, die bei einer Bewegung des Basisobjekts in manchen Fällen höhere Profite gewährleisten als Optionen aus dem Geld.

Wir konzentrieren uns hier auf den Kauf von Optionen, die im Geld notieren. Bei richtiger Anwendung bieten sie eine recht konservative Investitionsmethode. Wie Sie sehen werden, arbeiten der Zeitwert und der innere Wert solcher Optionen zu Ihren Gunsten, falls die Aktien keine heftigen Kursbewegungen vollzieht.

Zunächst muß der Optionskäufer die Kursrichtung der zugrundeliegenden Aktie richtig prognostizieren. Ohne diese Grundvoraussetzung sind Verluste programmiert. Käufer von Optionen im Geld und aus dem Geld müssen beim Aufbau einer Position die gleichen Kriterien beachten: Die prognostizierte Kursbewegung muß innerhalb der »Lebensdauer« der Option erfolgen, und der Wert der Option muß über den Kaufpreis steigen, damit ein Gewinn erzielt wird.

Meine Im-Geld-Philosophie basiert auf einer Kombination von Timing-Analyse und spezifischen Aktien-Szenarien – determiniert durch technische und Sentiment-Indikatoren sowie durch die Aktivitäten auf dem Optionsmarkt –, wobei ich den bedeutenden Vorteil habe, Optionen mit erheblichem innerem Wert zu kaufen. Man muß allerdings wissen, daß auch der Kauf von im Geld notierenden Optionen zu Totalverlusten führen kann, obwohl die Wahrscheinlichkeit solcher Verluste viel geringer ist als bei aus dem Geld notierenden Optionen. Das Management von verlustbringenden Trades ist hier ebenso wichtig wie die Auswahl von Gewinnern. So unangenehm Verluste auch sind, man muß sie richtig managen, um die Gesamtrendite zu maximieren.

Der innere Wert und die Preisbildung von Optionen

Der größte Nachteil beim Kauf aus dem Geld notierender Optionen ist der ständige Zeitwertverlust während der »Lebensdauer« des Optionskontrakts. Nehmen wir an, ein Unternehmen meldet weit über den Erwartungen liegende Gewinne, und zwar nach Börsenschluß. Am nächsten Tag werden Optionen auf die betreffende Aktie oft mit einer wesentlich geringeren Volatilität gehandelt als am Vortag. Wegen der hohen Volatilität, die vor der Gewinnmeldung in der Aktie steckte, muß die Aktie dann eine erhebliche Bewegung vollziehen, ehe zuvor gekaufte Calls Gewinne erzielen. Mit anderen Worten: Das Ereignis war »eingepreist«. Wenn man aus dem Geld stehende Optionen kauft, muß man sich dieser Tatsache sehr bewußt sein, denn die Gewinnchancen der Position beim Einstig wie beim Ausstieg hängen stark davon ab, welche zeitlichen und welche Volatilitätserwartungen zuvor eingepreist waren.

Sobald eine Option im Geld steht, hat sie einen inneren Wert. Erinnern Sie sich: Der innere Wert eines Call entspricht dem Aktienkurs minus Basispreis, der eines Put errechnet sich durch Subtraktion des Aktienkurses vom Basispreis. Letztlich ist es der Optionspreis abzüglich des Zeitwerts.

Wenn Optionen tiefer ins Geld laufen, ändert sich ihre Preischarakteristik. Wie in Kapitel 3 gezeigt wurde, ist das Delta ein verbreiteter Maßstab dafür, in welchem Maß der Optionspreis eine Bewegung der zugrundeliegenden Aktie um einen Punkt oder einen Dollar nachvollzieht. Bei Call-Optionen, die weit aus dem Geld notieren, tendiert Delta gegen Null, bei weit im Geld stehenden Calls tendiert es gegen 100. Nehmen wir an, Sie kaufen einen Call mit Basispreis 55 mit einer Restlaufzeit von 30 Tagen. Die betreffende Aktie steht bei 60 Dollar. Die Option kostet sechs Dollar, und das Delta beträgt 0,90. Falls die Aktie auf 61 Dollar steigt, sollte die Option 6,90 Dollar kosten. So profitiert man davon, daß die Option Kursbewegungen der Aktie in nahezu identischem Ausmaß nachvollzieht. Über den Einfluß von Volatilitätserwartungen auf den Optionspreis braucht man sich keine großen Sorgen zu machen.

Das Delta ist auch ein guter Schätzwert für die Wahrscheinlichkeit, daß eine Option am Verfallstag im Geld notieren wird. Ein Delta von 0,90 sagt aus, daß eine Option schon im Geld steht und in neun von zehn Fällen auch dort bleiben wird. Ein Delta von 0,10 kennzeichnet dagegen eine Option, die aus dem Geld notiert und nur eine Chance von 1 : 10 hat, daß sich dies noch ändern wird. Eine am Geld stehende Options hat eine Chance von 50 : 50, daher wird sie ein Delta von etwa 0,50 aufweisen.

Der Kauf von tief im Geld stehenden Optionen hilft beim Kampf gegen den Zeitwertverlust. Die Zeit und die Volatilität sind jedoch immer wichtige Aspekte bei der Auswahl von Optionen. Der Zeitwert ist stets ein bedeutender Faktor, aber er fällt prozentual bei im Geld stehenden Optionen weit weniger ins Gewicht. Nehmen wir an, eine Aktie koste 31 Dollar, die 25-Dollar-Calls stünden bei 6 fl Dollar, die 30-Dollar-

Calls bei zwei Dollar, und die Restlaufzeit betrage 30 Tage. Käufer der tief im Geld stehenden 25-Dollar-Calls bezahlen also fl Dollar zusätzlich zum inneren Wert von sechs Dollar. Der Zeitwertanteil des Optionspreises beträgt somit elf Prozent. Der Käufer der 30-Dollar-Option bezahlt einen Dollar Zeitwert zusätzlich zum inneren Wert von einem Dollar. Das sind 50 Prozent Zeitwertanteil. Falls die Aktie bis zum Verfallstermin bei 31 Dollar bleibt, entsprechen die Verluste den Zeitwertanteilen, also elf bzw. 50 Prozent. Der Käufer eines aus dem Geld stehenden Call hätte in diesem Fall allerdings einen Totalverlust erlitten.

Der Kauf von im Geld notierenden Optionen ist meiner Ansicht nach ein guter Kompromiß für Trader, die nicht aggressiv genug sind, aus dem Geld notierende Optionen zu kaufen, sich aber dennoch die Vorteile eines begrenzten Risikos und theoretisch unbegrenzter Gewinnchancen sichern wollen.

SCHLUSSBEMERKUNG

In diesem Kapitel sollte klar geworden sein, daß es auf die individuelle Risikobereitschaft zugeschnittene konservative Optionsstrategien gibt. Wir haben einige Strategien kennengelernt, die eine hohe Gewinnwahrscheinlichkeit und dennoch ansehnliche Renditen bieten. Damit beenden wir die Diskussion verschiedener Strategien. Wir wenden uns nun dem Thema zu, wie man ein Konto bei einem Broker eröffnet, so daß man diese Strategien auch umsetzen kann.

10

Wie man einen Optionsbroker wählt und ein Tradingkonto eröffnet

DIE AUSWAHL DES BROKERS

Sie haben dieses Buch nun bis hierher gelesen und verstehen meine gegen die Markterwartungen gerichtete Trading-Philosophie. Sie kennen jetzt die Chancen und Risiken des Optionsmarkts und möchten selbst mit dem Optionstrading beginnen. Was ist nun der nächste Schritt?

Sie müssen ein Konto bei einem Broker eröffnen, falls Sie nicht schon eines haben. Die folgenden Kriterien können Ihnen bei der Auswahl helfen:

1. *Wissen über Optionen.* Hat die Firma auf Optionen spezialisierte Broker, die Ihre Fragen beantworten und Ihre Aufträge ausführen (am besten Registered Options Principals [ROPs], die eine Prüfung ablegen müssen, um ihr Wissen über Optionen zu beweisen)?
2. *Konto- und Margin-Erfordernisse.* Wie hoch ist der Mindestbetrag bei Optionsaufträgen, und welche Sicherheitsleistungen (Margins) werden gefordert?
3. *Kosten und Gebühren.* Wie hoch sind die Gebühren beim Optionstrading, für die Kontoführung und für andere Dienstleistungen?
4. *Service.* Welcher persönliche Service wird angeboten, und welchen brauchen Sie?
5. *Elektronischer Service.* Bietet die Firma das Trading über Touchtone, den PC oder das Internet an?
6. *Weitere Merkmale.* Dürfen Sie vom Computer der Firma kostenlos Daten über Optionen abrufen, die Sie besitzen oder analysieren?

Bietet die Firma elektronischen Handel und schriftliche Auftragsbestätigungen? Gibt es Service wie Schecks, Bankverbindungen und monatliche Kontoauszüge?

7. *Der Ruf der Firma.* Ist die Firma dafür bekannt, Aufträge prompt auszuführen und sich für ihre Kunden einzusetzen?

Zunächst sollten Sie Informationen über verschiedene Firmen einholen und mit Kollegen, Freunden und Verwandten über deren Erfahrungen sprechen. Vor der Entscheidung sollten Sie Ihre Wünsche und die Kosten abwägen, um den Broker zu finden, der am besten zu Ihnen paßt. Ein sehr erfahrener Trader, der niedrige Gebühren, minimale Sicherheitsleistungen und die Möglichkeit haben will, seine Aufträge über Fax, Telefon oder PC zu erteilen, wird sich für einen sehr preiswerten Anbieter mit geringem Service entscheiden. Ein Neuling, der Wert auf persönlichen Service legt, wird sich dagegen für einen Full Service Broker entscheiden, der viel über Optionen weiß, Aufträge am Telefon entgegennehmen kann und ein Büro hat, das der Kunde aufsuchen kann. Ihre persönliche Situation ist also entscheidend für die richtige Wahl.

ARTEN VON BROKERN

Full Service Broker bieten Ihnen genau das: Vollen Service. Wenn Sie dort ein Konto eröffnen, wird Ihnen ein Broker zugeteilt, der persönlich Ihr Konto führt. Gebühren und Mindestbeträge sind bei diesen Firmen in der Regel höher als bei anderen, die weniger Service bieten. Oft sind sie auf lukrative, wohlhabende Kunden spezialisiert. Je nach Kontogröße und Trading-Umsatz können Sie hier auch über niedrigere Gebühren verhandeln. Die Bezahlung der einzelnen Broker richtet sich bei diesen Firmen meist nach der Höhe der Kommissionen. Das kann zu einem Interessenskonflikt zwischen dem Wunsch des Brokers nach hohen Umsätzen und Ihren Wünschen nach hohen Gewinnen führen. Daher sind Empfehlungen zufriedener Kunden hier sehr wichtig. Full Service Broker bieten oft Leistungen an, die es anderswo nicht gibt. Zum Beispiel persönliche Beratung, bessere Chancen, bei Neuemissionen (IPOs) zum Zug zu kommen, eine Anleihen-Abteilung und hauseigenes Research. Zu den Firmen, die Optionskonten führen, gehören Merrill Lynch, PaineWebber, Smith Barney, Dean Witter und Prudential Securities.

Discount Broker gibt es eit 1975, als die New York Stock Exchange und die American Stock Exchange beschlossen, die zuvor für alle Mitglieder gültigen Vorschriften über Mindestgebühren aufzuheben. Die neuen und weniger bindenden Vorschriften führten zur Entstehung von Discount-Brokerfirmen, die niedrigere Gebühren verlangen, aber auch weniger Service bieten. Es gibt hier große Unterschiede, aber die Gebühren sind fast immer niedriger als bei Vollservice-Anbietern. Persönliche Betreuung und Beratung werden meist nicht geboten, aber Discount Broker bieten in der Regel einen guten Zugang zum Trading und Kundendienst über eine gebührenfreie Rufnummer. Die Broker dieser Firmen erhalten in der Regel mehr Festgehalt und weniger an Kommissionen als ihre Kollegen bei Vollservice-Anbietern. Daher neigen sie weniger dazu, die Kunden zum Traden zu verleiten. Andererseits macht dies den Umgang mit dem Brokerhaus unpersönlicher, und man hat keinen regelmäßigen Kontakt mit einem bestimmten Broker. Der Unterschied bezüglich Service und Gebühren zwischen Full Service- und Discount Brokern hat sich in den letzten Jahren stark verringert. Zu den Discount-Anbietern gehören: Charles Schwab & Co., Fidelity Investments, Quick and Reilly, Waterhouse Securities und Jack White & Co.

Deep Discount Broker sind aus dem Lager der Discount Broker hervorgegangen, als sich die Unterschiede zwischen diesen und den Vollservice-Anbietern verringerten. In der Regel bieten sie die niedrigsten Gebühren und den geringsten Service. Sie wenden sich an erfahrene Investoren, die wenig Betreuung brauchen. Da viele Optionstrader in diese Kategorie fallen, ist der Marktanteil der Deep Discount Broker bei Optionsgeschäften stetig gestiegen. Persönliche Betreuung gibt es hier meist nicht, ebensowenig wie andere Angebote wie 24-Stunden-Kundendienst, Anleihenhandel oder Handel ausländischer Aktien. Zu den Deep Discount Brokern gehören PC Financial, National Discount, Pacific und Accutrade.

Auf Optionen spezialisierte Broker sind in den vergangenen Jahren entstanden und füllen eine Marktnische aus, die von anderen Anbietern lange vernachlässigt worden war: Die speziellen Bedürfnisse von Optionstradern. Diese Firmen beschäftigen Spezialisten (ROPs), die mit den Kunden Kontakt halten, und sie führen oft schwierige und komplexe Optionsaufträge aus, die weniger spezialisierte Firmen gern meiden. Nicht alle, aber die meisten von ihnen bieten sehr attraktive Gebühren. Zu diesen Firmen gehören Benjamin & Jerold, E. D. F. & Man International, R. F. Lafferty und PTI Securities.

Internet Broker ermöglichen es ihren Kunden, eigene Aufträge über das World Wide Web oder einen Online-Service zu erteilen. Wir kommen später in diesem Kapitel noch auf das Internet-Trading zurück.

DIE ERÖFFNUNG EINES KONTOS FÜR DAS OPTIONSTRADING

Wenn Sie sich für einen Broker entschieden haben, müssen Sie nur noch einigen Papierkram erledigen und das erforderliche Geld einzahlen, um.ein Konto zu eröffnen. Der Papierkram umfaßt folgendes:

Der Antrag auf Eröffnung eines Broker-Kontos: Er enthält Ihre persönlichen Daten einschließlich Beruf, Bankverbindungen (nicht vorgeschrieben) und ihren »Nettowert«, also Ihre finanzielle Situation. Diese Information, einschließlich Liquidität und Gesamtvermögen, muß das Brokerhaus gemäß der Vorschrift der National Association of Securities Dealers (NASD) einholen. Diese Vorschrift zur besseren Kenntnis der finanziellen Situation des Kunden soll sicherstellen, daß der Broker Sie nicht zu Geschäften verleitet, die im Widerspruch zu Ihrer finanziellen Lage, Ihren Zielen und Kenntnissen stehen. Einige Brokerhäuser stellen höhere Anforderungen an Ihre Vermögenssituation, wenn Sie sagen, daß Sie ungedeckte Optionen verkaufen möchten, denn bei dieser Strategie kann es theoretisch zu unbegrenzten Verlusten kommen.

Merkmale und Risiken standardisierter Optionen: Diese kleine Buch, herausgegeben von der Options Clearing Corporation (OCC), wird an alle Inhaber von Optionskonten verteilt. In der Regel müssen Sie Ihrem Broker bestätigen, daß Sie alle Informationen gelesen und verstanden haben. Das Buch liefert grundlegende Erklärungen zu Aktien- und Index-Optionen und zu den Risiken verschiedenen Optionspositionen.

Optionsvereinbarung: Für den Handel von Optionen verlangen alle Broker, daß Sie ein separates Vereinbarungsformular ausfüllen. Darin wird nach Ihren Investment-Erfahrungen, nach Ihrem Wissen über verschiedene Optionsstrategien und nach der Anzahl der Optionstrades gefragt, die Sie schon ausgeführt haben. Das soll Ihrem Broker bei der Entscheidung helfen, ob Optionen für Sie geeignet und welche Arten des Trading für Sie angemessen sind.

Einzahlung: Ihr Broker wird eine Hinterlegung von Bargeld oder Wertpapieren verlangen, um Ihren ersten Trade durchführen zu können. Die Einzahlung kann durch Überweisung, per Scheck oder auch auf andere Weise erfolgen. Bei manchen Brokern gibt es, was den Papierkram betrifft, noch zusätzliche Vorschriften. Außerdem haben bestimmte Arten von Konten wie Trusts oder Vorsorgekonten ihre eigenen Regelungen.

MINDESTSICHERHEITSLEISTUNGEN

Verschiedene Optionstrades erfordern unterschiedliche Sicherheitsleistungen (Margins). Manchmal gibt es auch eigene Margin-Anforderungen beim Handel von Index-Optionen. Fragen Sie bitte Ihren Broker oder einen Spezialisten (ROP) nach den Anforderung bei den Trades, die nachfolgend nicht beschrieben sind. Beim Verkauf ungedeckter Optionen unterscheiden sich zudem die Regelungen der einzelnen Brokerhäuser. Die minimale Sicherheitsleistung beträgt für gewöhnlich zehn Prozent, aber die meisten Broker verlangen mehr, in der Regel 20 Prozent. Es folgt nun eine kurze Zusammenfassung der Margin-Erfordernisse bei einigen üblichen Optionstrategien. Beachten Sie aber, daß einzelne Brokerfirmen andere Anforderungen stellen.

Kauf von Puts oder Calls: Der Optionspreis muß voll bezahlt werden. Wenn Sie zum Beispiel einen XYZ-Dezember-Call kaufen wollen, der $4^1/_2$ Dollar kostet, müssen Sie 450 Dollar plus Gebühren auf Ihrem Konto haben, um den Trade auszuführen. Viele Broker verlangen allerdings ein höheres Guthaben auf Ihrem Konto, bevor ein Optionstrade ausgeführt wird.

Verkauf von Puts oder Calls: Die Sicherheitsleistung beträgt in der Regel 20 Prozent des Werts des Underlying, zuzüglich des erzielten Verkaufspreises minus den Betrag, um den die Option aus dem Geld notiert. Die Minimalanforderung sind zehn Prozent vom Wert des Underlying. Ein Beispiel: Sie verkaufen einen XYZ-90-November-Put für $1^1/_2$ Dollar, nehmen also 150 Dollar ein. Die Aktie steht bei 102 Dollar. Die Sicherheitsleistung beträgt in diesem Fall:

$$[20\% \times \$102 + \$1,50 - (\$102 - \$90)] \times 100 \text{ Stück} = \$9,90 \times 100 = \$990$$

Der Term in Klammern repräsentiert 20 Prozent vom Wert des Underlying, plus den Verkaufspreis des Put, minus die 12 Punkte, um die der

Put mit Basispreis 90 Dollar aus dem Geld notiert. Da 990 Dollar jedoch weniger sind als zehn Prozent vom Kurswert des Underlying, müßten Sie einen höheren Betrag hinterlegen. In diesem Fall: ($102 x 100 x 10%) = 1020 Dollar plus Gebühren.

Put Credit Spread und Call Credit Spread: Die Margin entspricht hier der Differenz zwischen den Basispreisen abzüglich eingenommener Prämien. Ein Beispiel: Sie verkaufen einen Dezember-110-Put und kaufen gleichzeitig einen Dezember-105-Put, wobei Sie einen Überschuß oder Credit von einen Dollar bzw. 100 Dollar für den Gesamtkontrakt erzielen. Die Margin errechnet sich aus der Differenz der Basispreise (110 – 105 x 100) = 500 abzüglich des Credit von 100 Dollar. Sie liegt also bei 400 Dollar je Kontrakt.

Gedeckte Calls (Kauf der zugrundeliegenden Aktie und Verkauf von Calls): Hier liegt die Margin bei 50 Prozent des Aktienwerts abzüglich des Verkaufserlöses für den Call. Für den Call ist keine Sicherheitsleistung erforderlich, denn falls der Käufer sein Optionsrecht ausübt, besitzen Sie die Aktien ja schon, die Sie ihm dann liefern müssen. Sie würden einfach von Ihrem Konto auf seines gebucht. Ein Beispiel: Sie kaufen 100 XYZ-Aktien zu 115 Dollar und verkaufen einen Dezember-125-Call zu $1^1/_2$ Dollar. Die Margin liegt bei 50 Prozent des Aktienwerts ($115 x 100 = $ 11 500 X 50 %) abzüglich der Einnahmen beim Verkauf des Call ($150), also bei 5 600 Dollar plus Gebühren.

Beachten Sie, daß die Margins jeden Tag nach Börsenschluß errechnet werden. Wenn eine Position stark gegen Sie gelaufen ist, wird die Firma Sie zu einer Nachschußzahlung auffordern, um Ihre Position aufrecht zu erhalten. Wenn Sie die geforderte Nachzahlung nicht leisten können oder wollen, wird Ihre Position ganz oder teilweise glattgestellt.

GEBÜHREN

Gebühren sind beim Eingehen und beim Auflösen einer Position fällig; sie steigern den Verlust oder vermindern den Gewinn. Wenn eine Option wertlos verfällt, werden keine Gebühren zur Glattstellung fällig.

Die Gebühren einzelner Broker sind höchst unterschiedlich; man kann sie anhand des Kontovolumens, des Umsatzes und der Trading-Methode miteinander vergleichen. In der Regel werden sie auf Basis des Optionspreises und der Kontrakt-Anzahl berechnet. Manche Firmen berechnen sie lediglich nach dem Auftragsvolumen. Zum Beispiel

Tabelle 10.1 GEBÜHRENVERGLEICH NACH BROKER-KATEGORIEN UND ART DER TRANSAKTION

	25 Contracts at $1.00		10 Contracts at $2.50		5 Contracts at $5.00		Average	
	($)	(%)	($)	(%)	($)	(%)	($)	(%)
Full-Service Brokers								
Dean Witter	217.00	8.68	140.00	5.60	142.00	5.68	166.33	6.65
Paine Webber	250.00	10.00	162.00	6.48	115.00	4.60	175.67	7.03
Smith Barney	211.00	8.44	135.00	5.40	81.00	3.24	142.33	5.69
Average	226.00	9.04	145.67	5.83	112.67	4.51	**161.44**	**6.46**
Discount Brokers								
Fidelity	78.00	3.12	68.75	2.75	68.75	2.75	71.83	2.87
Quick & Reilly	81.00	3.24	69.00	2.76	69.00	2.76	73.00	2.92
Schwab	81.00	3.24	69.00	2.76	69.00	2.76	73.00	2.92
Average	80.00	3.20	68.92	2.76	68.92	2.76	**72.61**	**2.90**
Options Specialized Brokers								
Benjamin & Jerold	112.50	4.50	59.00	2.36	36.00	1.44	69.17	2.77
ED&F Man	125.00	5.00	50.00	2.00	35.00	1.40	70.00	2.80
PTI Securities	170.00	6.80	80.00	3.20	48.00	1.92	99.33	3.97
Average	135.83	5.43	63.00	2.52	39.67	1.59	**79.50**	**3.18**
Internet Brokers								
e.Schwab	81.25	3.25	55.00	2.20	46.00	1.84	60.75	2.43
e-Trade	63.75	2.55	37.50	1.50	29.00	1.16	43.42	1.74
e-Broker	60.00	2.40	45.00	1.80	35.00	1.40	46.67	1.87
Average	68.33	2.73	45.83	1.83	36.67	1.47	**50.28**	**2.01**
Deep Discount Brokers								
Accutrade	67.00	2.68	52.00	2.08	42.00	1.68	53.67	2.15
Pacific	56.25	2.25	29.00	1.16	29.00	1.16	38.08	1.52
PC Financial	78.75	3.15	52.50	2.10	43.75	1.75	58.33	2.33
Average	67.33	2.69	44.50	1.78	38.25	1.53	**50.03**	**2.00**

Bemerkung: Wir halten diese Angaben für zuverlässig, können sie aber nicht garantieren. Die Gebühren unterliegen im Lauf der Zeit Veränderungen. Die Daten wurden durch eine Telefonumfrage am 28. Februar 1997 ermittelt.

kann ein Broker eine Mindestgebühr von 32 Dollar verlangen, plus vier Dollar je gehandelten Kontrakt. Ein Auftrag über zehn Kontrakte würde dann 72 Dollar kosten. Wie bei Aktien sinkt der Gebührenanteil an den Gesamtkosten mit steigender Kontrakt-Anzahl oder steigendem Auftragsvolumen. Bei Spreads, Straddles, gedeckten Calls und ähnlichen Aufträgen werden generell zwei Gebühren fällig: Je eine für jeden Teil des Auftrags.

Durch das explosive Wachstum von Deep Discount Brokern, auf Optionen spezialisierter Firmen und Internet/PC-Brokern in den vergangenen Jahren sind die Gebühren für Optionstrades massiv gesunken. Eine willkommene Entwicklung auf einem Investment-Gebiet, wo die Trading-Häufigkeit meist sehr hoch ist (siehe Tabelle 10.1).

Wie Tabelle 10.1 zeigt, sind die Gebühren der Full Service Broker für einen Optionstrader nicht besonders attraktiv. Er wird sich daher wahrscheinlich in den vier anderen Kategorien umsehen. Wenn man sich auf die Internet- oder die Deep Discount Broker konzentriert oder die Internet-Discounts der traditionellen Discount Broker in Anspruch nimmt, kann man die Gebühren erheblich drücken. Beachten Sie: Wenn Sie mit Credit Spreads oder anderen Strategien arbeiten, bei denen die möglichen Gewinne begrenzt sind, dann brauchen Sie niedrige Gebühren, um attraktive Nettoprofite zu erzielen.

DIE AUFTRAGSARTEN, UND WANN MAN SIE BENUTZT

Es gibt vier grundlegende Auftragsarten als Kombinationen von Kauf, Verkauf, Aufbau und Glattstellung einer Position:

1. *Kauf zum Aufbau einer Position (Buy to open):* Der Trader kauft eine Position. Käufe von Puts und Calls fallen in diese Kategorie.
2. *Verkauf zum Aufbau einer Position (Sell to open):* Der Trader erwirbt eine Short Position, zum Beispiel beim Verkauf eines ungedeckten Put.
3. *Verkauf zur Glattstellung einer Position (Sell to close):* Der Trader verkauft die in 1 erworbene Long-Position.
4. *Kauf zur Glattstellung einer Position (Buy to close):* Der Trader kauft die in 2 leer verkaufte Position zurück.

Die Handelszeiten für Aktienoptionen dauerten bis vor kurzem von 9.30 Uhr bis 16.10 Uhr (Ostküstenzeit). Die Börsen haben nun jedoch den Handelsschluß auf 16.02 Uhr vorverlegt. Die Handelszeiten für Index-Optionen dauern von 9.30 Uhr bis 16.15 Uhr.

In der Regel beziehen sich Einzelaufträge auf bis zu zehn Kontrakte. Bei größeren und bei limitierten Aufträgen kann es zur Teilausführung kommen, bei der der Auftrag nur partiell durchgeführt wird. Diese

Zehn-Kontrakt-Regel variiert je nach Börse, Market Maker und Liquidität der Optionen. Zur Zeit besteht sie fast bei allen Optionen, bei einer zunehmenden Zahl von Optionen beträgt diese Zahl aber auch 25, 50 oder sogar noch mehr.

Es gibt verschiedene spezifizierte Auftragsarten:

1. *Unlimitierte und limitierte Aufträge (Market and Limit Orders):* Wenn man einen Optionsauftrag erteilt, bezieht er sich entweder auf den aktuellen Marktpreis oder auf ein Preislimit, wobei unlimitierte Aufträge Vorrang haben.

Ein unlimitierter Kaufauftrag wird zum niedrigsten verfügbaren Verkaufspreis ausgeführt, in der Regel zum aktuellen Briefkurs. Ein unlimitierter Verkaufsauftrag wird zum höchsten verfügbaren Kaufpreis ausgeführt, in der Regel zum Geldkurs. Wenn eine Option zum Beispiel zu einem Dollar nachgefragt und zu $1^1/_8$ Dollar angeboten wird, und Sie zehn Kontrakte kaufen wollen, wird Ihr Auftrag höchstwahrscheinlich zu $1^1/_8$ Dollar ausgeführt. Wenn Sie verkaufen wollen, kommen Sie wohl bei einem Dollar zum Zug. Bei telefonischer Auftragserteilung wird der Broker die Durchführung eines unlimitierten Auftrags in der Regel sofort betätigen. Sie müssen aber wissen, daß sich in schnellebigen Märkten Preise von der Auftragserteilung bis zur Durchführung deutlich verändern können. Mit einer unlimitierten Order kommen Sie zwar sicher zum Zug, wissen aber nicht, welchen Preis Sie zahlen oder erhalten werden.

Eine limitierte Kauforder ist der Auftrag, zu einem bestimmten Preis oder billiger zu kaufen. Ein limitierter Verkaufsauftrag bedeutet, daß nur ab einem bestimmten Preis oder teurer verkauft werden soll. Wenn Sie zum Beispiel einen Kaufauftrag über 10 XYZ-Januar-Calls mit Limit zwei Dollar geben, dann heißt das, daß Sie je Kontrakt maximal zwei Dollar zahlen wollen. Wenn die Calls zu $2^1/_8$ Dollar nachgefragt und zu $2^3/_8$ Dollar angeboten werden, kann Ihr Auftrag zunächst nicht durchgeführt werden. Er wird dann im Auftragsbuch des Brokers oder im allgemeinen Auftragsbuch (je nach Börse verschieden) vorgemerkt, um ausgeführt zu werden, wenn das Preislimit erreicht wird. Der gleiche Auftrag würde aber sofort ausgeführt, falls die XYZ-Calls zu $1^5/_8$ Dollar nachgefragt und zu $1^7/_8$ Dollar angeboten werden, und zwar zu $1^7/_8$ Dollar. Ein limitierter Kaufauftrag bedeutet, daß Sie bereit sind, zum Limit oder billiger zu kaufen. Der Makler ist damit verpflichtet, den Auftrag zu einem niedrigeren Preis auszuführen, falls das möglich ist. Bei einem limitierten Auftrag kennen Sie also den maximalen oder den minimalen Preis, wissen aber nicht, ob Ihre Order ausgeführt wird.

Ich empfehle beim Aufbau einer Optionsposition stets zu limitieren, denn man soll einem Trade nicht nachlaufen, indem man zuviel dafür bezahlt. Bei der Glattstellung ist es manchmal bedenkenswert, nicht zu limitieren, um schnell aus der Position herauszukommen. Alle unlimitierten Aufträge werden nur für den jeweiligen Tag erteilt. Sie werden stets ausgeführt, außer wenn der Handel der zugrundeliegenden Aktie ausgesetzt wird. Limitierte Aufträge gibt es in zwei Ausprägungen:

2. *Gültig bis Widerruf oder tagesgültig (Good-till-Canceled and Day Orders)*: Theoretisch könnten Orders, die bis auf Widerruf erteilt werden (GTC-Orders) für immer im Auftragsbuch bleiben, oder zumindest bis zum Verfall der Option. Es kann jedoch zeitliche Begrenzungen geben, und manchmal ist es nur ein Monat. Sie sollten sich in diesem Punkt bei Ihrem Broker vergewissern. Der Nachteil solcher Aufträge: Der Trader kann vergessen, daß er sie erteilt hat. Noch ein Nachteil: Sie können zu äußerst unvorteilhaften Kursen ausgeführt werden, besonders bei einem »Gap«, also einer starken Kursschwankung des Basisobjekts (Underlying). Viele Broker erinnern ihre Kunden schriftlich an offene GTC-Aufträge.

Tagesgültige Aufträge werden entweder noch am selben Tag ausgeführt, oder sie erlöschen. Ich empfehle in der Regel, limitierte Aufträge tagesgültig zu erteilen.

3. *Stop-Limit- und Stop-Loss-Aufträge*: Diese Aufträge werden erteilt, um eine Position glattzustellen, wenn ein bestimmter Kurs durchbrochen wird. Man kann damit eine Long-Position vor hohen Verlusten schützen, indem man ein Verkaufs-Niveau unterhalb des aktuellen Kurses bestimmt. Die Optionsbörsen akzeptieren generell keine Stop-Aufträge bei Optionen. Einige Broker tun es jedoch, so daß Sie diese Frage mit Ihrem Broker klären sollten. Bei diesen sogenannten »Desk Stops« trägt allerdings der Kunde das Risiko. Der Broker verspricht zwar, die Kurse genau zu beobachten, kann aber in der Regel nicht zur Rechenschaft gezogen werden, wenn der Stop-Auftrag dann doch nicht ausgeführt wird. Aus diesem Grund und wegen der Schnelligkeit des Optionsmarkts empfehle ich, beim Optionstrading auf Stop-Aufträge zu verzichten. Sie sollten sich lieber sozusagen von der Zeit ausstoppen lassen, indem Sie gleich zu Beginn festlegen, wie lange Sie eine Position halten wollen.

4. *Alles-oder-nichts-Aufträge (All-or-none Orders)*: Um bei einer limitierten Order oder einem unlimitierten Auftrag über mehr als zehn Kontrakte eine Teilausführung zu verhindern, können Sie eine All-or-

none-Order erteilen. Dies ist nur bei tagesgültigen, nicht aber bei GTC-Aufträgen möglich. Fragen Sie Ihren Broker nach firmenspezifischen Sonderregelungen. Sie sollten sorgfältig nachdenken, ob ein solcher Auftrag sinnvoll ist. Nehmen wir an, Sie wollen eine Position von 20 Kontrakten glattstellen und erteilen eine All-or-none-Order, limitiert auf fünf Dollar. Zu diesem Kurs werden zehn Kontrakte nachgefragt. Der Kurs fällt auf vier Dollar, aber Ihr Auftrag wird nicht ausgeführt. Wäre es nun besser, bei vier Dollar noch alle Kontrakte zu halten, oder zehn davon bei fünf Dollar verkauft zu haben?

5. *Bedingte Aufträge (Contingency Orders):* Nicht alle Broker akzeptieren solche Aufträge, die voraussetzen, daß eine bestimmte Situation eintritt, damit der Auftrag wirksam wird. Wenn Sie zum Beispiel eine Long-Position im XYZ-Januar-Call mit Basispreis 115 Dollar halten, können Sie den Broker beauftragen, die Position zum dann gültigen Marktpreis glattzustellen, falls XYZ über 120 Dollar steigt. Die Order ist also bedingt und hängt davon ab, ob XYZ einen bestimmten Kurswert erreicht. Diese Aufträge werden nicht von allen Broker entgegengenommen. Manche akzeptieren sie nur in begrenzter Zahl, einige nur auf Risiko des Kunden. Der Broker kann dann nicht dafür verantwortlich gemacht werden, wenn der Auftrag nicht augeführt wird, obwohl die Bedingung erfüllt ist.

VOLLE ODER EINGESCHRÄNKTE KONTOVOLLMACHT

Die Kontovollmacht gibt dem Broker das Recht, auf Ihre Rechnung und mit Ihrem Konto Trades auszuführen; in manchen Fällen mit Beschränkungen, was er traden und welche Strategien er anwenden darf. Die eingeschränkte Vollmacht bezieht sich in der Regel nur auf bestimmte Arten von Trades. Die uneingeschränkte Vollmacht gibt dem Broker das Recht, jederzeit jede Art von Trades mit Ihrem Konto durchzuführen, ohne Sie zu konsultieren. Ich empfehle generell, keine uneingeschränkte Vollmacht zu erteilen, außer wenn Sie vollstes Vertrauen in die Fähigkeiten, die Ehrlichkeit und die Reputation Ihres Brokers haben.

TRADING IM INTERNET

Wir haben das Internet schon kurz erwähnt, doch nun wollen wir genauer betrachten, wie Sie Optionstrades über Ihren Computer ausführen können. Es gibt heute Brokerhäuser, die auf dem Internet und auf PCs aufbauen. Sie ermöglichen ihren Kunden, über das World Wide Web oder einen hauseigenen Online-Service am Optionshandel teilzunehmen. Einige von ihnen sind noch recht neu, andere sind bereits etabliert. Bevor Sie sich für einen elektronischen Broker entscheiden, müssen Sie jeden Teil des Prozesses verstanden haben. Ein einziger Fehler bei der Auftragserteilung kann Sie viel mehr kosten als Sie an Gebühren sparen.

Heute, wo Computer so leicht zu bedienen sind, muß man kein Cyber-Profi mehr sein, um Trades über das Internet auszuführen. Einige Adressen können Ihnen dabei helfen, den richtigen Online-Broker zu finden:

> Schwab: http://www.eschwab.com
> Lombard Brokerage: http://www.lombard.com
> PC Financial Network: http://www.pcfn.com
> E*Trade: http://www.etrade.com
> Accutrade: http://www.accutrade.com

Wie nicht anders zu erwarten, bieten die verschiedensten Brokerhäuser das Trading über das Internet an. Das Spektrum reicht von der altbekannten Firma Schwab bis zu Newcomern wie E*Trade. Die folgenden Informationen über einige dieser Anbieter stammen von ihren eigenen Websites. Natürlich sind diese Informationen nicht garantiert und zudem Änderungen unterworfen, vor allem wegen der raschen Entwicklung des Internet.

Schwab: Charles Schwab & Co's Tochterfirma e.Schwab ermöglicht den Optionshandel im World Wide Web und über die firmeneigene Software StreetSmart. Die Firma bietet Echtzeitkurse, Nachrichten und Research sowie Echtzeit-Trading. Ihre Transaktionen werden jede Nacht in einer via Computer zugänglichen Datei konsolidiert. Sie erhalten auch regelmäßige Kontoauszüge und schriftliche Auftragsbestätigungen per Post.

Lombard Brokerage: Lombard bietet Online-Optionstrading und eine Reihe von Dienstleistungen und Informationen zum Management Ihres Kontos. Dazu gehört der Realtime Quote Server, der es Ihnen ermöglicht, Echtzeit- und zeitverzögerte Kurse abzurufen, der Realtime Graph Server, auf dem Sie Preisveränderungen von täglicher bis zu jährlicher Basis verfolgen können, und Portfolio Management, das Ihnen die Daten Ihres Kontos in Echtzeit zeigt. Lombards Kontenverwalter beziehen ein Festgehalt, es entstehen also keine Gebühren, wenn Sie nicht traden. Querverweise auf Lombards Website führen Sie zu Informationen über die Kontoeröffnung, über Margin-Erfordernisse, Aktienemissionen und vieles mehr.

PC Financial Network: Die Firma bietet kostenlose Echtzeitkurse, Nachrichten und Zugang zu Ihrem Depot sowie Online-Optionstrading. Sie können »online« eine Kontoeröffnung beantragen und womöglich gleich mit dem Trading beginnen. PC Financial Network akzeptiert »CyberCash«. CyberCash ist eine Methode, Ihre Käufe mit einer Art Online-Währung zu bezahlen. Das System basiert auf einer MasterCard-Kreditkarte. CyberCash-Transaktionen werden von der modernsten Sicherheitstechnologie geschützt. Es gibt »CyberCoins« bis hinab zum Gegenwert von einem Vierteldollar, und man kann sie für Käufe benutzen, die man sonst nicht per Kreditkarte abwickeln würde.

E*Trade: Bei E*Trade kann man entweder über das World Wide Web oder eine direkte Modem-Verbindung Aktienoptionen handeln und sein Depot managen. Researchmaterial, Marktanalysen, Nachrichten und Optionsanalysen sind »online« erhältlich. Man kann alle gängigen Aufträge erteilen und auch Strategien anwenden wie gedeckte Optionsverkäufe, Spreads oder Kombinationen daraus. Zum Optionskauf sind volle Kapitalabdeckung, Wertpapiere oder Sicherheitsleistungen erforderlich. Die Auftragsausführung wird sofort in E*Trades auf dem Internet basierendem Message Center angezeigt, eine schriftliche Bestätigung wird am Tag der Ausführung per Post versandt. Es fallen keine Kosten pro Order, für die Verbindungszeit im Internet oder die Depotverwaltung an, lediglich die Gebühren für jeden Trade und für gewünschte Spezial-Serviceleistungen.

Accutrade: Accutrade ist ein auf Computer und Modem basierendes Tradingsystem. Es bietet Zugang zu Optionskursen, eine Reihe von Informationsquellen, den Accutrade-Wertpapierhandelsservice und Informationen über die Performance Ihres Depots. Sie können neben einfachen Optionskäufen auch kombinierte Strategien durchführen. Accutrade verlangt zur Kontoeröffnung eine Mindesteinzahlung von 5000 Dollar in Bargeld und/oder Wertpapieren. Sie können diese erste Einzahlung für Wertpapierkäufe verwenden.

Noch einmal: Alle genannten Zahlen und Leistungen sind Veränderungen unterworfen. Da sich auch das Internet selbst ständig verändert, sollten Sie sich über den aktuellen Stand Klarheit verschaffen, bevor Sie eine Entscheidung treffen. Einige Stunden vor dem Computer können eine Fülle an Informationen bringen und sind damit gut investiert.

WARUM SOLLTE MAN ÜBER DAS INTERNET TRADEN?

Vor etwas mehr als einem Jahrhundert hätte diese Frage gelautet: »Warum sollte man über das Telefon traden?« Die simple Antwort lautet: Das Internet ist einfach, kennt praktisch keine Zeitverzögerung und kann helfen, Gebühren zu sparen, wenn man den Service von Discount- oder Deep Discount Brokern in Anspruch nimmt.

Wenn man auf der Website eines Brokers angelangt ist, kann man sich durch ein ganzes Universum von Informationen für seine Entscheidungen klicken, und es gibt auch »Knöpfe«, auf die man elektronisch drücken kann, um die Dinge in Gang zu bringen. Die meisten Websites enthalten Links, und man kann darin blättern wie in einem Buch. Man gelangt zu Fakten oder zu Formularen, die man ausfüllt und mit einem Mausklick abschickt.

Die leichte Bedienbarkeit ist das entscheidende Argument für das Internet: Ein Klick, und der Trade ist ausgeführt. Man kann mitten in der Nacht die neuesten Informationen abrufen und sein Depot analysieren. Man kann seine Strategie auf dem Bildschirm des Heimcomputers planen. Man kann Geld auf traditionelle Weise oder über das Web bewegen. Man kann Überweisungen per Post oder per Telefon tätigen. Man kann das Geld elektronisch verschicken und CyberCash verwenden.

Es gibt »online« viele Discount- und Deep Discount Broker, die im Wettbewerb stehen, Ihnen die niedrigsten Gebühren pro Trade und die besten Rabatte zu bieten. Der Preis, den Sie für so preiswerten Service bezahlen müssen, ist eben dieser: Service. Je niedriger die Gebühren, desto weniger persönlichen Service können Sie von einem Broker erwarten. Allgemein gesagt sind diese Firmen »online«, um Ihre Aufträge schnell und billig auszuführen, nicht um Sie zu beraten, wie Sie traden oder Ihre Strategie gestalten sollten. Wenn Ihnen dieser Nachteil nichts ausmacht, ist Online-Trading von Optionen für Sie ein positiver Schritt bei der Planung Ihrer Investments.

WARUM SOLLTE MAN *NICHT* ÜBER DAS INTERNET TRADEN?

Das Internet hat ein wohlbekanntes Problem: Mangelnde Sicherheit. Was Sie am Internet attraktiv finden, zieht auch skrupellose Hacker und andere unerwünschte Zeitgenossen an. Sie suchen nach Informationen, und diese Leute suchen ebenfalls Informationen – über *Sie*. Sie schätzen die schnelle Kommunikation via e-mail. Diese Leute möchten Ihre e-mail-Adresse erfahren, um Ihnen Werbung und anderes unerwünschtes Zeug zu schicken. Sie wickeln Ihre Transaktionen gern elektronisch ab. Diese Leute würden gern einen elektronischen Finger in Ihr Konto stecken. Und wenn Sie meinen, das sei nicht möglich, dann denken Sie noch einmal darüber nach.

Ihre Online-Botschaften legen einen weitverzweigten Weg von Ihrem Computer bis zum Empfänger zurück. Unterwegs durchlaufen sie vielleicht viele Computersysteme, wo sie aufgehalten, kopiert, verändert oder inspiziert werden. Was soll ein Trader also tun?

Aus technologischer Sicht gibt es Sicherungssysteme. Zum Beispiel hat Netscape Communications ein solches System mit dem Namen Secure Sockets Layer entwickelt, das hohe Datensicherheit gewährleistet.

Ihr Broker kann Ihnen sagen, welche Sicherheitsmaßnahmen seine Firma beim Online-Trading anwendet. Wenn auf der Website nichts zu diesem Thema zu finden ist, dann fragen Sie nach. Das Geld, das Sie dabei sparen, könnte Ihr eigenes sein.

Trotz erhöhter Sicherheit und der Fähigkeit, Ihre Informationen zu befördern, ohne daß jemand sie unterwegs abfangen oder manipulieren kann, müssen Sie immer noch mit dem menschlichen Faktor rechnen. Trauen Sie der Firma, der Sie Ihre vertraulichen finanziellen und persönlichen Daten mitgeteilt haben? Kann man dem Angestellten dieser Firma vertrauen, dem Unternehmensvertreter also, dem Sie diese Fakten mitgeteilt haben? Diese Fragen sind so alt wie der Handel selbst, und Sie müssen sich damit auseinandersetzen, ob Sie nun über das Internet traden, den Telefonhörer abnehmen oder durch die Haustür gehen. Was ist nun die beste Lösung? Die Antwort darauf müssen Sie selbst finden.

SCHLUSSBEMERKUNG

In diesem Kapitel wurden die wichtigsten Grundbegriffe erläutert, um Optionen effektiv zu kaufen oder zu verkaufen. Zunächst müssen Sie eine Brokerfirma finden, die Ihre Bedürfnisse als Optionstrader erfüllt, egal, ob Sie nun auf traditionelle Weise oder über das Internet traden wollen. Sie müssen die Auftragsarten verstehen, die Sie erteilen, und Sie müssen auch wissen, wieviel Kapital für eine spezielle Optionsstrategie erforderlich ist. Mit diesem Wissen sind Sie nun in der Lage zu traden, aber Sie brauchen auch die nötigen Informationen, um erfolgreich zu sein. Auch für neueste Informationen ist das Internet eine exzellente Quelle. Wir wenden uns diesem Thema im nächsten Kapitel zu.

11

Navigation im Internet

EINFÜHRUNG

Vorbei sind die Zeiten, als man noch zur Bibliothek gehen und veraltete Informationen auswerten mußte, um seine Investments zu planen. Die Informationsvielfalt und die Serviceleistungen im Internet haben für den »Do-it-yourself«-Investor eine neue Ära eingeläutet. Mit Computer und Modem hat man heute Zugang zu kostenlosen Daten und Informationen, die noch vor wenigen Jahren institutionellen Anlegern vorbehalten waren, die sich die teuren Terminals und den Service leisten konnten. Jetzt kann man über das Internet mehr Finanzinformationen einholen als man jemals verarbeiten wird. Wenn man ein wenig nachforscht, findet man Kurse von Aktien und Optionen, Unternehmensmeldungen, SEC-Filings, Gewinnmitteilungen, Nachrichten und Angaben über Insiderhandel.

Klingt das nicht zu gut, um wahr zu sein? Nun, es gibt da einen Haken: Um zu diesen wertvollen Informationen vorzudringen, muß man sich erst durch ein Gestrüpp von Werbung, Junk Mail, im Nichts endenden Links und absolut geschmacklosen Homepages kämpfen.

Die massive Kommerzialisierung des Web machte es zu einem riesigen Erfolg, aber sie ist auch sein größter Nachteil. Senden Sie eine Anfrage an eine USENET-Investment-Nachrichtengruppe, und Ihre e-Mail-Box füllt sich in Windeseile mit »Werden Sie in 14 Tagen Millionär«-Post, mit Werbung, mit Botschaften von Leuten, die ihre eigenen Aktien hochtreiben wollen, und manchmal auch mit Beleidigungen. Unter den Millionen von Internet-Usern gibt es aber vielleicht auch eine mitfühlende Seele, die Ihre Frage beantwortet und Ihnen wertvolle Informationen liefert. Das tröstet darüber hinweg, daß es da draußen so viele Leute gibt, die Sie übers Ohr hauen wollen.

KOSTENLOSE INFORMATIONEN – ABER SEIEN SIE VORSICHTIG!

Die Informationen im Web und im Internet kommen aus vielen Quellen. Wie bei kostenlosen Informationen üblich, gibt es keinerlei Gewähr auf die Richtigkeit. Einige Informationen wandern von Person zu Person und verändern sich dabei; wenn sie bei Ihnen ankommen, haben sie mit der ursprünglichen Fassung vielleicht keinerlei Ähnlichkeit mehr.

Obwohl das Internet den Bedürfnissen eines »Do it yourself«-Investors entgegenkommt, kann die schiere Anzahl der Benutzer ganz eigene Probleme verursachen. Da hat zum Beispiel jemand in eine Aktie investiert und ist nun daran interessiert, sie im Internet anderen Investoren gegenüber zu loben, wobei er »vergißt«, Nachteile oder Risiken zu erwähnen. Das kann zu Übertreibungen oder ganz einfach zum Versuch führen, eine Aktie nach oben zu reden. In der Tat gibt es Gerüchte, daß einige Unternehmen Leute dafür bezahlen, daß sie im Internet gut über sie und ihre Aktien reden.

Das soll nun bei weitem nicht heißen, daß es im Internet keine nützlichen Informationen gibt. Einige Unternehmen liefern so viele kostenlose Informationen wie möglich, damit Sie ihre Website aufsuchen. Damit locken diese Unternehmen potentielle Kunden an und steigern ihre Bekanntheit.

Andere nützliche Informationen kommen von Leuten, die sich für eine bestimmte Sache stark begeistern. Man findet im Internet nicht selten ganze Dissertationen und Research-Berichte von Doktoranden und Professoren. Aber beachten Sie: Fast jeder, der im Internet Informationen liefert, hat einen Grund dafür. Da dieser Grund die Botschaft beeinflußt, kann man in der Regel leicht die Motivation hinter der Information entziffern und dann die Fakten, Meinungen und Ratschläge untersuchen. Dieser Prozeß kommt der kritischen Denkweise eines Kontra-Investors in der Tat sehr entgegen. Mit dem Wissen, wie das Internet funktioniert, und vielleicht mit ein wenig Glück, wenn Sie tausende von Websites durchforsten, werden Sie entdecken, daß das Internet eine sehr wertvolle Investment-Informationsquelle ist.

Die Informationen im Web über Optionen begannen als Rinnsal und entwickeln sich jetzt allmählich zu einem beständigen Strom. Dieses Kapitel erläutert die verschiedenen Arten von Informationen, die im Web derzeit erhältlich sind. Bedenken Sie aber, daß sich die elektronische Landschaft gerade im Bezug auf Optionen schnell verändern wird.

WIE MAN SEINEN WEG FINDET

Wie durchforstet man das riesige Informationsangebot im Web, um die sprichwörtliche Nadel im Heuhaufen zu finden? Zunächst muß man den richtigen Heuhaufen finden. Das Web ist mit tausenden von Informationszentren durchsetzt, die Sie direkt zur gesuchten Information führen werden – oder vielleicht auch nicht. Sie können Sie nämlich auch durch ein verwirrendes Netz von Links führen und dorthin zurückbringen, wo Sie angefangen haben. Oder sie führen Sie durch einige vielversprechende Sites, enden aber in einer Sackgasse oder bringen Sie schließlich zu einer ungewöhnlichen Site, die zum Beispiel ein ausführliches Verzeichnis lustiger Aufkleber für die Stoßstange Ihres Autos enthält. Das kann zwar interessant und einige Minuten der Betrachtung wert sein, aber es ist sicher nicht die wertvolle Investment-Information, die Sie gesucht haben.

WIE MAN SUCHMASCHINEN BENUTZT

Wenn Sie Probleme haben, eine Website für Finanzinformationen oder irgendein anderes Thema zu finden, können Sie eine der zahlreichen Suchmaschinen im World Wide Web verwenden. Diese katalogisieren die Millionen von Seiten im Web und bieten ein geordnetes Verzeichnis verwandter Themen. Einige Suchmaschinen sind inhaltlich organisiert, was bedeutet, daß man nach Kategorien geordnete Informationen erhalten kann.

Wenn Sie mit den inhaltlich organisierten Suchmaschinen Pech haben und es Ihnen nichts ausmacht, riesige Datenmengen zu durchforsten, dann sollten Sie eine textorientierte Suchmaschine ausprobieren. Diese Maschinen wurden entwickelt, nachdem das Web an Popularität gewonnen hatte und zu groß geworden war, um jede einzelne Webseite thematisch einordnen zu können. Sie sind besonders hilfreich, wenn Sie sehr große Websites untersuchen, die ein breites Informationsangebot mit mehreren verschiedenen Themen bieten.

Textorientierte Suchmaschinen senden automatisierte Anfragen an bekannte Websites. Die Maschinen archivieren und komprimieren den Text jeder Seite in eine riesige Datenbank. Der Benutzer kann dann nach Websites suchen, die ein bestimmtes Wort oder eine Formulierung enthalten. Das Ergebnis der Suche kann am Titel und an der Inhaltsangabe jeder Website abgelesen werden, ebenso wie bei inhaltsorientierten Suchmaschinen, aber diese Maschinen suchen auch nach jedem einzelnen Wort auf einer Website.

Abb. 11.1 **DIE HOMEPAGE VON YAHOO!**

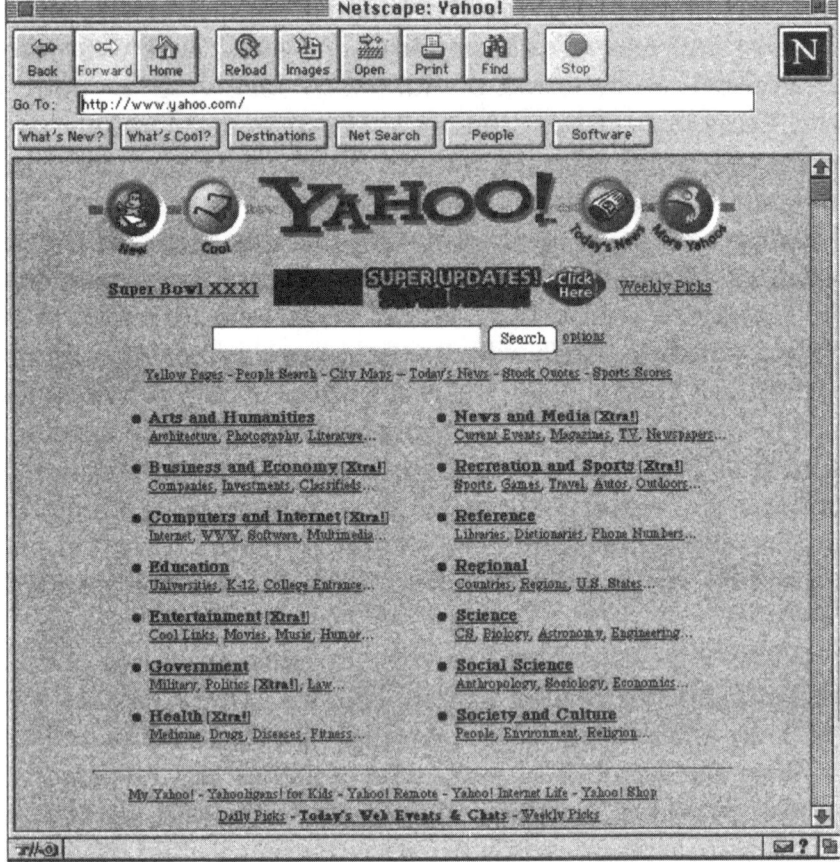

Eine der populärsten Suchmaschinen, Yahoo! (http://www.yahoo.
com) bietet ein inhaltsorientiertes Verzeichnis von Informationsquellen
im Web und auch ein Suchwerkzeug, das einem dabei hilft, sich in diesem umfangreichen Verzeichnis zurechtzufinden. Yahoo! war der erste
Online-Führer durch das World Wide Web. Seine benutzerfreundliche
Optik und Anwendung (siehe Abbildung 11.1) haben dazu geführt, daß
Yahoo! beständig zu den fünf am häufigsten aufgesuchten Websites gehört. Wenn man die Yahoo!-Website aufsucht, sieht man eine Auflis-
tung 14 verschiedener Kategorien (siehe Abbildung 11.1).

In jeder dieser Kategorien gibt es Verzeichnisse zahlreicher verwandter Subkategorien und Themen. Man kann entweder diese Subkategorien verwenden, um interessante Websites zu finden, oder den Such-

306

modus »Search« benutzen, um ein Wort oder eine Formulierung einzugeben und verwandte Subkategorien und Websites aufzuspüren. Websites mit Informationen über Optionen findet man mit der Vorgehensweise: Business and Economy ... Investments ... Futures and Options.

Wie bei jeder guten Website aktualisieren die Yahoo!-Leute ihre Daten ständig und fügen weitere Interessensgebiete hinzu. Yahoo! bietet auch einen »What's cool«-Button, mit Beschreibungen von Websites, die die Yahoo!-Leute für »cool« halten. Sie haben auch spezielle Kategorien in ihrem Web-Verzeichnis aufgeführt, in denen sie auf amüsante, außergewöhnliche oder besonders nützliche Inhalte hinweisen. Eine weitere Besonderheit von Yahoo! ist die »News«-Funktion, die stündlich aktualisierte Schlagzeilen in Kategorien wie Wirtschaft, Unterhaltung, Sport, nationale und internationale Politik liefert. Die Mühe, die Yahoo! darauf verwendet, seine Website zu gestalten, zu aktualisieren und zu verbessern macht sie wirklich zu einem guten Ausgangspunkt für die Suche im Internet – und zu einer guten Anlaufstation, wenn die Suche in eine Sackgasse geraten ist.

AltaVista: AltaVista (http://www.altavista.com) ist eine der umfassendsten textorientierten Suchmaschinen. Die Website von AltaVista (siehe Abbildung 11.2) ermöglicht es, den gesamten Text von Millionen von Seiten zu durchsuchen. Weil die Anzahl der »Treffer« enorm sein kann, bietet AltaVista auch die Möglichkeit einer spezialisierten Suchfunktion. Dabei werden einige Worte als wichtiger bezeichnet als andere, was eine komplexere Suche ermöglicht.

Neulinge sind von dem enormen Datenangebot oft überwältigt. Zum Beispiel führt die Suche nach Informationen über Aktionoptionen bei AltaVista zu mehr als 300 000 möglichen »Treffern«. Zum Glück listen die meisten Suchmaschinen die möglichen Treffer in der Rangfolge der Wahrscheinlichkeit auf.

Es gibt zusätzlich noch etliche andere Suchmaschinen, die ebenfalls sehr nützlich sein können. Vielleicht sehen Sie sich die inhaltlich organisierten (Tabelle 11.1) und die textorientieren (Tabelle 11.2) Suchmaschinen einmal näher an.

DIE WEBSITE DES INVESTMENT RESEARCH INSTITUTE

Die Website des Investment Research Institute (IRI) (http://www.OPTIONS-IRI.com) wurde geschaffen, um Online-Investoren mit Informationen über Optionstrading, Investmentstrategien und Markt-Ti-

Abb. 11.2 **DIE HOMEPAGE VON ALTAVISTA**

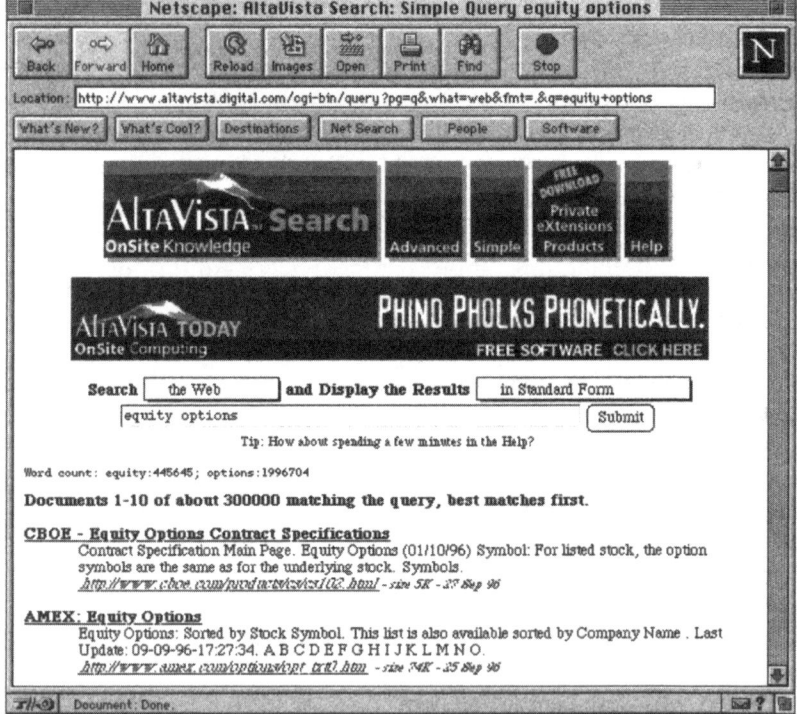

Tabelle 11.1 **INHALTLICH ORGANISIERTE SUCHMASCHINEN**

Black Widow
http://www.penetang.com/blackwidow/

Identity
http://www.identity.com

Imagesurfer
http://www.interpix.com

Inference Find
http://www.inference.com/ifind/

Lycos
http://www.lycos.com

Planet Search
http://www.planetsearch.com

Point Search
http://www.pointcom.com/categories/

Yahoo!
http://www.yahoo.com

Tabelle 11.2 **TEXTORIENTIERTE SUCHMASCHINEN**

AltaVista
http://www.altavista.com

DejaNews
http://www.dejanews.com
This search engine uses text-oriented searching to archive the Internet USENET news groups. It contains a "Power Search" option that lets users take advantage of Boolean operators such as a*nd, or, not,* and *near.*

Excite
http://www.excite.com
This search engine is the first to successfully use concept-based searching. When you search on a word such as "paint" it also includes articles on "home improvement." This search engine gives each site a "confidence rating,," ranking the success of the search in terms of the criteria.

Infoseek
http://www.infoseek.com
This search engine provides the convenience of text searching with the added benefit of a relational database. This means that when you type a word such as "cat" you will get articles that include closely related words such as "kitten."

Metacrawler
http://www.metacrawler.com
This site searches lots of search engines simultaneously.

Galaxy Search
http://galaxy.tradewave.com/search.html

HotBot
http://www.hotbot.com

Infoseek
http://www.infoseek.com

OpenText
http://www.opentext.com

Webcrawler
http://www.webcrawler.com

ming zu versorgen, die früher schwer zu finden waren. Sie bietet eine tägliche Zusammenfassung des Marktgeschehens mit einer Liste von hochvolatilen Aktien im High-Tech-Sektor, lehrreiche Artikel über Options-Investments, spezielle Berichte über Optionsstrategien und Informationen über IRI's spezielle Options-Dienstleistungen.

Die Homepage von IRI war eine der ersten, die kostenlose Informationen über die Kurse von Aktienoptionen bot, und sie liefert Informationen über tägliche Daten wie Brief- und Geldkurse, Open Interest, Umsätze und dergleichen mehr. Die IRI Quote Page (siehe Abbildung 11.4) bietet auch umfangreiche Informationen über Aktienkurse, ihre

Abb. 11.3 **DIE HOMEPAGE DES INVESTMENT RESEARCH INSTITUTE (IRI)**

Entwicklung und dergleichen. Auch historische Daten stehen zur Verfügung. Außerdem bietet die IRI-Website ein Verzeichnis von Aktienticker-Symbolen und eine umfangreiche Liste von Links zu Investment-Themen, speziell zur Investition in Optionen. Die Inhalte der Website werden ständig verändert und aktualisiert. Das Ziel von IRI ist es, die beste Informationsquelle für Options-Investment zu schaffen und aufrecht zu erhalten.

Seit August 1997 gibt es zudem eine Website, die sich ausschließlich der Aus- und Weiterbildung von Optionstradern widmet: http://www.bernieschaeffer.com. Diese interaktive Website wird den Lesern dieses Buches weitere interessante Informationen über Optionsstrategien liefern.

Abb. 11.4 **DIE QUOTE PAGE DES INVESTMENT RESEARCH INSTITUTE (IRI)**

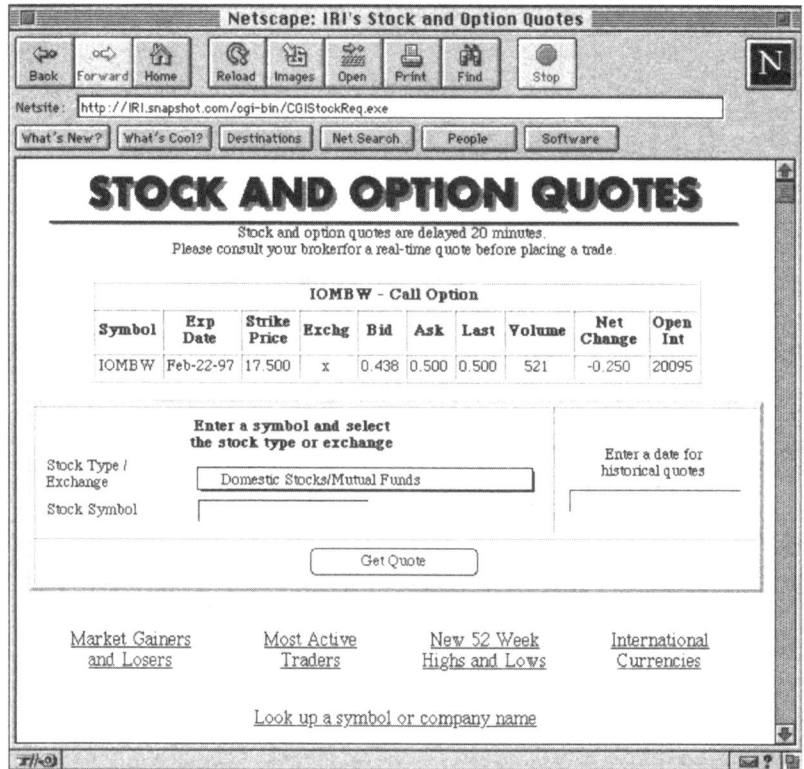

DIE OPTIONSBRANCHE »ONLINE«

The Options Industry Council: Hauptziel der Website des Options Industry Council (OIC) (http://www.optionscentral.com), zu sehen in Abbildung 11.5, ist es, Investoren über die vielfältigen Anwendungsmöglichkeiten von Optionen zu belehren. Das OIC fungiert als Marketing- und Ausbildungsinstrument einer Reihe von Börsen, darunter die American Stock Exchange (AMEX), die Chicago Board Options Exchange (CBOE), die Pacific Stock Exchange (PSE), die Philadelphia Stock Exchange (PHLX) und die Options Clearing Corporation (OCC).

Auf der OIC-Website kann man nach kostenlosen Seminarterminen suchen oder ein kostenloses Video über den Optionshandel anfordern. Sie bietet auch eine »Strategie des Monats«, ein Options-Glossar und eine Liste von Optionssymbolen.

Abb. 11.5 DIE HOMEPAGE DES OPTIONS INDUSTRY COUNCIL (OIC)

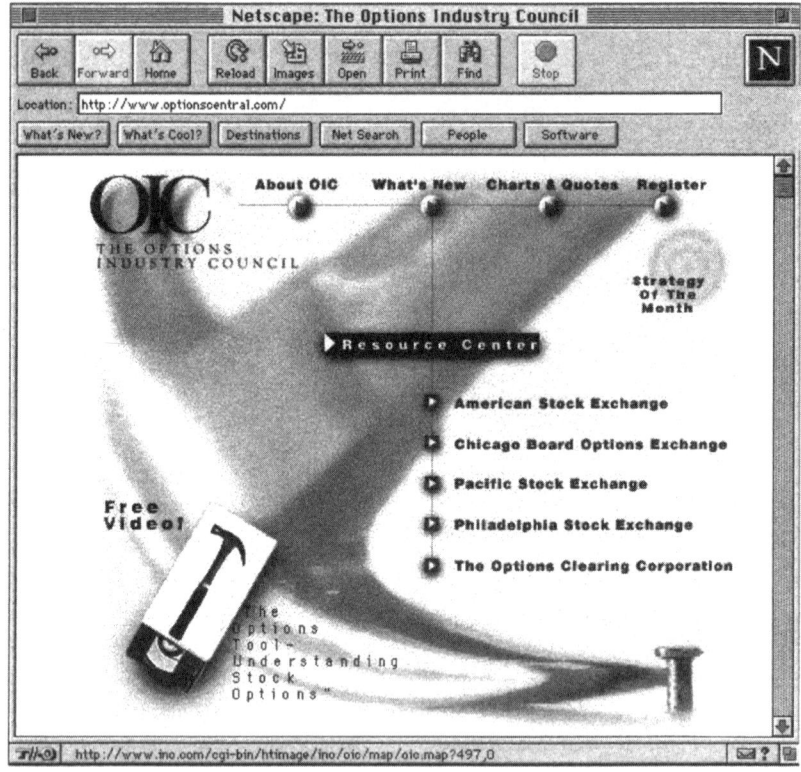

The Options Clearing Corporation: Die Options Clearing Corporation (OCC) ist die weltgrößte Organisation für das Clearing derivativer Finanzinstrumente. Die OCC emittiert Optionen (und regelt deren Handel) auf Finanzinstrumente wie Aktien, Devisen, Aktienindizes, US-Staatsanleihen und Zinsinstrumente. Vier Börsen sind zu gleichen Teilen an der OCC beteiligt: Die American Stock Exchange, die Chicago Board of Options Exchange, die Pacific Stock Exchange und die Philadelphia Stock Exchange. Die Clearing-Mitglieder umfassen 150 der größten amerikanischen Brokerfirmen und ausländischen Investmenthäuser, professionelle Trader und Privatkunden.

Die OCC-Website (http://www.ino.com/occ/), siehe Abbildung 11.6, enthält den Jahresbericht der OCC, Finanzmeldungen, Presseinformationen sowie Daten über die Mitglieder und den Aufsichtsrat. Man findet hier auch Informationen über optionsrelevante Themen wie LEAPS, Steuern, Investitionen und Statistiken des Optionsmarkts.

Abb. 11.6 **DIE HOMEPAGE DER OPTIONS CLEARING CORPORATION (OCC)**

The Commitee on Options Proposals (COOP): Gegründet im Jahr 1988, ist das COOP eine Verbindung angesehener Profis aus der Optionsbranche, der Marketing-Fachleute von 40 Migliedsfirmen der Börsen, der vier Börsen und der OCC. Das COOP wurde ins Leben gerufen, um das Umfeld für den Optionshandel zu verbessern sowie um das Wissen über Optionen in der Investment-Branche und in der Öffentlichkeit zu stärken.

Die COOP-Website (http://www.coop.options.com), siehe Abbildung 11.7, enthält Einzelheiten der COOP-Meetings, Briefe an die SEC, Informationen über die Standardisierung von Optionen und standardisierte Börsenliteratur.

313

Abb. 11.7 **DIE HOMEPAGE DES COMMITEE ON OPTIONS PROPOSALS (COOP)**

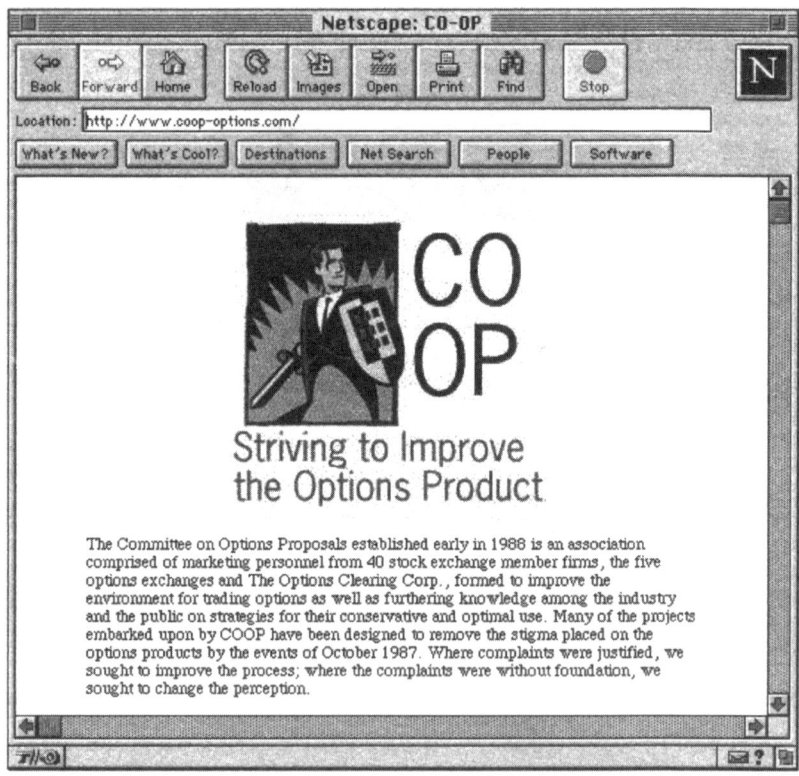

DIE MARKET TECHNICIANS ASSOCIATION

Die Market Technicians Association (MTA) ist die nationale Organisation professioneller technischer Analysten in den USA. Diese Non-Profit-Organisation hat drei Hauptziele: (1) Den Austausch technischer Information und die gemeinsame Erforschung neuer Gebiete der technischen Analyse, (2) die Information der Öffentlichkeit und der Investoren über Nutzen, Wert und Grenzen der technischen Analyse und (3) die Wahrung ethischer Grundsätze und eines professionellen Standards unter technischen Analysten. Diese Ziele werden durch eine Vielzahl von Aktivitäten und Publikationen sowie durch das freiwillige Engagement vieler Mitglieder erreicht.
Die Website der MTA (http://www.mta-usa.org), siehe Abbildung 11.8, enthält Informationen über das jährliche viertägige Seminar der MTA,

Abb. 11.8 **DIE HOMEPAGE DER MARKET TECHNICIANS ASSOCIATION (MTA)**

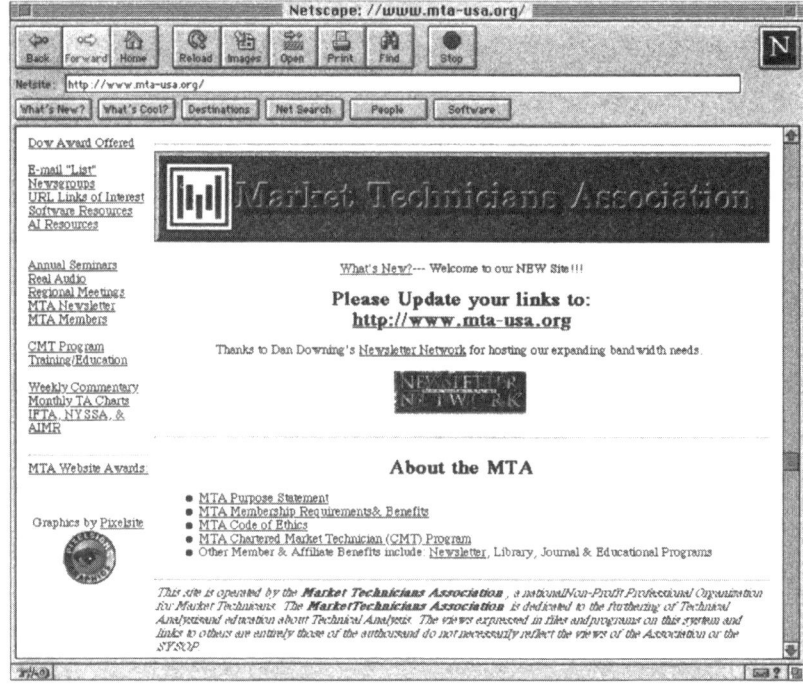

das im Mai stattfindet. Dieses Seminar widmet sich der Erforschung neuer Vorgehensweisen der technischen Analyse sowie neueren Erkenntnissen über die klassischen Ansätze. Die Website enthält auch Einzelheiten der MTA-Meetings, Informationen über den Börsenbrief der MTA, Material zur Weiterbildung und die Bibliothek der MTA – die weltweit umfassendste Bibliothek zum Thema technische Analyse.

BÖRSEN IM INTERNET

Derzeit gibt es vier amerikanische Börsen, an denen Optionen auf Einzelaktien gehandelt werden: die American Stock Exchange, die Chicago Board Options Exchange, die Pacific Stock Exchange und die Philadelphia Stock Exchange. Zur Zeit haben folgende Börsen eigene Websites:

Abb. 11.9 **DIE HOMEPAGE DER AMERICAN STOCK EXCHANGE (AMEX)**

Die American Stock Exchange: Die Website der American Stock Exchange (AMEX) (http://www.amex.com), zu sehen in Abbildung 11.9, bietet täglich eine Zusammenfassung des Geschehens an der Börse.

Dieser Bericht umfaßt die umsatzstärksten Aktien des Tages sowie die größten prozentualen Gewinner und Verlierer unter den Aktien, die an der AMEX gehandelt werden. Außerdem beinhaltet er eine Zusammenfassung des täglichen Geschehens an der AMEX bei Index- und Aktienoptionen, wie zum Beispiel das Kontraktvolumen, Verlierer und Gewinner, die umsatzstärksten Optionen und Optionskategorien. Der Marktbericht wird täglich etwa um 18.00 Uhr (Ostküstenzeit) aktualisiert. Die Website der AMEX enthält auch Informationen über ihre internationalen, breitgefaßten und Branchen-Indizes sowie eine Liste aller an der AMEX gelisteten Aktien und ihrer Ticker-Symbole. Die einzigartige »Galerie«-Sektion der Website zeigt Ihnen zudem die AMEX in Aktion, mit einer Reihe von Fotos und Videos vom Trading-Floor und anderen interessanten Schauplätzen.

316

Abb. 11.10 DIE HOMEPAGE DER CHICAGO BOARD OPTIONS EXCHANGE (CBOE)

Die Chicago Board Options Exchange: Die Website der Chicago Board Options Exchange (CBOE) (http://www.cboe.com) bietet ein beeindruckendes Angebot zu Investment-Themen (siehe Abbildung 11.10). Sie enthält ein umfassendes Weiterbildungsangebot zu Optionsthemen sowie viele Hinweise über Online-Information und Werkzeuge für schnellen, direkten Zugang zu Nachrichten und Hilfsmitteln. Der Online-Informationsdienst der CBOE beinhaltet ein Service-Angebot für Investoren (Antworten auf häufig gestellte Fragen) und ein Verzeichnis der Optionssymbole. Man kann die Repräsentanten der Börse direkt kontaktieren. Sie beantworten Fragen zu Optionsthemen per e-mail, Telefon, Fax oder Post. Außerdem kann man kostenlose Börsenliteratur anfordern

Die Website der CBOE ist auch die Heimstätte der Website von » The

317

Abb. 11.11 **DIE HOMEPAGE DER PHILADELPHIA STOCK EXCHANGE (PHLX)**

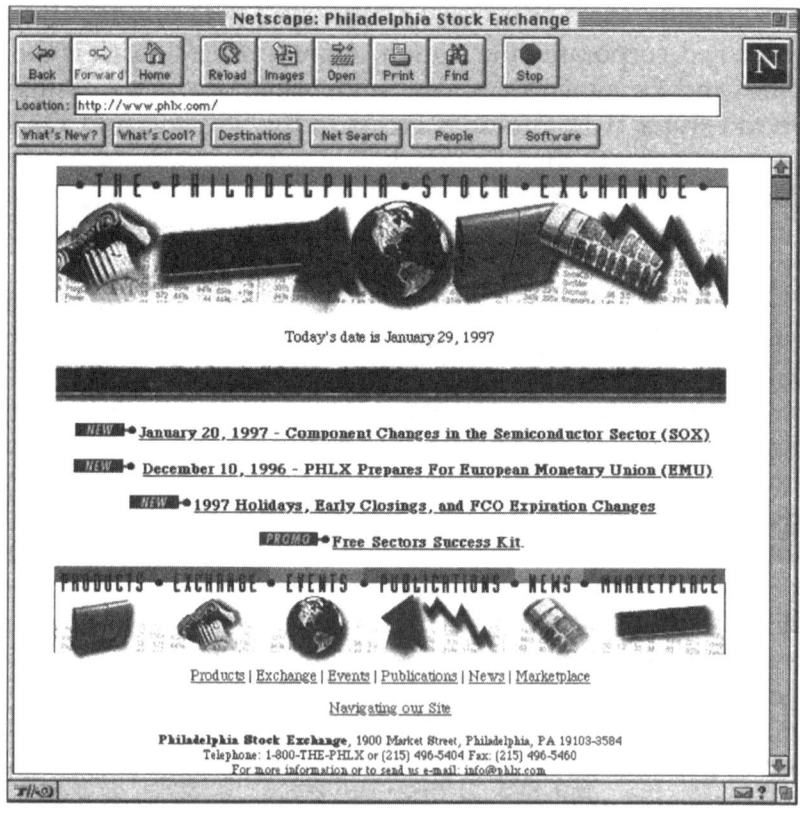

Options Institute«. Die CBOE gründete dieses Institut im April 1985, um die Weiterbildung der Investoren zu fördern. Der Schwerpunkt liegt darin, das Wissen der Options-Investoren zu stärken und ihre Tätigkeit damit zu erleichtern. Das Institut bietet Fortbildungsmaßnahmen zum Risikomanagement in einem immer komplexer werdenden Marktumfeld. Regelmäßig werden Fortbildungsmaßnahmen für Einzelinvestoren, Broker, institutionelle Anleger sowie für Börsenaufsichtsbeamte angeboten und auf der Website veröffentlicht. Das Institut fördert das Wissen über Optionen auch durch Seminare für Manager, Broker und Privatinvestoren in größeren Städten der USA.

Die Philadelphia Stock Exchange: Die Website der Philadelphia Stock Exchange (PHLX) (http://www.phlx.com), zu sehen in Abbildung

11.11, ist in sechs Kategorien unterteilt: Ereignisse, Börseninformationen, Produkte, Publikationen und Markt. Die Produkt-Sektion umfaßt eine Liste der an der PHLX notierten Aktienoptionen und LEAPS, die Komponenten der Branchenindizes, Kontrakt-Spezifikationen und Trading-Beispiele. Fakten über die PHLX findet man in der Sektion über Börseninformationen (Exchange Information). Bevorstehende Ereignisse, einschließlich des Verzeichnisses der PHLX-Konferenzen, sind in der Sektion »Ereignisse« (Events) zu finden. In der Sektion über Publikationen bietet die PHLX auch Informationen über Börsenbriefe.

DIE SECURITIES AND EXCHANGE COMMISSION

Wenn es seine Zeit erlaubt, kann der Privatanleger auch detaillierte Unternehmensinformationen studieren. Ein guter Startpunkt ist die Website der US-Börsenaufsichtsbehörde SEC (http://www.sec.com), die in Abbildung 11.12 zu sehen ist. Sie gewährt Zugang zu der riesigen SEC-Datenbank EDGAR (Electronic Data Gathering, Analysis and Retrieval). Zusätzlich sind zahlreiche Führer für Investoren, SEC-Reports und andere Investment-Informationen erhältlich, darunter auch Warnungen vor betrügerischen Investment-Aktivitäten im Internet und außerhalb.

EDGAR besorgt die Sammlung, Auswertung, Indexierung, Annahme und Lieferung der Vorlagen von und für Unternehmen, die gesetzlich verpflichtet sind, Meldungen bei der SEC abzugeben. EDGARs Hauptaufgabe ist es, die Effizienz und die Fairness an den Wertpapiermärkten zugunsten von Investoren, Unternehmen und der Wirtschaft zu erhöhen, indem er zeitsensitive Abläufe beschleunigt. Die gesetzlich vorgeschriebenen Berichte der Unternehmen sind auf EDGAR 24 Stunden nach Eingang verfügbar. Nicht alle einheimischen Unternehmen müssen ihre Berichte auf EDGAR verfügbar machen. Einige Dokumente dürfen nach wie vor nicht auf elektronischem Weg an die SEC geschickt werden und sind folglich nicht über EDGAR zugänglich.

Andere Dokumente können auf freiwilliger Basis an Edgar geschickt werden, sind also eventuell auf elektronischem Weg zugänglich. Zum Beispiel können die Dokumente 3, 4 und 5 (Aktienbesitz und Transaktionen von Unternehmens-Insidern), 144 (Ankündigung bevorstehender Wertpapier-Emissionen) und 13F (Aktienbestände auf Konten institutioneller Investment-Manager) nach Ermessen des Absenders auch elektronisch an EDGAR geschickt werden. Dokumente ausländischer Unternehmen müssen nicht auf EDGAR verfügbar gemacht werden, einige Unternehmen tun dies jedoch freiwillig.

Abb. 11.12 DIE HOMEPAGE DER SECURITIES AND EXCHANGE COMMISSION (SEC)

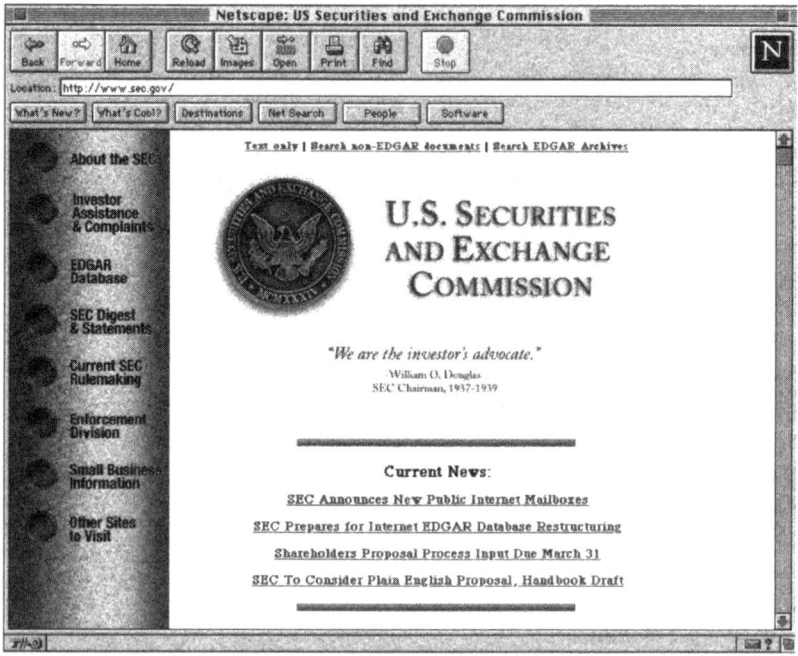

Sie sollten wissen, daß aktuelle Jahresberichte an die Aktionäre (mit Ausnahme von Investmentfirmen) nicht auf EDGAR zugänglich gemacht werden müssen, obwohl es einige Unternehmen freiwillig tun. Der Jahresbericht auf Formular 10-K oder 10-KSB, der größtenteils die gleichen Informationen enthält, *muß* jedoch an EDGAR geschickt werden. Die SEC stellt Suchkapazitäten für EDGAR und die SEC-Website zur Verfügung, wobei die Resultate in chronologischer Reihenfolge aufgeführt sind.

FINANZNACHRICHTEN

Seit es Modems und Online-Dienste gibt, haben sich die Kosten für Publikation und Distribution von Nachrichten verringert. Daher haben viele der einheimischen Nachrichtenagenturen versucht, mit Hilfe der »kostenlosen« Verbreitung über das Web neue Leser und Marktanteile zu gewinnen. Außerdem drängen in- und ausländische und sogar Lokalzeitungen ins Web, um ihre Artikel, wenn auch zeitverzögert, zu

Tabelle 11.3 **HOMEPAGES MIT FINANZNACHRICHTEN**

Bloomberg
http://www.bloomberg.com

Businesswire
http://www.businesswire.com

CNBC
http://www.cnbc.com

CNNfn
http://www.cnnfn.com

Financial Times
http://www.ft.com

Investors Business Daily
http://www.investors.com

Nando Times Business Section
http://www2.nando.net/nt/biz/

News Page
http://www.newspage.com

Standard & Poor
http://stockinfo.standardpoor.com

USA Today Money Section
http://www.usatoday.com/money/mfront.htm

Yahoo Business Headlines
http://www.yahoo.com/headlines/business/

verbreiten. Obwohl viele Publikationen versucht haben, Abo-Gebühren oder Kosten pro gelesener Seite durchzusetzen, hat der harte Wettbewerb sie verdrängt. Stattdessen gibt es immer mehr Seiten, die sich durch Anzeigen amortisieren. Die Liste von Websites mit Finanznachrichten (Tabelle 11.3) ist natürlich nicht vollständig, aber sie ist ein gutes Verzeichnis von kostenlosen Nachrichtenseiten. Sie eignen sich gut dazu, mit dem Finanzresearch zu beginnen.

Finanzmagazine: Da viele Privatanleger das Internet zum Research über Investment-Themen nutzen, bemühen sich die Finanzmagazine im Web um gute Selbstdarstellung, um neue Abonnenten zu gewinnen. In diesem Bereich des Web ist der Wettbewerb härter geworden, und viele Anbieter gewähren freien Zugang zu Online-Versionen ihrer Publikationen. Obwohl diese Versionen in der Regel nicht alle Artikel und Inhalte der gedruckten Version umfassen, lohnt es sich doch, sie anzusehen. Außer den publizierten Artikeln enthalten die Online-Versionen oft auch solche, die in den gedruckten Ausgaben der Zeitschrif-

Tabelle 11.4 **INTERNET-ADRESSEN BEKANNTER FINANZMAGAZINE**

Advertising Age
http://www.adage.com

Business Week
http://www.businessweek.com

Cyber Stocks
http://www.cyberstocks.com

Economist, The
http://www.economist.com

Financial World
http://www.financialworld.com/home.htm

Forbes
http://www.forbes.com

Futures Magazine Online
http://www.futuresmag.com

Money Online
http://pathfinder.com/money/

Money Talks
http://www.talks.com

Research
http://www.researchmag.com

Technical Analysis of Stocks and Commodities
http://www.traders.com

ten fehlen. Die Web-Adressen einiger bekannter Finanzmagazine finden Sie in Tabelle 11.4.

Das PointCast Network: Das PointCast Network (http://www.pointcast.com) wurde 1992 gegründet, um Nachrichten und Informationsdienste über das Internet verfügbar zu machen. Dieser kostenlose Service liefert 24 Stunden pro Tag aktuelle Informationen auf den Bildschirm Ihres Computers (siehe Abbildung 11.13). Das kann Ihnen viel Arbeit und Zeit sparen, die Sie sonst dafür aufgewendet hätten, auf der Suche nach Informationen durch das Internet zu »surfen«. Das PointCast Network bietet nationale und internationale Nachrichten, Informationen über Aktien, Nachrichten aus der Industrie, Wetter, Sportergebnisse und vieles mehr. Die Informationsquellen beinhalten eine ganze Reihe von Publikationen und Dienstleistern wie *Time, People, Money*, Reuters, PR Newswire, Business Wire, Sportsticker, Accuweather und CNN.

Um PointCast Network zu nutzen, muß man zunächst die Software

Abb. 11.13 **POINTCAST NETWORK**

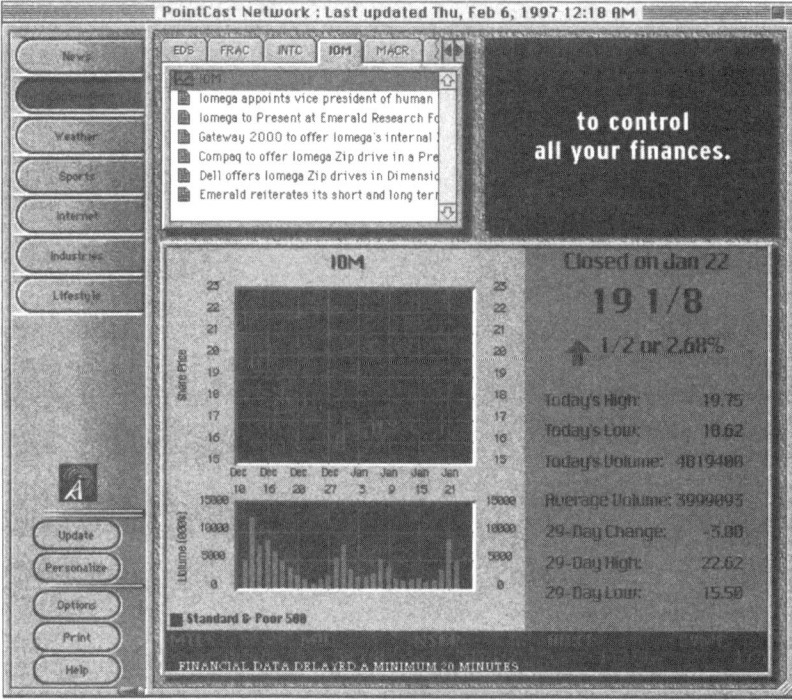

installieren und laden, die kostenlos auf der Website zur Verfügung steht. Neben den Nachrichtenkanälen enthält die Software ein Anzeigenfenster. Die Anzeigenkunden bezahlen den Service, daher ist er für die Nutzer kostenlos. Im PointCast Network kann man bestimmte Nachrichtenkategorien auswählen. Obwohl man die Themen auswählen muß, sind die Informationen doch persönlich auf den Nutzer zugeschnitten. Zum Beispiel kann man in der Kategorie »Unternehmen« bis zu 25 Unternehmen auswählen, deren Aktienkurse und Nachrichten man dann erhält.

SCHLUSSBEMERKUNG

Angesichts der Geschwindigkeit, mit der sich Finanz-Websites im Internet verbreiten, ist es unmöglich, eine vollständige Liste zu erstellen. Sie wäre bei Drucklegung dieses Buches schon veraltet. Außerdem wäre das Resultat einer solchen Liste ein dickes Buch, nicht ein einzel-

323

nes Kapitel. Benutzen Sie dieses Kapitel als Basis zur Erforschung des Internet und um die Websites zu finden, die für Ihre Investment-Strategie am nützlichsten sind. »Wissen ist Geld« heißt es mit Recht in der Welt der Finanzen. Springen Sie also hinein und profitieren Sie von dem Reichtum an Wissen, der im Internet verfügbar ist.

12

Noch einige Worte zur Kontra-Strategie

UNZUTREFFENDE ANSICHTEN ÜBER DIE KONTRA-STRATEGIE

Sie wissen inzwischen, daß ich der Analyse der Erwartungen große Bedeutung beimesse. Sie ist ein entscheidender Faktor für erfolgreiches Trading. Wenn man die Erwartungen versteht, die der Entwicklung des Markts und einzelner Aktien zugrundeliegen, hat man einen entscheidenden Vorteil, und solche Vorteile summieren sich zu profitablen Resultaten. Ein großer Teil meiner Erwartungsanalyse wurzelt in der traditionellen Kontra-Theorie.

Aber ist heute nicht jeder ein Kontra-Investor? Es sieht ganz so aus, wenn man die Wirtschaftspresse liest. Damit stellt sich die Frage, ob die Verbreitung dieser Philosophie die Exaktheit auf der Erwartungsanalyse beruhender Prognosen gefährden kann, weil die Kontra-Einstellung immer konventioneller wird.

Es spricht für die Kraft der gegen die allgemeine Marktmeinung gerichteten Philosophie, daß so viele Leute Kontra-Investoren sein möchten. Wer während der Hausse von 1994 bis 1996 optimistisch blieb, war ein Kontra-Investor, weil die konventionellen Analysten jeden einzelnen Abschnitt dieser Rallye mit ihrem Gerede von »Überbewertung« und »Fondsmanie« bekämpft haben. Folglich kam es zu einer gewissen, wenn auch zähneknirschenden Bewunderung für die Kontra-Strategen. Und wer möchte nicht gern als jemand anerkannt werden, der aus der Masse herausragt, anstatt als Schaf zu gelten, das sich in Investmentfragen nach der Meinung der Masse richtet?

Zum Unglück für solche Newcomer (und zum Glück für alle, die die Kontra-Philosophie rigoros anwenden) erfordert diese Strategie jedoch wesentlich mehr, als sich selbst als Kontra-Investor zu bezeichnen. Und die große Mehrheit derer, die sich für Kontra-Investoren halten oder von den Medien als solche bezeichnet werden, würden den »Humphrey-Neill-Test« nicht bestehen.

Wie im Vorwort erwähnt, ist Humphrey Neills Buch *The Art of Contrary Thinking* das klassische Werk über diese Philosophie. Ich kann es Ihnen nur wärmstens empfehlen, denn es erklärt die Kontra-Philosophie mit klaren, präzisen Worten und bietet dabei noch faszinierende Beispiele aus der Börsengeschichte. Neill definiert den »Kontrarianismus« einfach als »eine Art, zu denken«, und er erklärt sehr deutlich, wie man denken sollte, wenn man den Markt analysiert.

Die nun folgende Diskussion der wichtigsten Mißverständnisse in diesem Zusammenhang wird auch dazu beitragen, Neills Grundprinzipien zu erklären

Die Kontra-Philosophie und das konventionelle Denken

Ein Kontra-Investor ist *nicht* jemand, der konventionell denkt, vom Markt widerlegt wird und angesichts wachsender Verluste stur an seiner Meinung festhält. Es gäbe viele Bezeichnungen für einen solchen Menschen (auch einige, die nicht druckreif sind), aber »Kontra-Investor« gehört nicht dazu. Dennoch tendieren die Medien zu dieser Bezeichnung; vor allem dann, wenn dieser Mensch hohes Ansehen genießt.

Anfang 1996 war es die allgemeine Meinung, Anleihen seien ein besseres Investment als Aktien, weil das Wirtschaftswachstum mit Sicherheit nachlassen würde. Tatsächlich riet der Chefstratege einer sehr großen Brokerfirma seinen Kunden, Aktienbestände abzubauen und Anleihen zu kaufen. Der hoch angesehene Manager eines sehr großen Anleihenportefeuilles, dessen Ansichten über die Rentenmärkte regelmäßig in den Medien zitiert werden, stieß ins gleiche Horn. Einige Monate später, nachdem der Anleihenmarkt wegen des stärker als erwartet ausgefallenen Wirtschaftswachstums abgesackt war, wurde dieser Manager von einer täglich erscheinenden Finanzzeitung interviewt. Die Zeitung berichtete, er bleibe bei seinen »konträren Ansichten« zum Rentenmarkt, trotz der jüngsten Schwäche. Die Lehre daraus: Wer, basierend auf konventionellem Denken, Wertpapiere gekauft hat und sie trotz hoher Kursverluste hält, ist *kein* Kontra-Investor. Diese Vorgehensweise ist oft eine Art von finanziellem Selbstmord.

Die Kontra-Philiosophie und die Investition in unterbewertete Aktien

Ein Kontra-Investor ist *kein* notleidender Value-Investor. Solche Investoren kaufen abgestürzte Aktien, die sie für billig halten, in der Hoffnung, sie würden sich schließlich als profitable Schnäppchen erweisen. Wie schon erwähnt können billige Aktien aber immer noch billiger werden. Der Schlüssel für die erfolgreiche Kontra-Strategie ist es, bei niedrigen *Erwartungen* zu kaufen, nicht aber bei niedrigen *Kursen*. Und es kommt in der Tat vor, daß hohe Erwartungen mit Preisen einhergehen, die man für niedrig hält, während niedrige Erwartungen von Preisen begleitet werden, die als hoch gelten.

Anfang 1996 erreichte zum Beispiel die Broker-Branche historische Höchstkurse, gemessen am AMEX Securities Broker/Dealer Index (XBD). Die Erwartungen waren aber niedrig, weil man allgemein annahm, die Aktienhausse liege in den letzten Zügen und das Broker-Geschäft sei nun einmal zyklischer Natur. Ich war für diese Branche wegen der Kombination starker technischer und fundamentaler Daten und niedriger Erwartungen extrem optimistisch. Ich empfahl, im gesamten zweiten Halbjahr in den Fidelity Select Brokerage Fund zu investieren, und die Position erreichte in diesem Zeitraum einen Wertzuwachs von 19,8 Prozent.

Die Kontra-Philiosophie und das Verfolgen von Trends

Kontrarianismus bedeutet *nicht*, daß man keinen Trends folgt. Es ist eine verbreitete Ansicht, Kontra-Investoren seien rechthaberische Dickschädel, die automatisch einen der Mehrheitsmeinung entgegengesetzten Standpunkt einnehmen. Das aber ist *weder* meine *noch* Humphrey Neills Konzeption einer angemessenen Kontra-Strategie. Gedankenloser Kontrarianismus ist ebenso gefährlich wie das gedankenlose Befolgen von Trendvorgaben, wobei letzteres eigentlich ein Oxymoron ist. Wer sich gedankenlos nach Trends richtet, erleidet bei Höchstständen der Märkte immer hohe Verluste, weil er zu diesen Zeitpunkten wahrscheinlich voll investiert ist. Und der gedankenlose Kontra-Investor bringt sich selbst in die Zwangslage, Hoch- und Tiefpunkte prognostizieren zu wollen, wobei er einfach überrollt werden kann, weil Aktien ihren Trend beibehalten, *obwohl* die Masse das erwartet hat.

Wie Neill festgestellt hat, »hat die Masse während des Trends recht, am Beginn und am Ende des Trends aber unrecht.«[1] Darum wird, wer

---

1 Humphrey B. Neill, *The Art of Contrary Thinking*, 1985, Seite 44.

ständig gegen die Mehrheitsmeinung agiert, während des Trends Verluste erleiden. Die Kontra-Strategie ist eine Synthese der Mehrheitsmeinung (nach Neill die »vorherrschende These«) und der konträren Meinung (»Antithese«), um zu einer Schlußfolgerung zu gelangen (»die Synthese der vorherrschenden und der konträren Sichtweise«). Mit anderen Worten: Der Kontra-Investor akzeptiert die Tatsache, daß die Masse manchmal teilweise oder völlig recht hat. Wie Neill korrekt festgestellt hat: »Wenn man die Dinge nicht durchdenkt, hat man aufgehört zu denken.« [2]

Auf Optionen basierende Indikatoren

Ebenso wie die Zahl derer zugenommen hat, die sich selbst als Kontra-Investoren bezeichnen, gab es auch einen signifikanten Zuwachs bei den Analysten, die sich dazu bekennen, auf Optionen basierende Daten zu verwenden, um zu Kontra-Schlußfolgerungen zu gelangen.

Die alte Weisheit, daß ein wenig Wissen eine gefährliche Sache ist, trifft unglücklicherweise in besonders starkem Ausmaß in der Welt der Investments zu, und es gibt einen Überfluß von schlecht konstruierten Optionsdaten und schlecht formulierten Kontra-Schlußfolgerungen, die auf diesen Daten basieren.

Das Optionsvolumen als Indikator

Viele Analysten verwenden das Optionsvolumen und seine Veränderungen als Indikatoren der Kursrichtung der zugrundeliegenden Aktien. Es ist nicht schwer zu verstehen, warum das Optionsvolumen so populär ist: Es handelt sich um eine simple Statistik, die jederzeit über Terminals oder über Zeitungen zugänglich ist. Die Annahme dabei ist häufig, daß hohe Anstiege zum Beispiel des Call-Volumens anzeigen, daß wohlinformierte Investoren auf einen kräftigen Anstieg der Aktie setzen. Womöglich als Folge einer tatsächlichen oder erwarteten Übernahme oder einer guten Gewinnmeldung.

Es gibt aber drei Probleme, wenn man das Optionsvolumen als Richtungsindikator verwenden will:

1. Die Anleger, die das Volumen kreieren, sind eher ratlos als wohlinformiert.
2. Es gibt keinen Hinweis darauf, ob das hohe Volumen das Resultat neu entstandener Positionen oder der Liquidierung alter Positionen

---

2 ebenda, Seite 9.

ist. Vielleicht ist es auch nur auf Day-Trading-Aktivitäten zurückzuführen. Und von Interesse ist einzig und allein das Volumen neu geschaffener Optionspositionen.

3. Die Volumina von Index- und von Aktienoptionen werden oft nach Belieben miteinander vermischt. So erhält man keine homogene Datenbasis, denn bei Index-Optionen ist der Put-Umsatz in der Regel wesentlich höher als der Call-Umsatz.

Das soll nicht heißen, daß Optionsumsatzzahlen als Richtungsindikatoren nutzlos sind. Bei Einzelaktien liefern sie einen wichtigen ersten Hinweis, dem man durch weitere Untersuchungen nachforschen sollte. Bei Aktienindizes wie dem OEX oder bei der Gesamtheit der Aktienoptionen sind Extremwerte des Put- oder Call-Volumens, gemessen am Put/Call-Verhältnis, wegen der verbreiteten Konzeptionslosigkeit der Optionstrader als Gruppe oft sehr exakte Kontra-Indikatoren zur Bestimmung kurz- und mittelfristiger Hochs und Tiefs (siehe Kapitel 5). Beachten Sie aber, daß das Volumen von Aktienoptionen fast immer ein viel besserer Kontra-Indikator ist als das von Index-Optionen. Bei Index-Optionen kommt ein großer Teil des Volumens von professionellen Investoren, und deren Aktivitäten sollten nicht als Kontra-Indikatoren gewertet werden.

Veränderungen der impliziten Volatilität als Indikator

Wenn man die Trends der impliziten Volatilität von Optionen auf Einzelaktien untersucht, kann man oft signifikante Wendepunkte bestimmen. Sie können durch Trends von Volumen und Open Interest bestätigt werden oder ihnen vorhergehen. Ein Indikator, der in Kapitel 2 und Kapitel 5 besprochen wurde, sind kurzfristige Ausschläge der Volatilität, wenn die implizite Volatilität während eines Kursrückgangs der zugrundeliegenden Aktie plötzlich einen Sprung nach oben macht. Dies ist oft ein solider Hinweis darauf, daß die Aktie ihren Tiefpunkt erreicht hat, denn Optionstrader jagen die Preise der Puts nach oben, weil ihre Angst auf ein extremes Niveau gestiegen ist. Man muß aber vorsichtig sein, wenn man in einer solchen Situation eine Kontra-Schlußfolgerung zieht: Falls der Volatilitätssprung nicht von hohem Umsatzvolumen begleitet wird, sind wahrscheinlich die Parketthändler für ihn verantwortlich. Und diese Leute sind natürlich weit öfter wohlinformiert als ratlos.

Man kann auch die implizite Volatilität aus dem Geld notierender Puts mit der aus dem Geld notierender Calls vergleichen, um zu untersuchen, ob es hier Diskrepanzen gibt (siehe Kapitel 9). Wenn solche

Diskrepanzen auftreten, dann heißt das, daß der Markt auf eine starke Kursbewegung in eine bestimmte Richtung setzt. Hier geht es wieder darum, ob man daraus eine konträre Schlußfolgerung ziehen oder der Mehrheitsmeinung folgen soll. Das hängt meist von der Umsatzentwicklung und in noch stärkerem Ausmaß von Trends des Open Interest ab.

Das Open Interest als Indikator

Das Open Interest ist bei weitem der genaueste Indikator für die Optionstrading-Aktivitäten, und Veränderungen des Open Interest sind mit Abstand die besten auf Optionen basierenden Statistiken, um zu Kontra-Schlußfolgerungen zu kommen. Veränderungen des Open Interest sagen aus, ob Optionen über Nacht gehalten werden. Das muß man wissen, wenn man beurteilen will, ob hohes Optionsvolumen Richtungsaussagen erlaubt. Wenn Sie zum Beispiel wissen, daß gestern 10 000 Calls und nur 1000 Puts auf die Aktie von Microsoft gehandelt worden sind, könnten Sie zu dem oberflächlichen Schluß kommen, daß Optionstrader viel mehr Microsoft-Calls als Puts ansammeln. Aber es ist natürlich möglich, daß die 10 000 gehandelten Calls zu einer Reduzierung des Open Interest geführt haben, weil Trader existierende Positionen liquidiert haben, und das ergibt ein völlig anderes Bild.

Außerdem sagt die Analyse des Gesamtvolumens nichts über die Aktivitäten an den einzelnen Basispreisen aus. Selbst wenn Umsätze zu einer Erhöhung des Open Interest geführt haben, sollte man wissen, bei welchen Basispreisen der Umsatz am höchsten war. Warum? Weil man wissen muß, ob man diese Ereignisse konträr beurteilen oder sich der Mehrheitsmeinung anschließen sollte. Wenn zum Beispiel das Call-Volumen bei den Optionen am höchsten war, die aus dem Geld notieren und im kommenden Monat verfallen, was zu einem starken Anstieg des Open Interest führte, dann läßt dies eine Kontra-Schlußfolgerung zu: Solche Optionen sind vor allem bei ratlosen Investoren beliebt. Wenn die großen Steigerungen des Open Interest aber bei langfristigen Optionen am Geld oder im Geld zustande gekommen sind, dann sollte man keinen konträren Standpunkt einnehmen, denn diese Optionen werden von professionellen und institutionellen Anlegern bevorzugt.

DER AUSBLICK FÜR AKTIEN- UND INDEX-OPTIONEN

Aus vier Gründen sind die Zukunftsaussichten für Aktien- und Indexoptionen sehr vielversprechend:

1. Die Investoren werden immer informierter und geschickter. Daher wächst das Interesse an Optionen, um Risiken zu reduzieren und Gewinne zu steigern.

2. Die Verfügbarkeit erstklassiger Informationen über Optionen wächst dramatisch. Das Options Industry Council (OIC), eine Weiterbildungsorganisation, die von großen Brokerhäusern und den Optionsbörsen unterstützt wird, hat hunderttausenden von Investoren Informationen über Optionen in Form von Videos und Literatur zugänglich gemacht. Brokerfirmen beginnen zu verstehen, daß Optionstrader wegen ihres Geschicks und der Größe ihrer Depots zu den begehrtesten Kunden gehören, und diese Firmen gehen daher immer stärker auf die Bedürfnisse der Optionsinvestoren ein. Außerdem vergrößert das Internet die Informationsbasis über Optionen enorm (siehe Kapitel 11), und es erreicht wirkungsvoll jüngere, gebildete Investoren. Und schließlich gibt es Organisationen wie das Investment Research Institute, die es sich zur Aufgabe gemacht haben, Investoren mit den Informationen und Empfehlungen zu versorgen, die sie brauchen, um ihre Gewinne aus dem Optionstrading zu maximieren.

3. Die Optionsbranche geht stärker auf die Wünsche der Investoren ein, und dieser Trend dürfte sich in Zukunft noch beschleunigen. Im Vorwort habe ich geschildert, wie die Entstehung der Optionsbörsen vor etwa 20 Jahren ein Produkt, das zuvor als exotisch gegolten hatte, zu einem alltäglichen Werkzeug für Privatanleger gemacht hat. 1980 kamen Index-Optionen auf den Markt, und 1990 wurde das Konzept der Langfristoptionen oder LEAPS eingeführt. Letzteres führte zu Optionen, die stärkere Ähnlichkeiten mit Aktien aufweisen und so Options-Anfängern besser liegen. Die Index-Optionen erlaubten es den Investoren, Strategien des Optionstrading auf Branchen und den Gesamtmarkt anzuwenden. In den 90er Jahren wurde das Konzept mehrfach gelisteter Optionen eingeführt. Dabei werden die gleichen Optionsserien an mehreren Börsen gehandelt. Obwohl es dabei einige operationale Hürden zu nehmen galt, führte das Konzept zu einer wesentlich besseren Auftragsausführung für Privatanleger. Viele dieser Fortschritte sind das Verdienst des Commitee on Options Proposals,

eines Industriekommitees unter der hervorragenden Führung von Michael Schwartz, das es sich zur Aufgabe gemacht hat, Optionsprodukte zu verbessern. Auf meiner »Wunschliste« weiterer Fortschritte auf diesem Gebiet stehen die Vergrößerung der Anzahl mehrfach gelisteter Optionsserien und die Angabe des Marktvolumens von Optionen auf den Kursterminals, so wie es bei Aktien üblich ist.

4. Auf die Gefahr hin, mißverstanden zu werden, muß ich es doch erwähnen: *Optionstrading macht Spaß.* Vielleicht nicht für jeden, und mit Sicherheit nicht für den, der ohne eine solide Wissensbasis tradet. Die meisten Investoren sehen in der Welt der Optionen aber eine nie versiegende Quelle von Faszination, neuen Ideen und, ja, purem Vergnügen. Aber andererseits darf man nicht vergessen, daß es keinen Spaß macht, wenn man scheitert. Um beim Optionstrading Erfolg zu haben, müssen Sie die Disziplin und die Konzentration aufbringen, auf die ich in diesem Buch immer wieder hingewiesen habe.

Anhang A

Optionen: Die Grundbegriffe

Am Geld (At-the-money): Eine Option ist am Geld, wenn ihr Basispreis (Strike) dem aktuellen Kurs des Basisobjekts (Underlying) entspricht.

Arten des Optionsrechts (Styles of Options): In den USA gibt es zwei Arten des Optionsrechts: Das *amerikanische* und das *europäische*. Ersteres gewährt die jederzeitige Ausübung des Optionsrechts bis zum Verfallstag, letzteres nur die Ausübung am Verfallstag. Optionen auf den S & P 500 sind mit europäischem, Optionen auf den S & P 100 und auf Aktien sind mit amerikanischem Optionsrecht ausgestattet.

Aus dem Geld (Out-of -the-money): Eine Call-Option notiert aus dem Geld, wenn der Basispreis höher liegt als der aktuelle Kurs des Underlying; ein Put, wenn der Basispreis unter dem Kurs des Underlying liegt. Aus dem Geld notierende Optionen haben keinen inneren Wert, nur einen Zeitwert. Wenn man eine Option kauft, muß man wissen, ob sie im Geld, am Geld oder aus dem Geld notiert, denn dies beeinflußt den Preis, den möglichen Gewinn und die Chancen auf einen erfolgreichen Trade.

Basisobjekt (Underlying): Optionen sind derivative Finanzinstrumente, deren Wert sich von der Entwicklung eines ihnen zugrundeliegenden Wertpapiers oder Index ableitet. Die populärsten Basisobjekte sind Aktien und Indizes, aber es gibt auch Optionen auf Waren-Futures, Fremdwährungen und Staatsanleihen.

Basispreis (Strike): Bei jeder Option ist der Preis festgelegt, zu dem das Underlying gekauft oder verkauft werden kann. Man nennt ihn Basispreis oder Ausübungspreis. Der Inhaber eines Call (eines Put) kann

333

das Recht ausüben, 100 Stück der zugrundeliegenden Aktie zum Basispreis zu kaufen (zu verkaufen). Anstatt dieses Recht auszuüben, kann er die Option auch vor dem Verfallsdatum verkaufen, um die Position glattzustellen.

Call-Option: Eine Call-Option ist ein Kontrakt, der dem Käufer das Recht, nicht aber die Pflicht gibt, das Basisobjekt (Underlying) bis zu einem bestimmten Datum zu einem festgesetzten Preis zu kaufen. Der Käufer einer Call-Option nimmt an, daß das Underlying bis zum Verfallstag der Option steigen wird.

Im Geld (In-the-money): Im Geld notierende Calls (Puts) haben einen Basispreis, der niedriger (höher) ist als der aktuelle Kurs der zugrundeliegenden Aktie.

Innerer Wert (Intrinsic Value): Der innere Wert einer im Geld notierenden Option ist die Differenz zwischen dem Basispreis (Strike) und dem aktuellen Kurswert der zugrundeliegenden Aktie. Eine Call-Option mit Basispreis 95 Dollar hat bei einem Aktienkurs von 100 Dollar einen inneren Wert von fünf Dollar.

Option: Eine Option ist ein Kontrakt, der dem Käufer das Recht, nicht aber die Pflicht gibt, das der Option zugrundeliegende Wertpapier bis zu einem bestimmten Datum zu einem festgelegten Preis zu kaufen oder zu verkaufen. Es gibt zwei Arten von Kontrakten: Calls und Puts. Bei Aktienoptionen repräsentiert ein Kontrakt das Recht, 100 Stück der betreffenden Aktie zu kaufen oder zu verkaufen. Bei Index-Optionen sind es 100 Einheiten des betreffenden Index. Wenn der Optionsinhaber sein Recht wahrnimmt und tatsächlich die 100 Aktien kauft oder verkauft (oder bei Index-Optionen einen entsprechenden Barausgleich erhält), übt er die Option aus.

Optionsnotierungen (Options Quotes): Die Kurse oder Notierungen der Optionen auf bedeutende Aktien und Indizes kann man im Wirtschaftsteil vieler Zeitungen finden. Obwohl die Darstellung variiert, werden in der Regel die Komponenten angegeben, die in Abbildung A.1 zu sehen sind und nun kurz beschrieben werden sollen:

A. *Der Name des Unternehmens*: In diesem Fall ist die zugrundeliegende Aktie die von Iomega Corporation. Zeitungen kürzen die Namen meist ab. Wegen der großen Anzahl von Aktien, auf

Abbildung A.1:

A/B	C	D	E	F	G	H
Option	Strike	Exp.	Vol.	Last	Vol.	Last
Iomega	5	Aug.	25	$22\frac{5}{8}$	100	$\frac{1}{16}$
$27\frac{1}{2}$	10	Aug.	31	$17\frac{3}{8}$	65	$\frac{3}{16}$
$27\frac{1}{2}$	10	Nov.	50	$17\frac{5}{8}$	130	$\frac{3}{4}$
$27\frac{1}{2}$	$12\frac{1}{2}$	Aug.	139	13	16	$\frac{7}{16}$
$27\frac{1}{2}$	$12\frac{1}{2}$	Nov.	40	$14\frac{1}{4}$	54	$1\frac{3}{16}$
$27\frac{1}{2}$	15	Aug.	1966	$13\frac{3}{8}$	260	$\frac{13}{16}$
$27\frac{1}{2}$	15	Nov.	160	$13\frac{1}{8}$	161	2
$27\frac{1}{2}$	$17\frac{1}{2}$	Aug.	22	$11\frac{1}{2}$	427	$1\frac{3}{16}$
$27\frac{1}{2}$	$17\frac{1}{2}$	Nov.	19	12	84	$2\frac{7}{8}$
$27\frac{1}{2}$	20	Jul.	1134	$8\frac{5}{8}$	3699	$\frac{7}{8}$
$27\frac{1}{2}$	20	Aug.	544	$9\frac{3}{4}$	472	$1\frac{7}{8}$
$27\frac{1}{2}$	20	Nov.	160	$11\frac{1}{4}$	93	$3\frac{7}{8}$
$27\frac{1}{2}$	20	Feb.	42	$12\frac{7}{8}$	2	$4\frac{3}{4}$

A. Name des Unternehmens
B. Schlußkurs der zugrundeliegenden Aktie
C. Basispreis der Option
D. Verfallsmonat der Option
E. Call-Volumen
F. Schlußkurs des Call
G. Put-Volumen
H. Schlußkurs des Put

die es Optionen gibt (derzeit mehr als 2100), listen die Zeitungen nur die umsatzstärksten Optionen auf. Rufen Sie Ihren Broker an, wenn Sie den Kurs einer weniger umsatzstarken Option wissen möchten. Viele Brokerfirmen haben automatische Kurs-Hotlines. Es gibt auch einige Websites, die kostenlos Optionskurse anbieten (siehe Kapitel 10).

B. *Der Schlußkurs des Underlying*: Der Schlußkurs ist der letzte Kurs der zugrundeliegenden Aktie, der am jeweiligen Handelstag an der New York Stock Exchange festgestellt wurde.

C. *Der Basispreis der Option*: Der Basispreis oder Strike ist der Aktienkurs, zu dem der Optionsinhaber sein Kauf- oder Verkaufsrecht ausüben kann. Um Platz zu sparen, listen einige Zeitungen nur wenige Optionen auf, die auf eine bestimmte Aktie gehandelt werden. Manche wählen dabei die Optionen, deren Basispreise dem aktuellen Aktienkurs am nächsten liegen.

D. *Der Verfallsmonat der Option*: Der letzte Monat, in dem eine Option gehandelt wird. Gelistete Optionen werden nach dem dritten Freitag des Verfallsmonats nicht mehr gehandelt. Die meisten Zeitungen bringen die Kurse der beiden nächsten Verfallsmonate, andere die der nächsten drei.

E/G. *Das Handelsvolumen der Call-/der Put-Option*: Das Volumen gibt die Anzahl der Kontrakte an, die am jeweiligen Tag gehandelt wurden.

F/H. *Der Schlußkurs des Put/des Call*: Der Kurs, zu dem die letzte Transaktion des Tages durchgeführt wurde. Falls kein Umsatz stattfand, steht hier ein Strich oder »no tr«.

Optionsprämie oder -preis: Optionskäufer müssen für die Option einen Preis bezahlen, Verkäufer erhalten ihn. Diesen Preis nennt man die Optionsprämie.

Optionssymbole und -codes: Jede Option hat ein Ticker-Symbol. Optionssymbole bestehen aus dem Aktiensymbol, dem Code des Verfallsmonats und dem Code für den Basispreis. Die drei Elemente sollen nun kurz erläutert werden:

Das *Aktiensymbol* ist eine Buchstabenkombination, die die Börsen zur Kennzeichnung einer Aktie verwenden. Bei NASDAQ-Aktien, deren Kürzel aus mehr als drei Buchstaben besteht, wird das Optionstickersymbol auf drei Buchstaben gekürzt und endet in der Regel mit Q. Zum Beispiel lautet das Aktiensymbol von Microsoft MSFT, das Optionstickersymbol lautet MSQ.

Jeder *Verfallsmonat* hat eigene Codes für Calls und Puts (siehe Tabelle A.1). Auch jeder *Basispreis* hat einen eigenen Code, der für Calls und Puts identisch ist (siehe Tabelle A.2). Das Optionssymbol beginnt mit der Aktienkennzeichnung, dann folgen Verfallsmonat und Basispreis. Zum Beispiel hat ein Microsoft-Januar-Call mit Basispreis 90 Dollar das Symbol MSQAR, der entsprechende Put hat das Symbol MSQMR.

Put-Option: Eine Put-Option gibt dem Käufer das Recht, nicht aber die Pflicht, das Basisobjekt bis zu einem bestimmten Datum und zu einem festgelegten Preis zu verkaufen. Der Käufer einer Put-Option erwartet, daß der Kurs des Underlying bis zum Verfallstag sinken wird.

Verfallsdatum (Expiration Date): Jede Option hat ein Verfallsdatum. Aktienoptionen verfallen offiziell am Samstag nach dem dritten Freitag des Verfallsmonats. Wenn ein Investor zum Beispiel eine Juni-Option

Tabelle A.1 **DIE CODES DER VERFALLSMONATE**		Tabelle A.2 **DIE CODES DER BASISPREISE**		
Month	Call Code	Code	Striking Prices	
January	A	A	5	105
February	B	B	10	110
March	C	C	15	115
April	D	D	20	120
May	E	E	25	125
June	F	F	30	130
July	G	G	35	135
August	H	H	40	140
September	I	I	45	145
October	J	J	50	150
November	K	K	55	155
December	L	L	60	160
		M	65	165
Month	Put Code	N	70	170
January	M	O	75	175
February	N	P	80	180
March	O	Q	85	185
April	P	R	90	190
May	Q	S	95	195
June	R	T	100	200
July	S	U	$7\frac{1}{2}$	$37\frac{1}{2}$
August	T	V	$12\frac{1}{2}$	$42\frac{1}{2}$
September	U	W	$17\frac{1}{2}$	$47\frac{1}{2}$
October	V	X	$22\frac{1}{2}$	$52\frac{1}{2}$
November	W	Y	$27\frac{1}{2}$	$57\frac{1}{2}$
December	X	Z	$32\frac{1}{2}$	$62\frac{1}{2}$

hat, wird sie nach Börsenschluß am dritten Juni-Freitag nicht mehr gehandelt. Nicht bei allen Aktienoptionen sind die gleichen Verfallsmonate verfügbar, aber Optionen auf jede zugrundeliegende Aktie sind in einem von drei Verfallszyklen verfügbar.

Verfallszyklen (Expiration Cycles): Die Optionen auf jede Aktie gehören zu einem bestimmten Zyklus: Januar, Februar oder März. Ein Januarzyklus bedeutet, daß Optionen auf diese Aktie im Januar, April, Juli und Oktober gelistet werden können. Beim Februarzyklus sind es

Februar, Mai, August und November, beim Märzzyklus März, Juni, September und Dezember. Zu jedem Zeitpunkt gibt es auf eine Aktie Optionen mit vier verschiedenen Verfallsmonaten (Langfristoptionen, also LEAPS, sind hier nicht mit eingeschlossen). Die zyklische Anordnung der Verfallsmonate (die von der jeweiligen Börse festgelegt wird) gibt dem Investor Wahlmöglichkeiten bezüglich Zeit und Liquidität, denn in den Zyklus-Monaten sind die Umsätze meist am höchsten.

Anhang B

Verzeichnis wichtiger Fach-
ausdrücke im Optionshandel

Alles oder nichts (All or none): Eine Order, die entweder vollständig oder gar nicht ausgeführt werden muß.

Am Geld (At-the-money): Eine Option, deren Basispreis dem aktuellen Kurs des Underlying entspricht.

Auftrag (Order): Die Instruktion zum Kauf oder Verkauf von Wertpapieren. Der Auftrag wird vom Kunden über den Broker an die Börse geleitet.

Aus dem Geld: Eine Option notiert aus dem Geld, wenn sie keinen inneren Wert hat und ihr Preis dem Zeitwert entspricht.

Ausführung: Die Durchführung eines Auftrags auf dem Börsenparkett.

Ausübung: Die Prozedur, mit der ein Optionsinhaber der Options Clearing Corporation mitteilt, daß er sein Optionsrecht ausüben will.

Barausgleich (Cash Settlement): Bei einigen Optionen, wo die physische Lieferung des Basisobjekts nicht möglich ist (zum Beispiel Index-Optionen), kommt es bei Ausübung zur Zahlung einer Geldsumme, die dem Unterschied zwischen Basispreis und Kurs des Underlying entspricht.

Basisobjekt: Das Finanzinstrument, zu dessen Kauf oder Verkauf eine Option berechtigt.

Bearish: Ausdruck für die Erwartung niedrigerer Kurse des Basisobjekts.

Bearish Spread: Ein Optionsspread, der bei fallenden Kursen des Basisobjekts Gewinn bringt. Er umfaßt entweder den Kauf eines Put und den Verkauf eines weiter aus dem Geld notierenden Put (Debit Spread), oder den Verkauf eines Call und den Kauf eines weiter aus dem Geld notierenden Call (Credit Spread).

Bullish: Ausdruck für die Erwartung höherer Kurse des Basisobjekts.

Bullish Spread: Ein Optionsspread, der bei steigenden Kursen des Basisobjekts Gewinn bringt. Er umfaßt entweder den Kauf eines Call und den Verkauf eines weiter aus dem Geld stehenden Call (Debit Spread), oder den Verkauf eines Put und den Kauf eines weiter aus dem Geld notierenden Put (Credit Spread).

Call: Eine Option, die zum Kauf des Basisobjekts berechtigt.

Credit Spread: Siehe Bullish/Bearish Spread.

Debit Spread: Siehe Bullish/Bearish Spread.

Deep Discount Broker: Ein Broker, der sehr niedrige Gebühren und wenig Service bietet.

Delta: Der Prozentsatz, mit dem eine Option Kursbewegungen des Basisobjekts nachvollzieht. Ein Delta von 50 Prozent heißt, daß eine Option um einen halben Punkt steigt (oder fällt), wenn sich das Underlying um einen Punkt bewegt. Calls haben ein positives, Puts ein negatives Delta. Das Delta steigt, wenn der Kurs des Underlying steigt, und es fällt, wenn dieser sinkt. Das Delta ist auch ein Näherungswert für die Wahrscheinlichkeit, daß die Option am Verfallstag im Geld stehen wird.

Discount Broker: Ein Broker, dessen Gebühren unterdurchschnittlich hoch sind, und der wenig Service bietet.

Diversifikation: Eine Strategie zur Risikoreduzierung durch Investition in eine Vielzahl von Wertpapieren.

Eröffnungskurs: Der erste Kurs des Tages für eine Aktie oder Option.

340

Erwartungsanalyse: Eine Analysemethode, die die Ansichten von Investoren und Spekulanten erfaßt und sie mit technischen und fundamentalen Daten in Beziehung setzt, um künftige Börsentrends zu prognostizieren.

Forward: Der erwartete Preis eines Wertpapiers zu einem künftigen Zeitpunkt.

Full Service Broker: Ein Broker, der Researchmaterial, Information und Beratung sowie die üblichen Dienstleistungen des Wertpapierhandels bietet. Full Service Broker verlangen in der Regel die höchsten Gebühren.

Fundamentalanalyse: Analyse von Wertpapieren anhand der Substanz und der Gewinne eines Unternehmens, basierend auf dem aktuellen Kurswert, dem Kurs-Gewinn-Verhältnis, dem Kurs-Buchwert-Verhältnis etc.

Gamma: Ausmaß, in dem sich das Delta einer Option bei einer Kursbewegung des Underlying um einen Punkt ändert. Ein Beispiel: Eine Aktie steht bei 60 und eine Option auf diese Aktie mit Basispreis 55 hat ein Gamma von 0,05 und ein Delta von 75. Wenn die Aktie auf 61 steigt, liegt das neue Delta bei 80.

Gedeckter Call (Covered Call): Call, dessen Verkäufer eine entsprechende Zahl der zugrundeliegenden Aktien besitzt.

Geld-/Brief-Spanne (Bid/asked Spread): Der Unterschied zwischen Geld- und Briefkurs einer Option zu einem bestimmten Zeitpunkt.

Geldkurs (Bid Price): Der höchste Preis, den ein potentieller Käufer zu zahlen bereit ist.

Gelistete Optionen: Optionen, die an einer oder mehreren Börsen gehandelt werden. Im Gegensatz zu ungelisteten Optionen, die erst bei Ausübung einen Wert erlangen, sind gelistete Optionen voll fungibel und haben an der Börse einen funktionierenden Sekundärmarkt.

Gültig bis Widerruf (Good-till-canceled): Eine limitierte Order, die bestehen bleibt, bis sie ausgeführt oder vom Auftraggeber widerrufen wird.

Im Geld: Eine Option mit innerem Wert. Ein Call (Put) ist im Geld, wenn sein Basispreis niedriger (höher) ist als der aktuelle Kurs des Underlying.

Implizite Volatilität: Die erwartete Schwankungsbreite des Underlying, die bei der Kursbestimmung einer Option verwendet wird.

Index-Option: Option, deren Basisobjekt ein Aktienindex ist Es gibt Optionen auf den Gesamtmarkt und auf Branchenindizes. Bei Index-Optionen kommt es zum Barausgleich.

Innerer Wert: Bei einer im Geld notierenden Option die Differenz zwischen Basispreis und aktuellem Kurs des Underlying.

Internet: Ein elektronisches Medium, das Informationen über alle erdenklichen Themen bietet, auch über Aktien und Optionen.

Internet Broker: Ein Broker, der den Wertpapierhandel über das Internet ermöglicht. Die Gebühren sind meist ebenso niedrig wie bei Deep Discount Brokern.

Kontrakt: Ein Call oder Put, der von der Options Clearing Corporation emittiert worden ist.

Kurzlaufende Option: Option mit einer Restlaufzeit von maximal einigen Wochen.

Langfristoption: Option mit einer Laufzeit, die länger ist als nur einige Monate. Siehe auch: LEAPS.

LEAPS: Langfristoptionen mit Laufzeiten von bis zu zweieinhalb Jahren. Wie bei Standardoptionen repräsentiert jeder LEAPS-Kontrakt 100 Stück der zugrundeliegenden Aktie.

Limitierter Auftrag: Kauf- oder Verkaufsauftrag mit preislicher Obergrenze. Limitierte Orders können nur dann ausgeführt werden, wenn das Limit erreicht wird. Sie können tagesgültig oder bis auf Widerruf erteilt werden.

Limitiertes Risiko: Ein Investment, bei dem der Verlust eine bestimmte Obergrenze nicht übersteigen kann. Bei Optionsinvestments liegt diese Grenze beim Kaufpreis plus Gebühren.

Liquidität: Bei liquiden (umsatzstarken) Wertpapieren können Käufe und Verkäufe ohne große Auswirkungen auf den Kurs getätigt werden.

Market Maker: Personen, die an der Börse Brief- und Geldkurse festlegen. Market Maker können um die besten Geld- und Briefkurse miteinander konkurrieren.

Mehrfach gelistete Optionen: Optionen, die an mehr als einer Börse gehandelt werden.

Money Management: Prinzipien zur Planung des angemessenen Umgangs mit Gewinnen und Verlusten, um Marktschwankungen widerstehen zu können.

Neutraler Spread: Ein Spread, mit dem man von kleinen Kursbewegungen des Underlying in beide Richtungen profitieren kann. Die meisten neutralen Spreads sind Time Spreads.

Open Interest: Die Anzahl ausstehender (offener) Kontrakte einer bestimmten Option an der Börse.

Opportunitätskosten: Ein vom vorherrschenden Zinsniveau abhängiger Faktor bei der Preisbildung von Optionen.

Option: Ein Kontrakt, der es dem Inhaber gestattet, eine bestimmte Zahl von Einheiten des Basisobjekts zu einem bestimmten Preis bis zu einem bestimmten Tag zu kaufen oder zu verkaufen.

Optionsbörse: Börse, an der Optionen gehandelt werden.

Options Clearing Corporation, The: Der Emittent aller Optionen, die an der American Stock Exchange, der Chicago Board Options Exchange, der Pacific Stock Exchange und der Philadelphia Stock Exchange gehandelt werden.

Optionsklasse (Option class): Eine Gruppe von Puts oder Calls auf das gleiche Basisobjekt.

Optionspreismodell: Die gängige Methode zur Ermittlung von Optionspreisen, wobei sechs Faktoren einfließen: Der Kurs des Basisobjekts, der Basispreis, die Restlaufzeit, eventuelle Dividenden, das

Zinsniveau und die Volatilität. Das Modell setzt voraus, daß die Kursentwicklung des Underlying zufallsabhängig ist.

Optionsserie: Optionen der gleichen Optionsklasse mit gleichem Basispreis und Verfallsdatum.

Optionsspread: Siehe Spread.

Oszillatoren: Indikatoren der Aktienkursbewegung relativ zu einem angenommenen Zyklus von Hochs und Tiefs.

Put: Option, die zum Verkauf des Basisobjekts zu einem bestimmten Preis bis zu einem bestimmten Datum berechtigt.

Registered Options Principal (ROP): Ein Broker, der die Series-4-Prüfung der NASD bestanden und so sein Wissen über Optionen bewiesen hat.

Risiko/Rendite-Management: Eine von *The Option Advisor* entwickelt Strategie zur Minimierung der Risiken und Steigerung der Renditen, um das optimale Risiko/Rendite-Verhältnis zu erzielen.

Rolling out: Ersatz einer Call-Option durch eine andere der gleichen Klasse und mit gleichem Basispreis, aber längerer Laufzeit.

Rolling up: Ersatz einer Call-Option durch eine andere Option der gleichen Klasse und Laufzeit, aber mit höherem Basispreis (bei Puts: mit niedrigerem Basispreis).

Schlußkurs: Kurs eines Wertpapiers oder einer Option bei der letzten Transaktion des Tages.

Sentiment: Die Summe aller optimistischen und pessimistischen Ansichten aller Marktteilnehmer zu einem Wertpapier, einem Index oder einem Markt.

Slippage: Mehrkosten für den Investor, die durch den Kauf zum Briefkurs und den Verkauf zum Geldkurs entstehen.

Specialist: Auf bestimmte Aktien oder Optionen spezialisierter und für deren Kursstellung zuständiger Kursmakler.

Spread: Kauf und gleichzeitiger Verkauf von Optionen auf das gleiche Basisobjekt.

Straddle: Kauf und Verkauf der gleichen Anzahl von Puts und Calls auf das gleiche Basisobjekt mit identischen Basispreisen und Laufzeiten. Der Straddle-Käufer will von großen Bewegungen des Underlying unabhängig von deren Richtung profitieren.

Strangle: Im Gegensatz zum Straddle haben Puts und Calls hier verschiedene Basispreise. Die Absicht ist die gleiche wie beim Straddle.

Strike: Siehe Basispreis.

Tagesgültiger Auftrag (Day Order): Ein limitierter Auftrag, der erlischt, wenn er nicht am selben Tag ausgeführt werden kann.

Technische Analyse: Untersuchung von gleitenden Durchschnitten, Standardabweichungen und anderen Kurs- und Umsatzindikatoren, um Trends und Kursbandbreiten zu finden sowie künftige Tendenzen zu prognostizieren.

Theta: Maß für den Zeitwertverlust von Optionen. In der Regel wird es auf Tagesbasis ausgedrückt. Wenn eine Option ein Theta von $-0,25$ hat, verliert sie täglich 0,25 Dollar an Wert, falls die Volatilität und der Kurs des Underlying konstant bleiben.

Time Spread: Kauf und gleichzeitiger Verkauf von Optionen auf das gleiche Basisobjekt mit unterschiedlichen Verfallsmonaten. Der Sinn des Time Spread ist es, vom schnelleren Zeitwertverfall der verkauften Option zu profitieren.

Überkauft/Überverkauft: Bezeichnung für die Situation, wenn ein Wertpapier innerhalb seines Preiszyklus einen Hoch- oder Tiefpunkt erreicht hat.

Umsatz: Bei Optionen die Anzahl von Kontrakten, die in einem bestimmten Zeitraum gehandelt wurden.

Underlying: Siehe Basisobjekt.

Ungedeckter Verkauf: Der Verkauf von Optionen, ohne das jeweilige Underlying oder Optionen auf dieses Underlying zur Absicherung zu besitzen.

Unlimitierter Auftrag (Market Order): Ein Auftrag, zum bestmöglichen Preis zu kaufen. Ein solcher Auftrag muß sofort ausgeführt werden und genießt Vorrang vor allen anderen.

Vega: Maß für die Kursveränderungen von Optionen in Abhängigkeit von der impliziten Volatilität. Ein Vega von 0,25 bedeutet, daß sich der Preis der Option bei einer Veränderung der impliziten Volatilität der Option von einem Prozent um 0,25 Währungseinheiten bewegt.

Verfallstag (Expiration Day): Der letzte Tag, an dem eine Option ausgeübt werden kann. Der Handel gelisteter Optionen endet am dritten Freitag des Verfallsmonats, am folgenden Tag verfallen sie.

Zeitwert: Differenz zwischen Kurswert und innerem Wert einer Option.

Zeitwertverlust: Der nichtlineare Wertverlust einer Option, wenn alle anderen Faktoren konstant bleiben.

Zweidimensionale Diversifikation: Der Kauf von Calls und Puts zur Diversifkation und zur Absicherung gegen Marktbewegungen.

Anhang C

Zehn Regeln für Erfolg beim kurzfristigen Optionstrading, die Sie nur auf eigene Gefahr ignorieren dürfen

Wenn Sie Optionen für einen kurzen Zeitraum kaufen, also für fünf bis 15 Tage, sollten Sie sich an die folgenden zehn Regeln halten:

1. Handeln Sie keine Optionen, die im folgenden Monat verfallen. Solche Optionen sollte man nicht länger als einen oder zwei Tage halten. Wählen Sie lieber solche mit einer Restlaufzeit von mindestens sechs Wochen. Ja, die extremen Kurzläufer sind »billig« und bieten hohe Hebelwirkungen, aber wenn Sie eine Position für einige Wochen halten wollen, müssen Sie den extremen Zeitwertverlust dieser Optionen meiden. Auch der Hebeleffekt dieser Optionen ist oft nur eine Illusion. Sicher, der IBM-Call mit einem Basispreis von 170 Dollar bringt 1500 Prozent Gewinn, falls IBM Ihr Kursziel von 175 Dollar erreicht. Aber wenn IBM gegenwärtig bei 160 Dollar steht, dann sind die Chancen auf eine so große Bewegung gleich null, falls die Option nur noch zwei Tage läuft. Und schließlich ist bei diesen Optionen oft eine höhere implizite Volatilität eingepreist als bei länger laufenden Calls oder Puts. Das liegt daran, daß diese Optionen Zocker anlocken, die auf einen Schlag den ganz großen Gewinn machen wollen. Sie sind auch für geschickte und weniger geschickte Spekulanten attraktiv, die auf bevorstehende Ereignisse wie Gewinnmeldungen setzen und die Hebelwirkung maximieren wollen, falls ihre Erwartungen sich als richtig erweisen. Mein Rat: Überlassen Sie diese riskanten und überbewerteten Optionen den Zockern und den Profis.

2. *Handeln Sie gegen die Marktmeinung*, aber gehen Sie dabei nicht überstürzt vor. Früher bin ich manchmal der Versuchung erlegen, sofort auf eine Nachricht oder einen Zeitschriftenartikel zu reagieren, den ich aus der Sicht des Kontra-Investors überzeugend fand, und habe eine Optionsposition aufgebaut. Zum Beispiel, wenn ein Unternehmen, von dessen Aktie ich glaubte, daß sie zu intensiv empfohlen wurde, enttäuschende Gewinne auswies, und die Analysten sich darin überboten, die Sache in den Medien schönzureden. Die unmittelbare Reaktion wäre natürlich, auf eine Aktie, mit der so hohe Erwartungen verbunden sind, einen Put zu kaufen. Aber unglücklicherweise habe ich erfahren, daß solche Trades selten Erfolg bringen. Das liegt daran, daß ein Kontra-Investor oft ein wenig zu früh dran ist; es ist noch einige Zeit nötig, bis die Aktie sich so verhält, wie er es erwartet. In solchen Fällen ist es besser, die Aktie genau zu beobachten und auf technische Ausbruchssignale zu warten, bevor man etwas unternimmt.

3. *Der Einstiegszeitpunkt ist entscheidend.* Wie wir in früheren Kapiteln schon gesehen haben, genügt es beim Optionshandel nicht, eine Kursbewegung letztlich richtig zu prognostizieren. Man muß von Anfang an richtig liegen. Wenn der Zeitrahmen nur fünf bis 20 Tage beträgt, wird das Timing sogar noch wichtiger. So wichtig, daß ich meine technischen Timing-Indikatoren bis hinab zum Tagesverlaufsniveau prüfe, bevor ich einen Trade empfehle.

4. *Verlieren Sie nie die Kontrolle über eine Verlustposition.* Lassen Sie eine offene Position nie unter ein Kursniveau fallen, auf dem der Ausstieg noch sinnvoll ist. Nehmen wir an, Sie haben eine Option für $1\frac{1}{2}$ Dollar gekauft. Obwohl Sie bereit wären, bei einem Kurs von $\frac{7}{8}$ oder $\frac{1}{2}$ Dollar zu verkaufen, um Ihr Kapital zu schonen, halten Sie diesen Verkauf vielleicht für verschwendete Mühe, schon wegen der Gebühren. Entscheidend ist, daß Sie eine Position schließen, sobald sie Ihre »Demarkationslinie« zwischen sinnvollem Verkauf und verschwendeter Mühe erreicht hat. Ansonsten bleibt Ihnen nur noch die Hoffnung. Sie werden dann sagen: »Ich hoffe natürlich, daß sich die Position wieder dreht, damit mir beim Verkauf noch etwas bleibt«. Leider kümmert sich der Markt jedoch nicht um Ihre Hoffnungen, und so ist es nicht überraschend, daß solche passiven, hoffenden Trader unweigerlich zu den Verlierern gehören. Gewinne machen die, die mit Gewinn- wie mit Verlustpositionen aktiv traden.

5. *Wenn Sie Regel 4 nicht befolgt haben, dann betrachten Sie den Trade als gescheitert* und stellen ihn bei *jeder* Bewegung glatt, die noch einen ei-

nigermaßen vernünftigen Ausstieg erlaubt. Warum ist der Trade gescheitert? Offensichtlich war Ihr Timing falsch (siehe Regel 3), sonst
wären Sie nicht in dieser wenig beneidenswerten Situation! Und wenn
das Timing falsch war, dann muß man immer versuchen, noch so viel
Kapital wie möglich zu retten. Es geht hier um Schadensbegrenzung;
also versuchen Sie nicht, einen gescheiterten noch in einen gewinnbringenden Trade zu verwandeln.

6. *Akzeptieren Sie die Gewinne, die der Markt Ihnen gewährt.* Wenn Sie
eine Kapitalverdoppelung anstreben, und die Position bei einem Gewinn von 90 Prozent stagniert, dann streichen Sie den Profit ein. Während Sie auf die restlichen zehn Prozent warten, könnte die Aktie drehen und Ihren schönen 90-Prozent-Gewinn zunichte machen.
Obwohl es stimmt, daß man Geduld und Durchhaltevermögen haben
muß, um hohe Gewinne zu erzielen und die kleinen Verluste anderer
Trades auszugleichen, sollten Sie den Markt nicht zu höheren Profiten
zwingen wollen, als er Ihnen freiwillig gewährt.

7. *Meiden Sie Aktien, deren Tagescharts auf eine Trading Range hindeuten.*
Das trifft vor allem dann zu, wenn Sie bei Stärke kaufen und bei
Schwäche verkaufen. Das Wetten auf einen Ausbruch aus einer engen
Kursspanne weist eine geringe Trefferquote auf. Und die Chancen,
innerhalb einer kurzen Haltezeit der Optionen einen solchen Breakout
korrekt zu prognostizieren, sind nicht gerade hoch.

8. *Achten Sie auf Kreuzungspunkte der gleitenden Durchschnitte in Tagescharts, und handeln Sie nicht im Gegensatz zu deren Aussage.* Mit diesen Kreuzungspunkten meine ich die Situation, wenn ein kurzfri-
stigerer gleitender Durchschnitt (zum Beispiel zehn Tage) einen
längeren (zum Beispiel 20 Tage) nach oben oder nach unten schneidet.
Im ersten Fall sind steigende, im zweiten nachgebende Kurse zu erwarten.

9. *Gehen Sie keine Position in der Richtung ein, in der Trader mit im folgenden Monat verfallenden Optionen heftig spekulieren.* Das kann man
anhand des Open Interest der im folgenden Monat ablaufenden Optionen feststellen, und man sieht auch, ob es starke Diskrepanzen zwischen der Call- und der Put-Seite gibt. Warum sollte man sich da her-
aushalten? Weil Optionsspekulanten oft falsch liegen, wenn zu viele
von ihnen der gleichen Meinung sind. Ein unglückliches Schicksal,
das Sie sicher nicht teilen wollen.

10. *Achten Sie beim Trading auf langfristige Widerstands- und Unterstützungszonen.* Sie sollten diese Regel trotz meiner Aussagen über die Bedeutung des Timing für kurzfristige Optionstrades und meiner Betonung der Bedeutung von Tages- und Tagesverlaufscharts befolgen. Prüfen Sie immer auch die Monatscharts, suchen Sie nach langfristigen Widerstands- und Unterstützungszonen und achten Sie insbesondere auf die gleitenden Zehn- und 20-Monats-Durchschnitte. Kaufen Sie auch kurzfristig keine Puts auf Aktien, die sich an langfristigen Unterstützungen befinden, und keine Calls auf Aktien, die an langfristigen Widerständen stehen. Es dauert oft lange, bis solche Zonen durchbrochen werden. Viel länger als die 15 Tage, die Ihr Trade dauern soll.

Anhang D

Mythen über Optionen

Obwohl die Aufmerksamkeit enorm gestiegen ist, die die Finanzwelt dem Optionsmarkt entgegenbringt, gibt es immer noch mythische Vorstellungen über dieses Thema. Die meisten stammen noch aus längst vergangenen Zeiten. Die Tatsache, daß es sie immer noch gibt, beweist die Hartnäckigkeit traditioneller Vorstellungen.

Die meisten dieser Mythen fallen in zwei populäre Kategorien. Die erste ist die mythische Vorstellung, Optionen seien die größte Erfindung aller Zeiten und eine Lizenz zum Gelddrucken. Dazu passen die folgenden Meinungen:

1. Man kann nicht mehr als seinen Einsatz verlieren.
2. Wenn man ungedeckte Optionen verkauft, nimmt man die Position der »Bank« im Spielcasino ein und gewinnt eigentlich bei jedem Trade.
3. Wenn man sehr billige, aus dem Geld notierende Optionen kauft, gleichen die wenigen großen Gewinne die kleinen Verluste der wertlos verfallenden Optionen mehr als aus.

Der Glaube an irgendeinen dieser Mythen kann für Options-Investoren extrem gefährlich sein, Sie verführen dazu, weniger wachsam zu sein und die Risiken des Optionstrading zu vernachlässigen. Die Wahrheit sieht nämlich so aus:

1. Die Tatsache, daß man nicht mehr als seinen Einsatz verlieren kann, ist wenig trostreich für jemanden, der einen großen Teil seines Kapitals in einen einzelnen Optionstrade investiert hat.
2. Leerverkaufte Optionen waren beim Börsencrash von 1987 bei weitem die vernichtendsten Verlustquellen.
3. Die Chancen, daß eine billige, aus dem Geld notierende Option je-

mals substantiellen Wert erlangt, sind winzig. Das gilt auch für ein ganzes Depot aus solchen Optionen.

Die zweite Kategorie der Optionsmythen ist nicht weniger gefährlich, denn sie hält viele Investoren davon ab, je in Optionen zu investieren, und läßt sie die vielen Vorteile solcher Investments verpassen. Die Grundaussage lautet: Optionen sind pure Zockerei, und man kann damit niemals Geld verdienen. Dazu passen folgende Vorurteile:

1. 90 Prozent aller Optionen verfallen wertlos.
2. 90 Prozent aller Optionstrader verlieren Geld.
3. Optionstrading ist viel riskanter als Aktientrading.
4. Die Brokergebühren beim Optionstrading sind zu hoch.
5. Optionstrading ist nur etwas für professionelle Investoren.

Die Wahrheit aber sieht so aus:

1. Es ist unmöglich, daß 90 Prozent aller Optionen wertlos verfallen, denn für jeden Call, der von einem Anstieg des Basisobjekts profitiert, gibt es einen Put, der von einem Rückgang profitiert. Wenn Calls wertlos verfallen, steigen die Puts im Wert, und vice versa. In Wahrheit verfallen weniger als 50 Prozent aller Optionen wertlos.
2. Obwohl es sehr wahrscheinlich ist, daß die meisten Optionstrader Geld verlieren, gibt es keine Statistiken, die diese absurd hohe Zahl von 90 Prozent belegen. In Kapitel 3 habe ich die wichtigsten Ursachen für Verluste im Optionshandel und viele einfache Maßnahmen dargelegt, wie diese Verluste zu verhindern sind.
3. Optionstrading kann riskanter sein als Aktientrading, aber meist nur dann, wenn der Investor sein Kapital überzieht, seine Positionen nicht ausreichend diversifiziert und die riskantesten Strategien anwendet, die es gibt. Viele Anfänger und auch bereits einigermaßen erfahrene Trader begehen die »Sünden«, die ich in Kapitel 4 beschrieben habe. Außerdem enthält Kapitel 9 einige sehr attraktive Optionsstrategien, die den Mythos widerlegen, Optionstrading müsse riskant sein.
4. Die Brokergebühren im Optionshandel waren früher relativ hoch. Mit dem explosiven Wachstum von Discount- und Deep Discount Brokern und dem Aufkommen von Internet-Brokern sowie von auf Optionen spezialisierten Brokern sind die Gebühren wesentlich niedriger geworden (siehe Kapitel 10).
5. Optionstrading eignet sich für jeden, der die Risiken und Chancen kennt und weiß, wie man sich auf dem Optionsmarkt richtig verhält. Ziel dieses Buches war es, Sie mit diesem Wissen zu »bewaffnen«, damit Sie Optionen wie ein Profi traden können.